Mémoire et histoire en Europe centrale et orientale

Collection « Histoire »

Dirigée par Frédéric Chauvaud, Florian Mazel et Jacqueline Sainclivier

Dernières parutions

Dominique Avon (dir.),
La caricature au risque des autorités politiques et religieuses, 2010, 204 p.

Pascale Barthélémy,
Africaines et diplômées à l'époque coloniale (1918-1957), 2010, 346 p.

Bernard Paillard, Jean-François Simon et Laurent Le Gall (dir.),
En France rurale. Les enquêtes interdisciplinaires depuis les années 1960, 2010, 396 p.

Paula Cossart,
Le meeting politique de la délibération à la manifestation (1868-1939), 2010, 328 p.

Pierre Prétou,
Crime et justice en Gascogne à la fin du Moyen Âge, 2010, 368 p.

Monique Chatenet et Pierre-Gilles Girault,
Fastes de cour. Les enjeux d'un voyage princier à Blois en 1501, 2010, 176 p.

François Rouquet,
« Mon cher Collègue et Ami. » L'épuration des universitaires (1940-1953), 2010, 224 p.

Laurent Bourquin et Philippe Hamon (dir.),
La politisation. Conflits et construction du politique depuis le Moyen Âge, 2010, 192 p.

Hervé Le Goff,
La Ligue en Bretagne. Guerre civile et conflit international (1588-1598), 2010, 576 p.

Mickaël Augeron, Jacques Péret et Thierry Sauzeau (dir.),
Le golfe du Saint-Laurent et le Centre-Ouest français. Histoire d'une relation singulière (XVIIe-XXe siècle), 2010, 364 p.

Patricia Eichel-Lojkine (dir.),
Claude de Seyssel. Écrire l'histoire, penser le politique en France, à l'aube des temps modernes, 2010, 266 p.

Helen Harden Chenut,
Les ouvrières de la République. Les bonnetières de Troyes sous la Troisième République, 2010, 424 p.

David Do Paço, Mathilde Monge et Laurent Tatarenko (dir.),
Des religions dans la ville. Ressorts et stratégies de coexistence dans l'Europe des XVIe-XVIIIe siècles, 2010, 222 p.

Michel Margairaz et Danielle Tartakowsky (dir.),
1968, entre libération et libéralisation. La grande bifurcation, 2010, 352 p.

Jean-Louis Panicacci,
L'Occupation italienne. Sud-Est de la France, juin 1940-septembre 1943, 2010, 440 p.

Joëlle Quaghebeur et Sylvain Soleil (dir.),
Le pouvoir et la foi au Moyen Âge en Bretagne et dans l'Europe de l'Ouest. Mélanges en mémoire du professeur Hubert Guillotel, 2010, 750 p.

Philippe Hamon,
L'or des peintres. L'image de l'argent du XVe au XVIIe siècle, 2010, 424 p.

Emmanuel Tronco,
Les carlistes espagnols dans l'Ouest de la France, 1833-1883, 2010, 348 p.

Sous la direction de Daniel Baric, Jacques Le Rider
et Drago Roksandić

avec la collaboration de Catherine Horel

Mémoire et histoire en Europe centrale et orientale

Collection « Histoire »

Presses universitaires de Rennes
2010

UHB Rennes 2 – Campus La Harpe
2, rue du Doyen-Denis-Leroy
35044 Rennes Cedex

www.pur-editions.fr

Mise en page : Solen Cueff pour le compte des PUR

Dépôt légal : 2e semestre 2010
ISBN : 978-2-7535-1221-4
ISSN : 1255-2364

Carte 1 : Carte politique de l'Europe centrale et orientale (1989-2009)

Carte 2 : Régions, villes et lieux de mémoire cités en Europe centrale et orientale (1989-2009)

Préface

Daniel BARIC, Jacques LE RIDER et Drago ROKSANDIĆ

La question de la mémoire, devenue un champ important de la recherche en sciences humaines en France depuis les travaux pionniers de Pierre Nora dans le cadre des *Lieux de mémoire*, dans les pays germanophones [1] et anglo-saxons [2], n'est devenu que récemment l'objet d'études systématiques en Europe centrale et orientale, alors même qu'il s'agit d'un espace situé par excellence au centre d'affrontements de forces militaires et culturelles, durablement mis au défi de définir et redéfinir des identités collectives et individuelles. Afin d'entamer un dialogue entre chercheurs spécialistes de cette région, résidant dans l'une ou l'autre partie de l'Europe, un colloque avait été organisé conjointement par la faculté des lettres de Zagreb et l'École pratique des hautes études (EPHE, IVe section) à Zagreb en 2006. Il avait eu pour ambition d'être un lieu de débat entre jeunes spécialistes et chercheurs confirmés dans le domaine de l'histoire et le présent de l'Europe centrale et orientale, autour du thème devenu essentiel de la mémoire. Cette rencontre marquait l'aboutissement d'une coopération entre chercheurs français et croates réunis dans le cadre d'un projet pluriannuel de recherche intitulé « Du Danube à la Méditerranée : espaces, sociétés, transferts culturels ». L'EPHE, les universités Paris I Panthéon-Sorbonne (UFR d'histoire et de science politique), Paris III Sorbonne-Nouvelle (Département d'études de la société contemporaine), le CNRS et l'UMR 8 138 (Identités et relations internationales en Europe) ont participé au projet du côté français. Du côté croate, il s'agissait du groupe de recherche international « Triplex Confinium : les frontières multiples de Croatie dans le contexte européen et méditerranéen », ainsi que du Centre d'études sur l'histoire comparée

1. En témoignent en particulier les travaux sous la direction d'Étienne François et Hagen Schulze en Allemagne (*Deutsche Gedächtnisorte*, 3 vol., Munich, Beck, 2001, trad. partielle en français, *Mémoires allemandes*, Paris, Gallimard, 2007) et Emil Brix en Autriche (les trois volumes de *Memoria Austriae*, Vienne-Munich, Verlag für Geschichte und Politik-Oldenbourg, 2004-2005), de même que l'édition d'un volume consacré aux lieux de mémoire de l'Antiquité romaine : *Erinnerungsorte der Antike. Die römische Welt*, Elke STEIN-HÖLKESKAMP, Karl-Joachim HÖLKESKAMP (éd.), Munich, Beck, 2006.
2. On trouvera tout au long de l'ouvrage des références aux travaux parus en langue anglaise, dont certains traitent spécifiquement la question de la mémoire en Europe centrale et orientale.

et l'interculturalité de l'Institut d'histoire croate de la faculté des lettres de l'université de Zagreb (*Centar za komparativnohistorijske i interkulturne studije Zavoda za hrvatsku povijest Filozofskog Fakulteta u Zagrebu*), tous deux sous la direction de Drago Roksandić. Ce projet s'est concrétisé dans un premier temps par la tenue de journées d'études, fruit d'une collaboration franco-croate dans le cadre des « Ateliers franco-croates » de la faculté des lettres de Zagreb, qui sous la direction de Gabrijela Vidan (Romanistique) et Drago Roksandić (Histoire) ont contribué à former des étudiants francophones en histoire et en études romanes de 1994 à 2004. Une partie substantielle des auteurs ont participé à ces travaux. À partir de 2004, des journées d'études et l'organisation de ce colloque international ont permis d'élargir autour d'un noyau de chercheurs français et croates le cercle des intervenants. En partant du cas croate, paradigmatique par sa position géographique et son histoire, à la charnière des espaces centre et est-européens, à la fois méditerranéen et anciennement yougoslave, c'est l'ensemble de l'Europe centrale et orientale qui a fait l'objet d'analyses, dont les plus pertinentes sont proposées dans ce volume.

Les articles présentés ici témoignent de la validité d'un questionnement qui s'appuie sur une diversité d'approches dont la finalité est d'éclairer d'un jour nouveau toute une série d'interrogations sur les usages de la mémoire. Au centre des préoccupations des auteurs, par-delà la diversité des cas spécifiques choisis, on retrouvera les thèmes communs de l'instrumentalisation de l'histoire et de la mémoire par le pouvoir politique, la construction de lieux de mémoire et leurs représentations, ainsi que le rôle du patrimoine, la mémoire dans la construction des identités (nationales, régionales, locales ou bien encore minoritaires), de même que les thèmes toujours très sensibles de la mémoire de la Seconde Guerre mondiale et de la Shoah, ainsi que de la dernière guerre dans l'espace yougoslave. Dans les travaux proposés, il ne s'est pas agi de promouvoir une histoire « affirmative » des mémoires, au sens où elle n'a pas eu pour ambition de justifier tel usage de la mémoire dans un groupe particulier, mais plutôt d'interroger les « zones d'ombre » qui ont joué un rôle dans la constitution d'une mémoire collective[3].

Le questionnement sur les modalités de la constitution d'une culture historique et mémorielle a été perçu par les auteurs comme un défi majeur posé à la recherche sur l'Europe centrale et orientale. Le contexte actuel de transition postcommuniste, d'intégration européenne et de globalisation y rend la question de la mémoire indissolublement liée à celle de la révision de la mémoire historique et de la (re)construction et de la subversion de modèles identitaires. L'Europe centrale et orientale se trouve en effet, tout au long du XXe siècle, dans une situation profondément différente de

3. Voir l'introduction méthodologique du volume II de *Memoria Austriae*, *op. cit.*, en particulier p. 7.

celle de l'Europe occidentale. À de rares exceptions près, les sociétés y sont encore majoritairement agricoles durant une grande partie du siècle dernier. Les expériences de modernisation y sont constamment oblitérées par un complexe de situation périphérique, de « retard » et d'« échec ». Presque toute nouvelle génération a vécu dans cette région une expérience douloureuse durant le XXe siècle, entremêlée de souvenirs d'épisodes traumatisants transmis par la génération précédente. Le retour critique sur cette suite de traumatismes, au sens de la *Vergangenheitsbewältigung*, ce travail sur la mémoire engagé en Allemagne après la Seconde Guerre mondiale, n'est pas une évidence au sein de sociétés civiles encore peu engagées dans ce processus. D'autre part, la nécessité de changer la relation qu'entretiennent ces sociétés au couple histoire et mémoire est désormais ressentie par une génération montante ayant fait des études supérieures et résolument ouverte aux expériences puisées à l'étranger. Nombre d'intervenants appartiennent à cette jeune génération.

Les thèmes ont été abordés à partir de différentes perspectives disciplinaires (études germaniques, histoire politique et culturelle, histoire de l'art, slavistique, littérature, sociologie et ethnologie). Placés dans des unités thématiques et chronologiques, les articles proposent au lecteur une progression chronologique : du baroque à la période postcommuniste, en passant par la Seconde Guerre mondiale et les guerres dans l'espace yougoslave des années 1990, à travers des analyses de cas, pour certains peu connus. Cette progression est ponctuée par des articles qui développent des réflexions d'ordre méthodologique, du point de vue philosophique et psychanalytique. La publication des résultats de ces recherches récentes se voudrait une contribution à une diffusion hors de la zone centre et est-européenne de connaissances et d'approches nouvelles, développées pour partie en prenant appui sur les travaux de chercheurs français (Pierre Nora et Paul Ricœur en particulier). Il est à noter que le français a été choisi comme langue de travail dans le cadre du colloque (parallèlement au croate) et comme langue unique de publication.

L'essai introductif de Jacques Le Rider replace la question de la mémoire dans le contexte mitteleuropéen de son utilisation sociale, dans la fabrication d'identités nationales, mais aussi individuelles : l'interrogation sur l'histoire et la mémoire des nations peut inciter chacun à réfléchir sur les choix opérés dans la constitution d'une identité personnelle.

Le premier chapitre s'attache à placer d'emblée le fonctionnement de la mémoire historique dans un cadre politique et à proposer quelques exemples significatifs de fabrication des héros, depuis l'époque habsbourgeoise (*Zrinka Blažević-Zagreb, Philippine Casarotto-Lyon*) jusqu'à l'époque post-yougoslave et ses derniers prolongements dans les manuels d'histoire (*Dražen Nemet-Zagreb, Snježana Koren-Zagreb*). Le souvenir de la période austro-hongroise dans l'historiographie croate, de langue française et anglaise (*Jasna Adler-Genève*) et de la césure que constitue l'attentat de Sarajevo (*Paul B. Miller-McDaniel College*) sont l'occasion de revenir sur la réception de ces faits essentiels de l'histoire XXe siècle.

Des exemples de constitution de lieux de mémoire et de pratiques sociales qui leur sont liées sont proposés par *Nicolas Vatin (Paris)* d'une part sur un monument, le mausolée de Soliman le Magnifique à Szigetvár en Hongrie, alors que *Catherine Horel (Paris)* d'autre part livre une synthèse sur les lieux de mémoire en Hongrie aux XIXe-XXe siècles. *Castilia Manea-Grgin (Zagreb)* aborde dans son étude la gestion du passé roumain à travers la mise en valeur et/ou l'élimination dans l'espace public de Bucarest de figures représentatives d'un « panthéon national » en (dé)construction depuis l'époque communiste jusqu'au postcommunisme. *Ines Sabotič (Zagreb)* et *Anka Mišetić (Zagreb)* traitent la question des fêtes nationales en Croatie depuis 1990, comme autre exemple de lieu de mémoire, voulu par les autorités, mais difficilement assimilé par un groupe particulier, celui des étudiants.

Dans le prolongement de l'interrogation sur les lieux de mémoire, la question des mises en scène et des usages du patrimoine a donné lieu à des contributions sur la constitution, l'utilisation et l'élimination d'un patrimoine matériel, mais aussi de liens culturels transnationaux. Ainsi *Dino Milinović (Zagreb)* présente-t-il l'arrière-plan historique qui explique la création du trésor de la Cathédrale de Zagreb. *Daniel Baric (Tours)* présente une étude sur l'enjeu des recherches archéologiques en Dalmatie au XIXe siècle, dans le contexte impérial habsbourgeois, alors que *Bernard Doumerc (Toulouse)* s'interroge sur la persistance, mais aussi et surtout la disparition en Dalmatie de la mémoire d'une autre puissance politique et culturelle marquante dans cette région, la République de Venise. Ce passage de la pluralité culturelle, présente dans de nombreux lieux en Europe centrale et orientale, en particulier urbains, au XIXe siècle, à un paysage monoculturel après les deux guerres mondiales, est évoqué par *Zlata Živaković-Kerze (Zagreb-Slavonski Brod)* dans son article sur les mutations démographiques à Osijek de la fin du XIXe à la première moitié du XXe siècle. *Krassimira Krastanova (Plovdiv)* et *Michel Rautenberg (Saint-Étienne)* présentent la situation du patrimoine bâti en liaison avec la mémoire des communautés à Plovdiv et la sélectivité à l'œuvre dans sa valorisation.

La mémoire et son rôle dans la construction d'identités urbaines, régionales et transnationales complexes figure au centre des articles d'auteurs qui tentent de saisir le fonctionnement de la mémoire historique en dehors du cadre national. *Marijan Bobinac (Zagreb)* met en évidence la présence sous-jacente d'une référence allemande dans les origines du théâtre moderne en Croatie. *Thomas Serrier (Paris-Francfort/Oder)* propose un repérage et une analyse des transferts mémoriels et des appropriations du passé dans les anciens territoires allemands de la Pologne contemporaine.

Galia Valtchinova (Sofia) et *Annemarie Sorescu Marinković (Belgrade)* s'intéressent à des communautés peu connues, sommées de trouver leur place entre plusieurs nations, respectivement entre la Bulgarie et la Serbie et entre la Serbie, la Roumanie et une origine indienne mythique. *Réka Horváth (Cluj)* analyse le discours politique de représentants de la minorité hongroise de Roumanie à travers l'utilisation qui y est faite de la mémoire de cette communauté.

La Seconde Guerre mondiale fait l'objet d'un chapitre, divisé en deux parties, consacrées aux modalités de l'appropriation de la mémoire, d'une part de l'antifascisme dans le cadre croate, d'autre part de la Shoah, en particulier en Pologne. Dans un premier temps, *Drago Roksandić (Zagreb)* présente les discours de l'antifascisme croate de 1941-2005 et leurs présupposés idéologiques. *Hrvoje Petrić (Zagreb)* dans un second temps montre les répercussions d'une guerre des mémoires et des symboles sur le patrimoine matériel de l'antifascisme dans la région de Koprivnica en Croatie septentrionale. *Jadranka Brnčić (Zagreb)* livre une réflexion dans le sillage des écrits de Paul Ricœur sur les raisons pour lesquelles le souvenir de la Shoah s'impose à nous. *Audrey Kichelewski (Paris-Varsovie)* montre concrètement de quelle manière le souvenir de la Shoah dans la Pologne communiste s'est construit pour se fissurer ensuite entre 1945 et 1968, dans le cadre d'une mémoire officielle.

Un dernier chapitre aborde la question des transitions et des identités post-traumatiques, en particulier dans l'espace ex-yougoslave, deux décennies après la disparition du rideau de fer et du début de la désagrégation de l'État yougoslave. *Louise L. Lambrichs (Paris)* présente une lecture personnelle du conflit en ex-Yougoslavie et propose de démonter le mécanisme de répétition qu'elle y a identifié. *Nadia Capuzzo Derković (Genève)* et *Sylvie Ramel (Genève)* livrent un diptyque sur la reconstruction du patrimoine urbain en Bosnie-Herzégovine après le conflit des années 1990, avec un article consacré à Sarajevo et l'autre au Vieux Pont de Mostar. *Maciej Falski (Varsovie)* explore la présence du passé yougoslave dans le débat public en Croatie contemporaine. *Anca-Gabriela Baicoianu (Bucarest)* examine la narration de trois auteurs contemporains, Mircea Nedelciu, Norman Manea et Dubravka Ugrešić dans leur dimension emblématique de recherche d'identité dans la littérature postcommuniste. *Marcos Farias-Ferreira (Lisbonne)* enfin livre en clôture de l'ouvrage une réflexion sous la forme d'un essai sur la sociologie et la phénoménologie de la mémoire du communisme chez Václav Havel et Angelo Mitchievici.

La richesse et la variété des articles de cet ouvrage pourront inviter les spécialistes de la région tout comme, tel serait le vœu des auteurs et éditeurs, ceux qui n'en sont pas familiers, à une lecture thématique, régionale ou bien chronologique à travers le matériau de l'histoire de l'Europe centrale et orientale ainsi présenté.

Il nous est agréable de remercier toute l'équipe qui a participé à l'élaboration du programme du colloque de Zagreb et à son suivi, jusqu'à cette publication[4]. Pour son aide essentielle apportée à l'élaboration du programme du colloque et à son déroulement fructueux, nous remercions tout particulièrement Catherine Horel. Frédéric Barbier a fourni de très utiles remarques quant à l'édition du manuscrit. Que soit également remerciée l'Ambassade de France à Zagreb, représentée lors de la tenue du colloque par Son Excellence M. François Saint-Paul, ainsi que Jasna Bas, attachée de coopération scientifique et universitaire, qui ont activement et efficacement soutenu ce projet depuis le début. Le ministère croate de la Science, de l'Éducation et du Sport, le Décanat ainsi que le Département d'histoire de la Faculté des Lettres de Zagreb ont grandement contribué au bon déroulement du colloque. Enfin, cette publication n'aurait pu voir le jour sans le soutien apporté par l'EPHE (IVe section, équipe d'accueil 4 117 Europe centrale et orientale), le projet international « Triplex Confinium » de la faculté des lettres de l'université de Zagreb ainsi que l'université François-Rabelais de Tours.

4. Jacques Le Rider et Drago Roksandić ont assuré la présidence du comité scientifique du colloque, Zrinka Blažević et Daniel Baric sa coordination. Maja Brkljačić, Catherine Horel, Hrvoje Petrić, Kristina Milković, Sandra Prlenda Perkovac, Marko Šarić et Nataša Štefanec ont été membres du comité scientifique.

Introduction
La production du national en Europe centrale et orientale au XIXe siècle ou la conversion de la discontinuité en continuité

Jacques LE RIDER

Dans son fameux discours à la Sorbonne du 11 mars 1882, « Qu'est-ce qu'une nation ? », destiné à opposer une définition française à la conception allemande de la nation et l'État national, Renan insiste sur la nécessaire profondeur historique du sentiment d'appartenance, continuité historique qui, seule, permettrait à un sentiment national d'arriver à la maturité, c'est-à-dire de surmonter l'âge ingrat du nationalisme et d'atteindre à cette assurance et à cette sérénité qui seraient pour ainsi dire la récompense d'une suite de « gloires communes » et de « maux soufferts ensemble ». Pas de nation stable sans « un long passé d'efforts, de sacrifices et de dévouements [1] ».

Les vertus de l'ancienneté historique, de la lente et continue décantation du sentiment national, étaient célébrées pour mieux être opposées à la prétendue « jeunesse » de l'Allemagne, nation retardée, *verspätete Nation,* dirait-on plus tard, ce que Camille Jullian affirmait trois décennies après le discours de Renan : « L'Allemagne sortait à peine de l'adolescence, son corps politique était à peine formé, lorsque, il y a moins d'un demi-siècle [en 1870], elle est parvenue soudainement à une gloire inespérée. [...] Son esprit et son âme n'étaient pas assez mûrs. [...] Ah! si l'Allemagne avait été une nation plus ancienne [...], elle n'eût point laissé se pervertir son sens national [2]. »

Dans le discours de Renan, les notions de territoire et d'espace national sont contestées au même titre que la notion de race : « Non, ce n'est pas la terre plus que la race qui fait la nation [3] » car « une nation est un principe spirituel, résultant des complications profondes de l'histoire, une famille spirituelle, non un groupe déterminé par la configuration du sol ».

1. Ernest RENAN, *Qu'est-ce qu'une nation ? et autres écrits politiques,* Paris, Imprimerie nationale, 1996, p. 240.
2. Claude NICOLET, *La Fabrique d'une nation. La France entre Rome et les Germains,* Paris, Perrin, 2003, p. 241.
3. RENAN, *op. cit.,* p. 239.

On voit donc que Renan construisait sa théorie de la nation contre celle qui s'affirmait à la même époque, en pleine *Gründerzeit* bismarckienne, du côté allemand. La formule de « plébiscite de tous les jours », même si elle comportait des connotations fâcheuses de Second Empire, permettait de régler le problème de l'Alsace-Lorraine, qui restait française, malgré les arguments ethniques, culturels et géopolitiques mis en avant par les partisans de l'annexion au nouveau Reich allemand.

Dans ce différend franco-allemand, le destin des nations d'Europe centrale[4], dont l'histoire est placée, encore à l'époque contemporaine, sous le signe de la discontinuité, n'était pas pris en compte. István Bibó, dans *La Misère des petits États d'Europe centrale,* publié en 1946[5], insiste sur la différence entre les « grands États-nations occidentaux » dont l'essentiel de la formation est achevé au XVIIe siècle, à l'exception notable de l'Italie et de l'Allemagne qui atteignent à leur unité nationale dans la deuxième moitié du XIXe siècle, et les ensembles nationaux d'Europe centrale, détruits par l'avancée de l'empire Ottoman, par l'expansion des empires russe et habsbourgeois et par la puissance montante de la Prusse. Quand, au XIXe siècle, les nations historiques d'Europe centrale (les Polonais, les Hongrois, les Tchèques, etc.) se réveillent, elles manquent des bases sur lesquelles pourraient s'édifier des États modernes. Ailleurs, c'est l'élément ethnique et linguistique qui joue un rôle primordial : chaque langue slave finit par inspirer un sentiment national. Mais les frontières de ces nations historiques, ethniques, culturelles et linguistiques restent indécises : le territoire revendiqué par l'imaginaire « national » de chaque groupe de population est toujours plus vaste que celui qui lui est assigné par la réalité des frontières. Cette non-coïncidence des représentations territoriales et des frontières réelles plonge la communauté ethnique et linguistique concernée dans une crise d'identité nationale quasi permanente. À ce problème s'ajoutent souvent le manque de culture politique moderne et l'archaïsme des structures économiques et sociales : à la différence du nationalisme des États d'Europe occidentale (l'Angleterre ou la France républicaine), le nationalisme des États d'Europe centrale est le plus souvent antidémocratique et peu respectueux du droit des minorités.

Bibó concluait son tableau très sombre en mettant en garde contre l'illusion des empires soi-disant fédéraux et supranationaux : le modèle soviétique lui semblait destiné à renouveler – en pire ! – les erreurs et les impasses du modèle habsbourgeois. Mais il ne voyait pas comment résoudre

4. Le présent article reprend le fil de mes travaux antérieurs *La Mitteleuropa,* Paris, PUF, 1994, [2]1996 ; et « Pour une histoire interculturelle de la production littéraire de langue allemande en Europe centrale », in *Les Littératures de langue allemande en Europe centrale. Des Lumières à nos jours,* Jacques LE RIDER, Fridrun RINNER (éd.), Paris, PUF, 1998.

5. Traduction française de György Kassai, Paris, L'Harmattan, 1986 ; deuxième édition Paris, Albin Michel, 1993 ; édition allemande, *Die Misere der osteuropäischen Kleinstaaterei,* Francfort/Main, Neue Kritik, 1992.

le problème des frontières : comment faire coïncider les frontières historiques et ethnico-linguistiques ? La révision des frontières conduit à la guerre, les déplacements de population dégénèrent en crimes contre l'humanité. Il faudrait pouvoir organiser des consultations démocratiques pour arbitrer les conflits frontaliers, écrivait Bibó sans y croire.

Le cas des histoires nationales d'Europe centrale est particulièrement frappant pour toute réflexion sur la question de la continuité et de la discontinuité historiques. Certaines nations comme la Pologne ont un prestigieux passé de grande puissance européenne, mais la Pologne a cessé d'exister en tant qu'État au XIXe siècle et en tant que territoire au terme du dernier partage entre la Prusse, les Habsbourg et la Russie. L'histoire polonaise est donc au XIXe siècle et jusqu'à la fin de la Première Guerre mondiale une « contre-histoire » qui consacre tous ses efforts à étayer la thèse de la continuité de la Pologne, en deçà et au-delà de la discontinuité catastrophique que constituent les partages de la Pologne. Les historiens, la littérature et les arts participent à cette entreprise collective de sauvegarde d'une identité mémorielle de la nation. Le cas de la Galicie habsbourgeoise peut être mis à part : car la politique des nationalités de la monarchie danubienne repose sur l'idée que l'on peut laisser s'épanouir les identités culturelles et linguistiques, tant qu'elles s'accommodent de l'autonomie des provinces historiques de la couronne entendues comme *Stände,* « états » au sens de l'Ancien Régime, et tant qu'il est possible de barrer la route aux nationalismes contemporains. C'est ainsi que la Galicie et sa capitale universitaire de Cracovie furent pendant le long interrègne de la nation polonaise son principal point d'appui.

Un cas extrême de la production du national en l'absence d'une tradition historique d'État-nation peut être trouvé chez les Roumains. Là, c'est une nation à venir qu'il s'agissait de représenter. La discontinuité historique était à son comble. L'historiographie roumaine devait forger une continuité historique et de surcroît se définir par rapport à l'historiographie hongroise. Il fallait établir la continuité du peuplement daco-romain en Dacie post-romaine, c'est-à-dire en particulier en Transylvanie, contre les historiens hongrois qui affirmaient l'absence de peuplement daco-romain à l'époque de la conquête hongroise. Le problème de la continuité historique n'avait, dans ce cas précis, rien d'une question académique. C'était un enjeu décisif pour l'affirmation des droits de la nation roumaine.

L'histoire de l'origine des Roumains en Dacie du Transylvain Petru Maior, publiée à Buda en 1812, est un des jalons de cet effort de production de la continuité. La philologie allemande, comme dans la plupart des autres aires culturelles d'Europe centrale et orientale, apportera une contribution appréciable à cette construction de la continuité. La publication en 1845 des *Contes valaques,* avec une introduction à propos du peuple des Valaques, due aux frères Arthur et Albert Schott, qui se plaçaient sous le patronage des frères Grimm, est un bel exemple de cette rencontre entre la philologie allemande et l'affirmation de l'identité nationale roumaine[6], d'une importance comparable à celle de la publication des *Chants populaires de la Grèce moderne* de Claude Fauriel en 1824. Mais la tâche de Fauriel était moins ardue : il s'agissait pour lui d'établir la continuité entre les Grecs anciens et les Grecs modernes. Dans le cas de l'histoire nationale roumaine, il fallait imposer la thèse d'une continuité de la Dacie romaine aux peuplements roumains du présent, contre forte partie, puisque les historiens hongrois s'appliquaient au contraire à démontrer la thèse de la discontinuité historique.

L'identité est menacée si l'on admet la discontinuité. C'est une formule qui vaut certainement pour l'identité personnelle : établir la continuité du sujet, de son enfance à sa vieillesse, est la raison d'être de l'autobiographie et de la biographie. L'idée d'introduire le discontinu dans l'histoire de soi-même et dans la narration (auto)biographique est une idée post-nietzschéenne et post-freudienne.

Dans le cas français, le grand différend entre monarchistes et républicains, au XIXe siècle, ne porte pas sur la continuité historique. Pour les seconds, il s'agit au contraire de faire apparaître la continuité fondamentale de l'histoire nationale et d'intégrer les ruptures de la Grande Révolution et des révolutions suivantes dans cette continuité, de fonder une tradition républicaine aussi solide que l'autre tradition nostalgique de l'Ancien Régime. Cette tendance est particulièrement frappante chez Michelet qui fait de la Révolution française un salvateur retour aux origines, une restauration de la nature du peuple français et de son espace naturel. Qu'est-ce que la Révolution ? demande Michelet et il répond : « C'est le retour à la nature : le fond de la nature humaine, c'est la sociabilité. Il avait fallu tout un monde d'inventions contre la nature pour empêcher les hommes de se rapprocher. [...] Les fleuves, par exemple, qui, sous l'Ancien Régime, n'étaient guère que des obstacles (vingt-huit péages sur la Loire !), les fleuves, dis-je, redevinrent ce que la nature veut qu'ils soient, le lien du genre humain[7]. » Telle est la visée de Michelet : transformer la Révolution française en restauration, en restitution de la plus authentique continuité, celle de la nature, contre la continuité mensongère de l'Ancien Régime, présenté comme une tyrannie ayant brimé non seulement la liberté et l'égalité, mais jusqu'au naturel du peuple français.

Pour les pays allemands, le XIXe siècle est le siècle par excellence de la discontinuité. Les guerres napoléoniennes ont détruit le Saint Empire ver-

6. Anne-Marie Thiesse, *La Création des identités nationales. Europe XVIIIe-XXe siècle*, Paris, Le Seuil, 1999, p. 96.
7. Cité *in* Arthur Mitzman, *Michelet ou la subversion du passé. Quatre leçons au Collège de France*, Paris, La Boutique de l'histoire, 1999, p. 134 ; édition originale : *Michelet Historian : Rebirth and Romanticism in Nineteenth century France*, New Haven, Yale University Press, 1990.

moulu et remanié la carte géo-politique d'un nouvel ensemble germanique. Le Congrès de Vienne n'a pas obtenu la restitution d'une continuité irrémédiablement rompue. Sous l'effet de 1830 et de 1848, la Confédération germanique n'est apparue que comme le replâtrage d'institutions pré-nationales obsolètes. L'autre continuité qui s'était peu à peu affirmée, des Guerres de Libération de 1813 à 1848, celle d'une représentation à la fois libérale et nationale « grande allemande » d'un Reich à venir, a été habilement récupérée et pervertie par Bismarck : la solution « petite allemande » imposée entre 1866, date de l'exclusion de l'Autriche hors des limites de l'Unité allemande, et 1870, date de la pseudo-restauration d'un Reich qui n'avait en réalité presque rien de commun avec l'ancien Saint Empire, ces triomphes de la *Realpolitik* bismarckienne ont brisé l'idéal d'un Saint Empire libéralisé qui s'était formé de 1813 à 1848.

Contre les éléments de discontinuité qui bouleversaient le corps germanique depuis les guerres napoléoniennes, des discours historiographiques concurrents affirmaient de multiples représentations de la continuité historique. Nous mentionnerons d'abord les deux principaux : d'une part celui des historiens proches du point de vue national-libéral victorieux à Sadowa-Königgrätz, qui reconstruisait une continuité largement fictive de la politique allemande du Grand Électeur Frédéric-Guillaume de Prusse et de son fils Frédéric le Grand à l'unité réalisée par Bismarck en 1870-1871, en insistant sur la mission historique de la Prusse comme puissance ayant toujours eu vocation à unifier le monde de la *Kultur* allemande.

D'autre part les discours historiographiques affirmant la continuité du Saint Empire ayant son centre à Vienne, promus par les Habsbourg jusqu'à leur défaite de 1866. La rupture de tradition consommée à Sadowa impose un remaniement complet des discours historiographiques destinés à légitimer le pouvoir habsbourgeois et son rôle européen. Jusqu'à Sedan, Vienne espère encore que la puissance prussienne sera entravée par la France. Après 1871, il ne reste plus aux Habsbourg qu'à consolider leur empire danubien, transformé par le Compromis de 1867, sous la pression des Hongrois, en monarchie bicéphale, et à s'efforcer d'obtenir l'adhésion des Allemands d'Autriche qui, dans leur majorité, ont subi comme un traumatisme de se voir exclure de l'Unité allemande (cette adhésion des Allemands au système habsbourgeois fut obtenue au prix du dualisme austro-hongrois qui accordait une place privilégiée aux Allemands en Cisleithanie au détriment des Slaves et particulièrement des Tchèques). De cette nécessité historique naîtra le « mythe hasbsbourgeois » (selon la formule de Claudio Magris) d'une continuité parfaite allant de Marie-Thérèse à François-Joseph et d'une mission historique des Habsbourg consistant à fédérer les peuples du bassin danubien. Il fallait faire oublier que, jusqu'à 1866 et encore jusqu'à Sedan, les Habsbourg avaient accordé la priorité à la politique allemande et à la préservation de leur hégémonie au sein du Saint Empire, puis de la Confédération germanique.

Certaines « continuités subsidiaires » tentaient de s'affirmer. Ainsi la Bavière de Louis Ier fit un effort considérable pour affirmer une tradition nationale ayant son centre en Bavière et non à Berlin, ni à Vienne. La Walhalla, temple néo-dorique érigé par l'architecte Leo von Klenze sur les bords du Danube, non loin de Ratisbonne, l'ancienne Ville d'Empire, est un des seuls monuments *nationaux* construits en Germania hors du territoire prussien avant 1871. L'école historique et la politique monumentale et muséographique soutenues par Louis Ier, son fils Maximilien II, mais aussi à sa manière, par Louis II, recentraient les traditions nationales allemandes, depuis l'époque des Nibelungen, sur le périmètre bavarois (mais ce territoire, au XIXe siècle était de tradition toute récente, puisque ses frontières avaient été arrondies à l'époque de l'empire napoléonien).

Ainsi le XIXe siècle, période par excellence de la production des discours sur l'identité nationale, est aussi l'époque par excellence de l'invention des continuités par-dessus et par delà les discontinuités parfois les plus béantes. Plus on avance sur la carte européenne d'ouest en est, plus on a le sentiment d'une insoutenable évidence des discontinuités dans le devenir historique des différentes aires culturelles et linguistiques et d'un besoin impérieux de construction de grands récits continuistes qui confortent le sentiment d'identité nationale. La discontinuité pèse non seulement sur les traditions politiques et institutionnelles : elle prend aussi une dimension spatiale et une dimension ethnique. À la fragmentation de l'espace répondent des cartes mentales qui, pour chaque territoire national, contredisent les frontières politiques données et contrecarrent la carte mentale d'une identité nationale concurrente. À la pluralité ethnique et linguistique répondent des discours holistes qui, d'abord dans l'ordre symbolique, en attendant les terribles conséquences de ces discours au XXe siècle, substituent la fictive homogénéité d'un *Volk* à l'hétérogénéité réellement existante.

On peut souligner que cette conscience malheureuse de la discontinuité, inspirant le besoin de construire de belles continuités, est liée au statut historiquement fragile de sociétés dont la modernisation a suivi un autre rythme qu'à l'ouest de l'Europe. Le romancier Gustav Freytag, par exemple, grand défenseur du *Bürgertum* (au sens de : classes moyennes de culture bourgeoise), cherche à donner aux valeurs bourgeoises contemporaines une profondeur historique, dans le cycle romanesque *Die Ahnen (Les Ancêtres)*, qui raconte la généalogie de l'Allemagne depuis l'époque d'Arminius en parant les premiers Germains des vertus bourgeoises du XIXe siècle. Dans le cas de Gustav Freytag, la conscience de la fragilité du statut des classes moyennes dans l'Allemagne bismarckienne trouve sa surcompensation dans la construction d'une grandiose continuité.

La tâche délicate de l'historien de l'Europe centrale consiste précisément à analyser ces processus de production de la continuité en regard des discontinuités qu'il est aisé de constater. Ces processus sont à la fois très diversifiés et gouvernés, pour ainsi dire, par une grammaire générale. Chaque identité nationale se représente comme unique et incomparable et cependant les discours identitaires se ressemblent tous au point que, de loin, l'observateur parfois les confond.

L'actualité de ces réflexions ne fait hélas! guère de doute. « En Hongrie, les manifestations d'hostilité ont repris contre les Roumains au sud et contre les Slovaques au nord. Serbes et Croates se sont entre-tués et se sont unis pour tuer les Bosniaques au nom de leurs droits nationaux. Les Serbes ont lancé une vaste offensive visant à chasser les Albanais du Kosovo, leur terre sacrée, et après les bombardements déclenchés par les forces de l'OTAN, les Kosovars se sont vengés de la minorité serbe d'Albanie avec une brutalité qui n'a rien envier à celle de leurs anciens oppresseurs[8]. » Comme au XIXe siècle, les dirigeants nationalistes mettent l'histoire au service de leurs ambitions politiques et des historiens universitaires participent à cette utilisation manipulatrice de leurs travaux. La production de la continuité destinée à faire oublier les discontinuités : « Les langues, les religions, les traditions, les caractères nationaux », on pourrait ajouter : les territoires et les peuplements, sont « présentés comme des réalités incontestables et immuables [...] formés à un moment incroyablement éloigné de la préhistoire, à moins que le processus d'ethnogenèse n'ait eu lieu au Moyen Âge, atteignant dès cette époque un résultat définitif[9] ». En réalité, cette histoire des identités nationales réinterprétées par le nationalisme, en tant que processus de construction historiographique, ethnographique et linguistique, commence au XVIIIe siècle. Ce processus généralisé (on pourrait dire paradoxalement : international) de production du national a fini par faire complètement oublier qu'il existait avant l'âge du nationalisme « d'autres manières d'imaginer les nations, tout aussi puissantes que celles du monde moderne, même si elles étaient très différentes[10] ».

Une des manières de « déconstruire » les identités nationales forgées depuis la fin du XVIIIe siècle pourrait donc consister à « reconstruire » les sentiments d'identité collective qui existaient antérieurement. C'est une tâche de l'historien critique de l'Europe centrale et orientale : déconstruire les grands récits qui retracent la formation des identités nationales, reconstruire les sentiments d'appartenance et les réseaux de solidarité et sociabilité qui existaient avant l'émergence des représentations nationales.

8. Patrick J. Geary, *Quand les nations refont l'histoire. L'invention des origines médiévales de l'Europe*, trad. Jean-Pierre Ricard, Paris, Aubier, 2004; édition originale : *The Myth of Nations : The Medieval Origins of Europe*, Princeton, Princeton University Press, 2002.

9. *Ibid.*, p. 21.

10. *Ibid.*, p. 27.

Si l'on analyse l'histoire des nationalités d'Europe centrale comme un processus de conversion de la discontinuité en continuité, alors la distinction entre histoire et mémoire revient au premier plan. L'intérêt et l'actualité du discours déjà cité de Renan, *Qu'est-ce qu'une nation ?*, tient précisément à sa définition *mémorielle* et non *historique* de l'identité nationale. On est même surpris de trouver chez Renan, dans le discours déjà cité, un éloge de l'oubli collectif qui, aujourd'hui, apparaît comme une provocation, tant il paraît admis que l'amnésie collective est un refoulement blâmable et que le travail de mémoire est une tâche à laquelle aucune société ne saurait se dérober.

> « L'oubli, et je dirai même l'erreur historique, écrit Renan, sont un facteur essentiel de la création d'une nation, et c'est ainsi que le progrès des études historiques est souvent pour la nationalité un danger. L'investigation historique, en effet, remet en lumière les faits de violence qui se sont passés à l'origine de toutes les formations politiques, même de celles dont les conséquences ont été le plus bienfaisantes [11]. »

Dans ce passage s'esquisse un surprenant parallèle entre la critique de Nietzsche qui exposait « l'utilité et l'inconvénient de l'histoire pour la vie » et le point de vue de Renan qui admet que l'histoire « scientifique » n'a en fin de compte rien à voir avec l'histoire mémorielle. (L'histoire mémorielle étant elle-même devenue un objet d'étude pour les historiens « scientifiques ».) Les relations complexes et difficiles des historiens travaillant pour un idéal de vérité scientifique et ceux travaillant au service des constructions mémorielles de l'identité nationale constituent une matière abondante et passionnante, particulièrement en Europe centrale et orientale. Il peut arriver que ces deux orientations de la recherche historique soient réunies en une seule personne !

L'historicisme (c'est ainsi qu'on peut désigner « l'hypertrophie historique » de la culture contemporaine) est aussi pernicieux pour la vie que l'amnésie. Tel était le message de Nietzsche : « La vie a besoin des services de l'histoire, il est aussi nécessaire de s'en convaincre que de cette autre proposition qu'il faudra démontrer plus tard, à savoir que l'excès d'études historiques est nuisible aux vivants [12]. » Comment rendre ses droits à l'oubli créateur sans perdre la mémoire ? Nul mieux que Nietzsche n'a établi la distinction entre le « mauvais oubli », l'oubli traître, lésion de mémoire, et l'« oubli positif », force de vie, privilège des « natures pleines et fortes, en qui se trouve en surabondance la force plastique et régénératrice qui permet de guérir et même d'oublier [13] ». L'homme moderne doit retrouver « la faculté d'oubli. L'oubli n'est pas seulement une *vis inertiae*, comme le

11. Renan, *op. cit.*, p. 227.
12. Friedrich Nietzsche, *Œuvres*, Jean Lacoste, Jacques Le Rider (éd.), Paris, Robert Laffont-« Bouquins », 1993, vol. 1, p. 226.
13. Nietzsche, *La Généalogie de la morale*, in *Œuvres*, *loc. cit.*, vol. 2, p. 789.

croient les esprits superficiels ; c'est bien plutôt un pouvoir actif, une faculté d'inhibition positive au sens le plus strict du mot[14] ».

Toutefois, souligne Yerushalmi en analysant le cas de l'identité juive, il convient de distinguer le souvenir et la mémoire. S'il porte sur les contenus de la mémoire, l'oubli est une faute, car la mémoire est collective. Le *Deutéronome*, VIII, annonce : « Car si jamais tu en viens à oublier le Seigneur ton Dieu, si tu adores et sers d'autres dieux, je t'en préviens aujourd'hui, tu disparaîtras. » Yerushalmi commente : « Cette assomption étonnante – que tout un peuple puisse non seulement être exhorté à se souvenir, mais aussi être tenu pour responsable de l'oubli – est présentée comme allant de soi[15]. »

L'oubli collectif, en fait, n'est concevable que s'il y a déjà eu transmission d'une tradition : « Un peuple ne peut jamais "oublier" ce qu'il n'a pas d'abord reçu[16]. » L'oubli signifie donc le refus, l'abandon ou l'échec de la transmission : il ne résulte pas d'un « défaut de mémoire » (au sens psychologique du mot), mais d'une rupture de la chaîne de transmission. « La Tradition connaît trois occasions au cours desquelles la Torah fut, totalement ou partiellement, oubliée puis restaurée. [...] Ce que le peuple a "oublié" peut, dans certaines circonstances, être recouvré[17]. » L'oubli peut servir de préalable à la redécouverte féconde, par exemple lorsque les textes sacrés sont détenus par la caste sacerdotale et cessent d'être la possession collective d'un peuple.

La justice est en péril quand l'oubli prédomine. Mais l'excès de mémoire, qui invoque un passé historique oublié pour justifier une action dans le temps présent, peut aussi conduire à l'injustice. Par exemple, la reconstitution d'identités nationales à base de références historiques « oubliées » depuis plus d'un siècle menace directement les individus que cette identité nationale transforme en une « minorité ». Marc Augé, d'une autre manière, rappelle dans son essai sur *Les Formes de l'oubli* qu'on peut aussi parler d'un devoir d'oubli, au service du présent et du futur, qu'un passé récent n'efface pas un passé plus ancien, mais que l'inverse est vrai : on ne saurait mettre en question les droits d'une minorité sous prétexte que son installation sur un territoire est relativement récente[18].

Un autre problème que rencontre la réflexion sur l'oubli et la mémoire, en relation avec la réflexion sur l'histoire, est celui de « l'utilité » du travail de l'historien : celui-ci est-il en mesure de susciter et de guider l'anamnèse collective et individuelle ? Les études historiques suffisent-elles à sauver une tradition ? L'histoire n'est-elle pas au contraire le coup de grâce porté à une

14. *Ibid.*, p. 803.
15. Yosef H. Yerushalmi, « Réflexions sur l'oubli », in *Usages de l'oubli,* Paris, Le Seuil, 1988, p. 11.
16. *Ibid.*
17. *Ibid.*
18. Marc Augé, *Les Formes de l'oubli,* Paris, Payot-Rivages, 1998.

tradition qui, dès qu'elle devient historique, cesse de vivre ? Comment, en somme, mettre l'histoire au service de la mémoire ? Notre XXe siècle n'a-t-il pas souvent laissé pulluler l'histoire au détriment de la mémoire ? La crise de l'historicisme, dans la modernité, est liée au dépérissement des traditions.

Au reste, la mémoire collective peut-elle être un objet de contrôle moral ? L'Allemagne du temps présent a connu deux fois au cours du XXe siècle la situation où le devoir de mémoire officiellement proclamé allait de pair avec l'oubli collectif le plus « méthodique », mais aussi avec des phénomènes pathologiques de souffrance de la mémoire. La RFA de 1949 est bâtie sur cette proclamation du devoir de mémoire. Mais ce sont les mensonges de l'idéologie officielle qui font renaître autour de 1968 cette pathologie de la mémoire allemande que Margarethe von Trotta a si bien représentée dans le film *Les Années de plomb* (1981).

La RFA de 1990 s'est bâtie sur une mémoire elle aussi problématique. Que faut-il désormais identifier comme l'objet du « devoir de mémoire » de l'Allemagne réunifiée ? La Shoah et la Deuxième Guerre mondiale qui ont détruit l'Europe centrale que la réunification n'a pas restituée ? Les utopies de l'émancipation socialiste défigurées par le système de la RDA ? L'identité culturelle éphémère forgée tant bien que mal entre 1949 et 1989 par la société de l'est de l'Allemagne, privée de « miracle économique » ?

Une identité collective, en particulier une identité nationale, n'est-elle faite que de mémoire ? C'est l'idée la plus communément reçue, exprimée par exemple par Renan : l'âme d'une nation, c'est « la possession en commun d'un riche legs de souvenirs ; [et] le consentement actuel, le désir de vivre ensemble, la volonté de continuer à faire valoir l'héritage qu'on a reçu indivis [19] ». Cette équation histoire = mémoire [20] ; nation = héritage commun de souvenirs n'est pas le dernier mot de Renan et l'on serait incomplet si l'on omettait de citer un paragraphe précédent, dans la fameuse conférence du 11 mars 1882 : « L'unité se fait toujours brutalement ; la réunion de la France du Nord et de la France du Midi a été le résultat d'une extermination et d'une terreur continuée pendant près d'un siècle [21]. » Cette pensée de Renan, le commentateur nietzschéen pourrait l'appeler « généalogique ».

Pour Nietzsche, c'est la vie même qui est oubli, tandis que la mémoire, lorsqu'elle se dégrade en dépôt d'archives historiques, n'est que décadence et déperdition de vitalité. Partant de la maxime de Goethe selon laquelle tout savoir est condamnable s'il ne renforce pas la vie, Nietzsche condamne comme paralysante et délétère toute science coupée de l'activité. Ainsi l'his-

19. Ernest RENAN, *Qu'est-ce qu'une nation ?*, Paris, Presses Pocket, 1992, p. 54.
20. Sur ce thème, cf. le numéro 1, 1998, de la *Revue de Métaphysique et de morale*, intitulé « Mémoire, histoire », contenant les articles remarquables de Paul RICŒUR, Reinhart KOSELLECK, Krzysztof POMIAN et Jeffrey Andrew BARASH.
21. Ernest RENAN, *Qu'est-ce qu'une nation ?*, *op. cit.*, p. 41.

toire n'est justifiée à ses yeux que si elle sert l'action et la vie. Il ne pose pas la question du statut épistémologique de l'histoire : la question de la vérité en histoire, de « l'objectivité » et de la bonne méthode pour y parvenir. Il serait cependant faux d'affirmer que Nietzsche rompt avec une certaine tradition classique : au contraire, il prend au pied de la lettre la maxime de Cicéron *historia magistra vitae*[22] Nietzsche, il est vrai, rappelle que toute histoire n'est pas *magistra vitae*. La mauvaise histoire, celle du *Historismus* (c'est-à-dire, dans le contexte intellectuel qui est celui de Nietzsche, l'histoire comme discipline scientifique, comme savoir positif), est une école de décadence.

À la différence de l'animal qui vit dans un éternel présent sans histoire, écrit Nietzsche, l'homme ne peut oublier : il reste lié à son passé. Mais l'homme a aussi besoin de l'oubli pour pouvoir agir. Une extension excessive du sens historique finirait par nuire à toute vie : celle de l'individu, mais aussi à celle du peuple et de la civilisation tout entière. L'indifférence envers le passé autant que la connaissance de l'histoire sont indispensables à la vitalité des peuples. Et cet élément non historique est le plus important des deux, estime Nietzsche, car sans lui aucune réalisation créatrice ne peut aboutir. « Les Grecs n'avaient pas besoin d'histoire », pense Nietzsche, « ils n'avaient pas ce culte du passé qui empêche de créer[23] ».

Nietzsche ne conçoit pas de culture sans conscience historique. Mais il constate que l'homme moderne considère les fresques historiques qui ornent ses palais nationaux comme un visiteur « se fait offrir le spectacle d'une Exposition universelle[24] ». Ce passage fait songer à Baudelaire à qui l'exposition universelle inspirait quelques-unes de ses formules les plus pessimistes sur l'idée de progrès. Nietzsche constate chez ses contemporains une relation tout à fait déséquilibrée entre l'histoire et la vie. Ils traînent un énorme fardeau de savoir avec eux, sans que leurs connaissances aient des effets dans la vie réelle. Ils ressemblent à des encyclopédies ambulantes, mais de culture, ils n'ont que l'idée.

Le principe, largement surestimé, de scientificité, condamne l'historien à la stérilité, affirme Nietzsche. L'histoire pousse à se croire investi du droit de rendre une justice supérieure, au nom de l'objectivité historique. Nietzsche n'a pas de mal à démonter la notion naïve d'objectivité. Citant Schiller et Grillparzer, il rappelle que l'historien véritablement objectif doit être aussi un artiste. Il faudrait que la science historique devienne un art si l'on veut qu'elle éveille et nourrisse la créativité. « L'historicisme, ce n'est pas seu-

22. Le rapprochement entre Nietzsche et Cicéron est dû à Hans-Georg GADAMER, « Präludium : Erinnerung und Geschichte », in *Vom Nutzen und Nachteil der Historie für das Leben : Nietzsche und die Erinnerung in der Moderne*, Dieter BORCHMEYER (éd.), Francfort/Main, Suhrkamp, 1996, p. 11-14.
23. Marc CRÉPON, Notice sur la *Deuxième Considération inactuelle, in* NIETZSCHE, *Œuvres*, vol. 1, Paris, Gallimard, La Pléiade, 2000, (p. 1068-1077) p. 1069.
24. NIETZSCHE, *De l'utilité et de l'inconvénient de l'histoire pour la vie, loc. cit.*, p. 242.

lement la confiscation scientifique exacerbée – et en son fond infiniment nihiliste, mais Nietzsche n'utilise pas encore le mot – de la mémoire, c'est aussi un rapport à la vie qui ne laisse aucune place à [...] l'irruption d'une œuvre de génie[25]. »

Les réflexions sur l'oubli et la mémoire, sur le rôle de l'historien et sur les limites de la science historique dans la construction et la rectification de la mémoire collective conduisent Nietzsche à insister sur le caractère improductif du « travail de mémoire » des historiens. Les commémorations solennelles finissent par étouffer la mémoire vivante d'un peuple. Les réunions savantes n'ont aucun effet sur la conscience historique des contemporains. Nietzsche écrit ainsi à propos de David Friedrich Strauss, dans la première *Considération inactuelle* : « On se souvient de réunions de représentants du monde savant où, quand chacun a parlé de sa spécialité, la conversation ne dénote plus que la fatigue, le besoin de distraction à tout prix, l'éparpillement de la mémoire et l'incohérence des conceptions. Quand on entend parler Strauss [...] on est effrayé de son manque d'expérience vraie et de connaissance originale des hommes. Tous les jugements sont uniformément livresques. [...] Les réminiscences littéraires remplacent les idées véritables[26]. » Oublier pour réinventer une tradition culturelle et régénérer la *Bildung* : telle serait la formule qui se dégage des *Inactuelles*.

Les historiens ont le plus souvent considéré avec perplexité, quand ce n'était pas avec indignation, l'*Inactuelle* sur l'histoire. En réalité, Nietzsche n'attaque pas l'histoire et les historiens en général : il s'en prend aux historiens de son époque et il analyse le statut de l'histoire dans la société allemande contemporaine. Ce ne sont pas les historiens les plus grands et les plus importants qui sont visés, mais ceux que la société allemande tient en haute estime alors que Nietzsche les considère comme des mystificateurs. Ranke, persiflé dans la *Seconde Considération inactuelle* comme « le virtuose » de l'histoire, n'était pas le pire aux yeux de Nietzsche. Treitschke, en revanche, lui inspirait une véritable aversion. Il avait fait connaissance avec cet historien à Leipzig, en 1866, à l'époque où Treitschke, face à la guerre austro-prussienne, parlait en patriote admirateur de Bismarck, mais aussi en libéral. Nietzsche avait lu la brochure[27] de Treitschke de juillet 1866 et partageait grosso modo son point de vue. Mais par la suite, Nietzsche vit en Treitschke, devenu professeur à Berlin, auteur d'une *Histoire de l'Allemagne* conforme à l'idéologie nationale prussienne qui fut un grand succès de librairie, un brillant essayiste d'inspiration nationaliste et antisémite, l'incarnation du type de l'historien « empoisonneur » de la culture alle-

25. Marc Crépon, *loc. cit.*, p. 1070.
26. Nietzsche, *Considérations inactuelles, I, David Strauss, le confesseur et l'écrivain, in* Nietzsche, *Œuvres, loc. cit.*, p. 187.
27. Édition française : Heinrich von [Henri de] Treitschke, *L'Avenir des moyens États du Nord de l'Allemagne*, Paris, 1866.

mande. Dans *Par-delà le bien et le mal,* § 251, Nietzsche fustige « chez les Allemands d'aujourd'hui, tantôt la bêtise antifrançaise, tantôt la bêtise antisémite, ou antipolonaise, ou romantico-chrétienne, ou wagnérienne, ou teutonique, ou prussienne (regardez donc ces pauvres historiens, les Sybel et les Treitschke, avec leurs grosses têtes matelassées [28]) ». C'est dans *Ecce homo* que Nietzsche règle son compte à Treitschke le plus vertement : « Il y a une façon d'écrire l'histoire conforme à l'Allemagne de l'Empire; il y a même, je le crains, une façon antisémite d'écrire l'histoire, – il y a une façon d'écrire l'histoire pour la Cour, et M. von Treitschke n'en a pas honte [29]... »

Analysant le champ sémantique d'*Ursprung, Entstehung, Herkunft, Abkunft, Geburt, Anfang, Genealogie,* Michel Foucault montrait que, pour la « nouvelle histoire » nietzschéenne, « La généalogie ne s'oppose pas à l'histoire comme la vue altière et profonde du philosophe au regard de taupe du savant; elle s'oppose au contraire au déploiement métahistorique des significations idéales et des indéfinies téléologies. Elle s'oppose à la recherche de l'"origine" [30]. » Ainsi, en tant que *wirkliche Historie,* elle « apprend aussi à rire des solennités de l'histoire de l'origine [31] ». Elle révèle « qu'à la racine de ce que nous connaissons et de ce que nous sommes, il n'y a point la vérité et l'être, mais l'extériorité de l'accident [32] ». En somme, « Le sens historique [...] réintroduit dans le devenir tout ce qu'on avait cru immortel chez l'homme. » La « méthode généalogique » nietzschéenne déconstruit les grands récits de l'histoire nationale qui ne sont qu'une œuvre de manipulation mémorielle, de même qu'elle déconstruit les grandes fables moralisantes de la tradition chrétienne.

Pour notre réflexion, c'est l'aspect immédiatement « actuel » de cette Considération inactuelle qui mérite d'être souligné. C'est la crise de la culture allemande, aggravée par l'exaltation nationaliste provoquée par les éclatantes victoires de Königgrätz-Sadowa et de Sedan, qui afflige Nietzsche. Quand il parle d'histoire, il parle d'abord de l'histoire et des historiens allemands. Le culte du passé prussien, le sentiment d'autosatisfaction des milieux dirigeants, largement répandu aussi dans la population, ont corrompu la culture allemande. L'unification nationale réalisée par Bismarck sous la forme du Reich proclamé à Versailles en janvier 1871 pourrait bien avoir été une calamité si elle avait, comme le pense Nietzsche, perverti et rendu stérile le génie de la culture allemande qui s'était épanoui à l'époque de Goethe. Nietzsche exprime déjà, dans cette *Deuxième Considération inactuelle* sur l'histoire le sentiment de colère et de répulsion qu'il condensera

28. Nietzsche, *Œuvres, loc. cit.,* vol. 2, p. 697.
29. Nietzsche, *Œuvres, loc. cit.,* vol. 2, p. 1186.
30. Michel Foucault, « Nietzsche, la généalogie, l'histoire », in *Hommage à Jean Hyppolite,* Paris, Presses Universitaires de France, 1971, p. 145-172; repris dans M. Foucault, *Dits et écrits, 1954-1988,* vol. 2, 1970-1988, Paris, Gallimard, 1994, (p. 136-156) p. 136 *sq.*
31. *Ibid.,* p. 139.
32. *Ibid.,* p. 141.

dans *Le Gai savoir*, au § 377 intitulé « Nous autres sans-patrie » : « Nous sommes bien loin d'être assez "allemands" – tel qu'on emploie aujourd'hui le mot "allemand" – pour être les porte-parole du nationalisme et de la haine des races, pour pouvoir nous réjouir des maux de cœur nationaux et de l'empoisonnement du sang qui font qu'en Europe les peuples se barricadent et se mettent mutuellement en quarantaine[33]. »

On peut considérer avec perplexité et scepticisme les attaques de Nietzsche contre la rigueur « scientifique » de l'historien et sa revendication d'une sorte de souveraine liberté du jugement sur le passé historique[34]. Mais si l'on admet avec Paul Ricœur que « l'éducation civique de la mémoire collective » est une des tâches les plus urgentes en même temps que les plus délicates de l'historien, alors on comprend que la corrosive critique de la « justice » et de « l'injustice » du jugement historique, chez Nietzsche, touchait à un point essentiel[35]. « Je reste troublé par l'inquiétant spectacle que donnent le trop de mémoire ici, le trop d'oubli ailleurs, pour ne rien dire de l'influence des commémorations et des abus de mémoire – et d'oubli. L'idée d'une politique de la juste mémoire est à cet égard un de mes thèmes civiques avoués[36]. »

Le manque « insoutenable » d'une juste mémoire, c'est le thème des premiers romans de Milan Kundera : « La plupart des êtres s'adonnent au mirage d'une double croyance : ils croient à la *pérennité de la mémoire* (des hommes, des choses, des actes, des nations) et à la *possibilité de réparer* (des actes, des erreurs, des péchés, des torts). L'une est aussi fausse que l'autre. La vérité se situe juste à l'opposé : tout sera oublié et rien ne sera réparé. Le rôle de la réparation (et par la vengeance et par le pardon) sera tenu par l'oubli. Personne ne réparera les torts commis, mais tous les torts seront oubliés[37]. »

Maurice Halbwachs[38] a montré que la continuité de la mémoire vivante et la présence du passé sous la forme des traditions sont étrangères à la périodisation historique. Yerushalmi évoquait le « malaise dans l'historiographie » que l'on peut interpréter comme le différend entre l'histoire et la mémoire. « Que la mémoire personnelle ou collective se réfère par définition à un passé maintenu vivant grâce à la transmission de génération en génération, c'est là la source d'une résistance de la mémoire à son traitement historiographique. La menace de déracinement est là ; Halbwachs n'a-t-il pas dit : "L'histoire commence là où la tradition s'arrête" ? Il n'y a pas

33. Nietzsche, *Œuvres*, Jean Lacoste, Jacques Le Rider (éd.), *loc. cit.*, vol. 2, p. 248.

34. Jacobus Geijsen, *Geschichte und Gerechtigkeit. Grundzüge einer Philosophie der Mitte im Frühwerk Nietzsches*, Berlin-New York, Walter de Gruyter, 1997.

35. Paul Ricœur, « Les rôles respectifs du juge et de l'historien », in *Esprit*, août-septembre 2000, n° 8-9, p. 59.

36. Paul Ricœur, *La Mémoire, l'histoire, l'oubli*, Paris, Le Seuil, 2000, p. I.

37. Kundera, *La Plaisanterie*, Paris, Gallimard, Folio, 1980 [1967], p. 391 *sq.*

38. *Les Cadres sociaux de la mémoire*, Paris, Alcan, 1925, rééd. Paris, Albin Michel, 1994 ; *La Mémoire collective*, Paris, PUF, 1950, rééd. Albin Michel, 1997.

d'équivalence entre le sens dans l'histoire, la mémoire du passé et l'écriture de l'histoire. Ni le sens, ni la mémoire ne dépendent finalement du genre historique[39]. »

Cette conclusion de Yerushalmi rejoint à mon avis la position nietzschéenne. C'est ainsi que je propose de relire la critique des sciences historiques engagée dans la *Seconde Considération inactuelle* : comme une des origines de la réflexion contemporaine sur la crise de la culture mémorielle qui, un siècle après la mort de Nietzsche, affecte plus que jamais notre conscience historique.

Le mélange indémêlable de l'histoire « scientifiquement établie » et de la mémoire est analysé, dans le dernier grand ouvrage de « culture-analyse » de Sigmund Freud, *L'Homme Moïse et la religion monothéiste,* qui « déconstruit » une des identités les plus solidement ancrées dans la conscience d'une continuité historique : l'identité juive. Une des lectures possibles[40] de ce livre de Freud consiste à y déceler les éléments d'une crise d'identité typiquement centre-européenne : celle d'un Juif viennois assimilé à la culture allemande, victime de l'antisémitisme devenu dominant au sein de sa société d'adoption, et celle d'un citoyen de l'ancienne Autriche-Hongrie minée et finalement ruinée par les conflits des nationalités, devenue la petite République d'Autriche, elle aussi fragilisée depuis sa fondation par la difficulté d'affirmer une identité nationale autrichienne séparée de l'identité allemande.

Dans *L'Homme Moïse et la religion monothéiste*, la tradition suprême de notre civilisation, le *Pentateuque*, est déconstruite et apparaît en fin de compte comme un « grand récit mémoriel » jeté comme une grande arche au-dessus des gouffres de la discontinuité.

Tout commence, dans la construction historique de Freud, avec Aménophis IV Akhénaton, fondateur d'une anti-religion monothéiste opposée à la religion égyptienne traditionnelle. Après la mort de ce pharaon en 1338 av. J.-C., toute trace de sa réforme théoclaste fut méthodiquement effacée. Ses temples furent rasés, ses images détruites. Ses cultes interrompus et interdits, ses fêtes supprimées. Freud fait de Moïse un prêtre égyptien ayant activement participé à la rupture de tradition religieuse voulue par Akhénaton. Après l'échec de cette anti-religion, Moïse l'Égyptien conçut l'idée audacieuse d'élire les Hébreux, peuple paria d'Égypte, pour reprendre à nouveaux frais l'expérience d'implantation d'un culte monothéiste. Ce Moïse égyptien fut, nous dit Freud, rejeté, puis assassiné par le peuple des Hébreux qui ne supportait plus le poids de la mission que Moïse voulait

39. Yosef Hayim Yerushalmi, trad. Éric Vigne, *Zakhor. Histoire juive et mémoire juive,* Paris, La Découverte, 1984, p. 30-31.

40. Dois-je préciser que cette lecture, qui restreint la portée du texte de Freud, n'est pas la seule qui me paraisse possible… J'ai moi-même proposé une lecture de *L'homme Moïse et la religion monothéiste* dans *Freud, de l'Acropole au Sinaï. Le retour à l'antique des modernes viennois,* Paris, Presses universitaires de France, 2002.

leur imposer. L'autre Moïse, le Madianite, intervint alors et ramena les Hébreux vers un culte moins exigeant, celui de Yahvé, proche du culte de Baal répandu dans la région de Canaan. « Mais, écrit Freud, la religion de Moïse n'avait pas disparu sans laisser de traces ; il s'en était conservé une espèce de souvenir, une tradition peut-être obscurcie et déformée. Et ce fut cette tradition d'un grand passé qui continua à agir à l'arrière-plan, qui prit toujours plus de pouvoir sur les esprits et qui en arriva enfin à faire du dieu Yahvé le dieu mosaïque[41]. » C'est au terme d'une période de latence, au moment du retour du refoulé et de l'édification du mythe de Moïse que furent codifiés son message et sa Loi, ainsi que son contexte narratif.

C'est ainsi que Freud récapitule une des opérations les plus considérables de conversion de la discontinuité en continuité. Discontinuité du polythéisme au monothéisme, des Égyptiens aux Juifs, de la violence à l'éthique, de la manipulation et de la transmission mémorielles déformantes à l'affirmation de l'esprit scientifique. De Moïse l'Égyptien à Moïse le Sinaïtique. Le « roman historique » de Freud présente un schéma que l'on pourrait appliquer à bien des histoires nationales d'Europe centrale et orientale et à leur codification mémorielle au cours du XIXe siècle.

Quelle conclusion tirer de ces réflexions qui ont conduit de Renan à Freud ?

Dans *L'Homme Moïse*, on retrouve chez Freud la satisfaction, mêlée de défi, d'être reconnu comme juif et d'affirmer son identité juive. Son texte constitue un rejet provocateur, une mise en doute radicale, des identités préfabriquées et imposées par la communauté familiale et sociale. Comme chaque fois qu'il est question d'identité dans les textes de Freud, celle-ci, en l'occurrence l'identité juive, est mise en jeu et fait l'objet d'une déconstruction radicale, puis d'une reconstruction originale et individualiste. La définition de l'identité juive que Freud élabore dans son dernier ouvrage est un des exemples les plus impressionnants de l'assimilation de certains intellectuels juifs allemands et viennois, non à la culture chrétienne, ni à l'identité nationale du peuple environnant, mais à la modernité scientifique. Freud témoigne de cette position que l'historienne israélienne Shulamit Volkov appelait « l'invention d'une tradition juive[42] ». Cette formule de Shulamit Volkov faisait écho au titre d'un collectif publié par Eric Hobsbawm et Terence Ranger en 1983 : *The Invention of Tradition*[43]. Dans cette pers-

41. Sigmund FREUD, *L'Homme Moïse et la religion monothéiste*, trad. Cornélius Heim, Paris, Gallimard, 1986, p. 155.
42. Shulamit VOLKOV, *Jüdisches Leben und Antisemitismus im 19. und 20. Jahrhundert*, Munich, Beck, 1990.
43. Eric HOBSBAWM, Terence RANGER, *The Invention of Tradition*, Cambridge, Cambridge University Press, 1983 ; traduction française par Christine VIVIER, *L'Invention de la tradition*, Paris, Amsterdam, 2006.

pective, toutes les identités nationales apparaissent comme des *Imagined Communities*[44].

La force d'entraînement de l'imaginaire et des représentations peut se révéler irrésistible et dévastatrice, comme l'a montré le destin des Juifs à l'époque où Freud terminait son *Moïse.* Les traditions « inventées » depuis quelques décennies peuvent se révéler aussi solides que les traditions ininterrompues depuis des siècles, et les communautés « imaginées » n'ont pas moins de cohésion que les communautés ancestrales. La modernité n'a certainement pas proclamé l'avènement d'un individualisme « sans qualités » (R. Musil), voire « sans identité », ce qui serait une formule absurde et contradictoire, car on ne peut concevoir la perte d'identité que comme pathologique. Le cas de Freud montre tout au plus la possibilité d'une « hygiène critique » de l'identité, consistant à récuser les schémas identitaires imposés à l'individu et à recomposer librement, pour son usage personnel, une identité choisie et voulue et non reçue ou subie. L'utopie d'une société européenne placée sous le signe de la liberté et de la rationalité serait que chaque individu puisse ainsi concevoir son identité, en particulier son identité nationale, comme un choix et non comme une fatalité.

44. Titre de l'ouvrage de Benedict Anderson, publié en 1983, paru en français sous le titre *L'Imaginaire national : réflexions sur l'origine et l'essor du nationalisme*, Paris, La Découverte, 1996, dans la traduction de Pierre-Emmanuel Dauzat.

Première partie

POLITIQUE DE L'HISTOIRE ET POLITIQUE DE LA MÉMOIRE

Ideae magnanimitatis Illyricae et Pannonicae : héroïsme baroque et (dé)construction de la mémoire nationale

Zrinka Blažević

Au sein du répertoire symbolique propre à cette science de la vertu qu'est l'arétologie[1] des premiers temps modernes, la primauté, parmi tous les modèles de mise en scène de l'héroïsme, revient sans conteste à la guerre contre les Turcs. Grâce à la fonction iconique de ce conflit opposant les principes, déterminés au niveau religieux et civilisationnel, de *virtus divina* (vertu divine) et de *feritas* (férocité), qui constituent dans la dialectique éthique aristotélicienne la *virtus heroica* (vertu héroïque[2]), la guerre contre les Turcs jouit dans l'imaginaire baroque du statut privilégié de *théâtre de l'honneur*[3].

Appréhendée dans cette perspective symbolique et politique, la guerre austro-turque qui à la fin du XVIIe siècle marqua la fin de la domination ottomane dans le Sud-Est de l'Europe, fit à la fois office de scène idéale pour la réalisation et la manifestation exemplaires de l'éthique militaire héroïque, base traditionnelle de l'identité collective des ordres croates, mais aussi d'efficace catalyseur d'une prise de conscience de leur propre valeur éthique et politique. Aussi ne faut-il pas s'étonner si le fléchissement des affrontements armés dans la dernière décennie du XVIIe siècle vint renforcer au sein des ordres croates l'acuité de la question des modalités de mise aux normes, d'archivage, de représentation et de diffusion de la mémoire nationale officielle.

1. Voir l'excellente étude sur l'arétologie du début des temps modernes, portant plus particulièrement sur les aspects moraux et théoriques et les fonctions politiques du concept d'héroïsme baroque : Martin Disselkamp, *Barockheroismus. Konzeptionen « politischer » Größe in Literatur und Traktatistik des 17. Jahrhunderts*, Tübingen, Niemeyer, 2002.
2. Aristote, *Éthique à Nicomaque*, VII, 1-2.
3. Dans les représentations baroques de l'héroïsme, la métaphore du théâtre renvoie à une mise en scène de la vertu héroïque, car sous l'influence de la philosophie politique du tacitisme, il apparaît comme largement plus efficace, pour la formation de la morale héroïque, de recourir à un ensemble performatif plutôt que de dispenser des consignes éthiques abstraites.

Le premier pas concret dans ce sens est franchi en 1694 à Zagreb avec la fondation de l'Imprimerie nationale, confiée par décision de la Diète croate à Pavao Ritter Vitezović (1652-1713), l'un des intellectuels majeurs de son époque et en outre principal idéologue de l'émancipation politique des ordres croates. Les principaux objectifs de la stratégie éditoriale de Vitezović visaient à élaborer le canon de la mémoire nationale à travers une historiographie et des œuvres littéraires en latin, et d'autre part de lui assurer une large réception dans les almanachs populaires[4].

L'autre forme, complémentaire, de « travail sur la mémoire nationale » revêtait une dimension didactico-pédagogique plus explicite, censée assurer l'assimilation des contenus « patriotiques » par les trois ordres et par toutes les générations. Les dépositaires institutionnels de ce projet étaient les lycées jésuites, principaux établissements d'enseignement dans le royaume de Croatie, créés à partir du début du XVIIe siècle dans tous les centres urbains relativement importants, à la faveur des réformes post-tridentines. L'un des aspects de l'éducation patriotique s'exprimait à travers le média artistique privilégié des jésuites, à savoir le théâtre, l'autre instrument, non moins efficace, de la pédagogie nationale étant confié aux manuels « appropriés et utiles à l'éducation de la jeunesse », imprimés avec l'autorisation de l'Église[5].

Aujourd'hui presque oublié, le recueil de poèmes en latin de l'ancien élève des jésuites Ivan Franjo Čikulin (1681-1746) *Ideae magnanimitatis Illyricae et Pannonicae* [Idées de la magnanimité illyrienne et pannonienne], imprimé par Pavao Ritter Vitezović en 1705 et accompagné d'un poème de circonstance signé par ce dernier, fournit un exemple représentatif de cette production moraliste à l'usage des écoliers, dans le strict sillage des normes rhétoriques et poétiques fixées pour le *genus pulcherrimum heroicum*, ce genre héroïque le plus beau. L'affiliation de cette œuvre à ce genre apparaît clairement dès le titre, dans lequel sont synthétisées deux lignes directrices éthiques et esthétiques fondamentales de l'héroïsme baroque, à savoir l'exemplarité sous la forme d'un modèle parfait (*idea*) et la supériorité éthique inhérente à la vertu cardinale qu'est la magnanimité. Par ailleurs, afin de stimuler la formation morale pratique de l'individu (*incitamenta virtutis*), puisque tel était l'objectif final que poursuivaient l'arétologie de la Réforme catholique et la pédagogie mise à son service, la poétique baroque fournit l'important mécanisme performatif de l'imitation (*imitatio*) ou encore de l'émulation (*aemulatio*), censé assurer l'intériorisation et la réactualisation efficace de modèles éthiques. Telle est l'orientation qui se dégage dans l'introduction de Čikulin, et dans laquelle il cite précisément

4. Zrinka Blažević, *Vitezovićeva Hrvatska između stvarnosti i utopije* [La Croatie de Vitezović entre réalité et utopie], Zagreb, Barbat, 2003, p. 174-183.
5. Pour plus de détails, voir Miroslav Vanino, *Isusovci i hrvatski narod* [Les jésuites et le peuple croate], tome I, Zagreb, Filozofsko-teološki institut družbe Isusove, 1969, p. 120-140.

la triade *virtus, memoria, aemulatio* comme principe de production et axe de réception fondamentaux[6].

Au niveau de la composition, les *Idées* peuvent être divisées en deux ensembles symétriques. Vingt-quatre brèves épopées en hexamètres dactyliques composent les deux tiers de l'œuvre, où l'auteur expose tour à tour les vertus militaires des héros « illyriens » et « pannoniens[7] ». Le troisième tiers est également structuré selon le principe de la complémentarité entre thématiques illyrienne et pannonienne, mais à la différence du mode épique héroïque de la première partie, les représentations poétiques des vertus héroïques sont transposées dans le registre intimiste d'épîtres en vers élégiaques de deux couples (d'une part Krsto Frankopan [1643-1671], de l'autre, le vice-roi de Hongrie Benko et leurs épouses), ainsi que dans deux éloges funèbres (de Stjepan Patačić et István Losonczy). Ainsi l'héroïsme apparaît-il non seulement comme un élément discursif convenant aux genres épique et lyrique, mais il est aussi implicitement promu au rang de modèle universel de vie.

En ce qui concerne les stratégies rhétoriques et poétiques de construction de la mémoire nationale dans l'œuvre de Čikulin, il convient de remarquer un phénomène de transfert de genre. En effet, fidèle à la manière de la poétique baroque, Čikulin développe sous forme de variations poétiques le motif de l'héroïsme qui puise son *argumentum* aux œuvres historiographiques canoniques d'Antonio Bonfini (1427-1502), Miklós Oláh/Nicolaus Olahus (1493-1568), Miklós Istvánffy (1538-1615), Ivan Sambuk/Ioannes Sambucus (1531-1584) et Juraj Rattkay (1612-1666), indiquant consciencieusement le passage utilisé dans l'original. Ce procédé poursuit essentiellement un objectif de légitimation, puisqu'il permet de renforcer le mandat accordé à la vraisemblance poétique (*verisimilitudo*) à l'aide de la vérité historiographique (*verum*). En outre, il ne faut pas négliger les importantes fonctions pédagogiques de ce type d'intertextualité entre genres car, ainsi que l'a exprimé métaphoriquement Aleida Assmann, « l'art et l'histoire sont les scènes et les contenus majeurs du discours éducatif[8] ». Cette symbiose

6. « *Aussi considérai-je que les âmes glorieuses [de nos] ancêtres prisonnières des champs Élysées (pour que l'oubli ne les engloutisse point tout à fait) devaient en récompense de leur excellence être confiées à ce modeste souvenir, afin que dans l'évocation renouvelée de la fidélité et de la vertu de ses aïeux, leur descendance reconnaissante puisse s'incliner devant leur nom victorieux. Que l'œuvre ne l'emporte par sur le thème, mais le thème sur l'œuvre.* » Ioannes Franciscus Chykuliny [Ivan Franjo Čikulin], *Ideae magnanimitatis Illyricae et Pannonicae viginti quattuor*, Zagreb, 1705, Praefatio.

7. À savoir, dans l'ordre : un soldat illyrien anonyme, Attila le Hun, l'Illyrien Franjo Oršić, le Hongrois Lehel, l'Illyrien Nikola Zrinski, le Hongrois Bothond, l'Illyrien Vuk Križanić, le Hongrois Bathor Opos, l'Illyrien Petar Zrinski, saint Ladislas roi de Hongrie, l'Illyrien Vuk Mrnavić, le Hongrois Zotmund, l'Illyrien Ivan Vojković, le Pannonien Béla, un jeune Illyrien de treize ans, le Hongrois Matija Gereby, l'Illyrien Petar Keglević, le Hongrois Emeric, l'Illyrien Toma Erdödy, le Hongrois János Hunyadi, l'Illyrien Nikola le Macédonien, le Hongrois Emeric Dranceny, l'Illyrien Benedikt Vinković et le Hongrois Szepsi István/Stjepan de Spiš.

8. Aleida Assman, *Arbeit am nationalen Gedächtnis : eine kurze Geschichte der deutschen Bildungsidee*, Francfort/Main-New York, Campus, 1993 ; trad. française Françoise Laroche : *Construction de la mémoire nationale : une brève histoire de l'idée allemande de Bildung*, Paris, MSH, 1994.

de l'esthétique et de l'éthique en tant qu'essence de la pédagogie sociale baroque s'est cristallisée dans la célèbre sentence *delectare et prodesse* (plaire et être utile), ce qui signifie que la vertu individuelle n'accède à sa réalisation ontologique que par le truchement de l'acte esthétique en tant que passerelle vers une perfection sociale collective[9].

Les modalités de représentation et de mise en scène des vertus héroïques contribuent largement à la réception du discours héroïque de Čikulin. La principale stratégie sur laquelle, à la différence des préceptes régulateurs abstraits de la philosophie morale (*praecepta*), s'appuie l'utilité pratique et politique des exemples historiques (au sens de *exempla*), est l'individualisation et la personnalisation des vertus, leur mise en situation dans l'espace et dans le temps, sous la forme d'une expression réelle et historique. Aussi les incarnations des vertus héroïques sont-elles ici des personnalités historiques et non mythologiques, dont la survivance historique et la supériorité morale sont garanties dans le discours par l'historiographie qui les a, du reste, sauvées de l'oubli historique par le biais des mécanismes inhérents de la sélection éthique. Simultanément, grâce à la manifestation parfaite de leur vertu héroïque dans la *magnanimitas*, les héros historiques non seulement abolissent la contingence historique (*sors*), mais ils transcendent encore le temporel et, par le mécanisme d'un discours mémoriel, ils se voient transposés dans le domaine du mythe, devenant *ipso facto* des composantes de l'être national[10].

Dans l'arétologie baroque, à la suite de l'*Éthique à Nicomaque* d'Aristote, la magnanimité est définie comme la forme idéale des relations et de l'activité humaines. Sachant qu'elle se conceptualise comme vertu composite, la magnanimité résume plusieurs caractères moraux positifs, en premier lieu l'aspiration à la gloire, le courage, l'abnégation, l'équité, la générosité et la constance, qui dans la version nationale « illyrienne » apparaît souvent comme une « vertu ancestrale » (*virtus avita*). Bien que la possibilité de l'existence d'une variante féminine de la vertu héroïque fasse l'objet de

9. Cette doctrine est par exemple articulée de façon explicite dans l'ouvrage *Éducation poétique*, l'un des manuels de rhétorique et de poésie baroques les plus populaires, dû à Gerhard Johannes Vossius (1577-1649), professeur de rhétorique et d'histoire à l'Université de Leiden : « Le poète a une double tâche : la première relève de l'art, à savoir enseigner et réjouir par le poème, quel qu'en soit le thème. La seconde tâche est fondamentale, à savoir d'épurer les âmes humaines de leurs défauts par le truchement de l'imitation et du récit. C'est en fonction de cette fin qu'est défini le devoir du poète : il se doit tout d'abord d'être lui-même un homme vertueux et avisé, qui plus est, il importe qu'il soit plus avisé que vertueux, car nous croyons que ne sont vertueux que ceux qui nous semblent tels. La poésie, donc, doit être au service de la politique. » *Gerardi Ioannis Vossii Poeticarum Institutionum libri tres*, Amsterdam, 1647, VII, p. 36.

10. Cette idée trouve sa plus claire illustration dans l'adresse de Čikulin au groupe auquel il destine son ouvrage : la « jeunesse illyrienne », dans l'éloge funèbre de Stjepan Patačić : « Quant à toi, ô jeunesse, enfantée par la terre illyrienne/Regrette le valeureux homme que Mars pleure./Apprends à désirer mourir pour ta patrie car/C'est la mort d'un grand preux. Apprends à vouloir mourir./Celui qui parmi vous veut vivre pour les siècles des siècles/Doit apprendre à vouloir qu'une telle mort le frappe./Grandir et grandir encore afin de venger sa mort,/Pour que le Turc sache à qui il porte ombrage. » Ivan Franjo Čikulin, *op. cit.*, p. 139.

constants débats parmi les moralistes baroques, Čikulin élabore dans les deux épîtres en vers consacrées aux épouses-héroïnes un modèle normatif de l'héroïsme féminin qui correspond largement à la variante masculine, avec en outre l'élément significatif, traditionnellement codé sexuellement, de la chasteté (*chastitas*[11]).

La comparaison des deux catalogues nationaux de vertus, « illyrien » d'une part et « pannonien » de l'autre, révèle que la piété (sous la forme, bien évidemment, de l'orthodoxie catholique) est traitée comme vertu « illyrienne » distinctive, soulignée aux côtés de l'indiscutable loyauté politique aux souverains habsbourgeois comme avantage décisif par rapport à « l'infidèle Hongrie » et dans le cadre du programme politique des ordres croates, tourné vers la mise en place d'une dyarchie croato-habsbourgeoise.

Conformément au précepte fondamental de la poétique baroque, selon lequel un style oratoire convenable requiert un ornement discursif antique, Čikulin convoque abondamment les modèles traditionnels de l'épopée héroïque antique, en particulier virgilienne, dans sa mise en scène poétique de l'héroïsme en 24 « idées ». Par leur composition, ces brèves épopées présentent un développement poétique de l'argument historiographique. Ce faisant, l'auteur s'applique à dépeindre le héros principal, ses armes et son habitus, ce qui apparaît dans le discours sous forme de descriptions ou de monologues. À la différence de cette minutieuse caractérisation des héros, les figures d'ennemis, surtout turcs, sont présentées sans relief et de façon schématique, comme autant d'incarnations abstraites du principe de cruauté barbare (*feritas*). Čikulin s'écarte parfois de ce modèle, en particulier dans les épisodes de duel, forme exemplaire de manifestation de la vertu militaire masculine, régulièrement précédés d'un dialogue entre les deux protagonistes, à travers lequel le stéréotype de l'ennemi connaît paradoxalement une sorte de réhabilitation discursive.

Les quatre épîtres en vers et les deux éloges funèbres constituent une forme complémentaire de réalisation de la vertu héroïque. L'action héroïque des vingt-quatre héros illyriens et pannoniens, qui s'exprime essentiellement par un grand mépris pour la vie, laisse place dans la seconde partie de l'œuvre de Čikulin à la réflexion des couples héroïques sur eux-mêmes (Krsto Frankopan, le vice-roi de Hongrie Benko et leurs épouses respectives), qui mènent dans leur correspondance fictive un questionnement introspectif sur leurs propres principes moraux et leurs états affectifs. Son contenu éthique étant ainsi exploré et confirmé dans tous les domaines de la vie humaine, la vertu héroïque connaît sa transfiguration métaphysique finale dans les lamentations funèbres du dieu Mars et de son équivalent féminin Bellone, qui pleurent la mort tragique de deux combattants contre

11. Ivan Franjo Čikulin, *op. cit.*, p. 114, 116-119.

les Turcs : le héros illyrien Stjepan Patačić et son homologue pannonien István Losonczy[12].

Bien qu'à première vue l'on puisse penser que la construction et la représentation discursives des mémoires nationales « illyrienne » et « pannonienne » placées côte à côte s'appuie sur le principe du parallélisme et de l'équivalence, une lecture plus attentive dévoile que l'on a ici affaire à la stratégie baroque de dissimulation contrastive, puisque l'apparent équilibre éthique illyro-pannonien dans le cadre d'un modèle de représentation binaire, vise en fait à exalter la supériorité morale et politique de l'héroïsme national illyrien.

Cette stratégie est déployée simultanément sur plusieurs niveaux discursifs. Les contextes de situation au sein desquels se réalisent respectivement l'héroïsme illyrien et pannonien diffèrent tout d'abord notablement quant à leur aspect moral. La *magnanimitas* illyrienne est la conséquence de la guerre contre l'ennemi héréditaire ottoman, ou encore de la lutte politique contre l'hérésie protestante, tandis que son pendant pannonien se réalise dans des situations éthiquement ambivalentes, telles que des campagnes de conquêtes, guerres civiles, défaites militaires et autres captures de prisonniers. De même, l'héroïsme illyrien se réalise le plus souvent dans le contexte chevaleresque d'un duel entre le héros illyrien et son adversaire ottoman, tandis que le héros pannonien n'hésite pas, lorsqu'il fait preuve d'héroïsme, à recourir à la tromperie, la ruse, voire à la forfanterie arrogante. Aussi bien le héros illyrien est-il représenté comme un acteur légitime, en tant que soldat servant dans l'armée régulière du roi ou député parlementaire, dont la seule motivation est « le bien-être et le salut de la patrie ». Les héros pannoniens quant à eux apparaissent dans des rôles troubles de mercenaires, de prisonniers de guerre et de fuyards. Le déséquilibre éthique illyro-pannonien est particulièrement souligné dans plusieurs épisodes héroïques, notamment dans le combat de Nikola Zrinski contre l'armée rebelle du prince de Transylvanie Georges Ier Rákóczi durant la guerre de Trente Ans ou dans l'épisode des tourments imposés à l'évêque de Zagreb Benedikt Vinković par les protestants de la diète de Hongrie, où Čikulin attribue sans ambages aux Hongrois la fonction d'adversaires des Illyriens[13]. Finalement, le rapport critique de l'auteur à l'égard de l'héroïsme pannonien s'exprime explicitement à travers des déclarations dans lesquelles il fustige le manque de loyauté politique et l'esprit de sédition de la Hongrie, ses sympathies pour l'hérésie protestante et la tiédeur de son engagement dans la lutte contre les Turcs[14].

12. *Ibid.*, p. 130-149.

13. *Ibid.*, p.17-21 ; 91-95.

14. Par exemple : « Ô cœurs, ô mains dextres, à quoi êtes-vous prêts dans la guerre civile !/Que vos glaives n'ont-ils ruiné les Turcs enragés ! », Ivan Franjo Čikulin, *op. cit.*, p. 33.

On retrouve un modèle semblable dans la (dé)construction discursive de la variante féminine de l'héroïsme national, incarnée par l'épouse du héros illyrien Krsto Frankopan et celle du vice-roi pannonien Benko. S'il est vrai que toutes deux sont prêtes à sacrifier leur vie pour le bien de leurs époux absents, leurs motivations respectives n'en sont pas moins aux antipodes. Prisonnière des Vénitiens, tenue à l'écart de son mari, l'épouse de Frankopan réussit non seulement à sauvegarder son honneur de femme mariée, mais encore franchit les limites fixées par son sexe, et fait preuve d'une détermination toute masculine en projetant de délivrer son mari de la geôle où il se trouve. Le personnage de l'épouse de Benko, violée pendant l'absence de ce dernier, demeure au contraire dans le code traditionnel attribué à son sexe, car en dehors de ses manifestations évidentes de faiblesse féminine, elle exprime son héroïsme tout à fait passivement, en suppliant son mari de la tuer pour laver sa honte.

Aussi peut-on conclure que l'œuvre de Čikulin représente un répertoire de la mémoire nationale, articulée autour d'un discours affectif de l'héroïsme baroque, mais fonctionne également en tant que construction discursive d'un stéréotype national « illyrien » qui accroît encore son potentiel mobilisateur et intégrateur grâce à sa stratégie de mise en contraste avec l'hétéro-stéréotype « pannonien » négatif, ou du moins éthiquement ambivalent. Le modèle pédagogique dépositaire de la formation éthique et idéologique bâti dans les *Idées* se situe clairement dans le sillage de la politique que menaient alors les ordres croates, marquée d'un côté par des tentatives de plus en plus radicales d'émancipation institutionnelle et politique vis-à-vis de la Hongrie, et de l'autre par des efforts pour mettre en place une relation de partenariat avec le souverain habsbourgeois, en misant sur la loyauté et l'orthodoxie religieuse traditionnelles des ordres[15]. Aussi ne faut-il pas s'étonner si, dès l'année suivante, en 1706, lors de la nomination de Čikulin à la fonction d'émissaire des ordres croates à la cour de Vienne, avec pour tâche de « promouvoir le bien-être et les intérêts de la patrie », ce qui était de toute évidence une capitalisation symbolique de ses talents de poète, se réalisèrent les paroles prophétiques du poème de circonstance de P. R. Vitezović :

> *Qu'un heureux destin t'accompagne : peins les âmes héroïques,*
> *Plus tard comme un héros tu seras loué : et pour finir, salut à toi.*

Traduit du croate par Évaine Le Calvé Ivičević.

15. Zrinka Blažević, *op. cit.*, p. 67-82.

La culture de la mémoire à travers les cérémonies funèbres en l'honneur des empereurs Habsbourg dans les États patrimoniaux de la Maison d'Autriche, du XVIe au XVIIIe siècle

Philippine Casarotto

Nous prenons pour objet d'étude une dynastie dont la domination sur l'espace alpin, danubien et adriatique remonte au Moyen Âge et s'étend jusqu'à la Première Guerre mondiale. À la mort de Marie-Thérèse en 1780, la dynastie habsbourgeoise a traversé – depuis l'accession, en 1273, de Rodolphe Ier de Habsbourg au trône d'Allemagne – cinq siècles d'histoire et cristallisé cinq siècles de mémoire.

Cette continuité du pouvoir imprime à la dynastie habsbourgeoise un caractère particulier. On peut noter par exemple, dans la pratique politique, le poids des traditions, des droits hérités et des « privilèges ancestraux » (*Uhr-alte Privilegien*). Des généalogies mythiques font descendre les empereurs des héros troyens ou des rois francs (Charlemagne), ou bien encore des plus anciennes familles romaines. D'innombrables florilèges et écrits panégyriques transmettent à la postérité les *res gestae* héroïques des souverains. Des galeries de portraits les immortalisent dans les corridors des palais et des abbayes (Melk en Basse-Autriche). Enfin, l'art funèbre exalte la gloire de la dynastie, en particulier dans la crypte des Capucins, à Vienne, ainsi que dans la *Hofkirche* d'Innsbruck, qui abrite le cénotaphe de Maximilien Ier.

La mémoire peut être définie comme l'intériorisation, par une société donnée, de sa propre histoire [1]. Au fil des siècles s'est constituée une mémoire dynastique qui a marqué le paysage culturel de la Monarchie et de ses anciennes possessions ; nous entendons ici le mot culture au sens de l'historien Peter Burke, qui définit celle-ci comme « un système collectif de comportements, de significations et de valeurs [2] ». La culture habsbourgeoise

1. Jörg Jochen Berns, Wolfgang Neuber (éd.), *Ars memorativa. Zur Kulturgeschichtlichen Bedeutung der Gedächtniskunst 1400-1750*, Tübingen, Niemeyer, 1993.
2. Peter Burke, *Popular Culture in Early Modern Europe*, Aldershot, Scolar Press, 1994 (édition originale : *Religion and Society in Early Modern Europe*, Londres, 1984). Cité par Kaspar von Greyerz, *Religion und Kultur. Europa 1500-1800*, Göttingen, Vandenhoeck & Ruprecht, 2000, p. 22.

de la mémoire trouve une expression caractéristique dans les cérémonies d'obsèques célébrées au XVIIe et au XVIIIe siècle en l'honneur des empereurs défunts et dans les discours funèbres composés à cette occasion.

À partir des panégyriques funèbres prononcés à la mort de Ferdinand III en 1657 et de Léopold Ier en 1705, peuvent être dégagés les grands traits de l'historiographie habsbourgeoise baroque, à l'aide de catégories fournies par la rhétorique et l'argumentation. Il s'agira ici, par l'intermédiaire des cérémonies funèbres, de montrer comment la mémoire habsbourgeoise se diffuse dans tous les territoires de la Monarchie, où elle revêt une fonction politique. L'analyse d'une oraison funèbre prononcée à Zagreb en 1781 en l'honneur de Marie-Thérèse, sera l'occasion de s'interroger sur la réaction des états de Croatie face à la *propagatio* de la culture habsbourgeoise.

Éloge et écriture de l'histoire dans les oraisons funèbres habsbourgeoises baroques

Éloge historique et histoire panégyrique

Jusqu'à l'avènement de Marie-Thérèse, l'historiographie habsbourgeoise se caractérise par sa parenté avec l'éloquence panégyrique, conformément à la conception de Cicéron, qui voyait dans l'écriture de l'histoire un « travail particulièrement propre à un orateur [3] ». De même que l'histoire se veut avant tout élogieuse, la louange funèbre a pour ambition de faire œuvre d'histoire. Dans le sermon qu'il prononce à Vienne à la mort de l'empereur Charles VI en 1740, le jésuite Franz Peikhardt souligne la parenté entre l'encomiaste et l'historien : « [Après la mort de Jules César], historiographes et orateurs s'unirent pour détruire, par la plume et par la langue, la mauvaise réputation qui lui avait été faite par les conjurés [4]. »

La conception antique d'une histoire à visée laudative (épidictique), est illustrée à Rome par la colonne Trajane, dont les reliefs sculptés relatent les principaux épisodes du règne de l'empereur Trajan. L'architecte viennois Johann Bernhard Fischer von Erlach s'en inspire en 1716 en dessinant le plan de l'église Saint-Charles de Vienne, qu'il flanque de deux colonnes historiées. L'appareil funèbre dédié cinq ans plus tôt, en 1711, au défunt empereur Joseph Ier, et érigé par le même architecte dans l'église Saint-Augustin de Vienne, s'inscrit également dans l'héritage de la colonne Trajane : les colonnes gothiques soutenant la voûte de l'église sont déguisées en colonnes antiques ; surmontées de trophées, elles portent des reliefs sculptés mettant en scène les événements majeurs du règne de Joseph Ier. Sur le socle de l'édifice, une muse est représentée en train de graver l'épitaphe, soulignant le lien indissociable entre architecture, écriture de l'histoire et éloge de l'empereur.

3. CICÉRON, *Des Lois*, I, 5 : « opus oratorium maxime ».
4. Franz PEIKHARDT, *Ehren-Rede dem grossen Geist Caroli VI. [...]*, Vienne, 1741, p. 3.

Cette historiographie épidictique gagne à être analysée à l'aide de catégories empruntées à la rhétorique. Elle se fonde sur l'amplification (*amplificatio*) et se structure autour de quelques lieux (*topoi*) essentiels.

La mémoire des Habsbourg amplifiée par l'éloge

Aristote définit l'éloge comme « un discours qui met en lumière la grandeur d'une vertu » et en déduit que l'amplification constitue « la forme la mieux appropriée au genre épidictique[5] ». Toutes les figures du discours ont un pouvoir d'amplification. Celle-ci, avant d'être assimilée à l'exagération, à l'hypocrisie ou à la flatterie, doit être considérée dans son aspect technique, c'est-à-dire comme l'ensemble des moyens déployés par l'orateur pour conférer davantage de poids à un argument, et pour agir sur le *pathos* de l'auditeur.

Dans l'oraison funèbre qu'il prononce à la mémoire de Marie-Thérèse à Zagreb en 1781, Stephan de Koloswáry a recours à la répétition et à l'intensification (*incrementum*) :

> « Elle a passé, elle n'est plus, celle qui avait été fille d'empereur, bienheureuse épouse et mère d'empereurs ! La si puissante Reine de Hongrie et de Bohême, de Dalmatie, de Croatie et de Slavonie a cessé de vivre ! Elle est décédée, elle s'est éteinte, celle enfin qui tenait dans sa juste balance le bien de plus de vingt pays, la vie et la mort de plus de vingt nations[6]. »

L'éloquence est par essence « grandiloquente ». Aux yeux de Michael Staudacher, prédicateur jésuite d'Innsbruck, l'idée de grandeur résume la vie et caractérise les vertus de Ferdinand III : « Ferdinand III fut un grand empereur : grand par sa lignée, grand par sa dignité, grand par son pouvoir, grand par sa domination, grand en temps de paix, grand en temps de guerre, grand par sa constance, grand par son amabilité, grand par sa piété, grand dans sa vie et – hélas ! il faut l'ajouter – grand dans sa mort[7]. »

Principaux lieux communs de l'historiographie habsbourgeoise

La notion de lieu se révèle également féconde pour l'étude des représentations. L'historiographie habsbourgeoise baroque, fortement stéréotypée, est structurée par quelques lieux essentiels : recours à la métaphore de l'aigle ou du soleil pour désigner l'empereur ; comparaison de celui-ci avec des héros et des empereurs antiques, ou bien avec des patriarches et des rois de l'Ancien Testament ; mission providentielle des Habsbourg ; protection

---

5. ARISTOTE, *Rhétorique*, trad. Médéric Dufour, Paris, Gallimard, 1991, livre I, 1367b.
6. *Rede von Stephano de Koloswáry [...]*, in *Denkmäler dem unsterblichen Andenken Marien Theresiens gewidmet. Prosaischer Theil*, Vienne, 1785, p. 41.
7. Michael STAUDACHER, *Betraurung deß tödlichen Hintritts Ferdinand deß Dritens*, Innsbruck, 1658, p. 27.

divine spéciale dont ils bénéficient; hérédité de certaines vertus, en particulier la piété (*pietas austriaca*), la clémence et la constance.

La pietas austriaca

La piété, vertu cardinale du prince chrétien, constitue la clé de voûte de l'*ethos* politique de la monarchie habsbourgeoise jusqu'au règne de Charles VI. La « piété victorieuse » est, selon Anna Coreth « le thème principal de l'historiographie baroque[8] ». Et de l'art baroque, pourrait-on ajouter : poésie, dramaturgie[9], éloquence, peinture et sculpture (la colonne de la Peste sur le Graben à Vienne) en font leur motif favori. La *pietas austriaca*, d'inspiration tridentine, se caractérise par la dévotion envers l'Eucharistie, la Vierge Marie et les saints, et envers la Croix du Christ.

Dans l'éloge que le poète et dramaturge jésuite Nikolaus Avancini consacre en 1657 à l'empereur Ferdinand III, l'Eucharistie est qualifiée de « mamelle des rois »; elle fut pour Ferdinand III « l'aliment de la gloire, l'école du gouvernement; par elle il grandit pour régner, [...] et il accomplit le vœu d'Alexandre de Macédoine, dominant l'Orient et l'Occident, le Nord et le Sud[10] ».

« Militat Principibus Deus, qui Dei causam propugnant[11] » : la piété victorieuse (Pietas Victrix)

Tous les discours funèbres se résument à un seul syllogisme : Dieu protège les princes pieux; or les Habsbourg sont pieux; donc la Providence est de leur côté; Dieu les maintient sur le trône impérial, les fait triompher de leurs ennemis et leur accorde fortune et prospérité.

La majeure (« Dieu protège les princes pieux ») est illustrée par pléthore de citations de l'Ancien Testament. Ce schéma vétéro-testamentaire est appliqué tel quel à l'histoire de la dynastie habsbourgeoise, par le moyen d'antonomases et de comparaisons avec les grandes figures bibliques : Abraham, Moïse, Josué, David, Josaphat, les Prophètes. « Les exemples bibliques décrivent par analogie l'état actuel de la Monarchie », écrit Maria Kastl; « la Bible sert de modèle pour comprendre les événements contemporains. [...] L'actualité politique est lue comme l'histoire du Salut[12] ».

8. Anna Coreth, *Österreichische Geschichtsschreibung in der Barockzeit*, Vienne, Holzhausen, 1950, p. 19.
9. La pièce du jésuite Nikolaus Avancini, *Pietas victrix sive Flavius Constantinus Magnus, de Maxentio tyranno victor*, Vienne, 1659.
10. Nikolaus Avancini, *Sapientia Terrarum Coelique Potens, Sive Panegyricus Funebris, Ad Solennes Exequias [...] Ferdinandi III. [...]*, Vienne, 1657, f. C1^{ro}-C1^{vo}.
11. « Dieu protège les princes qui combattent pour la cause divine. » Nikolaus Avancini, *Panegyricus Funebris [...] Ferdinandi IV.*, in *Orationum Nicolai Avancini, Pars Tertia*, Cologne, 1688, p. 61.
12. Maria Kastl, *Das Schriftwort in Leopoldspredigten des 17. und 18. Jahrhunderts. Untersuchungen zur Heiligenpredigt als lobender und beratschlagender Rede*, Vienne, Braumüller, 1988, p. 87.

Les contemporains ressentaient comme providentielle la montée en puissance qu'avait connue l'Autriche sous le règne de Léopold Ier (1658-1705), marqué par la reconquête de la Hongrie sur les Turcs. Joseph Spindler juge « miraculeuse » la fortune des armes impériales à Szentgotthárd/Sankt Gotthard (dans l'actuel Burgenland autrichien) en 1664, à Esztergom/Gran (près de Buda/Ofen) en 1685, à Slankamen (en Voïvodine) en 1691, à Höchstädt (Souabe) contre les Français en 1704 [13]. Gelasius Hieber parle de la vie de Léopold comme d'un « théâtre de prodiges » (*Wunder-szene* [14]), Ignatz Reiffenstuel la compare au « vol prodigieux de l'aigle » (*wunder-voller Adlers-Flug* [15]). Louis XIV lui-même aurait affirmé que Léopold Ier avait toujours un miracle dans sa poche.

Les victoires sont dues à l'intercession de la Vierge, « impératrice des campagnes militaires ». Contre la raison d'État d'inspiration machiavélienne, qui domine la France à la même époque, les discours funèbres des jésuites de la province autrichienne tendent à prouver que, dans la conduite de la « République », la vertu est plus efficace que la ruse. En 1705, à Vienne, la décoration funèbre de l'église des jésuites insiste particulièrement sur ce point. L'emblème ornant la première chapelle est intitulé *Pietas victrix* (La piété victorieuse). L'image représente Ezéchias qui prie pendant que l'Ange frappe l'ennemi d'Israël, Sénachérib. « La piété est efficace pour vaincre les ennemis [16] », commente la devise (ill. 1). Un autre emblème montre Josué vainqueur de Gabaôn grâce à sa prière, capable d'arrêter dans leur course le soleil et la lune (Louis XIV et le Sultan).

Comme le soulignent certains historiens contemporains, l'historiographie habsbourgeoise officielle occulte le fait que Vienne utilisait la menace turque comme moyen de pression pour placer sous sa tutelle les États croates et hongrois. « La frontière militaire, écrit Arnold Suppan, était source de conflit entre l'empereur et les États de Croatie, d'Autriche intérieure et de Hongrie, car le prince, par le biais de l'organisation défensive, développait son pouvoir absolu [17]. » Les Confins militaires étaient gérés directement depuis Vienne, et échappaient à l'autorité de la Croatie civile. Les populations orthodoxes (Serbes et Valaques) installées dans la Croatie militaire bénéficiaient de privilèges fixés en 1629 dans la *Lex valachorum*. Dans les dernières années du prince Eugène, écrit Suppan, on considérait à Vienne que les Confins mili-

13. Joseph SPINDLER, *Betrübtes Liebs-Andencken [...] LEOPOLDI I. [...]*, Graz, 1705, f. B3^vo^.
14. Gelasius HIEBER, *Apotheosis Leopoldi Primi Caesaris [...]*, Ratisbonne, 1705, p. 4.
15. Ignatz REIFFENSTUEL, *Wunder-voller Adlers-Flug Zur Göttlichen Sonne in Himmel. Das ist Glorwürdigiste Lob- Ehren- und Groß-Thaten Weylands LEOPOLDI Diß Nahmens des Ersten [...]*, Vienne, 1705.
16. « Et pietas vincendo est utilis hosti. » *VENERATIO POSTHUMA [...] LEOPOLDI I. [...]*, Vienne, 1705, f. B1.
17. Arnold SUPPAN (éd.), *Deutsche Geschichte im Osten Europas. Zwischen Adria und Karawanken*, Berlin, Siedler, 1995, p. 132.

taires (*Militärgrenze, Gränitz*) étaient « un bastion non seulement contre les Turcs, mais également contre les Hongrois en cas de rébellion [18] ».

Illustration 1. « Pietas victrix ». Tandis qu'Ezéchias prie, l'ange extermine ses ennemis. Emblème décorant une chapelle de la *Jesuitenkirche* de Vienne (actuelle *Universitätskirche*) à la mort de Léopold Ier. Source : *VENERATIO POSTHUMA [...]. Nachschallender Ehren-Ruhm [...] LEOPOLDI I. [...] Von einem Kayserl. Academischen Collegio der Gesellschaft JEsu in Wienn/[...] Schuldigst vorgestellet [...]*, Vienne, Johann Baptist Schönwetter [1705], fol. B1 vo [Stiftsbibliothek Klosterneuburg (Basse-Autriche) BK.III.19/24].

La rhétorique de la mémoire dans les oraisons funèbres habsbourgeoises baroques

La culture habsbourgeoise de la mémoire culmine au XVIIIe siècle

Lorsque l'empereur Charles Quint s'éteignit en 1558, son fils, le roi Philippe II d'Espagne, fit célébrer à sa mémoire, en la cathédrale Sainte-Gudule de Bruxelles, de somptueuses funérailles à l'antique. Près de 3700 commémorations lui furent consacrées dans le monde entier [19]. De la mort de Charles Quint à la fin du XVIIIe siècle, les obsèques revêtirent une fonction politique. Elles visaient à donner une représentation éclatante

18. Cité par Arnold SUPPAN, *ibid.*, p. 229.

19. Achim Aurnhammer, Friedrich DÄUBLE, « Die Exequien für Karl V. in Augsburg, Brüssel und Bologna », *in* Paul Richard BLUM (éd.), *Studien zur Thematik des Todes im 16. Jahrhundert*, Wolfenbüttel, Herzog-August-Bibliothek, 1983, p. 161.

de la puissance habsbourgeoise et à raffermir l'obéissance des sujets jusque dans les possessions les plus éloignées. À partir de sources essentiellement viennoises, nous avons recensé, de 1558 à la mort de Léopold II en 1792, plus de 300 discours funèbres publiés principalement dans la Monarchie habsbourgeoise et dans l'Empire. C'est au XVIIIe siècle qu'on enregistre le plus grand nombre d'oraisons funèbres. Dans l'Empire et dans l'espace habsbourgeois, Léopold Ier (mort en 1705) en totalise 38, Charles VI († 1740) et Marie-Thérèse († 1780) 65 chacun.

Les obsèques impériales contribuent à la diffusion d'une culture catholique et habsbourgeoise dans tous les territoires de la Maison d'Autriche

Les Habsbourg devinrent souverains en Bohême, en Hongrie et en Croatie en 1526, à la mort de Louis II Jagellon. Ferdinand de Habsbourg (le futur Ferdinand Ier) fut reconnu et couronné roi de Croatie par le sabor (la diète) de Croatie. Jusqu'en 1918, les Habsbourg portèrent officiellement le titre de « Rex Dalmatiae, Croatiae et Sclavoniae ». Roi de Hongrie, l'archiduc d'Autriche se considérait comme le « bastion de la chrétienté » (*Vormauer des Christentums*) contre l'Empire ottoman. Les obsèques furent l'un des vecteurs de la culture habsbourgeoise aux confins de l'espace danubien et adriatique.

Dans toutes les villes de quelque importance, souvent plusieurs mois après l'inhumation du défunt empereur, les états ou des instances locales ordonnaient la célébration d'une cérémonie commémorative, comprenant trois messes et de un à trois discours funèbres. Dans certaines églises, on faisait édifier un gigantesque catafalque (*Trauergerüst* ou *castrum doloris*) en bois et en plâtre; on suspendait des séries d'emblèmes représentant allégoriquement la vie de l'empereur. Cette culture dynastique et confessionnelle bénéficie d'un puissant relais : la Compagnie de Jésus, dont Ferdinand II et ses successeurs favorisent l'implantation en Autriche, en Bohême, en Hongrie et en Croatie-Slavonie. Dans tous les lieux où ils possèdent un établissement de quelque importance, les jésuites prennent en charge l'organisation des obsèques impériales. En ordonnant la célébration de la mémoire du défunt dans toutes les villes et tous les pays de la Monarchie, les Habsbourg tentaient de faire valoir leur légitimité dans les territoires éloignés ou potentiellement rebelles, comme la Transylvanie et la Hongrie (ill. 2).

La rhétorique de la mémoire dans les oraisons funèbres et les catafalques impériaux

Selon une maxime héritée de l'Antiquité, la vertu est escortée par la gloire (*Glory*, *Ruhm*). La renommée (*Ruff*) du défunt s'étend hyperboliquement à la totalité de l'espace (elle est universelle) et du temps (elle est éternelle). Elle est représentée allégoriquement au sommet des catafalques par une divinité (*Ruff-Göttin*, *Fama*) sonnant de la trompette pour annoncer la mort de l'empereur et son apothéose (ill. 3).

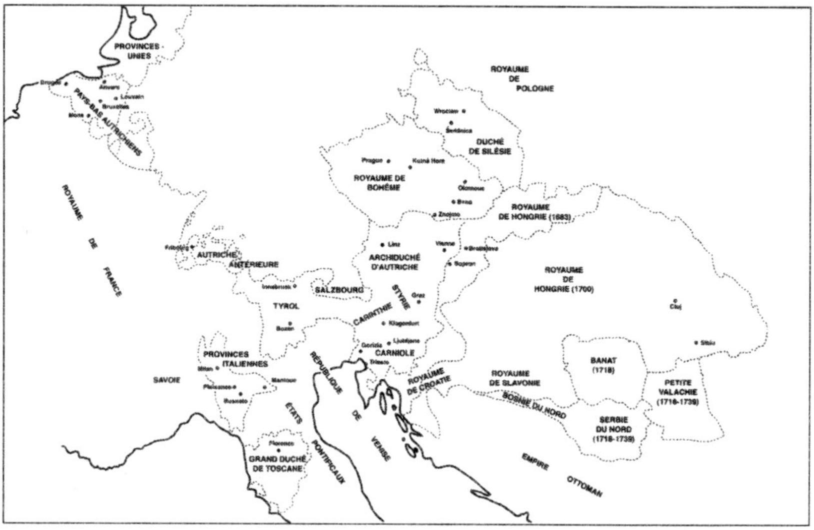

Illustration 2.
Villes des États patrimoniaux de la Maison d'Autriche où furent prononcés des discours funèbres impériaux entre 1637 (mort de Ferdinand II) et 1740 (mort de Charles VI). Carte d'après Karl Gutkas (dir.), *Prinz Eugen und das barocke Österreich*, Vienne, 1986, p. 472-473.

Illustration 3.
Castrum doloris de Balthasar Leonhard Dörfflinger, érigé en l'honneur de Léopold Ier par les jésuites d'Innsbruck (1705). En bas à gauche : « Balthasarus Leonhardus Dörfflinger invenit. » En bas à droite : « Johann Ulrich Kraus sculpsit. » Format : 830 x 420 mm [Stiftsbibliothek Klosterneuburg (Basse-Autriche) BK III 19/24].

La vertu sauve celui qui l'a pratiquée de l'oubli et lui garantit la survie dans la mémoire des générations futures. Le mérite attaché à la vertu et l'obligation de se souvenir qui s'ensuit apparaissent clairement au début du discours de Liborius a Sancta Barbara en l'honneur de Charles VI :

> « L'incomparable vertu du défunt mérite de vivre dans la mémoire éternelle. Les hommes qui ont vécu sans mérite et ne se sont pas rendus utiles au monde [...] peuvent sombrer promptement dans l'oubli ; mais les monarques chrétiens et vertueux doivent être immortalisés dans le temple de la mémoire, bien qu'ils soient soumis, comme le commun des mortels, à la loi universelle de la mort [20]. »

L'allégorie de l'Immortalité est omniprésente sur les catafalques de la crypte des Capucins et au sommet des *castra doloris*. Ses attributs sont la lumière et les nuages, représentant la sphère céleste ; le serpent qui se mord la queue, l'arbre verdoyant.

L'oubli constituerait une faute grave : « Il se rend coupable de l'ingratitude la plus condamnable, celui qui refuse à son défunt bienfaiteur l'éloge, les honneurs et les marques d'affection qui lui reviennent [21]. » « L'idée de dette, observe Paul Ricœur, est inséparable de celle d'héritage. Nous sommes redevables à ceux qui nous ont précédés d'une part de ce que nous sommes. Le devoir de mémoire ne se borne pas à garder la trace matérielle, scripturaire ou autre, des faits révolus, mais entretient le sentiment d'être obligé à l'égard de ces autres [22]. » En retour de tout ce que le prince accomplit pour ses pays, ceux-ci lui doivent amour et obéissance pendant son règne, louanges et reconnaissance après sa mort, selon la loi de l'équité exprimée par les termes *billig, Billigkeit*. Louer l'empereur est un devoir imposé par l'*ethos* de la justice (*Billigkeit*) autant que par la bienséance cérémonielle et rhétorique : il est juste que la vertu soit louée et la beauté admirée ; il faut honorer ce qui est honorable, commémorer ce qui est mémorable, exprimer sa reconnaissance à celui qui la mérite. Pour Karl Vocelka, l'apogée de la « culture de la mémoire » en Autriche (*Memorialkultur*) doit être situé au milieu du XVIIIe siècle, au moment où le sculpteur Balthasar Moll, en 1753, réalise pour la crypte des Capucins les catafalques monumentaux de Charles VI et de son épouse, ainsi que ceux de Marie-Thérèse et de François-Étienne [23]. En rappelant l'héritage du passé et la dette vis-à-vis des empereurs défunts, les oraisons funèbres impériales forgent et raffermissent une mémoire historique qui revêt une double fonction, rétrospective (la

20. Liborius a Sancta Barbara, *Das grosse Tugend-Hertz Carl des Sechsten [...]*, Vienne, 1740, p. 1-2.
21. Karl PFEIFFERSBERG, *Kayser Joseph Der Erste/Von Unsterblicher Tugend nach dem Haubt-Muster deren weyland hundert acht und achtzig/theils Römischen/theils Griechischen Kayseren abgebildet [...]*, Vienne, 1711, f. K1ro.
22. Paul RICŒUR, *La Mémoire, l'Histoire, l'Oubli*, Paris, Le Seuil, 2000, p. 108.
23. Karl VOCELKA, *Glanz und Untergang der höfischen Welt. Repräsentation, Reform und Reaktion im Habsburgischen Vielvölkerstaat*, Vienne, Ueberreuter, 2001, p. 230.

piété envers les ancêtres) et prospective (imitation du défunt par les générations futures, transmission des valeurs habsbourgeoises[24]).

L'hommage funèbre prononcé à Zagreb en l'honneur de la reine Marie-Thérèse en 1781

L'oraison funèbre prononcée en 1781, après la mort de Marie-Thérèse, par Stephan de Koloswáry, doyen de la cathédrale de Zagreb, offre un aperçu des sentiments que les Croates nourrissaient à l'égard de la dynastie habsbourgeoise. La cérémonie commémorative officielle réunit les membres du comitat de Zagreb et le conseil de la ville dans l'église Saint-Marc de Zagreb. Était également présent le comte Franz Leopold Nádasdy, nommé ban de Croatie par Marie-Thérèse en 1756.

Le discours de Stephan de Koloswáry comporte deux idées essentielles : en premier lieu, l'action de la providence dans la vie et le règne de Marie-Thérèse ; en second lieu, le rôle de la Hongrie et de la Croatie, instruments de cette providence.

Les épreuves que la jeune reine dut affronter à la mort de son père et tout au long de la guerre de succession d'Autriche (1740-1748) sont présentées comme un moyen voulu par Dieu pour mieux faire germer dans le cœur de Marie-Thérèse les vertus qui allaient assurer sa félicité dans l'au-delà, et faire d'elle un modèle pour l'édification de toutes les têtes couronnées. Suit un tableau des menaces pesant sur l'intégrité territoriale des possessions habsbourgeoises dans les premières années du règne de Marie-Thérèse. Cette évocation vise à mieux faire ressortir le caractère « miraculeux » du rétablissement de la Maison d'Autriche, opéré, comme le rappelle Koloswáry, en grande partie grâce à la Hongrie et à la Croatie : « Ô Hongrie, bienheureuse Hongrie ! C'est toi qui as été choisie et préférée par le Très-Haut pour l'accomplissement de ses desseins éternels. Tu as été mariée à la Croatie pour la protection de cette princesse en détresse et pourchassée ! À vos deux nations, et à elles seules, fut réservé, en ces temps si difficiles, l'honneur insigne de recevoir toute la confiance et tout l'espoir de cette grande héroïne[25]. » Vient ensuite une peinture pathétique de la diète de Presbourg : « Non, non, la postérité n'oubliera point cette fameuse diète de Presbourg, lorsque la plus belle, la plus vertueuse de toutes les reines, mais aussi la plus affligée des

24. Otto Gerhard Oexle, « Memoria als Kultur », *in* Oexle (éd.), *Memoria als Kultur*, Göttingen, Vandenhoeck & Ruprecht, 1995, p. 31. Pour la distinction entre mémoire rétrospective et prospective, *cf.* Jan Assmann, *Das kulturelle Gedächtnis. Schrift, Erinnerung und politische Identität in frühen Hochkulturen*, Munich, Beck, 1992. Cf. également Klaus Graf, « Fürstliche Erinnerungskultur. Eine Skizze zum neuen Modell des Gedenkens in Deutschland im 15. und 16. Jahrhundert », *in* Chantal Grell, Werner Paravicini, Jürgen Voss (éd.), *Les Princes et l'histoire du XIVe au XVIIIe siècle*, Bonn, Bouvier, 1998, p. 1-11.

25. *Rede von Stephano de Koloswáry, der Agramer Kathedralkirche Dommherrn, Doktor, und öffentlichen Lehrer der Gelehrsamkeit*, in *Denkmäler dem unsterblichen Andenken Marien Theresiens gewidmet. Prosaischer Theil.* Vienne, 1785, p. 43.

mères, montant en pleurant sur le trône, daigna, à tous les états, présenter Joseph, encore mineur, qu'elle portait dans ses mains royales[26] ! Les états engagèrent tous les habitants fidèles et obéissants de ces deux pays, à voler promptement à son secours ; ils autorisèrent une levée en masse ; dans des milliers de mains l'on vit briller le sabre hongrois et croate[27]. »

L'orateur dépeint ensuite la « gratitude » dont fit preuve Marie-Thérèse à l'égard de ses « dévoués enfants » des « héroïques nations hongroise et croate ». Cette reconnaissance envers « les deux nations hongroises » (la Hongrie et la Croatie), la reine l'exprima jusque sur son lit de mort, « en des termes propres à ravir le cœur de tous les vrais patriotes[28] ». Être sujet de Marie-Thérèse est présenté par Koloswáry comme une source de gloire[29].

La « bienveillance » et les « soins maternels » dont Marie-Thérèse entoure la Hongrie et la Croatie tout au long de son règne font l'objet des paragraphes suivants. Il est question de l'éducation du jeune Joseph (futur Joseph II), confiée à un Hongrois, le prince Batthyány. Koloswáry évoque la création de la garde hongroise et de l'ordre de Saint-Étienne ; l'assèchement des marais, l'aménagement du Danube, la construction de routes et de ponts, la fondation de nombreuses écoles. Parmi les mesures dignes d'éloge, Koloswáry en cite encore deux : sous Marie-Thérèse, le Banat de Temesvár est rattaché à la Hongrie ; Karlstadt/Karlovac et le comitat de Severin sont rattachés à la Croatie ainsi que le port de Fiume/Rijeka.

La seconde partie de l'oraison funèbre est consacrée aux vertus de Marie-Thérèse ; Koloswáry met particulièrement l'accent sur sa piété ; l'éloge du prédicateur de Zagreb reprend les lieux essentiels de l'historiographie pro-habsbourgeoise.

Le discours du doyen de la cathédrale de Zagreb nous permet-il de tirer des conclusions sur les sentiments des états de Croatie vis-à-vis de Marie-Thérèse ? Adhèrent-ils à la représentation officielle des Habsbourg proposée par l'orateur ? La *Rhétorique* d'Aristote nous fournit un élément pour aborder la difficile question de la réception des représentations. On ne saurait louer Athènes devant les Lacédémoniens, pour paraphraser ce dernier[30]. Si l'orateur peut faire l'éloge de Marie-Thérèse, c'est que cet éloge est recevable aux yeux des élites croates réunies ce jour-là dans l'église Saint-Marc ; le ban et les membres du comitat, ainsi que le peuple, ne s'attendent pas à entendre autre chose qu'un éloge de la défunte reine. L'orateur puise tou-

26. L'historiographie a établi que le jeune prince ne se trouvait pas à Presbourg au moment du couronnement de sa mère. Cf. Karl Vocelka, *Glanz und Untergang der Höfischen Welt, op. cit*, p. 90.
27. Comme note 25, p. 44. Selon Arnold Suppan, 45 000 « Grenzer » combattirent avec succès pour la reine Marie-Thérèse pendant la guerre de succession d'Autriche ; ils furent 88 000 pendant la guerre de Sept Ans. Cf. Arnold Suppan (éd.), *Deutsche Geschichte im Osten Europas, op. cit.*, p. 230, 233.
28. Comme note 25, p. 45.
29. *Ibid.*
30. « Il n'est pas difficile de louer Athènes devant les Athéniens, mais devant les Lacédémoniens. » Aristote, *Rhétorique*, livre III, 1451b.

jours les prémisses de son discours dans la *doxa*, c'est-à-dire dans l'opinion, l'idéologie ou la culture dominante.

Ces sentiments étaient-ils sincères ? Gratitude et loyauté sont dictées à l'orateur et à son public par le *decorum* (*Angemessenheit*, bienséance) qui, dans le cadre des obsèques royales, importe plus que la sincérité. L'oraison funèbre est un genre apologétique, qui ne laisse aucune place au blâme ; les obsèques ne sont pas le lieu approprié pour formuler à propos du défunt des critiques qui, en remontant jusqu'à Vienne, auraient pu créer un incident diplomatique. Si l'on voulait mettre Joseph II dans des dispositions bienveillantes vis-à-vis de la Croatie, mieux valait ne pas afficher une attitude de fierté et d'indépendance qui eût ravivé le souvenir, encore bien vivant à Vienne, des rébellions hongroises et croates du passé – le ban de Croatie, présent dans l'assemblée ce jour-là, n'était-il pas le descendant de l'un de ces rebelles, Ferenc Nádasdy le Jeune, décapité à Vienne en 1671 ? Mieux valait au contraire exagérer les bienfaits accordés par Marie-Thérèse à la Croatie, pour que son fils fût plus enclin à accéder aux revendications des autorités croates : l'éloge s'adresse aussi au successeur au trône, invité à emprunter le chemin tracé par ses pères.

La bienséance conduit le prédicateur à passer sous silence les mesures centralisatrices prises par Marie-Thérèse en Croatie : imposition de la noblesse, jusque-là exemptée d'impôts ; suppression du sabor en 1764 ; nomination des chefs de districts par la cour de Vienne et non plus par le sabor ; création d'un Conseil royal croate subordonné à celui de la Hongrie [31]. L'orateur omet de préciser qu'après avoir été rattachée à la Croatie en 1776, Fiume fut placée sous l'autorité administrative de la Hongrie en 1779 [32]. Tous les points d'achoppement entre le gouvernement de Vienne et les autorités croates sont donc soigneusement gommés, ainsi que les conflits entre la Hongrie et la Croatie ; aux yeux de Gregory Péroche, Marie-Thérèse enfreint les droits et traditions historiques de la Croatie, pour satisfaire les Hongrois de la cour [33].

La présente étude s'est efforcée de montrer la fécondité méthodologique de la rhétorique et de l'argumentation pour étudier les représentations et approcher le phénomène de la mémoire, dans laquelle Otto Gerhard Oexle voit « le nouveau paradigme de la *Kulturwissenschaft* [34] ».

Les oraisons funèbres impériales sont le fruit de la culture catholique et dynastique qui s'est imposée dans la Monarchie habsbourgeoise et dans l'espace danubien et adriatique. On cherchera vainement dans l'oraison funèbre de Stephan de Koloswáry des traces du nationalisme croate tel qu'il

31. Gregory Péroche, *Histoire de la Croatie et des nations slaves du Sud, 395-1992*, Paris, F. X. de Guibert, 1992, p. 110.
32. Arnold Suppan (dir.), *Deutsche Geschichte im Osten Europas*, *op. cit*, p. 191.
33. Gregory Péroche, *Histoire de la Croatie…*, *op. cit.*, p. 110.
34. Otto Gerhard Oexle, *Memoria als Kultur*, *op. cit.*, p. 19.

se déploie au XIXe siècle dans l'illyrisme. Les oraisons funèbres prononcées pour les Habsbourg en Hongrie et en Bohême au XVIIIe siècle invitent à ne pas considérer les relations entre la Maison d'Autriche et les états de leurs différentes possessions uniquement sous l'angle d'un antagonisme. La rhétorique de l'éloge nous en offre un aperçu plus nuancé et plus subtil.

« C'est la faute à l'Empire » : quelques réflexions sur l'historiographie de l'Autriche-Hongrie

Jasna Adler

L'Empire des Habsbourg a façonné à sa manière l'espace de l'Europe centrale durant quatre siècles. Cette longue période a laissé une empreinte dans les mémoires, de même qu'elle a façonné l'image du passé que s'est forgée chacune des nations issue de l'Empire. Les bouleversements de l'Europe centrale après 1918, puis après 1945 avec la division des blocs, ont demandé à être interprétés par les historiographies nationales. De même, le regard porté par les historiens français et anglo-saxons a participé lui aussi à la manière de construire l'image de ce passé, afin de donner sens aux changements survenus. Le dernier changement en date, suite à la chute du communisme et aux nouveaux changements de configurations dans l'espace centre-européen, a lui aussi induit un nouveau regard sur le passé austro-hongrois. Le terme d'Europe centrale est ainsi officiellement réapparu et avec lui, une autre manière de penser l'histoire.

Élément indissociable de l'Europe centrale, voire crucial, l'Empire des Habsbourg parcourt ces ouvrages, soit de manière directe, soit en filigrane. Un consensus semble prédominer dans la manière de percevoir et de présenter l'histoire politique de l'Empire des Habsbourg dans le contexte de l'Europe centrale, celui de lui attribuer de multiples et variables effets néfastes. Pour en déceler les raisons, nous nous proposons de suivre les grandes lignes chronologiques, en distinguant plusieurs étapes de l'historiographie. Avant la Première Guerre mondiale, puis la période d'entre-deux-guerres, ensuite celle couvrant le temps du communisme en Europe de l'Est (1945-1989), et en dernier lieu, celle d'après la chute du Mur de Berlin en 1989. Ces quatre étapes permettront de nuancer les divers usages du passé austro-hongrois, d'en chercher les raisons et les explications. À cette fin également, un regard comparatif est nécessaire. Nous proposons ici d'une part, comme exemple de l'historiographie de l'Europe centrale et orientale, le cas de la Croatie (en nous référant bien entendu au cadre historiographique yougoslave dont elle a fait partie) et d'autre part, une réflexion sur les grandes lignes de l'historiographie française et anglo-saxonne.

Quelle image de l'Empire des Habsbourg est-elle diffusée par les ouvrages d'histoire écrits avant 1918 ? Voyons d'abord la Croatie. Citoyens d'une partie intégrante de l'Empire jusqu'à sa dissolution fin 1918, les historiens croates ne portent pas de regard particulier sur ce qui est son cadre politique et historique. Toutefois, le contexte de la guerre mondiale suscite une écriture de l'histoire très politisée, très engagée et combative. Les membres du Comité yougoslave fondé en 1915 pour empêcher l'attribution de la Dalmatie à l'Italie à la fin de la guerre (Frano Supilo, Ante Trumbić) développent une action de publicistes et pamphlétaires, au service d'idées qui trouvent auprès des Alliés un écho favorable. Afin d'obtenir l'appui des Alliés à l'idée d'une union yougoslave, divers arguments historiques sont développés. D'abord, l'idée de la fraternité slave est affirmée, cohérente avec les déclarations alliées favorables au principe des nationalités. Ensuite, une finalité géopolitique est assignée à cet État : il sera forcément antigermanique, donc une barrière naturelle à « l'expansionnisme germanique » que pratiquerait l'Empire des Habsbourg. Celui-ci est présenté comme une construction historiquement néfaste, soumise à l'expansionnisme de l'Allemagne et géopolitiquement menaçante pour la stabilité de l'Europe. C'est donc le projet d'une Europe centrale autre qui est sous-jacent à ces arguments : celui d'un espace plutôt slave que germanique, voire une fédération d'États slaves. L'Empire est donc présenté comme superflu et néfaste. Sur un plan de la politique interne, il est décrit comme auteur et acteur de répressions continues créant une véritable « prison des peuples ». Certains Croates s'expriment néanmoins dans un esprit aux antipodes des écrits cités. Ivo Pilar (1874-1933) notamment, qui sous le pseudonyme L. v. Südland fait paraître en 1918 un ouvrage reprenant l'ensemble de l'histoire du Sud slave dans la perspective de l'Empire autrichien (*Die Südslawische Frage und der Weltkrieg*, Vienne, Manz).

L'issue de la guerre de 1918 fait des premiers les tenants de la version qui devient officielle au sein de l'État yougoslave (Royaume des Serbes, Croates et Slovènes). Le nouvel État doit asseoir sa légitimité historique, et à cette fin affirme l'idée de la « libération des peuples frères du joug oppresseur » étranger, c'est-à-dire austro-hongrois. La Monarchie danubienne est présentée comme l'ennemi historique de la nouvelle nation dont elle aurait freiné le développement naturel. Elle est ainsi mise sur le même pied que l'Empire ottoman, malgré leurs évidentes différences.

La période communiste (1945-1989) génère une historiographie complexe et ambiguë par rapport à l'empire des Habsbourg. Suivant les positions théoriques définies par le marxisme et le Komintern, le PC définit une politique fédéraliste, non exempte d'inspirations austro-marxistes. La structure de l'État des Habsbourg est ainsi paradoxalement moins condamnée que ne le sont les États successeurs fondés sur des revendications nationales et chauvines.

Toutefois, l'Empire reste l'incarnation de l'oppression étrangère, formulée cette fois comme « exploitation bourgeoise », domination du capital et de l'impérialisme. À la différence notable de la période précédente, l'Empire n'est néanmoins pas l'objet de haine et de rejet, il est inséré dans une logique de l'histoire qui en fait un justificateur de la Yougoslavie fédérale et communiste. De fait, par le processus capitaliste qu'il développe, l'Empire a aidé à faire mûrir l'idéal yougoslave et la lutte communiste. Si la thèse de la libération nationale de l'oppresseur étranger reste en vigueur, elle ne contredit pas une réévaluation du passé habsbourgeois. En Croatie notamment se développe une historiographie scientifique remarquable autour de Jaroslav Šidak, Mirjana Gross, Igor Karaman et Dragovan Šepić, qui reste pourtant soumise à deux contraintes idéologiques : celle d'affirmer la légitimité de l'idéal yougoslave et celle de présenter l'histoire comme une lutte des classes, en condamnant la bourgeoisie.

Après 1989, même s'il est encore trop tôt pour dresser un bilan, il semble que l'historiographie croate situe l'empire des Habsbourg dans deux directions. D'une part, les nécessités politiques issues de l'éclatement de l'État yougoslave mettent l'accent sur l'histoire nationale et dans ce contexte, l'Empire apparaît comme secondaire. Une seconde direction est celle de l'insertion dans les courants historiographiques européens, notamment avec les réflexions sur le phénomène national et ethnique, où l'Empire peut apparaître comme un modèle d'État multinational et tolérant.

Quel est le regard porté durant cette même longue période sur l'empire des Habsbourg par l'historiographie française et anglo-saxonne ? L'historiographie française affiche une certaine constance à ce propos et l'on peut presque parler d'une seule période jusqu'à la Seconde Guerre mondiale. Dès avant 1914, les historiens français, Bertrand Auerbach (1856-1942) ou Louis Eisenmann (1869-1937) par exemple, voient l'Empire comme une entité dépassée, artificielle et oppressive à l'égard de ses nationalités. Plusieurs raisons expliquent ce jugement défavorable : d'une part le passé politique de la France républicaine, incarnant l'idée de l'État-nation. Ces principes sont opposés à l'idée d'empire et au droit d'État historique. La première raison est donc l'incompréhension et l'étrangeté. La seconde, liée à la politique étrangère, est une conséquence du conflit franco-allemand, où l'Empire est perçu comme son extension. La différence entre la vision française et britannique est une question de nuance : les deux ont forgé durant la Première Guerre mondiale l'image d'une Monarchie oppressive, anachronique et faible qui pouvait avec profit être remplacée par des États essentiellement nationaux. La nuance britannique est que assez rapidement, dès les années 1920, un désintérêt face à l'Europe centrale apparaît, voire une certaine déception face aux nouveaux États, dont pourtant et Henry Wickham Steed (1871-1956) et Robert William Seton-Watson (1879-1951) avaient soutenu l'idée.

Un véritable développement historiographique commence après 1950 (Robert Adolf Kann, 1906-1981), avec une réflexion sur son rôle et destin. D'un côté Oszkár Jászi (1875-1957), Victor-Lucien Tapié (1900-1974) et R. A. Kann, montrent que des forces opposées tiraillent l'Empire : à la désintégration opérée par les nationalités, il y a des forces contraires, intégratives, faites d'histoire et de culture. D'un autre côté, on commence à mieux distinguer le rôle des relations internationales et de ses acteurs : Victor Mamatey montre le jeu de la diplomatie wilsonienne, Alan John Percivale Taylor (1906-1990) analyse l'équilibre des puissances européennes qui fragilise l'Empire. Quant aux nationalités elles-mêmes, Leo Valiani (1909-1999) en décrit les agissements au travers de Comités tchèque et yougoslave notamment, et leur travail auprès des Alliés pour en obtenir soutien et réalisation de leurs objectifs.

Les grandes lignes de lecture restent néanmoins proches de la lecture communiste; la réalité des blocs ordonne la fin de l'Europe centrale. Jusqu'en 1968, lorsque Prague fait naître un espoir de redécouvrir les racines historiques liant la Tchécoslovaquie à l'Occident. La déception pousse Milan Kundera à publier en 1983 un article (« L'Occident kidnappé ») interrogeant l'Europe sur son rejet d'une partie d'elle-même (citant le passé Habsbourg comme preuve de cette européanité), cette Europe centrale dont elle a vu l'arrachage en 1945, et à nouveau en 1968 sans réagir.

C'est vers la fin des années 1980 que les historiens portent un regard véritablement nouveau sur le passé de l'Empire, accompagné d'un découverte culturelle de Vienne en 1900 (Bernard Michel, Jean Bérenger, Jean-Paul Bled notamment.) La parution du *Requiem pour un empire défunt* de François Fejtö en 1988 lance le débat sur une destruction volontaire de l'Empire. Ce débat divise les historiens (anglo-saxons également) sur une vision traditionnelle de l'Empire ou plus austrophile.

La renaissance de l'Europe centrale en 1989 s'accompagne d'une nouvelle phase historiographique. Tout comme la question des nationalités et son principe avaient été les causes principales de condamnation de l'Empire, la même question revient pour exiger une nouvelle réflexion. Comment expliquer la résurgence des nationalismes sur le territoire de l'ancienne Monarchie? Deux options, deux réponses sont possibles. La première consiste à dire que les questions nationales anciennes n'ont toujours pas été résolues et surgissent ainsi à nouveau, décalées dans le temps sous une forme différente, « ethnique ». En d'autres termes, l'Empire, qui devait de toute façon être dépecé, l'avait été de manière hâtive ou peu judicieuse. La seconde met l'accent sur la période communiste pour expliquer ce qui est une étape de construction d'États suite à la « décolonisation » postsoviétique. Qu'en est-il de l'image de l'empire des Habsbourg? Il évolue, selon ces deux visions, vers deux modèles opposés : celui, que l'on pourrait dire classique, et un autre, historicisé de manière positive. N'était-il pas aussi un modèle d'État multinational ? En dépit de ses défauts, n'avait-il pas assuré le respect de l'État de droit ? Cette vision est notamment présente dans les travaux de André Reszler, Jean Bérenger et Pierre Béhar.

Ainsi, le tournant de 1989 situe l'empire des Habsbourg au sein d'un débat historiographique renouvelé. Sur le thème de son histoire même, les interprétations se personnalisent davantage. Mais surtout, la résurgence de l'Europe centrale nourrit et renouvelle l'historiographie du nationalisme, et son débat entre constructivistes et essentialistes (Ernest Gellner, Anthony D. Smith).

Ce parcours de l'historiographie permet de dégager un certain nombre de raisonnements qui ont présidé à une image globalement négative de l'empire des Habsbourg. Les raisons en sont multiples : les nécessités politiques, à but stratégique, notamment afin de légitimer une nouvelle distribution des territoires dans l'Europe d'après 1918. Cette construction repose aussi sur une certaine idée du progrès, incarnée dans l'idée nationale et qui est partagée par les anciens États-nations d'Europe que sont la Grande-Bretagne et la France. La durabilité de l'image négative est ensuite assise sur une historiographie devant légitimer l'Europe nouvelle, tant du point de vue des grandes puissances, que de l'historiographie nationale des nouveaux États. En ce sens, l'historiographie yougoslave est certainement entre les deux guerres parmi les plus résolument anti-habsbourgeoise.

L'historiographie communiste condamne à la fois la Monarchie en tant qu'organisme opprimant les nationalités soumises (expression de la domination étrangère), et en même temps adopte une vision supranationale qui n'était pas éloignée de celle de l'Autriche-Hongrie. C'est donc une condamnation de l'Empire, comme structure appartenant au phénomène de l'impérialisme. Il est sans doute curieux de constater une certaine permanence des thèses communistes, qui influencent également l'historiographie européenne. Celle-ci en effet suit sans trop s'en éloigner les thèses communistes officielles. C'est de l'autre côté de l'Atlantique, où se trouvent les émigrés et exilés des régimes communistes d'Europe centrale, mais aussi de la période de la Seconde Guerre mondiale, que viennent des travaux d'histoire donnant de l'histoire et de l'héritage de la Monarchie une image positive (Arthur J. May [1899-1968], R. A. Kann, Edward Crankshaw [1909-1984]). C'est là aussi que des centres d'étude sur l'Europe centrale voient le jour. À l'opposé, en France, jusqu'à très récemment encore, l'Europe centrale évoquait avant tout la Mitteleuropa allemande, jusqu'à la résurgence d'une peur de l'expansion germanique ravivée lors de la guerre en ex-Yougoslavie. En comparant l'historiographie croate à celle écrite dans le contexte européen, on s'aperçoit que les phases marquantes, celles exprimant des tournants et des moments forts (1914-1918, 1968, fin des années 1980) sont les mêmes.

La comparaison illustre ainsi deux choses : d'une part la forte insertion de la Croatie dans un courant intellectuel européen, et surtout, la prédominance du contexte politique (national et international) dans la manière dont la mémoire est restituée par les historiens.

Quant à l'image de l'Empire, le travail qui s'offre aux historiens demeure immense. Nombreux sont les débats initiés (sur les causes de la fin de l'Empire, sur les causes de 1914 notamment) qui restent ouverts. Le dernier débat en cours, autour de la théorie des nations réactivée après 1989, montre ainsi toute l'importance que revêt l'Europe centrale dans le champ global des réflexions historiques.

Le souvenir de l'attentat de Sarajevo à Sarajevo

Paul B. Miller

« Observez en profondeur l'histoire de Sarajevo » écrivait en 1934 l'auteur bosniaque Hamza Humo (1895-1970), et vous trouverez une ville marquée par une « atmosphère protestataire ». Cette atmosphère, comme Humo l'explique plus loin, apparut pour la première fois durant la période ottomane, alors que Sarajevo disposait d'une relative liberté. Le puissant Empire austro-hongrois lui-même n'a pu supprimer cette atmosphère de révolte. Pour Humo en effet, l'attentat perpétré à Sarajevo le 28 juin 1914 contre l'héritier de l'empire, l'archiduc François-Ferdinand, ne représente rien de moins que le point culminant d'une mentalité rebelle qui avait caractérisé la capitale bosniaque pendant des siècles. Tous les habitants de Sarajevo, déclare-t-il, avaient ressenti son imminence [1].

Comparons la description proposée par Humo du rôle prévisible de Sarajevo dans l'effondrement de l'Empire austro-hongrois avec le poème de l'écrivain britannique Lawrence Durrell (1912-1990) sur la ville :

> « … Là où les minarets montent en volutes comme du sucre
> Et une rivière, glace blonde caillée, court,
> Résonnant au milieu des attelages de mules et des montagnards,
> Sous les ponts et les treillis boisés
> Qui apprivoisent l'air et promettent une paix
> Inoffensive, avec les rossignols. Plus personne ne chante.
>
> Peu d'histoire ? Peut-être. Seulement cette beauté
> D'un noir menaçant qui fleurit sous les voiles,
> Piégée dans le spectre d'un style agonisant :
> Un village comme un instinct abandonné à la rouille,
> Calme après l'écho d'un coup de feu. »

1. Hamza Humo, « Bunt Sarajeva » [La révolte de Sarajevo], *Pregled*, n° 125-126, mai-juin 1934, p. 264-266. En ce qui concerne ce dernier point, l'aspect prévisible de l'assassinat de François-Ferdinand, Humo écrit : « On pouvait le voir sur le visage des habitants ; on pouvait le voir pendant les fêtes ; on pouvait le voir pendant les soirées ; surtout, cela brûlait dans les cœurs de la jeunesse, bien plus qu'ailleurs, car c'était une chose que l'on gardait pour soi, les dents serrées. » Traduction du texte original bosnien en anglais par l'auteur ; traduction de l'anglais en français par Clémentine Sagot-Duvauroux.

Selon Durrell, l'attentat contre l'archiduc autrichien et la terrible guerre mondiale qui s'ensuivit sont en opposition avec le paysage délicieusement serein et naturel, encore épargné par la modernité, qu'il trouve à Sarajevo. Au lieu d'être « tendu » dans l'attente de « nouveaux coups de feu », l'air ambiant dans le Sarajevo décrit par Durrell est « apprivoisé » et ne semble promettre que la paix[2]. Son poème traduit sa fascination pour un lieu où le temps semble s'être arrêté, alors qu'il fut la cause de changements si destructeurs[3].

Humo et Durrell écrivent-ils réellement cela à propos d'une seule et même ville ? En quoi leurs points de vue respectifs, de Bosniaque et d'Occidental, ont-ils façonné leurs représentations de Sarajevo, liées à son héritage le plus célèbre ? À l'instar des autres identités contradictoires de la capitale bosniaque, son mélange éclectique d'Orient et d'Occident ou son célèbre multiculturalisme, opposé à son histoire récente marquée par un conflit ethno-religieux, l'attentat de Sarajevo n'autorise pas à convoquer une représentation simple et généralisante de la ville. Beaucoup d'Occidentaux se plairont à l'inscrire dans leurs stéréotypes des Balkans sous-développés et barbares et à utiliser l'attentat pour détourner la responsabilité de leurs propres chefs d'État dans le déclenchement de la Première Guerre mondiale. Pour de nombreux Slaves du Sud cependant, le 28 juin 1914 restera le point de départ de leur libération après des siècles de domination étrangère. Si l'attentat est aussi inséparable de la ville que l'est le Vélodrome d'Hiver de Paris, la question de savoir comment les habitants de Sarajevo et les Yougoslaves de manière générale ont cherché à vivre avec cet événement s'avère un sujet compliqué. Alors qu'un événement aussi étudié que l'Holocauste ne court pas un grand danger, en termes de mémoire et d'identité, à être glorifié dans les manifestations officielles, l'attentat de Sarajevo quant à lui a toujours été observé de manière plus ambivalente par ceux qui doivent l'accepter comme une part de leur histoire[4].

Ce passé contradictoire est apparent dès l'inauguration du premier mémorial marquant le site de l'attentat, le *Spomenik umortsvu*, soit le monument érigé en mémoire de l'assassinat. Situé à l'entrée de ce qui sera connu par la suite comme le Pont Princip, ce monument colossal d'un style Sécession tardif, dédié à l'héritier assassiné et à sa femme, était presque aussi provocateur que la traversée de Sarajevo en voiture décapotable le jour de la grande fête serbe orthodoxe de la Saint-Guy (*Vidovdan*). Après trois années de guerre, alors que l'armée serbe subissait des revers, les Autrichiens se sont

2. *Ibid.*, p. 266. Poème traduit de l'anglais par Clémentine Sagot-Duvauroux.

3. Miroslav Prstojević, *Forgotten Sarajevo*, Sarajevo, 1999, p. 12. Prstojević s'est certainement inconsciemment demandé la même chose, ce qui explique qu'il cite ce poème de Durrell pour évoquer la beauté de Sarajevo, et qu'il néglige complètement le fait qu'il s'agit également de l'un des assassinats les plus célèbres de l'histoire.

4. Voir par exemple Maria Todorova, *Imagining the Balkans*, New York, Oxford University Press, 1997.

certainement sentis trop confiants lorsqu'ils l'ont inauguré le 28 juin 1917, par une cérémonie catholique.

Il est évident qu'ils n'avaient que fort peu appris sur les peuples qu'ils gouvernaient. Le monument fut démonté peu après la proclamation du Royaume des Serbes, Croates et Slovènes en 1918. Après un séjour au Musée d'État, il fut bientôt démembré. L'une des colonnes de dix mètres alla à un tailleur de pierre à Trebinje, l'autre dans une carrière à Sarajevo. Elles auraient apparemment été utilisées pour rembourser la dette, longtemps impayée, due aux travailleurs qui avaient extrait la pierre pour le monument. Le massif médaillon central représentant Ferdinand et Sophie a passé quant à lui ces dernières années à prendre la poussière et une épaisse couche de patine dans le sous-sol de la Galerie d'Art de Sarajevo[5].

La Bosnie-Herzégovine et sa capitale Sarajevo étaient désormais libérées de toute oppression étrangère. Mais l'étaient-elles vraiment ? Négliger un monument dédié aux occupants de la Bosnie n'est pas vraiment surprenant, mais on ne peut pas en dire autant de la manière dont les chefs d'État du Royaume de Yougoslavie ont cherché à limiter les tentatives de glorification de l'événement qui, même si cela se passa sur un mode indirect, mena à la création du pays. Il fallut bien onze ans pour accepter l'inauguration d'un mémorial sur le site de l'attentat, une simple plaque noire placée en hauteur dans la rue, qui informait le passant de la manière suivante : « Princip proclama la liberté le jour de Vidovdan, le 15 (28) juin 1914[6]. » Trois jours avant la cérémonie du 2 février 1930, d'après un correspondant du *London Times* à Belgrade, l'origine de la plaque fut modifiée. Le gouvernement d'une Yougoslavie officielle visiblement mal à l'aise, ce qui doit être partiellement dû à sa dépendance vis-à-vis de l'Occident qui, pendant cette période de dépression économique, allait grandissante, annonça soudainement que la plaque commémorative avaient été faite à l'initiative de la famille de Princip et ses amis et non par la *Narodna Odbrana* (Défense Nationale). Cette société liée au gouvernement avait été considérée par l'Autriche comme étant impliquée dans l'assassinat[7]. Les autorités de l'État publièrent également un communiqué indiquant qu'elles ne disposaient d'aucun pouvoir d'ingérence dans cette initiative, entièrement privée[8].

5. Indira Kučuk-Sorguč, « Spomenik umorstvu – Okamenjena prošlost na izdržavanju stoljetne kazne » [Le monument érigé en mémoire de l'assassinat – Un passé pétrifié en peine de réclusion de cent ans], texte lu à la conférence : « Okrugli sto *Sarajevo 1914 – devedeset godina poslije* » [Table ronde – Sarajevo 1914. Quatre-vingt-dix ans après] (Sarajevo, ANUBiH, 28 juin 2004) : http://www.iis.unsa.ba/institut/institut_2004_arhiva.htm.

6. K. A. (Koen, Abo), « Otkrivanje Spomen-Ploče Gavrilu Principu » [Inauguration de la plaque commémorative en l'honneur de Gavrilo Princip], *Politika* (Belgrade), XXVII, n° 7812, 3 février 1930. Dans la version originale : « Princip navijesti slobodu na Vidovdan 15 (28) juna 1914. »

7. « The Serajevo Murder : Memorial to be Unveiled to Assassin », *London Times*, 31 janvier 1930.

8. « The Serajevo Tablet », *London Times*, 3 février 1930.

Winston Churchill considéra la commémoration de l'attentat comme une « infamie[9] ». Le *Deutsche Allgemeine Zeitung* la qualifia de « monstrueuse provocation qui ne peut être tolérée», et commenta avec mépris l'absence de représentants gouvernementaux à la cérémonie officielle, la qualifiant de « distinction dérisoire[10] ». L'historien britannique et fervent défenseur des Yougoslaves, Robert William Seton-Watson, alla plus loin, en accusant le gouvernement d'hypocrisie pour avoir prétendu ne pouvoir empêcher la commémoration publique. Pour la plupart des observateurs occidentaux en 1930, le meurtre de l'archiduc restait « un acte qui était la cause immédiate de la Première Guerre mondiale, des horreurs qui l'accompagnèrent et de la souffrance générale qui s'ensuivit », comme l'affirmait l'éditorial du *London Times.* Tout monument dédié à l'attentat était dès lors inacceptable[11].

Pourtant, malgré les accusations occidentales quant à l'« indifférence à l'égard de l'opinion publique étrangère », le Royaume de Yougoslavie semble avoir réellement fait de sérieux efforts pour apaiser l'Occident en minimisant l'impact du mémorial et de la cérémonie d'inauguration[12]. Ce que Rebecca West décrira plus tard comme une « modeste » plaque sur laquelle étaient gravés des mots « d'une remarquable retenue » fut non seulement inaugurée sans la présence du moindre représentant officiel, mais une cérémonie qui devait accueillir des intervenants du monde universitaire et inclure la participation de groupes culturels, humanitaires et patriotiques fut annulée à la dernière minute[13]. La date de la cérémonie elle-même, dont le programme fut relégué en page cinq du *Večernja Pošta* [Courrier du Soir] de Sarajevo, ne peut qu'avoir été destinée à calmer un peu plus le tollé international. Le 2 février 1930 marquait le quinzième anniversaire de l'exécution de trois hommes impliqués dans le complot lié à l'attentat (Danilo Ilić, Miško Jovanović et Veljko Čubrilović). Il s'agissait donc d'une date plutôt arbitraire, même pour les habitants de Sarajevo. Il est donc révélateur, si ce n'est surprenant, que le *London Times* commit l'erreur de l'évoquer comme le quinzième anniversaire de la mort de Princip[14].

---

9. Les commentaires de Winston Churchill sur le monument proviennent de son livre *The Unknown War (The Eastern Front)*, 1931, selon Rebecca West, *Black Lamb and Grey Falcon : A Journey through Yugoslavia*, New York, Penguin Books, 1994 (1941), p. 351-52 ; trad. française par Gérard Joulié, *Agneau noir et faucon gris : un voyage à travers la Yougoslavie*, Lausanne, L'Âge d'homme, 2000.
10. Extrait du *London Times*, 3 février 1930 ; *Deutsche Allgemeine Zeitung*, Berlin, 2 février 1930.
11. « The Serajevo Tablet ». Pour le même type d'impression par R. West, « Leak », *Time Magazine*, 17 février 1930.
12. *Ibid.*
13. R. West, qui, contrairement à Churchill a réellement visité Sarajevo, remarqua également que la plaque « est placée si haut sur le mur qu'on peut passer devant sans la voir ». R. West, *Agneau noir et faucon gris, op. cit.*, p. 281.
14. *Večernja Pošta*, n° 2588-2592, Sarajevo. 30 janvier-4 février 1930. Voir également : « The Serajevo Assassin : Unveiling of Memorial », *London Times*, 3 février 1930. L'article rapporte par erreur que le 3 février 1930 serait l'anniversaire de la mort de Princip, qui en réalité eut lieu le 28 avril 1918.

L'inauguration de 1930 fut réellement « sobre et sans cérémonie particulière », exactement comme le *Večernja Pošta* l'avait annoncé deux jours plus tôt[15]. Même la presse de Belgrade réfréna tout enthousiasme en déclarant simplement que la plaque était un hommage à la mémoire de ceux qui avaient risqué leur vie pour la mère patrie. C'est ainsi que la première opportunité pour la Yougoslavie nouvellement formée de commémorer l'attentat de Sarajevo se transforma en une cérémonie en mémoire de la Première Guerre mondiale[16]. Peut-être n'y avait-il du reste pas vraiment lieu de célébrer la liberté à ce moment.

Les nazis et oustachis, ce qui n'a rien de surprenant, ne se laissèrent pas duper par ces tentatives officielles cherchant à minimiser l'importance de l'attentat dans la construction de l'identité yougoslave. Avec un sens de la cérémonie qui leur est propre, les nazis retirèrent la plaque dès les premiers jours de l'occupation de Sarajevo en avril 1941. Quelques semaines plus tard, elle fut présentée à Adolf Hitler pour son cinquante-deuxième anniversaire. « Sarajevo s'est lavée de la souillure de Vidovdan » exultait un article du *Sarajevski Novi List* [Nouveau Journal de Sarajevo] paru dans l'État indépendant de Croatie (NDH) ce même mois de juillet[17]. Le journal officiel nazi, le *Völkischer Beobachter*, alla jusqu'à dépeindre Princip et ses collaborateurs comme des Juifs et des francs-maçons. En conséquence, la véritable liberté des Slaves du Sud leur aurait été déniée pendant si longtemps par la « menace juive », pour reprendre la formulation en usage chez les nazis.

Dans la rhétorique et la création de mythes des partisans communistes qui libérèrent Sarajevo, 1945 devint la réalisation de tout ce que 1914 représentait : le combat et le courageux sacrifice de la jeunesse bosniaque pour la justice et la liberté ; la libération de l'oppresseur allemand ; l'éveil d'une conscience révolutionnaire ; l'esprit de fraternité et d'unité s'incarnèrent dans les milieux d'ethnies et de religions diverses tant au sein du groupe de la Jeune Bosnie (*Mlada Bosna*) que chez les partisans. Si la première Yougoslavie était « un donjon... où les peuples de Bosnie et d'Herzégovine n'avaient aucun droit », alors le rêve était enfin en voie de se réaliser, « le rêve de Gavrilo Princip... et de beaucoup d'autres qui ont donné leurs jeunes vies pour que l'ensemble du peuple de Bosnie et d'Herzégovine profite d'une patrie radieuse[18] ». De même que le jeune Princip, à dix-neuf ans, une arme à la main, s'était précipité sur la voiture de l'archiduc, les partisans

15. « Liturgija » [Liturgie], *Večernja Pošta*, n° 2589, 31 janvier 1930, p. 5.

16. Comme cela est déclaré dans « The Serajevo Assassin », *London Times*, 3 février 1930.

17. P. P., « Sarajvo je opralo sa sebe vidovdansku ljagu », *Sarajski Novi List*, n° 43, 1er juillet 1941, p. 5. Pendant une courte période, les autorités oustachies changèrent le nom de Sarajevo en « Sarajvo », d'où le titre du journal. Merci à Emily Balić pour ce détail intéressant.

18. « U znak vječne zahvalnosti Gavrilu Principu i njegovim drugovima » [En signe de reconnaissance éternelle à Gavrilo Princip et à ses camarades], *Oslobođenje* [Libération], n° 45, 9 mai 1945, p. 6.

tout aussi jeunes s'étaient jetés sur les chars nazis[19]. « Ce que Gavrilo Princip et ses amis avaient commencé le jour de Vidovdan en 1914 », concluait un article de *Oslobođenje* pour Vidovdan en 1945, fut achevé par les jeunes gens qui libérèrent la Bosnie des Allemands[20].

Motivés aussi bien par leur histoire récente de libérateurs que par idéologie, les partisans ne purent attendre jusqu'au 28 juin pour remplacer la plaque commémorative. Le 7 mai 1945, dans un grand rassemblement au Parc du tsar Dušan auquel étaient présents le président du parlement de Bosnie-Herzégovine et d'autres dignitaires locaux, nationaux et même étrangers, on célébra Princip comme un héros et un martyr. Après plusieurs discours qui reprirent le thème de 1945 comme la réalisation de 1914, la procession traversa le « Pont Princip » pour inaugurer une nouvelle plaque sur le site de l'attentat. Sous les acclamations à la « gloire du héros national et de ses camarades que l'on n'oublie pas », Borko Vukobrat, originaire de la même ville que Princip, Bosansko Grahovo, inaugura une plaque commémorative qui allait certainement plus loin que celle de 1930 en matière de glorification de l'attentat de Sarajevo :

> LA JEUNESSE DE BOSNIE ET D'HERZÉGOVINE DÉDIÉ CETTE PLAQUE EN RECONNAISSANCE ÉTERNELLE À GAVRILO PRINCIP ET SES CAMARADES, AINSI QU'AUX COMBATTANTS CONTRE LES CONQUERANTS GERMANIQUES.
>
> Sarajevo, 7 mai 1945[21].

Le printemps 1945 représenta le début d'une nouvelle ère de confiance dans la manière dont les Yougoslaves intégraient l'attentat dans leur histoire nationale et le marquaient physiquement dans la capitale bosniaque. Alors que le choix du groupe *Mlada Bosna* d'utiliser la « terreur individuelle » ne recevait pas beaucoup d'éloges (Lénine lui-même condamnait la terreur et les assassinats dans ses textes), l'élan et le sacrifice de la jeunesse bosniaque devinrent un symbole clé du nouvel État communiste. Durant les années qui suivirent, l'environnement physique de Sarajevo se modifia progessivement pour refléter cette assurance : noms de rues en l'honneur de toute personne ayant pris part à l'attentat, mise en place du Musée Gavrilo Princip et *Mlada Bosna* (qui fut inauguré en présence de nombreux dignitaires, dont le romancier Ivo Andrić), nouvelle plaque en l'honneur de Princip et de ses camarades pour avoir « exprimé, par son tir, la protestation nationale contre

19. Cette référence vient du discours de Borko Vukobrat à l'inauguration de la nouvelle plaque en l'honneur de Princip le 7 mai 1945. Borko VUKOBRAT, « Prvi Kongres USAO BiH-a i otkrivanje spomen-ploče Gavrilu Principu » [Le premier congrès de l'USAO de Bosnie-Herzégovine et l'inauguration de la plaque en l'honneur de Gavrilo Princip], dans Miodrag ČANKOVIĆ (éd.), *Sarajevo u socijalističkoj Jugoslaviji : Od Oslobođenja do Samoupravljanja (1945-1950)* [Sarajevo dans la Yougoslavie socialiste : de la Libération à l'autogestion (1945-1950)], Sarajevo, Istorijski Archiv, 1988, p. 269.

20. *Oslobođenje*, n° 74, 29 juin 1945, p. 2.

21. En version originale : « U Znak Vječite Zahvalnosti Gavrilu Principu I Njegovim Drugovima, Borcima Protiv Germanskih Osvajača, Posvećuje ovu ploču Omladina Bosne i Hercegovine. »

la tyrannie et l'aspiration séculaire de nos peuples à la liberté[22] » et, ce qui devint assurément plus célèbre, les empreintes de pas de Princip apposées à l'endroit exact où il changea le cours de l'histoire. Alors qu'en 1930, les leaders politiques étaient bannis de la cérémonie d'inauguration d'une modeste plaque dédiée à Princip, en 1953 le président du Comité national de Sarajevo, Dane Olbina, fit un discours d'introduction à l'ouverture officielle du Musée *Mlada Bosna*[23].

De nouvelles appréciations de ce que Churchill avait qualifié d'« infamie » ont également pu se développer grâce au changement d'attitude en Occident. Les références racistes aux Yougoslaves, comme celles que l'on pouvait trouver dans le *London Times* en 1930, stigmatisant « un peuple assez primitif, habitué à la violence politique », se faisaient bien plus rares[24]. Le respect occidental pour le rôle de Tito dans le combat contre les nazis et son admiration pour un État à orientation communiste indépendante contribuèrent également à atténuer les critiques. La glorification communiste de l'époque fut cependant davantage servie par une idéologie imposée par le gouvernement et une pratique culturelle gérée par l'État que par une approche réfléchie et objective pour rendre historiques les actes et idées de Princip et de *Mlada Bosna*. Dans la mesure où cette idéologie fut déterminante pour la construction de la mémoire, les citoyens ordinaires de Sarajevo n'eurent pas leur mot à dire. Ils passaient tout simplement leur vie à proximité du musée et des empreintes de pas de Princip, presque comme un moyen de mesurer leur développement personnel, comme dans l'expérience « inoubliable » de l'écrivain Miljenko Jergović qui, à l'âge de dix ans, ressentit « les premiers signes de l'âge adulte » en remarquant que son pied avait dépassé la taille de celui de Princip[25]. Bajro Gec, qui fut pendant longtemps le conservateur du Musée *Mlada Bosna*, me raconta de manière désabusée ses années passées à accueillir des touristes avec des contes héroïques sur Princip et *Mlada Bosna*, tout en ressentant un profond malaise vis-à-vis de ce discours officiel[26].

En 1964, cinquantième anniversaire de l'attentat, il est clair pour la presse étrangère que la gêne de Gec face à la montée en grade de Princip dans l'histoire locale et nationale est largement partagée. Les journaux gar-

22. Le texte original intégral dit : « Sa ovoga mjesta 28. juna 1914. godine Gavrilo Princip svojim pucnjem izrazi narodni protest protiv tiranije i vjekovnu težnju naših naroda za slobodom » [À cet endroit, le 28 juin 1914, Gavrilo Princip a exprimé, par son tir, la protestation nationale contre la tyrannie et l'aspiration séculaire de nos peuples à la liberté]. Voir Gojko Jokić, *Sarajevo : Turistički Vodič* [Sarajevo : guide touristique], Belgrade, Bigz, 1981, p. 60.
23. « Riječ Dane Olbine » [Allocution de Dane Olbina], *Oslobođenje*, 28 juin 1953, p. 4.
24. « The Serajevo Tablet », *London Times*, 3 février 1930.
25. Miljenko Jergović, « Stope » [Empreintes de pas], *Vreme*, n° 703, 24 juin 2004 : http://www.vreme.com/cms/view.php?id=383270.
26. Sur les tensions entre la mémoire et les pratiques culturelles gérées par l'État et la mémoire populaire/collective, voir Maria Bucur, Nancy M. Wingfield (éd.), *Staging the Past : The Politics of Commemoration in Habsburg Central Europe, 1848 to the Present*, West Lafayette (IN), Purdue University Press, 2001.

dent le thème de « l'éclat remarquable » du génie révolutionnaire de *Mlada Bosna*, et Sarajevo se prépare à l'assaut des visiteurs en rénovant le Musée *Mlada Bosna*, en marquant certains sites liés à l'attentat comme la maison de Danilo Ilić, en fleurissant les parapets du Pont Princip et, de manière générale, en ne faisant rien pour nier que l'État considère que *Mlada Bosna* et l'attentat sont des éléments fondateurs et cruciaux de son histoire [27]. Mais à en juger par certains rapports de plusieurs journalistes du *New York Times*, la Yougoslavie officielle « ne pouvait se sentir plus mal à l'aise » que vis-à-vis de ces préparatifs d'anniversaire. Il semble de fait que le secrétaire communiste à l'Information de Sarajevo, Murat Kusturica, passait la plupart de son temps à encourager les journalistes et les touristes à partir, ou du moins à se concentrer plutôt sur les partisans révolutionnaires. Un reporter écrivit que Sarajevo se contentait d'organiser « une cérémonie de pure forme ». Tout comme en 1930, il n'y eut aucun discours de représentants gouvernementaux. L'attentat de Sarajevo a pu avoir comme utilité politique, comme n'importe quel autre mythe idéologique, le maintien de la cohésion du peuple yougoslave, tout comme le meurtre avait légitimé le portrait de la rébellion innée aux habitants de Sarajevo dressé par Hamza Humo [28]. Mais dans le monde extérieur était transmise en 1964 une image bien moins controversée de la Yougoslavie.

Cependant, les empreintes de pas, le musée, les noms de rues et autres emblèmes de l'attentat, sans mentionner la rhétorique héroïque les entourant, restent visibles durant les Jeux olympiques d'hiver de 1984, et en fait jusqu'à la fin de la Yougoslavie communiste. Par la suite ils devinrent rapidement, et de manière assez publique, des éléments de contestation parmi les Yougoslaves. Lors d'un débat parlementaire télévisé au sujet de l'indépendance bosniaque en février 1991, un délégué du Parti Démocratique Serbe (SDS), qui s'opposait fortement à une Bosnie-Herzégovine indépendante, menaça ses collègues musulmans et croates par ces mots : « Le chef de votre État souverain n'arrivera jamais à traverser le Pont Gavrilo Princip. » Ce à quoi un représentant musulman répondit que, dans une Bosnie indépendante, le Pont Princip ne porterait pas le nom d'un terroriste. Peu de temps après, quelqu'un griffonna le nom d'origine du pont (le Pont Latin) sur le mur du Musée *Mlada Bosna* et sur la plaque commémorative, « l'aspiration séculaire à la liberté » des peuples de Yougoslavie fut rendue illisible [29]. Le jour de Vidovdan suivant, les chefs du SDS, qui tentaient désormais d'empêcher la Bosnie-Herzégovine de devenir indépendante de la Yougoslavie,

27. Radivoj Papić, « Pedesetogodišnjica Sarajevskog Atentata » [Le cinquantième anniversaire de l'attentat de Sarajevo], *Oslobođenje*, 1er mai 1964.
28. David Binder, « Sarajevo Marking First Shot of World War I », *The New York Times*, 28 juin 1964, p. 20. Joseph A. Barry, « Sarajevo Revisited, 50 Years After », *The New York Times*, 28 juin 1964, p. 12.
29. Ljiljana Smajlovic, « From the Heart of the Heart of the Former Yugoslavia », *The Wilson Quarterly*, été 1995.

financèrent le dépôt d'une gerbe de fleurs dans le cadre d'une cérémonie sur le site[30].

Durant la dernière guerre enfin, les symboles contestés de l'héritage le plus tristement célèbre de Sarajevo furent tous abandonnés. Le musée fut fermé (et sauvé in extremis des bombes et du vandalisme), les plaques portant les noms de rues furent retirées et au début du siège les empreintes de pas furent arrachées du trottoir et jetées dans la rivière, la Miljacka. L'idéologie qui avait assuré de la cohésion à la Yougoslavie et avait déterminé de quelle manière elle devait se souvenir des conspirateurs de Vidovdan se désintégra dans une explosion massive d'énergie nationaliste, et ainsi la mémoire de l'attentat, soigneusement élaborée, s'évapora avec elle. Tout comme en 1930, les observateurs occidentaux, dotés de peu ou d'aucune d'expérience de cette région, décrivirent l'événement comme une nouvelle preuve du penchant inné des peuples Slaves du Sud pour la violence.

Après le conflit, il fallut faire quelque chose. En 2004, des officiels de la ville décidèrent qu'il n'y aurait désormais qu'une simple plaque de granite, indiquant assez fidèlement ce qui s'est passé à cet endroit[31]. La plaque est trop proche du sol pour attirer vraiment l'attention des passants et un débat fait toujours rage quant aux projets de réinstaller les empreintes de pas et pour savoir s'il faut ou non le contrebalancer par un nouveau mémorial dédié aux victimes. Mais, cette fois du moins, la bataille concernant la mémoire de l'attentat se déroule principalement entre citoyens de Sarajevo. Il semble que l'on tente à présent de plus en plus d'utiliser l'histoire au nom de la vérité et du tourisme plutôt que de la déformer dans un but politique, ou de la minimiser de manière peu convaincante pour des étrangers mal à l'aise, mais influents. S'il s'agit là de la fin de la bataille autour de la mémoire de l'attentat de Sarajevo à Sarajevo, il apparaît que ni la ville rebelle décrite par un écrivain local comme Humo, ni le paysage pacifique émergeant incongrûment de son sommeil décrit par l'Occidental Durrell ne peuvent être considérés comme seuls fidèles à l'identité de Sarajevo. Peut-être que, même dans les Balkans, un lieu peut être un concentré des deux.

Traduit de l'anglais par Clémentine Sagot-Duvauroux.

30. *Oslobodenje*, 29 juin 1991, p. 7.

31. La plaque dit très exactement dans la version originale : « Sa Ovog Mjesta 28. Juna 1914 Godine Gavrilo Princip Je Izvršio Atentat Na Austrougarskog Prestolonasljednika Franca Ferdinanda I Njegovu Suprugu Sofiju » [À cet endroit le 28 juin 1914 Gavrilo Princip a perpétré un attentat contre l'héritier au trône austro-hongrois François-Ferdinand et son épouse Sophie].

Josip Broz Tito, mort et survie en Croatie

Dražen Nemet

Josip Broz Tito est sans aucun doute l'une des personnalités marquantes du xxe siècle, au-delà de la région d'où il est originaire. Au cours des années où il a exercé son pouvoir, un culte de la personnalité s'est développé, qui a fonctionné comme un des fondements de la République fédérale socialiste de Yougoslavie. Ceci détermine toutes les opinions ultérieures à son égard, car ni de son vivant, ni après sa mort, il n'y eut de vision objective de sa personne et de sa politique. Des variations de l'opinion publique à l'égard de Tito en Croatie sont pourtant repérables au cours des trois dernières décennies. Dans la présente analyse, les anniversaires de la mort de Tito serviront de point de référence, même si d'autres événements auraient pu être pris en compte.

Lorsque Josip Broz Tito meurt à Ljubljana le 4 mai 1980, une nouvelle ère commence pour la Yougoslavie socialiste[1]. En raison de ses 35 années passées au pouvoir, mais aussi de son rôle durant la Seconde Guerre mondiale à la tête des partisans, Tito est inévitablement devenu le symbole de l'État qu'il gouvernait. Le texte ci-dessous, extrait du supplément « Sedam dana » [Sept jours] du quotidien zagrebois *Vjesnik*, peut sembler aujourd'hui empreint de pathos, mais il reflète très bien l'atmosphère qui régnait ces jours-là en Croatie et en Yougoslavie, du moins officiellement :

> « Nous avons perdu le plus grand des hommes. Nous avons perdu Tito. Drapeaux en berne. Partout, des fleurs et des photographies de Tito. Dans chaque maison, jusqu'à la plus isolée, la nouvelle de la mort du bien-aimé Tito frappa chacun de stupeur. Durant cette première soirée, nombreux sont ceux qui veillèrent et nombreuses furent les lumières dans les maisons qui ne se sont pas éteintes de la nuit. Tôt le lendemain matin, tous sans exception étaient à leur poste de travail. Même ceux qui ne devaient pas travailler, car ils pensaient simplement qu'ils pourraient être utiles. Des milliers de registres ont ouvert leurs pages aux ouvriers, citoyens, paysans, pionniers,

1. Pendant son long séjour à l'hôpital de Ljubljana, la population se préparait déjà à la situation qui interviendrait après son décès, ce que résume très bien la déclaration de la femme politique croate Milka Planinc : « La grandeur du camarade Tito réside dans le fait que même sans Tito, la politique de Tito et la Yougoslavie de Tito perdureront. » Voir : *Večernji list*, 1er-4 mai 1980.

> jeunes gens… Il n'y avait pas d'endroit où ne se formaient des colonnes de personnes désireuses de dédier quelques mots à Tito, d'exprimer leur respect, leur amour et leur tristesse, de prêter serment, de promettre qu'ils lui resteraient fidèles, ainsi qu'à son œuvre.
>
> Commémorations dans chaque organisme collectif, dans chaque école, partout. Silence solennel et honneur rendu. Les machines se sont tues un instant. La tristesse régnait.
>
> Mais la vie continue, le travail aussi. Tito lui-même aurait attendu cela de nous. Chaque homme né dans notre pays en est conscient. Ces jours-ci, nous avons prêté serment à Tito, non pas une fois, mais à maintes reprises. Pendant sa maladie, après sa mort et pendant son enterrement. Ainsi en fut-il ces jours-ci en Yougoslavie, le pays où Tito est né, a combattu et travaillé, et dans lequel il est mort. Ce nom restera le symbole de tout ce que nous avons déjà et de ce que nous allons encore créer[2]. »

L'enterrement fut un événement d'importance internationale. Étaient présentes 215 délégations, dont 123 délégations d'État et de partis communistes[3]. La population était aussi présente massivement, désireuse de rendre hommage à Tito. À Zagreb, où le train transportant la dépouille mortelle de Ljubljana à Belgrade fit halte, plus de 500 000 personnes sont venues rendre hommage à Tito, entonnant des chants, tels que *Druže Tito mi ti se kunemo* (Camarade Tito, nous te prêtons serment) et *Fala* (Merci[4]). Durant ces journées, les journaux ne tarissaient pas d'éloge sur sa personne et sa vie et encourageaient le pays à poursuivre son œuvre[5].

Les années suivantes, Tito continue à symboliser la République fédérale socialiste de Yougoslavie, en tant qu'idéal « Père de la patrie », personnification d'un avenir espéré meilleur. On rapportait que les ouvriers qui avaient prêté serment que le mois de mai serait dorénavant le mois du record de production, dépassaient régulièrement les normes en l'honneur de Tito[6]. Ils plantaient des allées d'arbres, en général quatre-vingt-huit plants en souvenir des années de vie de Tito. Ils versaient des contributions au « fonds de Tito ». À chaque anniversaire de sa mort, à quinze heures cinq précises, on entendait les sirènes et toutes activités cessaient pour un instant. Dans les écoles, on organisait un cours consacré à Tito[7]. Les programmes télévisés diffusaient de nombreuses émissions spéciales sur lui[8].

Cependant, à la fin des années 1980, certaines controverses apparaissent dans l'opinion publique et commencent à ébranler la réputation jusqu'alors

2. *Vjesnik*, 10 mai 1980.
3. *Gosti socijalističke Jugoslavije*, p. 517.
4. *Večernji list*, 6 mai 1980.
5. *Start*, 14 mai 1980. Quelques titres de journaux caractéristiques de cette période : « Même après Tito – avec Tito », « Le président de notre avenir » (*Vjesnik*, 11 mai 1980), « L'homme du siècle », « Éternellement fidèles à Tito », « Poursuivons l'œuvre de Tito » (*Večernji list*, 5 mai, 6 mai, 9 mai et 10/11 mai 1980).
6. *Vjesnik*, 11 mai 1980.
7. *Vjesnik*, 5 mai 1985.
8. *INDOK Hrvatske televizije*.

parfaite de Josip Broz Tito. En Croatie, on parle des victimes de partisans à l'issue de la Seconde Guerre mondiale à Bleiburg, de l'île de Goli otok où furent internés les opposants au régime et du « Printemps croate » de 1971, dans un climat de réveil de fort sentiment national et de désintégration de la Yougoslavie, ce qui donne naissance à des perceptions de plus en plus négatives de Tito. Il convient de souligner que cela peut en grande partie être expliqué par le fait que Tito était le symbole de la Yougoslavie et fut fréquemment identifié à elle. La Yougoslavie commençait cependant à être appelée « la prison du peuple croate », et plus tard, pendant la guerre qui se déclencha à la suite de la déclaration d'indépendance croate, elle devint l'État ennemi. Pourtant en Croatie les attaques contre Tito furent loin d'être aussi violentes que, par exemple, celle menée un pieu à la main par le nationaliste serbe Vojislav Šešelj lors de son expédition à Dedinje, ce quartier de Belgrade où reposait la dépouille de Tito[9]. Dans une enquête d'opinion sur Tito, 80 % des personnes interrogées considèrent Tito comme une personnalité très positive ou plutôt positive[10]. Le Parti social-démocrate (SDP) prend même l'initiative de faire transférer sa dépouille de Belgrade à son village natal de Kumrovec en Croatie, initiative qui n'a d'ailleurs pas été réalisée. Même Mladen Schwartz, un homme politique classé à droite, avait soutenu cette idée[11].

Cependant, avec la guerre et la constitution d'une République de Croatie indépendante, l'opinion publique à l'égard de Tito change. De nombreux monuments antifascistes ou en l'honneur des partisans sont enlevés, les rues et places portant le nom de Tito sont renommées. Les anniversaires de sa mort ne sont plus célébrés. Ce jour-là, les journaux ne mentionnent même plus la date anniversaire[12]. De plus en plus souvent, on commence à parler des aspects négatifs de son pouvoir. On le désigne comme l'ennemi des Croates. Le contexte politique précis des déclarations est à chaque fois à prendre en considération. Ainsi dans le cas du premier président croate Franjo Tuđman, même si la Yougoslavie apparaissait dans ses discours sous un jour nettement négatif, il pouvait lui arriver de rappeler les paroles de Tito le concernant, « N'imputez rien à Tuđman » (*Tuđmanu ne pakovati*) ainsi que son rôle pendant la Seconde Guerre mondiale. Dans le palais présidentiel de Zagreb, un buste de Tito était d'ailleurs visible. De même, l'une des places les plus centrales de Zagreb, la Place du maréchal Tito, n'a jusqu'à aujourd'hui et à aucun moment, changé de nom, malgré quelques

9. *Večernji list*, 4 mai 1991.
10. Parmi les erreurs de Tito mentionnées dans cette enquête, on n'y retrouve pas Bleiburg ou Goli otok, mais y dominent des éléments comme la présence de « collaborateurs incapables » ou « les privilèges accordés à ses collaborateurs ». Voir : *Večernji list*, 5 mai 1990.
11. *Večernji list*, 4 et 6 mai 1991.
12. *Večernji list* et *Vjesnik*, 4 mai 1992. *Večernji list* et *Vjesnik*, 4 mai 1995. Dans ces journaux, il n'y a aucun article consacré à l'anniversaire de la mort de Tito. La seule mention de Tito se trouve dans le journal *Vjesnik* de 1995, dans la rubrique *Kalendar* [Calendrier], qui rappelle que Josip Broz Tito est mort il y a 15 ans.

initiatives. On peut enfin remarquer que le nom de la Place du *maréchal Tito* est resté, ce qui témoigne d'un certain attachement à une période précise de la vie politique de Tito et au prestige qui lui est lié.

À la fin des années 1990, on constate que l'opinion publique est de plus en plus tolérante à l'égard de la mémoire de Tito. Ceci peut s'expliquer par le développement de la *yougonostalgie*, qui n'est pas une nostalgie pour l'État disparu en tant que tel, mais une nostalgie, du moins pour ce qui est de la Croatie, de la part de tous ceux qui ont été touchés par la guerre et la privatisation et qui regrettent les temps passés qui, selon eux, garantissaient une certaine sécurité sociale et un meilleur niveau de vie [13]. À mesure que le sentiment de fierté nationale lié à la création d'un État diminue, on constate une opinion publique de plus en plus positive à l'égard de l'ancien État et donc de Tito. Ainsi commence-t-on à faire valoir les mérites de Tito à l'égard de la Croatie. La Constitution de 1974 ayant donné à la Croatie le droit à l'autodétermination, l'antifascisme, le *Non* à Staline, de même que les origines croates de Tito ont contribué à sa réhabilitation progressive. En 1996, une association Josip Broz Tito est fondée à Zagreb. Des rassemblements commémoratifs sont de nouveau organisés à Kumrovec pour l'anniversaire de sa mort. Année après année, le nombre des participants augmente [14]. En 1998, les spectateurs avaient eu la possibilité de participer à une enquête téléphonique lors de l'émission télévisée *Latinica* et de répondre à la question si Tito était pour eux une personnalité positive ou négative. Près des trois quarts des personnes ayant téléphoné ont répondu qu'il s'agissait à leurs yeux d'une personnalité positive. En 1999, le film *Maršal* (Le Maréchal) de Vinko Brešan fut l'un des films les plus regardés au cinéma. Il convient de souligner qu'il faut y voir une réponse de l'opinion publique face à la situation sociale dans la Croatie durant la présidence Tuđman. D'ailleurs, des nombreuses comparaisons entre Tito et Tuđman, Tito sortait quasiment toujours vainqueur.

Le film *Maršal* annonçait aussi une nouvelle manière de percevoir Tito. Cette comédie est une parodie de certains stéréotypes liés à Tito. De même, c'était le signe qu'une période nouvelle, qui dure encore aujourd'hui, était amorcée. Tito est devenu un produit de la culture moderne, dans le contexte d'une commercialisation de plus en plus effrénée. Les ventes d'objets qui portent son nom ont augmenté de manière significative. Un viticulteur de Kumrovec produit un vin qui porte le nom de Tito [15]. Une biographie de Tito écrite par Jasper Ridley est traduite, un Dictionnaire de la mythologie yougoslave (*Leksikon Yu-mitologije*) paraît. Cette tendance à une large dif-

13. Un phénomène comparable est observé dans d'autres pays postcommunistes d'Europe centrale et orientale, notamment dans l'ancienne RDA (*Ostalgie*).

14. *Vjesnik*, 3 mai 1998. *Večernji list*, 5 mai 1998. *Jutarnji list*, 4 et 5 mai 1998. C'est précisément *Jutarnji list* qui, pour la première fois après de nombreuses années, consacre un grand article à l'anniversaire de la mort de Tito (4 mai 1998).

15. *Titovo vino žele u Sarajevu, Beogradu, Čačku i Zagrebu* – site internet *Index*.

fusion de l'image de Tito est confirmée par le succès d'un livre de cuisine étroitement lié à la vie du chef d'État yougoslave, *Titova kuharica* (Le livre de cuisine de Tito). Tito « vit » aussi sur Internet, les sites les plus connus étant www.titoville.com et www.leksikon-yu-mitologije.net.

Cependant, les débats autour du rôle de Tito, sur les aspects perçus comme négatifs et positifs, durent toujours. Deux événements reflètent parfaitement cette situation. Dans une enquête de l'hebdomadaire *Nacional*, Tito se retrouve à la tête du classement du « plus grand Croate de l'histoire », tandis qu'à la fin de l'année 2004, son monument est détruit à Kumrovec[16]. L'opinion publique tout comme les hommes politiques, du président de la république au premier ministre, ont toutefois condamné cet acte, chose inimaginable dix ans plus tôt. La perception de Tito comme personnalité positive tend donc à s'installer, même s'il faut souligner qu'elle n'est pas du tout équilibrée.

Pour comprendre ce développement cyclique, il faut sans doute le voir comme reflet du temps dans lequel il est apparu. Du reste, le passage de la glorification à la haine est propre à la perception de grandes personnalités historiques qui ont marqué leur époque, ce qui est certainement le cas de Tito. Sur ce point du moins, ses détracteurs comme ses partisans sont d'accord. Il est néanmoins nécessaire d'indiquer que tout au long de la période pendant laquelle se sont formées les perceptions sur Tito, aucune analyse objective de sa personnalité et de sa politique n'a été réellement entreprise. Il en est ainsi jusqu'à aujourd'hui. En effet, dans les années 1990, la dictature communiste n'a pas été remplacée par une démocratie citoyenne dans le véritable sens du mot, mais par une démocratie de guerre, une démocratie autoritaire à forte dimension nationale. Dans ce contexte, la perception de l'opinion publique suit dans les grandes lignes celle des hommes politiques au pouvoir.

Le rapport actuel à l'égard de Tito est en grande partie marqué par la diffusion massive et la commercialisation de son image. Le regard décontracté posé par la pop-culture moderne sur Tito a très certainement aidé à la formation d'une perception positive de cet homme politique de réputation mondiale et dont le mode de vie hédoniste est tout particulièrement mis en relief, ce qui fait de plus en plus souvent l'objet d'articles. De même, il est nécessaire d'insister sur le fait qu'avec l'arrivée du capitalisme, l'utilisation de Tito dans des objectifs de marketing est clairement perçue comme une source de profit, en particulier dans un pays touristique comme la Croatie. L'idée récurrente de rapatrier la dépouille de Tito peut s'analyser aisément dans cette logique. Dans une enquête menée en 2000, près de 60 % des personnes interrogées soutenaient cette initiative[17].

16. *Nacional*, 5 janvier 2004. *U Kumrovcu srušen Titov spomenik* – site internet *Index*.
17. *Jutarnji list*, 4 mai 2000.

Pour ce qui est de l'avenir de la perception Tito, il apparaît que la vision actuelle du personnage historique crée un bon climat pour qu'une appréciation sérieuse et objective de son rôle soit effectuée sur des bases scientifiques, ce qui n'a pas encore été le cas. Il ne faut cependant pas oublier que Tito restera sans doute pour longtemps dans cette région une « violette blanche » pour les uns, et un « diable rouge » pour les autres, pour reprendre des slogans en usage du temps de la Yougoslavie. Un changement de ces positions tranchées n'est sans doute pas pour bientôt.

Traduit du croate par Inès Sabotič.

SOURCES

INDOK Hrvatske televizije, archives des émissions d'information 1980-2005.
Jutarnji list [Journal du matin], quotidien, Zagreb.
Nacional, hebdomadaire, Zagreb.
Start, hebdomadaire, Zagreb.
Večernji list [Journal du soir], quotidien, Zagreb.
Vjesnik [Le Messager], quotidien, Zagreb.

BIBLIOGRAPHIE

Anja Drulović, *Titova kuharica* [Le Livre de cuisine de Tito]. Zagreb, Fraktura, 2005.

Iris Andrić, Vladimir Arsenijević (éd.), *Leksikon Yu mitologije* [Lexique de mythologie yougoslave], Zagreb, Postscriptum, 2005.

Sava Mijalković, Aleksa Brajović, *Gosti socijalističke Jugoslavije 1944-1980* [Les invités de la Yougoslavie socialiste, 1944-1980], Beograd, Privredna štampa, 1980.

Jasper Ridley, *Tito : biografija* [Tito : une biographie], Novi Sad, Agencija Mir, 1998, traduit en serbe par Dušanka Jovanovič ; Zagreb, Prometej, 2000, traduit en croate par Vesna Domany-Hardy et Vanessa Vasič-Janekovič [éd. originale 1994].

Titovo vino žele u Sarajevu, Beogradu, Čačku i Zagrebu [On veut le vin Tito à Sarajevo, Belgrade, Čačak et Zagreb]. http://www.index.hr/xmag/clanak.aspx?id=201228, 20 décembre 2005.

U Kumrovcu srušen Titov spomenik. [Le monument à Tito détruit à Kumrovec] http://www.index.hr/clanak.aspx?id=241237, 20 décembre 2005.

« Héros » et « antihéros » dans les manuels scolaires croates : images de l'histoire nationale avant et après 1990

Snježana Koren

Ces vingt dernières années, l'histoire est dans le système scolaire croate l'une des matières les plus controversées, si ce n'est la plus controversée. Après les changements politiques survenus au début des années 1990, les prises de position et les visions de la nouvelle élite politique ont rapidement trouvé leur place dans le programme scolaire d'histoire. La période du début des années 1990, en particulier 1991-1992, a été cruciale pour la mise en forme d'une nouvelle image de l'histoire nationale dans les manuels d'histoire. Un tel intérêt pour le cours d'histoire ne doit pas surprendre, en raison tout d'abord de sa capacité supposée à exercer une influence sur la formation de l'identité de l'élève. Toutefois, dès lors que divers groupements sociaux ont à ce sujet des conceptions différentes, l'histoire enseignée à l'école peut rapidement devenir un champ de bataille politique, comme cela est advenu dans le cas croate à plusieurs reprises dans l'histoire récente.

Les changements intervenus dans la description de personnages historiques dans les manuels scolaires du primaire et du secondaire datant de la première moitié des années 1990 sont l'objet de la présente étude [1]. Or, la manière dont ils sont situés dans un contexte plus large, en tant que « héros » ou « antihéros », est souvent l'expression la plus visible du fait que manuels et programmes d'histoire sont le reflet de leur époque. Afin de pouvoir dégager les éléments de continuité et de discontinuité, les manuels de cette période ont été comparés avec ceux de la seconde moitié des années 1980. La dernière partie montre brièvement leur évolution après 1995 et présente quelques tendances contemporaines.

1. Le terme de « primaire et secondaire » se réfère aux classes supérieures du primaire et du secondaire (du CM2 à la 4e) pour un élève de 11 à 14 ans. Dans ces classes, l'histoire est une matière obligatoire pour tous.

L'image officielle de l'histoire nationale dans les manuels scolaires de la seconde moitié des années 1980

Les manuels scolaires du primaire et du secondaire de l'extrême fin des années 1980 comprenaient en tant qu'histoire nationale l'histoire « de nos peuples » – Croates, Serbes, Slovènes, Macédoniens, Monténégrins et autres peuples de la fédération yougoslave. L'histoire de la Croatie était présentée au sein du cadre yougoslave, tout en ménageant des modules spécifiques. Les manuels lui consacraient environ 20 à 30 %, tandis que l'histoire des autres peuples yougoslaves y représentait 30-40 % et l'histoire européenne et mondiale environ 30 %. L'image que les élèves acquéraient des peuples yougoslaves était positive, fondée sur les moments considérés comme positifs de leurs histoires, surtout dans le domaine des réalisations culturelles. Quant aux héros nationaux, étaient célébrés tous ceux qui d'une manière ou d'une autre étaient devenus les symboles du rapprochement des peuples yougoslaves, en particulier des Croates et des Serbes.

L'enseignement de l'histoire des Slaves du Sud se fondait sur la mise en relief des destins historiques communs des petits peuples incessamment menacés par les grandes puissances (les Francs, Byzance, l'Empire ottoman, le Saint Empire romain germanique) et par les peuples voisins (Italiens, Hongrois, Autrichiens, Grecs et, dans une certaine mesure, Bulgares). Les phrases soulignant la nécessité d'une lutte commune contre les dominations étrangères imprégnaient les manuels et donnaient un cadre interprétatif à l'histoire des peuples slaves du Sud. À l'inverse, l'image que les élèves acquéraient sur leur voisinage était expressément xénophobe : la représentation était celle d'un pays entouré d'ennemis, l'image la plus négative revenant aux Turcs ottomans[2].

Dans cette version de l'histoire, la lutte commune de tous les peuples yougoslaves contre le fascisme durant la Seconde Guerre mondiale tenait une place importante. Les manuels offraient une vision dans laquelle se trouvaient d'un côté les occupants et leurs auxiliaires (oustachis, tchetniks, minorité allemande et autres collaborationnistes) et de l'autre la majorité des ressortissants de tous les peuples slaves, les ouvriers, les paysans et l'intelligentsia, tous sous le commandement de Tito et du PCY. L'accent était mis sur l'union de la lutte de libération des peuples et de la révolution socialiste en tant que fondements légitimes de la seconde Yougoslavie, tandis que les sacrifices supportés par les peuples yougoslaves devenaient le fondement de la fraternité et de l'union yougoslaves[3]. Dans cette présentation des événements, une place importante revenait aux partisans. C'est à Tito

2. « La Croatie est entrée dans l'époque moderne divisée entre trois souverains – Venise, la Turquie et les Habsbourg. Les Turcs ont régné sur leur secteur par la force brute – le fouet, le sabre et le pal, tandis que Venise et les Habsbourg ont utilisé la force et une ruse maligne. » *Čovjek u svom vremenu 2*, 1985, p. 177.

3. Comparer avec le texte du manuel pour la 4e, *Čovjek u svom vremenu 4*, 1987, p. 105, 148, 167-170.

que revenait toutefois la place la plus considérable. Son culte personnel se fondait sur un certain nombre d'éléments : il avait consolidé le parti communiste et avait eu un rôle décisif dans l'organisation du soulèvement et le commandement de la guerre. Puis, durant la période d'après-guerre, il avait mis en place l'autogestion, offert une résistance à Staline et avait fondé avec Nasser et Nehru le mouvement des non-alignés. Cette vision ne laissait pas de place aux aspects problématiques, non plus qu'à une évaluation critique de son rôle[4].

Enfin, l'enseignement de l'histoire se fondait sur la mémorisation par l'élève et la reproduction de faits relatés par les manuels ou durant les cours. Les questions sensibles, controversées, voire désagréables pour le régime, ne faisaient pas l'objet d'étude. L'approche selon laquelle il n'existait qu'une seule et unique vérité a laissé les enseignants au dépourvu dans les situations où ils devaient se confronter avec leurs élèves à des vérités parallèles et contradictoires, qui entraient ouvertement en concurrence à la fin des années 1980 et au début des années 1990 dans l'opinion publique et les médias. Ainsi, durant la première moitié des années 1990, le résultat des changements dans l'enseignement de l'histoire a été de produire une « vérité historique » unique, à la différence près que son contenu était différent de la précédente.

La mise en forme d'une nouvelle image de l'histoire nationale dans les manuels de la première moitié des années 1990

Les manuels et les programmes d'histoire de la période de 1990 à 1995 sont passés au travers de changements significatifs qui peuvent se résumer par les termes de « désidéologisation », « extirpation de l'histoire croate du cadre de l'histoire yougoslave » et « élagage ». Dans les nouvelles circonstances historiques, l'enseignement de l'histoire a gagné en importance, ce qui s'est surtout reflété dans l'augmentation des heures de cours, et non par la qualité des modifications, dans la mesure où les contenus ont changé, mais l'approche pédagogique est demeurée identique. Les changements ont d'abord été appliqués dans les manuels, et seulement après dans les programmes d'enseignement, l'ensemble ayant été certainement facilité par l'existence d'un manuel unique par classe.

Les premières transformations apparaissent dans les manuels durant l'année scolaire 1991-1992. Elles se rapportaient essentiellement à la « désidéologisation », par quoi l'on entend généralement l'évincement de l'interprétation marxiste de l'histoire. La « désidéologisation » a toutefois

4. *Čovjek u svom vremenu 4*, 1987, 63, 73, 169, 229. Sur la mise en forme des mythes fondateurs de la seconde Yougoslavie, voir : Holm Sundhaussen, « Jugoslawien und seine Nachfolgestaaten. Konstruktion, Dekonstruktion und Neukonstruktion von "Erinnerungen" und "Mythen" », in *Mythen der Nationen : 1945, Arena der Erinnerungen*, Monika Flacke (éd.), Berlin, DHM, 2004.

été utilisée par la suite comme excuse pour évincer les contenus « inconvenants » des manuels. Les premiers changements étaient somme toute modérés : les mêmes auteurs sont restés, le cadre yougoslave existant et les unités de cours ont été maintenus[5]. La deuxième vague de modifications a eu lieu durant l'année scolaire 1991-1992. Cette fois-ci une forte pression politique a été exercée, réclamant des changements radicaux dans les manuels. Le cours d'histoire est devenu matière à polémiques dans la presse et les débats entre les députés du parlement ont culminé lors de la session du 28 mars 1992, lorsque les députés du parti au pouvoir, le HDZ (Union démocratique croate), ont accusé le ministère de l'Éducation et le ministre en raison du contenu « pro-yougoslave » des manuels, et en raison de « l'échec dans le nettoyage des manuels de tout ce qui n'est pas au service de l'État croate[6] ». Toute l'affaire a débouché sur la démission du ministre de l'Éducation en avril 1992. La nouvelle ministre a signé quelques jours plus tard un décret faisant retirer tous les manuels litigieux et mettant en suspens une partie du programme d'histoire[7]. Début juin est présenté à une session du parlement le *Compte rendu du Gouvernement de la République de Croatie sur l'état des manuels scolaires*, dans lequel ont été surtout montrés du doigt les manuels concernant l'histoire des XIXe et XXe siècles. Il leur fut essentiellement reproché de transmettre une représentation positiviste des idées yougoslaves, proclamée « point d'appui de base de toutes nos méprises et de nos erreurs depuis Gaj, Strossmayer jusqu'à Supilo », et « récidive de la conscience yougoslave et yougo-marxiste[8] ».

A défaut d'un nouveau programme, ces documents ont eu une influence directe sur la mise en forme des textes de manuels qui sont réalisés durant l'année scolaire 1992-93, notamment ceux pour la 5e et la 4e. Les unités de cours de l'histoire de la Croatie sont désormais complètement séparées du cadre yougoslave, tandis qu'au centre de l'étude est mise l'histoire nationale, au sein de laquelle est exclusivement comprise l'histoire des Croates, non seulement en Croatie mais également dans les pays voisins, en particulier en Bosnie-Herzégovine. La part de l'histoire nationale ainsi définie passe de 30 à 60 %, sans que pour autant, dans l'ensemble, une place particulière soit faite aux « autres » : les minorités apparaissent seulement au

5. Le maintien du cadre yougoslave a été par la suite justifié par les fonctionnaires du ministère par le fait que les manuels avaient été élaborés à partir du présupposé politique que la Croatie allait entrer dans une confédération yougoslave (*Vjesnik*, 31.3.1992).

6. *Večernji list*, 29 mars 1992, *Vjesnik*, 31 mars 1992, *Školske novine*, 7 avril 1992, *Danas*, 7 avril 1992.

7. Avec le *Décret sur le retrait des manuels en usage* du 24 avril 1992, on été retirés tous les manuels de sciences naturelles et sociales du primaire et du secondaire pour le CM1, et d'histoire pour les 5e et 4e, ainsi que les manuels de 2nde au lycée. Est également mise en vigueur une *Directive obligatoire pour les cours de sciences naturelles et sociales pour le CM1 et pour les cours d'histoire en 5e et 4e jusqu'à la fin de l'année scolaire 1991/92* avec la liste des contenus pédagogiques obligatoires.

8. Le compte rendu de Nedjeljko Mihanović, ministre adjoint de l'Éducation, et en même temps président du Comité parlementaire pour l'éducation, la science, la culture et le sport, est publié dans le *Journal de l'Éducation* (*Školske novine*) du 9 juin 1992 sous le titre *Les manuels scolaires en phase de changements profonds*.

moment des conflits[9], tandis que l'image négative des peuples voisins des années 1980 est maintenue, voire renforcée sous certains aspects[10]. L'espace prévu auparavant pour « nos peuples » est fortement réduit, certains d'entre eux étant montrés sous un éclairage expressément négatif. Cela concerne surtout les Serbes, pour lesquels il est possible de remarquer des parallélismes entre l'époque contemporaine et le passé d'après lesquels, par exemple, la conquête ottomane des XVIe-XVIIe siècles ou bien les crimes commis par les tchetniks sur la population croate durant la Seconde Guerre mondiale sont identifiés au conflit croato-serbe des années 1990, les Serbes devenant un antihéros collectif, dans le passé comme dans le présent[11].

La nouvelle construction de l'histoire se fondait sur l'État national en tant qu'idée directrice pour l'histoire croate, ainsi que sur la perception des Croates en tant que victimes d'injustices plus que séculaires dans leurs communautés avec les Hongrois, les Autrichiens et particulièrement avec les Serbes dans les deux États yougoslaves. Ceci est bien visible dans le traitement de l'histoire nationale du XXe siècle. Au lieu de la focalisation sur la Seconde Guerre mondiale qui avait prévalu, le point central de la présentation historique est devenu l'entre-deux-guerres. Les anciens sujets ont été remplacés par de nouveaux, ceux qui durant la période antérieure ont été négligés (Bleiburg et le « chemin de croix », le procès d'Alojzije Stepinac, les persécutions communistes d'après-guerre), tandis que la présentation des deux États yougoslaves se fondait sur la sélection d'exemples négatifs, d'où a disparu toute trace de souvenirs historiques positifs. Le nouveau cadre interprétatif a également servi à justifier certains épisodes noirs du passé national, comme la mise en place d'un régime profasciste oustachi durant la Seconde Guerre mondiale et ses crimes. Dans cette présentation, chaque État croate, et ainsi même l'État indépendant de Croatie (NDH) est devenu un fait historique positif. L'acte de création de l'État a été séparé des actions du régime oustachi, ce qui a permis son affirmation sous un éclairage positif[12]. Même si la terreur oustachie est condamnée, une bien moindre attention lui est consacrée qu'aux crimes des partisans et des tchetniks. Dans ce contexte, sont surtout mises en avant les souffrances des Croates, tandis que dans le même temps les souffrances des autres groupes

9. Voir plus en détail : Snježana KOREN, « Manjine u hrvatskim udžbenicima povijesti i zemljopisa » [Les minorités dans les manuels croates d'histoire et géographie], *Povijest u nastavi* [L'Histoire dans les cours], n° 1, Zagreb, 2003.

10. Par exemple, les représentations de la conquête ottomane des XVIe-XVIIe siècles, où les descriptions émotives des souffrances de la population sont désormais liées exclusivement à celles des terres croates (*Povijest 6,* 1992, p. 96, 97, 120-122), ou encore, dans les rapports croato-hongrois de 1848, un espace nettement plus important est consacré à la guerre (*Povijest 7,* 1992, p. 56-64).

11. Comparer avec *Povijest 6,* 1992, p. 97, 119, et *Povijest 8,* 1992, p. 110.

12. Sur la manière dont la mémoire historique est entrée en parallèle dans le discours public en Croatie voir : Mark BIONDICH, « "We Were Defending the State" : Nationalism, Myth and Memory in Twentieth-Century Croatia », *in* John LAMPE, Mark MAZOWER, *Ideologies and National Identities. The Case of Twentieth Century Southeastern Europe,* Budapest, CEU Press, 2003.

ethniques sont relativisées (Serbes, Juifs, Roms). Ainsi, un manuel de 1992 consacre sept pages à l'État indépendant de Croatie, dont seulement une demi-page à la terreur du régime oustachi et une phrase aux souffrances des Serbes, Juifs et Roms. Qui plus est, ces crimes sont encore plus relativisés par des affirmations selon lesquelles les mesures antijuives ont été éditées sous la pression allemande, tandis que la terreur contre les Serbes se trouvait justifiée par le régime politique antérieur et les crimes des tchetniks [13].

Ces modifications dans les manuels sont finalisées avec la mise en application d'un nouveau programme scolaire en 1995 sur la base des manuels remaniés [14]. Cette manière de mettre en place le programme est une curiosité en soi, et elle est particulièrement significative lorsqu'elle est observée dans le contexte des événements dont il est question dans ce texte. Le programme a sanctionné certaines mesures qui ont tout d'abord fait leur apparition dans les manuels, comme la proportion entre l'histoire générale et nationale (40/60 %), les perspectives nationales étroites (une expression souligne que « nous observons notre coopération historique avec le monde dans le passé et dans le présent du point de vue de notre histoire nationale »), ainsi que le renforcement de l'identité nationale comme finalité et but principaux du cours d'histoire. La surcharge du contenu renforçait l'approche didactique existante, fondée sur la mémorisation et la reproduction de faits historiques, alors qu'avec sa prescription étaient suggérés les contenus et la structure des plans scolaires mis en application [15]. L'un de ses principaux buts a été l'« élagage », une mesure qui avait certainement sa justification pédagogique. Toutefois, les premières victimes en furent les peuples voisins et les minorités, tandis qu'au niveau des manuels, la réduction du contenu dans ce cas signifiait souvent non seulement l'éviction des faits, mais aussi le maintien des interprétations négatives qui ne se fondaient plus sur les faits, de sorte que certains événements ont été particulièrement mis en avant et ont servi à renforcer l'impression négative [16].

« Héros » et « antihéros »

Dans le cadre de ces modifications apparaît une galerie de héros nationaux. En accord avec l'approche didactique générale, la présentation est restée monolithique. Les exemples de personnages historiques exemplaires devaient, comme cela est souligné dans le programme et le plan des cours,

13. *Povijest 8,* 1992, 89.

14. Voir surtout : Damir Agičić, « Nastava povijesti u Hrvatskoj » [Le cours d'histoire en Croatie] et Snježana Koren, « Promjene u nastavnom planu i programu za osnovne škole u Republici Hrvatskoj tijekom posljednjeg desetljeća » [Les changements dans le programme pour l'école primaire en Croatie durant la dernière décennie], dans *Povijest u nastavi,* n° 2, Zagreb, 2003.

15. *Prosvjetni vjesnik* (1999), édition spéciale : 136.

16. La modification est caractéristique, notamment quant au changement de représentation de l'histoire serbe de la première moitié du XIXe siècle dans les manuels pour la 5e en 1986, 1992 et 1996.

aider les élèves « dans l'édification et la maturité de l'ensemble de la personnalité[17] ». De plus, ce sont des particuliers, mais aussi des entités sociales, tels que des partis politiques, des mouvements, des organisations religieuses, des institutions, et même des villes en particulier, qui sont traités comme des « héros » ou « antihéros » (l'Église orthodoxe en tant que représentante de la politique de la grande Serbie, ou Dubrovnik en tant que symbole de la liberté). Un certain nombre de types de changements apparaissent, dont ceux qui semblent les plus intéressants sont présentés ici.

Le premier type de changement pourrait être appelé *le remplacement des héros*. Disparaissent des manuels les héros de la guerre de libération durant la Seconde Guerre mondiale, tandis que les personnalités historiques qui sont liées à l'idée yougoslave ou à la lutte des classes sont marginalisées. Matija Gubec n'est pas exclu du programme et des manuels, mais la représentation de la révolte paysanne de 1573 est nettement réduite. Il est peut-être possible d'en chercher la raison dans le rapprochement symbolique effectué entre Gubec et Tito, alors que le discours est plus dans une tonalité nationale que sociale. L'évêque de Đakovo Josip Juraj Strossmayer subit un destin comparable. Son « yougoslavisme » n'est pas jugé dans le contexte du XIXe siècle, mais dans la perspective toute contemporaine des années 1990. Aussi la représentation de son action est-elle réduite dès 1992 dans les manuels, puis marginalisée encore plus dans l'édition de 1996, lorsque la présence Strossmayer est *de facto* réduite en tout et pour tout à une unique phrase[18].

Les places les plus distinguées ont été octroyées aux personnalités historiques qui sont en accord avec le nouveau paradigme interprétatif, lequel évalue les personnalités historiques selon leur rôle de combattants et/ou victimes dans le processus de création de l'État croate. Pour le Haut Moyen Âge, ce sont les souverains d'origine croate, et pour les périodes plus tardives, c'est la noblesse croate, l'assemblée et le ban, en tant que « gardiens de l'autonomie étatique de la Croatie », « combattants contre les Turcs » (surtout Nikola Šubić Zrinski en tant que personnage crucial de la mythologie nationale croate dans les manuels dès la fin du XIXe siècle), et « combattants contre l'absolutisme habsbourgeois » (surtout Petar Zrinski et Fran Krsto Frankapan[19]). On trouve déjà cet ensemble dans le manuel des années 1980 ; mais dans certains cas, il est possible de distinguer de légères modifications significatives. Il existe dans les deux manuels des descriptions presque identiques de la bataille de Siget/Szigetvár, mais dans la version de 1992 se trouve l'information supplémentaire selon laquelle les 2500 soldats

17. *Okvirni nastavni plan i program* [Plan cadre d'enseignement et programme], 1995, p. 80.
18. *Čovjek u svom vremenu 3*, 1986, p. 120, 129, 191-192 ; *Povijest 7*, 1992, p. 108-9, 115 et 1996, 71.
19. *Povijest 6*, 1992, p. 82, 96, 121, 128-130.

de la défense étaient « essentiellement des Croates[20] ». Le « complot de Zrinski et Frankapan » devient la « résistance de Zrinski et Frankapan ». Il s'agit là d'un changement sur lequel a insisté la principale rapporteuse pour les manuels et l'auteur du programme A. Szabo, car « Zrinski et Frankapan n'étaient pas des comploteurs, mais les défenseurs de l'individualité étatique et juridique du Royaume croate. C'est précisément cette individualité étatique et juridique du Royaume croate qui représente dans ce programme l'axe autour duquel se déroule toute la narration historique de l'histoire croate à travers les siècles[21] ».

Dans la présentation de l'histoire du XIXe siècle, le ban Josip Jelačić et les hommes politiques du Parti du Droit Ante Starčević et Eugen Kvaternik occupent une place éminente. Starčević est présenté comme « le créateur de l'idée de l'indépendance de la Croatie », « le père de la patrie », et le défenseur des intérêts nationaux croates lors d'une polémique avec Vuk Stefanović Karadžić, en raison de l'affirmation de ce dernier que tous ceux qui parlent le štokavien sont en réalité des Serbes de religions différentes. Qui plus est, le conflit mentionné sert à mettre en exergue la continuité du conflit croato-serbe depuis le milieu du XIXe siècle jusqu'à nos jours[22]. Kvaternik acquiert dans la présentation des manuels une place particulière, comme tous ceux qui sont considérés comme des martyrs dans la lutte pour l'État indépendant.

La place la plus distinguée dans l'histoire de la première moitié du XXe siècle revient certainement à Stjepan Radić (« véritable tribun national », « grand homme politique croate », « victime de la violence insensée grand-serbe »), aussi bien par l'espace qui lui est consacré que par la manière dont il est présenté. Radić est un exemple intéressant car il n'était pas un personnage « négatif » dans les manuels des années 1980, mais dans les manuels des années 1990 sa figure prend des dimensions mythiques. Son avertissement (« Ne foncez pas comme des oies dans le brouillard ! ») formulé au moment de l'unification de l'État des Serbes, des Croates et des Slovènes avec la Serbie en 1918 est devenue l'une des phrases les plus citées des manuels croates. Toute l'histoire de la Croatie pour la période allant de 1918 à 1928 est montrée en accord avec la biographie de Radić, au sein de laquelle ce n'est pas tant son activité politique qui prime que l'attentat commis contre lui à l'Assemblée nationale à Belgrade, acte qui « a montré au monde entier à quel point [le Royaume des Serbes, Croates et Slovènes]

20. *Čovjek u svom vremenu 2*, 1986, p. 158 ; *Povijest 6*, 1992, p. 121. À la différence de ce dernier, un peu plus tard le manuel *Rađanje suvremene Hrvatske i Europe* (1997, 105) parle des défenseurs croates et hongrois de Siget.

21. *Večernji list*, 1er avril 1996 (« Pomirenje Hrvata u udžbenicima » [La réconciliation des Croates dans les manuels]).

22. *Povijest 7*, 1992, p. 103-104, 109, 118 et 1996, p. 69, 71-72, 76. Également dans *Povijest 7* (Agičić), 1996, p. 65, 67-68, 71.

était un milieu socialement non civilisé et moralement malsain », avec la descriptions des funérailles des députés assassinés[23].

Dans la présentation de l'histoire de la guerre et de l'après-guerre apparaissent de nouveaux acteurs, qui avaient été mis à l'écart dans les manuels des années 1980 en tant que victimes du régime communiste, Alojzije Stepinac et Andrija Hebrang, et dans une mesure bien moindre Franjo Tuđman, dont le rôle dans les années 1990 est généralement montré au prisme d'une évaluation positive de la politique de son parti, le HDZ. Le portrait de Stepinac (« homme de foi, profondément dévoué au respect de Dieu et à la dignité humaine ») se fonde sur l'évocation de ses souffrance après la guerre, tandis que son action durant la guerre n'est pas mentionnée en lien avec les controverses qui ont existé à ce sujet[24]. La présentation dans les manuels d'Andrija Hebrang (« communiste croate distingué et patriote croate ») est particulièrement intéressante, apparaissant dans des tons expressément positifs, alors que les communistes sont par ailleurs traités collectivement comme des « antihéros ». Ainsi, l'accent est mis sur son appartenance croate (« en tant que communiste, il se sentait en même temps Croate »), tandis que la principale responsabilité pour son arrestation et sa mort est imputée à Tito. Hebrang devient ainsi dans les manuels le premier dissident communiste[25].

Dans un autre cas, les héros/antihéros restent les mêmes mais, en accord avec la nouvelle explication du passé, la signification de leur héroïsme est modifiée. Ainsi, le rôle de Ljudevit Gaj en tant que représentant du mouvement illyrien est-il toujours jugé positif, mais c'est surtout son rôle dans l'établissement d'une langue croate unique et dans la mise en forme moderne de la nation croate qui est souligné, tandis que sont laissés de côté les autres aspects de ses activités qui ont eu une place importante dans les manuels antérieurs, notamment la fondation de l'idée yougoslave[26]. L'exemple opposé est celui des tchetniks. Ils sont jugés négativement dans les deux manuels, mais dans les années 1980, surtout parce que, en tant que « valets de l'occupant », ils ont trahi les partisans et ont tenté de détruire leurs forces, alors que dans les années 1990 ils ont tenté de former la Grande Serbie, et qu'ils « commettent des crimes et des génocides terribles contre les Croates et les Musulmans ». Ce faisant, le parallélisme est directement suggéré entre la Seconde Guerre mondiale et les événements contemporains[27].

L'exemple du roi de Bosnie Tvrtko Ier (XIVe siècle) est particulièrement pittoresque. Dans le manuel de 1985, ses conquêtes en Croatie et en Serbie

23. *Povijest 8,* 1992, p. 42-49.
24. *Ibid.*, p. 65, 91, 130-131.
25. *Ibid.*, p. 104, 133.
26. *Čovjek u svom vremenu 3,* 1986, p. 56-59 ; *Povijest 7,* 1992, p. 51-54.
27. *Čovjek u svom vremenu 4,* 1987, p. 113-114 ; *Povijest 8,* 1992, p. 110.

sont décrites comme « une tentative de créer un État féodal serbo-croate avec la Bosnie pour centre », quasiment un État yougoslave anticipé[28]. Cette représentation change dans le manuel de 1992, dans lequel l'accent est mis sur son origine croate, sa foi catholique (il y est nommé *Stjepan* Tvrtko) et son titre de roi croato-dalmate[29]. Qui plus est, il est même possible de lire dans un manuel du secondaire plus tardif que « selon certains historiens, Stjepan Tvrtko est le premier souverain de sang croate après l'extinction de la dynastie croate à avoir unifié le grand espace de la Croatie au sein d'un État unique[30] ».

Certains personnages historiques subissent un changement de signification quant à leur présentation : les anciens antihéros des années 1980 deviennent des héros, et inversement ; ou alors leur présentation est pour le moins ambivalente par rapport à la période précédente. Ceci apparaît très clairement à la lumière des exemples de trois personnages distingués des XIXe et XXe siècles : Josip Jelačić, Josip Broz Tito et Ante Pavelić.

La présentation de Josip Jelačić change progressivement, dès les manuels socialistes. C'est un personnage négatif dans les années 1950, puis la présentation devient nettement plus neutre dans les années 1980. Il est alors reproché à Jelačić d'avoir exécuté docilement un arrêt de la Cour de Vienne[31]. Il est surprenant qu'une telle image soit conservée dans le manuel de 5e en 1992, alors qu'elle est profondément modifiée à partir de l'édition de 1996, après l'avènement du nouveau programme. C'est seulement à partir de ce moment que Jelačić devient un héros national incontesté, avec la présentation des événements de 1848, qui devient un récit centré sur Jelačić : il rompt avec le pouvoir hongrois et il proclame la fin du servage, il ne brise plus la révolution à Vienne, son avancée vers la Slavonie n'est plus « mitigée », il est « reçu partout avec enthousiasme ». Qui plus est, c'est « le premier ban croate qui fut soutenu, après de nombreux siècles, par le peuple croate tout entier depuis la Drave jusqu'aux frontières des Bouches de Kotor, et de l'affluent de la Save dans le Danube jusqu'à la mer », « la Bosnie et l'Herzégovine ont mentionné son nom avec émotion », et le peuple « lui chanta des louanges de son vivant » ; il est jugé comme « l'une des personnalités les plus importantes de l'histoire croate du XIXe siècle[32] ».

L'exemple opposé est celui de Josip Broz Tito. À la différence des manuels socialistes, dans celui de 1992, Tito est mentionné pour la première fois à partir de la Seconde Guerre mondiale, et les données fournies à son sujet sont modestes, notamment en comparaison avec les larges biographies de

28. *Čovjek u svom vremenu 2,* 1985, p. 123.
29. *Povijest 6* (Makek), 1992, p. 92 et 1998, p. 68.
30. Mirošević *et al., Povijest 2,* 2000, p. 168.
31. Stefano Petrungaro, « Slike povijesti » [Images d'histoire], in *Povijest u nastavi,* année III, n° 1 (5), 2005, p. 13-15. Le même auteur a livré une étude monographique sur les manuels d'histoire croates : *Riscrivere la storia : il caso della manualistica croata (1918-2004),* Aoste, Stylus, 2006.
32. *Povijest 7,* 1992, p. 58-64, 101-103 et 1996, p. 41-46, 67-68, Stefano Petrungaro, 2005, p. 15-16.

Radić, Maček ou Stepinac. Même s'il est reconnu qu'il a joui de son vivant d'« une estime importante dans le monde » en raison de son rôle dans la guerre, de sa résistance à Staline (seul événement qui est jugé positif dans l'histoire de la Yougoslavie socialiste) et de la création du mouvement des non-alignés, les caractéristiques négatives prévalent néanmoins, qui sont fondées sur la présentation de l'histoire de l'après-guerre. Tout d'abord, Tito est décrit comme un dictateur : « en tant que chef d'État, c'était homme enclin à exercer un pouvoir personnel », « il a empêché la démocratisation et il a contribué au culte de sa propre personnalité ». La responsabilité de Tito est soulignée dans les assassinats politiques : « Il faisait interner ses opposants, il collabora à la liquidation de certains de ses compagnons de combats (comme par exemple Andrija Hebrang). » Les assassinats collectifs commis juste après la fin de la guerre par « les partisans de Tito » à Bleiburg et « sur le chemin de croix » mettent indirectement en cause sa responsabilité. Tito est dépeint comme un bon vivant, « fortement enclin à une vie facile », tandis que les « moyens en devises péniblement gagnés par le peuple croate » étaient dépensés aussi pour « ses voyages fréquents dans le monde ». Enfin et surtout Tito est montré comme un opposant à la création d'un État croate : « Il soutenait l'unitarisme national », il était parmi ceux qui se sont « fortement soulevés » contre la Déclaration sur l'appellation et la position de la langue croate, et il a poussé à la démission la direction croate en 1971 pour maintenir sa propre position. C'est là qu'advient la différence fondamentale entre la présentation dans les manuels de Hebrang et de Tito. Le communisme de Hebrang est pardonné parce qu'il « se sentait en même temps Croate », tandis que Tito « bien que Croate d'une région bien croate, ne s'est jamais déclaré publiquement en tant que Croate, alors qu'il a déclaré à plusieurs reprises qu'il était Yougoslave, encourageant ainsi d'autres Croates (notamment ceux des rangs de l'Union communiste) à le suivre dans ce sens. » Il convient enfin de mentionner un fait intéressant, pour lequel il est tout de même difficile de dire s'il s'agit d'un hasard ou d'un apport supplémentaire à la « détitoïsation » dans les manuels : dans l'édition remaniée de 1998, sont incorporés des portraits des personnalités importantes de l'histoire croate du XXe siècle, mais à la différence des autres, seul Tito est uniquement montré sous forme de monument[33].

La présentation d'Ante Pavelić, décrit dans les années 1980 sous un éclairage expressément négatif, devient dans le manuel de 1992 un exemple de l'approche sélective des faits historiques. Pour la période de l'entre-deux-guerres, son rôle, tout comme celui du mouvement oustachi, est expliqué dans le cadre de la lutte pour « la création d'un État croate indépendant et autonome » à travers « une lutte armée », qui dans ce contexte n'a pas de connotation négative. Le manuel indique qu'en raison de son activité, le

33. *Povijest 8*, 1992, p. 71, 112, 133, 134, 136, 139-140.

régime de Belgrade l'a « condamné à mort » par contumace, mais il tait, par exemple, la condamnation de la cour française en raison de sa participation à l'attentat contre le roi Alexandre. Le rôle des oustachis dans cet événement n'est pas du tout mentionné. En tant qu'aspects négatifs de la politique de Pavelić durant la guerre sont évoquées la cession de la Dalmatie à l'Italie et la soumission à l'Axe, y compris son rôle dans l'étouffement du complot Vokić-Lorković de l'été 1944 contre Pavelić, mais on cherche dans le même temps une justification à ces prises de position. Ainsi Pavelić a-t-il été « forcé par Mussolini » de signer le Traité de Rome : « Ante Pavelić [fut] *contre son gré* [souligné par S. K.] le valet politique de l'Allemagne et de l'Italie. » La responsabilité de Pavelić pour les crimes du régime oustachi n'est pas mentionnée et le texte des manuels n'évoque pas son rôle à l'occasion du retrait des forces oustachies et des volontaires de l'armée régulière croate (*domobrani*) de Croatie en mai 1945[34].

Changements et continuités

Avec la proclamation du programme de 1995 prend fin une période de l'enseignement de l'histoire croate. La manière dont apparaissent des personnalités et des événements qui sont distingués et/ou passés sous silence, l'image de l'histoire nationale qui est proposée, isolationniste, introvertie et suspicieuse envers les autres est significative quant à l'état de la société croate de cette période. Il est difficile de dire avec précision dans quelle mesure les changements de 1990-1995 ont influencé l'enseignement de l'histoire, et quelle est la part de tradition pédagogique de la période antérieure qui a été maintenue. L'influence de la première moitié des années 1990 sur la mise en forme des manuels existants est de fait importante, puisque de nos jours ils sont écrits sur la base du programme qui puise ses idées dans cette période. Ensuite, l'une des conséquences à long terme est peut-être la continuité de l'approche didactique à laquelle il a été fait référence dans ce texte et à laquelle a certainement contribué l'isolement face aux courants contemporains en Europe dans l'enseignement de l'histoire. Il est possible, en ce sens, de réfléchir à l'influence que les manuels ont eu sur la mise en forme de la culture historique de l'élève. À observer ce que certains ont proposé, et qui est toujours proposé, il serait possible de conclure que le moindre mal est que la majorité des élèves ne lit de toute façon pas les manuels, ou du moins pas avec l'attention de ceux qui les analysent. Toutefois il ne faudrait en rien sous-estimer leur influence sur les enseignants et la manière dont ceux-ci expliquent l'histoire et la transmettent aux élèves, même s'ils ne sont pas les seuls, ni même le principal transmetteur. Sans doute ne faut-il pas

34. *Ibid.*, p. 50-51, 70, 89, 90.

sous-estimer le rôle de l'approche méthodique des manuels, des séminaires pour enseignants et des articles dans les revues spécialisées.

D'autre part, le progrès réalisé durant la période passée est encourageant avec l'apparition de manuels alternatifs ou parallèles, grâce à laquelle le monopole du manuel unique est brisé, et ainsi l'existence d'une vérité absolue est-elle de fait mise en doute. Aussi leur signification pour l'enseignement de l'histoire est-elle importante, peut-être même plus importante que pour les autres matières. Il ne serait donc peut-être pas exagéré de conclure que leur apparition durant la seconde moitié des années 1990 et surtout après 2000 a été en même temps un révélateur de l'ouverture de la société. Cette évolution n'est évidemment pas linéaire et dans quelques nouveaux manuels un retour au paradigme interprétatif de la première moitié des années 1990 peut être repéré, de sorte qu'il est toujours possible de parler d'histoires différentes dans des manuels différents. De nos jours cependant, les manuels ne contiennent plus d'images ouvertement hostiles, les « autres » sont traités avec plus de considération, une image plus complexe aussi bien de certains processus particuliers que du rôle des personnalités historiques est transmise. Les prémices d'une multiplication de perspectives et d'un rapprochement avec les courants européens de l'enseignement de l'histoire sont désormais visibles.

Il ne faut toutefois pas surestimer le rôle des manuels parallèles et alternatifs. Comme cela a été souligné, il est parfois plus facile de changer les manuels que la manière de les aborder. Les manuels ne sont qu'une partie d'une problématique plus large, sans doute la plus visible, tandis que sous la surface se trouvent encore de nombreux autres facteurs : la tradition pédagogique de l'étude de l'histoire, les programmes, la politique éducative de l'État et surtout la manière dont est ressentie la finalité de l'enseignement de l'histoire et son rôle dans l'éducation des jeunes générations. Ce dernier point est lié à la capacité de l'histoire scolaire à former une identité des élèves, leurs mémoires individuelles et collectives. Il est difficile de dire à l'heure actuelle dans quel sens ira l'enseignement de l'histoire en Croatie. Une bonne part dépendra des enseignants, de ce à quoi ils sont prêts ou pas, ainsi qu'aux types de stimulations qu'ils obtiendront des pouvoirs éducatifs et des cercles scientifiques. Surmonter un rapport paranoïaque au passé, stimuler un esprit critique et une approche incluant une multiplicité de perspectives seront des tâches loin d'être faciles à mener. De nouveaux cas sont éloquents, surtout les débats sur l'étude de l'histoire croate contemporaine, au sein desquels toute tentative d'une vision critique de cette période et le décalage avec l'image officielle, même sous une forme bénigne, provoque de fortes réactions (certains historiens ont avancé l'idée que les manuels d'histoire devaient exclusivement transmettre « la vérité historique croate »). Les contenus historiques que nous choisissons, la manière dont nous les étudions, la finalité et la signification que nous leur attribuons, parlent pour beaucoup de la politique éducative de l'État, de l'état de l'historiographie et de la culture historique dans la société. Pour ces trois aspects, nous avons pour le moment sans doute à bon droit des raisons de manifester une satisfaction limitée.

Traduit du croate par Florence Fabijanec.

Liste des manuels analysés

CM2

B. Drašković, *Čovjek u svom vremenu 1,* udžbenik za V. razred osnovne škole [L'Homme dans son époque, manuel pour le niveau V de l'école primaire], Zagreb, Školska knjiga, 1984.

B. Drašković, *Čovjek u svom vremenu 1,* udžbenik za V. razred osnovne škole, VII. (I. izmijenjeno) izdanje [édition modifiée], Zagreb, Školska knjiga, 1991.

B. Drašković, *Iz života naroda starog vijeka* [Vie des peuples de l'Antiquité], Zagreb, Školska knjiga, 1992.

Ž. Jakić, *Povijest staroga vijeka za V. razred osnovne škole* [Histoire de l'Antiquité], Zagreb, Školska knjiga, 1994.

D. Čutura, B. Kuntić-Makvić, T. Težak-Gregl, *Povijest za V. razred osnovne škole,* I. izdanje, Zagreb, Alfa, 1996.

6e

I. Makek, J. Adamček, *Čovjek u svom vremenu 2,* udžbenik povijesti za VI razred osnovne škole, Zagreb, Školska knjiga, 1985.

I. Makek, J. Adamček, *Čovjek u svom vremenu 2,* udžbenik povijesti za VI razred osnovne škole, VII. (I. izmijenjeno) izdanje, Zagreb, Školska knjiga, 1991.

I. Makek, *Povijest za VI. razred osnovne škole*, I. izdanje, Zagreb, Školska knjiga, 1992.

F. Sabalić, *Povijest za VI. razred osnovne škole,* I. izdanje, Zagreb, Alfa, 1996.

I. Makek, *Povijest 6 : udžbenik za VI. razred osnovne škole*, I. izdanje, Zagreb, Školska knjiga, 1998.

N. Budak, V. Posavec, *Rađanje suvremene Hrvatske i Europe od seobe naroda do apsolutizma:* udžbenik povijesti za šesti razred osnovne škole [Naissance de la Croatie et de l'Europe contemporaines, des grandes invasions à l'absolutisme], Zagreb, Profil, 1997.

5e

D. Pavličević, F. Potrebica, R. Lovrenčić, *Čovjek u svom vremenu 3,* udžbenik povijesti za VII razred, Zagreb, Školska knjiga, 1986.

D. Pavličević, F. Potrebica, R. Lovrenčić, *Čovjek u svom vremenu 3,* udžbenik povijesti za VII razred, VI. (I. izmijenjeno) izdanje, Zagreb, Školska knjiga, 1991.

D. Pavličević, F. Potrebica, *Povijest za VII razred osnovne škole,* I. izdanje, Zagreb, Školska knjiga, 1992.

D. Pavličević, F. Potrebica, *Povijest za VII. razred osnovne škole,* I. izdanje, Zagreb, Školska knjiga, 1996.

D. Agičić, *Povijest za VII. razred osnovne škole,* I. izdanje, Zagreb, Alfa, 1996.

D. Agičić, *Povijest 7,* udžbenik za sedmi razred osnovne škole, I. izdanje, Zagreb, Profil, 1998.

4[e]

R. Lovrenčić, I. Jelić, R. Vukadinović, D. Bilandžić, *Čovjek u svom vremenu 4,* udžbenik povijesti za VIII. razred osnovne škole, Zagreb, Školska knjiga, 1987.

R. Lovrenčić, I. Jelić, R. Vukadinović, D. Bilandžić, *Čovjek u svom vremenu 4,* udžbenik povijesti za VIII. razred osnovne škole, I. izdanje, Zagreb, Školska knjiga, 1991.

I. Jelić, *Povijesna čitanka za VIII. razred osnovne škole,* I. izdanje, Zagreb, Školska knjiga, 1991.

I. Perić, *Povijest za VIII. razred osnovne škole,* I. izdanje, Zagreb, Školska knjiga, 1992.

I. Perić, *Povijest za VIII. razred osnovne škole,* IV. izdanje, Zagreb, Školska knjiga, 1995.

I. Perić, *Povijest za VIII. razred osnovne škole,* III. izdanje, Zagreb, Alfa, 1998.

Lycée

Mirošević F., Šanjek F., Mijatović A., *Povijest za drugi razred gimnazije* [Histoire pour la deuxième année de Lycée], Zagreb, Školska knjiga, 2000.

Deuxième partie

LIEUX DE MÉMOIRE : REPRÉSENTATIONS, OBJETS, PRATIQUES

La création d'un lieu de mémoire : le mausolée de Soliman le Magnifique à Szigetvár

Nicolas Vatin

Les Ottomans laissaient diverses traces architecturales de leur domination : mosquées, caravansérails et hammams étaient les éléments de base de leur civilisation urbaine. Ils laissèrent aussi des tombes, manifestations du rapport intime qu'ils entretenaient – ou prétendaient entretenir – avec un territoire. Or la tombe est par excellence lieu de mémoire, particulièrement dans un territoire qu'on a dû quitter ou dont la possession paraît menacée.

C'est à une tombe qu'est consacrée cette contribution, plus précisément au mausolée de Soliman le Magnifique à Szigetvár, en Hongrie. Il existe également une tombe de Soliman à Istanbul. Je tenterai donc de déterminer de quand date son mausolée hongrois, pourquoi et par qui sa construction fut ordonnée, et ce que représenta pour les Ottomans ce monument dont ils conservèrent la mémoire malgré sa destruction précoce [1].

En mourant devant Szigetvár dans la nuit du 6 au 7 septembre 1566, Soliman laissait le grand vizir Sokollu Mehmed Pacha (1505-1579) dans l'embarras. Le siège n'était pas achevé. Annoncer le décès pouvait affecter le moral de la troupe et donner du courage à l'ennemi. Plus encore, l'absence d'un sultan dûment intronisé ébranlait les fondations de l'Empire. Or l'héritier, Selîm II (1566-1574), était loin. Il fallait donc maintenir secret ce décès tout en continuant le combat et en traitant les affaires courantes.

Il fallait se taire et faire taire le petit nombre d'hommes au courant de l'événement, mais aussi, pendant plusieurs semaines, garder le corps. Comme on l'avait fait pour Selîm Ier en 1520, on enterra provisoirement sous la tente impériale le cadavre préalablement toiletté, parfumé et enve-

1. Pour plus de détails, voir Nicolas Vatin, « Un *türbe* sans maître. Note sur la fondation et la destination du *türbe* de Soliman le Magnifique à Szigetvár », *Turcica*, n° 37, 2005, p. 9-42 ; trad. en hongrois : « Egy türbe, amelyben nem nyugszik senki. Megjegyzések Nagy Szülejmán szigetvári sírkápolnájának alapításához és rendeltetéséhez », in *Keletkutatás. A Kőrösi Csoma Társaság folyóirata* [Recherches sur l'Orient. Revue de la Société Kőrösi Csoma], Budapest, 2008, p. 53-72.

loppé de tissus cirés. Puis, quand l'armée prit le chemin du retour, le corps exhumé, à nouveau parfumé et préparé, fut transféré à Istanbul.

Il n'était pas question de laisser à Szigetvár la dépouille du sultan. L'enterrement des souverains ottomans dans la capitale avait une trop forte valeur politique et symbolique pour qu'on y renonçât[2]. En outre Szigetvár, tout juste conquise, était une place frontalière peu sûre, dans une zone où les Ottomans ne se sentaient pas entièrement en sécurité.

Mais Szigetvár était prise, succès dont la Porte allait faire part à ses correspondants. Surtout c'était la dernière campagne et le dernier succès de Soliman. Il n'était pas question de laisser tomber dans l'oubli la place où il était mort en *gâzî* (combattant de la foi contre les infidèles) et en *chehîd* (martyr[3]). Dès la conquête achevée, le grand vizir avait fait restaurer la forteresse éprouvée par le siège. Une mosquée fut également construite. Mais dès la fin des années 1560, il fallut refaire en pierre le minaret en bois en mauvais état, et se préoccuper du plafond et du toit, qui prenaient l'eau[4]. Manifestement, on avait fait au plus vite en 1566 : les travaux de cette mosquée de fortune n'avaient duré qu'autant que la troupe était restée sur place après la conquête, sans qu'on se préoccupât par la suite de consolider le bâtiment ou de lui donner un lustre particulier. Cette constatation tendrait à confirmer la version du chroniqueur Ferîdûn[5] : selon ce témoin de première main, confident et homme de confiance du grand vizir, l'action de ce dernier fut dictée avant tout par des considérations psychologiques pendant la période où, après le décès de Soliman, il resta seul avec la troupe à proximité de l'ennemi.

La nouvelle mosquée n'en était pas moins un symbole fort, signifiant que Szigetvár était pour toujours aux musulmans – autrement dit aux Ottomans. De plus, fondée sur l'ordre de Soliman (en théorie, car il était déjà décédé à ce moment), c'était une mosquée impériale. De ce fait – même petite et bâtie en bois – elle devait être protégée, ainsi que le rappelait Selîm II ordonnant le 20 octobre 1568 de « fortifier, avec de la pierre, de la brique et de la chaux, le fort intérieur de Szigetvár et le site de la mosquée de [...] mon père le souverain *gâzî*[6] ». Le sultan se souciait donc d'entretenir à Szigetvár la mémoire de son père. Mais à travers cette mosquée symbole de la conquête, c'est la victoire de Soliman qui était exaltée. Il paraissait moins fondamental d'entretenir le souvenir de son décès sur place.

---

2. Nicolas VATIN, Gilles VEINSTEIN, *Le Sérail ébranlé. Essai sur les morts, dépositions et avènements des sultans ottomans*, Paris, Fayard, 2003.
3. Musulman mort au combat contre l'infidèle, assuré d'aller directement au paradis.
4. *MD* XIV-252 (document conservé aux archives du Başbakanlık, à Istanbul, comme ceux qui seront cités par la suite, publiés pour certains *in* VATIN, art. cit.)
5. FERÎDÛN, *Nüzhetü-l-esrâri-l-ahbâr der sefer-i Sigetvâr* [Les plaisants secrets de la campagne de Szigetvár], ms. H. 1339 de la Bibliothèque du palais de Topkapı (Istanbul). Édition : Nicolas VATIN, *Ferîdûn Bey, Les plaisants secrets de la campagne de Szigetvár*, Vienne, Lit-Verlag, 2010.
6. *MD* VII-2319.

Pourtant on n'avait pas totalement oublié le site où Soliman était mort, à trois kilomètres de la ville. Il en est question pour la première fois dans un ordre enregistré le 11 septembre 1573 : l'endroit où Soliman avait planté sa tente, y est-il dit, est devenu un verger qu'il faut garder et protéger. Ordre est donc donné d'accorder des exemptions de taxes à la population de deux villages, en contrepartie de l'entretien du verger[7]. Aucun intérêt particulier ne fut donc accordé au site après le départ de l'armée en 1566 : non seulement il fut consacré à une vulgaire activité agricole, mais encore ce verger semble avoir été, à l'automne 1573, plus ou moins à l'abandon. La réaction de Selîm II montre que cet état de fait était jugé regrettable. L'endroit était historique et méritait un minimum de soins. Pour autant, ce n'était pas un site religieux. On notera qu'il est désigné comme étant celui où Soliman avait planté sa tente, non comme celui où il était mort. *A fortiori* il n'est pas question dans cet ordre de l'enterrement provisoire du corps.

Pourtant, moins de trois ans après, un ordre impérial du 17 mars 1576 nous apprend l'existence d'un mausolée de Soliman, à la garde duquel cinquante hommes avaient été affectés. Il faisait partie d'un ensemble : un ordre du 24 mars indique qu'il « a récemment été construit une mosquée sacrée et un couvent de derviches sur le site où a été inhumé le corps sacré de feu mon grand-père [...] Sultan Soliman Han [...], aux environs de Szigetvár[8] ». Il y avait aussi un lieu de culte musulman. Ces bâtiments étaient récents, puisqu'on se préoccupait encore du financement[9]. Donc le complexe, composé du mausolée, d'un couvent de derviches halvetis[10] et d'un lieu de culte, était neuf au printemps 1576 et par conséquent le mausolée devait lui aussi être récent. Un premier argument en ce sens est la concomitance de l'apparition dans la documentation de la mention de l'un et l'autre établissement. En outre, la présence d'une tombe révérée va naturellement de pair avec celle d'un couvent de derviches. D'ailleurs ce dernier est désigné dans les documents comme situé sur le site où Soliman avait été inhumé[11].

Peut-on préciser les dates? Les ordres de mars 1576 donnent à entendre que les bâtiments et la fortification sont en place depuis peu. De plus, l'ordre sur les revenus affectés au couvent fut remis le 8 mai 1576 au *cheikh* en personne[12] : on peut admettre qu'il s'agit du premier titulaire venu retirer son *berât* (brevet de nomination) et régler ces questions financières

7. *MD* XXIII-103.
8. XXVII-815 et XXVII-847.
9. Cf. un ordre du 8 mai 1576 (*MD Zeyl* III-315).
10. Sur la confrérie halvetie et son rôle dans les Balkans, cf. Nathalie CLAYER, *Mystiques, État et société. Les Halvetis dans l'aire balkanique de la fin du XVe siècle à nos jours*, Leyde, Brill, 1996; *eadem*, « La Khalwatiyya (Khalvetiye) », Alexandre POPOVIC, Gilles VEINSTEIN (éd.), *Les Voies d'Allah. Les ordres mystiques dans le monde musulman des origines à aujourd'hui*, Paris, Fayard, 1996, p. 489-491.
11. *MD* XXVII-847, XXIX-267, XXX-459, XXX-460; *MD Zeyl* III-315.
12. Sur ce cheikh (qui n'est pas Alî Dede Sigetvârî) cf. Nicolas VATIN, art. cit., n. 31.

avec l'administration centrale. En supposant quelques mois pour construire l'ensemble, on arrive à la conclusion que la décision d'ériger le mausolée et le couvent de derviches date des premiers mois du règne de Murâd III (1574-1595), monté sur le trône le 22 décembre 1574.

Le mausolée de Soliman à Szigetvár fut donc élevé huit ans après sa mort, non par son fils, mais par son petit-fils. Pourquoi ce retard ? Et quelle est dès lors la signification de l'édification de cet ensemble à la fois religieux et militaire ?

L'intérêt stratégique était nul. D'ailleurs l'entretien des gardes posait des problèmes, au point qu'on décida de les remplacer par les gardes affectés aux premières fortifications en bois (qu'on devait détruire) de la forteresse de Szigetvár. Mais, mal rémunérés, ces hommes refusaient d'assurer la garde du mausolée et de son complexe, en sorte que le site, laissé aux seuls derviches, risquait de rester à l'abandon. Aussi fut-il ordonné de n'affecter que vingt-cinq hommes et de les payer. On revint par la suite à une cinquantaine de défenseurs [13]. On se souciait donc de protéger le lieu, sans pour autant y mettre les moyens qu'on aurait affectés à un site d'importance stratégique vitale. Quant aux derviches, ils étaient chargés d'entretenir le mausolée – les documents désignent à l'occasion leurs supérieurs comme « cheikhs du mausolée » – ; de plus, leur présence et les cellules de leur couvent devaient attirer des derviches en déplacement ou des musulmans locaux séduits par ce foyer intellectuel et mystique. Evliyà Çelebi (1611-1682), qui y passa au milieu du XVIIe siècle, décrit un endroit vivant [14], « dans un lieu de promenade, avec des vignes et des vergers, à l'est de Szigetvár, sur une haute colline sur le site de la tente de Soliman ». « De ce fort, dit-il, on a une vue panoramique sur la plaine de Szigetvár. Tous les gens de Szigetvár y vont en parties de plaisir. »

C'est donc bien un lieu de mémoire que la Porte voulut fonder à Szigetvár, comme le montre le fait que, alors que Selîm II n'évoquait que le lieu où Soliman avait posé sa tente, Murâd III quant à lui rappelait que son grand-père y avait été enterré provisoirement [15]. La formule implique que le mausolée ne surmontait pas une tombe : il convient plutôt de parler de *mechhed*, c'est-à-dire de monument commémoratif, de lieu portant témoignage de la mort de Soliman en *chehîd* [16]. D'après Ünver, du reste, l'endroit était également appelé *Mechhed-i Süleymân* [17]. Néanmoins la seule présence

13. Nicolas Vatin, *art. cit.*, p. 15.

14. Evliyà Çelebi, *Seyahatnâme* [Livre de voyages], t. VII, Istanbul, 1928, p. 50.

15. *MD* XXIX-267.

16. Nicolas Vatin, Gilles Veinstein, *op. cit.*, p. 391. Sur les *mechhed*, cf. Christian Decobert, « Un lieu de mémoire religieuse », Christian Decobert (éd.), *Valeur et distance. Identités et sociétés en Égypte*, Paris, Maisonneuve et Larose, 2000, p. 247-263.

17. Süheyl Ünver, « Kanunî Sultan Süleyman'ın son Avusturya seferinde hastaliği, ölümü, cenazesi ve defni » [La maladie, la mort, les obsèques et l'inhumation de Sultan Süleyman le Législateur lors de sa dernière campagne d'Autriche], in *Kanunî Armağani* [Mélanges en l'honneur du Législateur (Soliman le Magnifique)], Ankara, TTK, 1970, p. 301-306 (p. 305).

momentanée du corps suffisait à accorder une valeur exceptionnelle au lieu. Qu'il y ait eu alors la volonté politique de donner un lustre particulier au monument de Soliman à Szigetvár paraît confirmé par le fait que Murâd III fit d'abord construire un simple oratoire (*mesdjid*), puis dans un second temps, estimant apparemment que c'était insuffisant, transforma celui-ci en mosquée destinée à la prière commune du vendredi (*djami*[18]).

La signification symbolique de ces décisions est claire : l'implantation du complexe proclamait que le site était définitivement musulman et ottoman. L'emplacement de la tombe provisoire de Soliman constituait une borne à jamais infranchissable pour l'ennemi pourtant proche de cette place frontalière. C'est bien parce que ce message était parfaitement intelligible que les Impériaux attaquèrent le mausolée à plusieurs reprises. Ils y mirent le feu en 1664[19] et le bâtiment fut entièrement démonté en 1690[20]. Agir ainsi, n'était-ce pas nier avec éclat la légitimité des prétentions ottomanes ?

Cependant la mosquée du fort exprimait le même message, même si son poids symbolique était inférieur, et la question de savoir pourquoi on attendit huit ans demeure posée. L'explication ne semble pas résider dans des considérations de politique intérieure à l'occasion de l'avènement de Murâd III, qui maintint Sokollu Mehmed Pacha au grand vizirat. Quant aux relations avec les Habsbourg, elles étaient bonnes. La paix avait été conclue en 1568 ; on négociait son renouvellement à la fin de 1574 quand Selîm II mourut ; Murâd III continua dans cette voie. Sur le terrain régnait une « drôle de paix » marquée par de nombreux accrochages, mais en dépit d'incidents qui auraient pu en d'autres temps être des *casus belli*, on eut soin de part et d'autre de ne pas laisser s'envenimer la situation. Les Ottomans donnèrent même un gage de bonne volonté en mettant à pied, au début de 1576, le bey de Szigetvár Alî, dont l'action provoquait les protestations des Impériaux[21].

L'entreprenant Alî Bey avait en face de lui un soldat également actif : György Zrínyi (1549-1603), commandant de Kanizsa à partir de 1573, capitaine général de Transdanubie en 1574-1575 et en 1583-1592[22]. Or les Ottomans savaient qu'il était le fils de Miklós Zrínyi (1508-1566), le commandant de Szigetvár en 1566, qui avait payé de sa vie l'héroïque défense de la place. Ils s'inquiétaient de la présence à Kanizsa d'un aristocrate local qui pouvait se considérer comme le légitime seigneur de la région et reven-

18. *MD* XXVII-847.
19. Evliyâ Çelebi, *op. cit., loc. cit.*
20. József Molnár, *Macaristandaki Türk Anıtları* [Monuments turcs en Hongrie], Ankara, TTK, 1973, p. 27.
21. Gyula Káldy-Nagy, « Budin beylerbeyi Mustafa Paşa » [Mustafa Paşa, *beylerbey* de Bude], in *Belleten* LIV/210 (1990), p. 649-663 (p. 659).
22. Géza Pálffy, « The origins and development of the border defence system against the Ottoman Empire in Hungary », *in* Géza David, Pál Fodor (éd.), *Hungarian-Ottoman Military and Diplomatic Relations in the Age of Süleyman the Magnificent*, Budapest, ELTE-MTA, 1994, p. 3-69 (p. 46).

diquer Szigetvár. Selîm II le disait explicitement à Maxilimien II dans sa lettre du 21 novembre 1574 :

> « Dans l'intention de venger son père, il a demandé Kanizsa et un comté lui a été accordé. À son arrivée, il a écrit des lettres aux chef des villages aux alentours de la forteresse de Szigetvár conquise par [...] feu mon père [...] et à ceux qui depuis lors et de longue date [me] versent un impôt. Il leur disait : "Le Roi m'a donné les villages que possédait feu mon père, jusqu'au Danube. Recommencez à [me] verser l'impôt." [...]. Nous savons bien dans quelle intention il est venu dans cette région[23]. »

L'importance accordée à ce personnage dans cette lettre, et l'insistance sur le fait qu'il était le fils du vaincu de Szigetvár, sont significatives. Avec Maximilien II, on faisait de la grande politique et, somme toute, on s'était entendu sur le partage de la Hongrie. S'il y avait, en 1574-1575, une rivalité de légitimité sur Szigetvár, ce n'était pas, pour les Ottomans, avec la dynastie des Habsbourg, mais avec la famille des comtes Zrínyi. Était-ce suffisant pour justifier l'érection symbolique d'un mausolée de Soliman ? Le rapprochement des dates incite à l'admettre. Certes, le rapport des forces était largement en faveur du sultan. Mais dès lors que ses armées bataillaient loin de la Hongrie, un coup de main heureux était toujours à craindre. En créant de toutes pièces un nouveau lieu de mémoire autour du mausolée de Soliman, la Porte envoyait-elle un message à Zrínyi, aux populations qui ne devaient pas se tromper de seigneur, à l'Empereur prié de freiner son représentant ? Tous en tout cas devaient savoir que Szigetvár était sacrée pour les Ottomans.

Si l'on admet cette hypothèse, nous aurions là un cas particulier d'invention de tombe. Les Ottomans recoururent plus d'une fois à cette pratique[24]. Mais on n'a pas affaire, à Szigetvár, à la découverte d'une tombe musulmane dans un pays récemment conquis, et dont la présence même légitime la conquête par les Ottomans, champions de l'Islam. Il ne s'agit pas non plus d'une installation proclamée comme définitive sur un site autrefois conquis, puis provisoirement perdu mais demeurant destiné aux Ottomans dont les héros avaient versé leur sang sur place[25]. Szigetvár n'avait jamais cessé d'être ottomane depuis 1566. Mais c'était une place frontalière aux avant-postes et tout se passe comme si les Ottomans n'avaient pas eu une totale confiance dans la pérennité de leur installation : peut-être était-ce un signe des temps ?

On notera que les textes officiels de l'époque ne prétendirent pas que le mausolée recouvrait une tombe. C'était un monument commémoratif, un *mechhed*, devant lequel les pieux musulmans pourraient prier pour l'âme du

23. *MD* XXVI-908.

24. Gilles Veinstein, « Le rôle des tombes sacrées dans la conquête ottomane », *Revue de l'Histoire des Religions*, n° 222-4, 2005, p. 509-528.

25. Nicolas Vatin, Gilles Veinstein, *op. cit.*, p. 36-39, 391.

glorieux défunt. Certes la sainteté du lieu était confirmée et renforcée par le fait que le corps du sultan y avait été enterré provisoirement, mais tous savaient que sa tombe était à Istanbul, où il avait été inhumé en présence de la population de la capitale.

Ali Dede, cheikh et gardien du mausolée, ne l'oubliait pas non plus, quand à sa mort en 1598-99 il demandait à être enterré dans la plaine de Szigetvár auprès de Cheikh Kasım, mort en *chehid* lors de la conquête de la place[26]. On comprend qu'un derviche souhaite reposer auprès d'un saint personnage. Pourtant Ali Dede n'aurait-il pas aussi mentionné la tombe – dont il était le gardien – du sultan lui aussi décédé en *chehid*, s'il avait su que le corps s'y trouvait ?

Mais, le temps passant, la mémoire mue. Dès lors qu'il y avait un mausolée à Szigetvár, avec un personnel rémunéré pour l'entretenir, dès lors qu'un culte était pratiqué et qu'on se déplaçait pour voir le site, il était naturel qu'on finît par tenir pour acquis que le monument abritait bel et bien les restes du sultan.

L'attestation la plus ancienne de cette idée, à ma connaissance, se trouve dans la chronique de Mustafa Ali de Gallipoli. Contemporain des événements mais non leur témoin[27], il leur consacra dès 1569-70 un court récit où il signale l'inhumation provisoire du corps[28]. C'est plus tard, dans les années 1590, qu'il rédigea son *Essence des informations*, l'enrichissant de détails collectés entre-temps. Or on y lit : « On emmena [...] sur une litière le corps béni du défunt souverain dans des tissus purifiés avec du musc et de l'ambre. Les autres restes furent subrepticement enterrés en face de Szigetvár et, par la suite, on envisagea d'élever un mausolée par dessus[29]. »

Mustafa Ali fait clairement allusion à une momification du corps éviscéré dont les entrailles auraient été entreposées sur place sous la tente remplacée par la suite par un mausolée. Le fait qu'il l'envisage prouve que cette pratique (peu compatible avec l'orthodoxie islamique) n'était pas impensable pour un Ottoman du XVIe siècle. Néanmoins un certain nombre d'arguments[30] m'ont convaincu que Soliman n'avait pas été éviscéré. Du reste, ni Ferîdûn (notre source la plus sûre) ni Selânikî (également présent à Szigetvár en 1566) ne donnent pareil renseignement.

La mention de « tissus purifiés » rappelle les « tissus cirés » dont parle Ferîdûn. Mustafa Ali fonde-t-il son récit sur ce texte, ou sur une tradition orale ? Quoi qu'il en soit, un besoin de rationalité – pas de fumée sans feu, ni de tombe sans corps – amena bientôt le mythe à prendre le pas sur la

26. Ibrahim PEÇEVÎ, *Tarîh* [Histoire], Istanbul, 1283, t. II, p. 219.
27. Il se trouvait alors en Syrie. Voir Cornell FLEISCHER, *Bureaucrat and Intellectual in the Ottoman Empire. The Historian Mustafa Âli (1541-1600)*, Princeton, Princeton University Press, 1986.
28. Gelibolulu MUSTAFA ALÎ, *Heft meclis* [Les sept séances], Istanbul, 1316/1900-01, p. 33.
29. Gelibolulu MUSTAFA ALÎ, *Künhü-l-ahbâr* [L'essence des informations], BNF, Supplément turc n° 1028, 320 v°.
30. Nicolas VATIN, Gilles VEINSTEIN, *op. cit.*, p. 388 *sqq*.

mémoire historique. Un demi-siècle plus tard, Evliyà Çelebi racontait la même histoire, mais en brodant : « Aussitôt [le grand vizir] fend son ventre sacré et le conservant dans une saumure d'aloès, d'ambre et de sel, il le dépose momentanément. Quant à son cœur sacré, ses autres organes et ses entrailles diverses, il les inhume à l'emplacement de ce fort, dans un bassin d'or. Par la suite, quand Selîm Han fut monté sur le trône, on construisit ce mausolée lumineux[31]. »

Le bassin d'or contenant les entrailles de Soliman fut-il mentionné par les locaux à Evliyà, ou l'inventa-t-il ? Il lui fournit en tout cas l'occasion de raconter un miracle qui accréditait la légende de la présence des viscères du sultan :

> « En 1074/1663-1664, les mécréants sont venus et ont brûlé ce fort. Ils ont fouillé l'intérieur du mausolée lumineux de Soliman Han. Mais trois des vils mécréants, qui avaient l'intention de s'emparer du bassin d'or contenant le cœur et les entrailles de Soliman Han et de laisser les viscères sur place, trouvèrent la mort par la volonté de Dieu, desséchés et réduits à l'état de cadavres. Ce que voyant, les mécréants ne détruisirent pas le mausolée lumineux à la couverture de plomb : abandonnant les tapis et autres chandeliers, ils ne prirent que l'enseigne dorée artistement travaillée qui dominait la sublime coupole et l'emmenèrent dans le nouveau fort proche de Kanizsa. Celui-ci ayant été conquis par le grâce de Dieu, on trouva cette enseigne sacrée sur une porte au milieu du fort et on la replaça comme autrefois sur le mausolée lumineux[32]. »

Cette belle histoire fut sans doute prise par les lecteurs pour ce qu'elle était probablement : un ornement littéraire. Mais on aura noté qu'Evliyà – contrairement à Mustafa Ali, contemporain qui ne pouvait se tromper sur ce point – attribue à Selîm II la construction du mausolée de Szigetvár. C'était une erreur, mais une erreur logique : dès lors que le mausolée abritait une partie du corps de Soliman, il n'était pas concevable qu'on eût attendu huit ans pour le construire ! Aussi l'historien Rûmbeyoğlu Fahrüddîn, à la veille de la guerre de 1914, reprenait-il cette indication à son compte[33].

Evliyà Çelebi visita le site après l'attaque impériale de 1664 et vit les bâtiments reconstruits sous le règne de Mehmed IV (1648-1687). En 1690, le bâtiment fut démonté et disparut pour toujours. Il n'en reste qu'un plan dressé en 1664. Pourtant la mémoire ne s'éteignit pas : le lieu s'appelle toujours Turbek (du turc *türbe*, « mausolée ») et au début du XXe siècle le prêtre de l'église qui s'élève à la place de l'ancien mausolée la fit visiter à Rûmbeyoğlu Fahrüddîn en lui signalant qu'il y avait eu là une colonne de marbre désormais perdue. Les Ottomans n'avaient pas perdu la mémoire du

31. Evliyà Çelebi, *op. cit.*, *loc. cit.*
32. *Ibid.*
33. Rûmbeyoğlu Fahrüddîn, « Macaristanda bazı asâr-ı osmâniyye » [Quelques monuments ottomans en Hongrie], in *Tarih-i Osmânî Encümeni Mecmuası* [Revue de la Société d'Histoire Ottomane], n° 22, octobre 1329/novembre-décembre 1913, p. 1391-1400 (p. 1392, n. 1).

lieu, comme le prouve l'étude de Fahrüddîn, mais aussi une inscription de 1912 signalant l'inhumation sur place du cœur et des intestins de Soliman. Quant aux chrétiens locaux, ils venaient toujours en pèlerinage au mausolée au début du XXe siècle[34].

Le destin du mausolée de Soliman à Szigetvár est une bonne illustration de la façon dont la combinaison d'éléments politiques, mythiques et historiques peut créer et transformer la mémoire.

Szigetvár ne fut d'abord, dans la mémoire des Ottomans, que le lieu d'un siège qui avait vu mourir un sultan et s'imposer l'habileté et le sens de l'État d'un grand vizir d'exception. Des considérations politiques et stratégiques mineures entraînèrent une décision – la construction d'un mausolée – qui commença par rafraîchir la mémoire : on se souvint que Soliman y était mort, puis qu'on l'y avait enterré provisoirement. Puis un mélange de piété et de bon sens, le besoin de comprendre, imposèrent un mythe si fort, et apparemment si raisonnable, que les historiens l'ont repris à leur compte jusqu'à aujourd'hui, et sans doute pour longtemps encore : je doute que mes publications mettent un terme à la conviction générale que les entrailles de Soliman furent enterrées à Szigetvár. Même disparu, le mausolée entretient durablement la mémoire.

34. *Ibid.*, p. 1392-1393.

Les lieux de mémoire en Hongrie, XIXe-XXe siècles Continuités et ruptures

Catherine HOREL

À travers ses lieux de mémoire, la nation acquiert une dimension symbolique. Ceci est particulièrement vrai pour les nations émergentes d'Europe centrale et orientale au XIXe siècle et donc pour la Hongrie puisqu'elle s'affirme non seulement en tant qu'existence individuelle mais aussi par rapport à la superstructure de l'empire. La position géopolitique de la Hongrie la conduit à valoriser les défaites et le tragique et ce sont tout autant les épisodes glorieux de l'histoire (Arpád, saint Étienne, Mathias Corvin) que les drames (Mohács, 1848 puis Trianon) qui cimentent sa conscience nationale. L'angoisse de la disparition nourrit ce culte du tragique caractéristique de l'Europe centrale et orientale. De la symbolique naît aussi le mythe comme on le verra dans la mise en scène de l'arrivée des Magyars en Pannonie. Les lieux de mémoire peuvent donc être à la fois bien réels comme le champ de bataille de Mohács, même s'ils sont extérieurs au territoire comme le deviennent certains après le traité de Trianon, mais aussi et surtout imaginaires ou reconstitués comme à Ópusztaszer. Dans le cas hongrois, ce sont des parcelles entières de l'ancien royaume qui deviennent des lieux de mémoire après la Première Guerre mondiale et notamment dans le cas de la Transylvanie, considérée comme l'un des berceaux de l'identité nationale et coupée du reste du pays, le traumatisme est moins grand en ce qui concerne la Slovaquie où ce sont surtout des centres urbains comme Pozsony/Bratislava ou Kassa/Košice qui sont élevés au rang de villes-mémoire.

Les lieux de mémoire agissent comme matériau de construction et cristallisent le sentiment national : après le Compromis, Budapest joue le rôle de concentré d'identité et rassemble des lieux de mémoire réels (la Citadelle, le musée national, etc.) et fictifs (les monuments commémoratifs, les statues). Dans le cas hongrois, fiction et symbolique se rejoignent dans l'exaltation des martyrs de la nation enterrés ou non sur le sol national (disparition de Petőfi, exécutions secrètes de Lajos Batthyány et d'Imre Nagy) dont les enterrements symboliques sont jusqu'à nos jours une caractéristique forte du rapport des Hongrois avec leurs morts.

Si certains lieux sont l'objet d'un consensus national (Mohács) partagé par tous les régimes politiques avec certes des discours divergents, d'autres sont révélateurs de la fracture apparue en 1848 entre les tenants d'un discours national radical plus tard repris par la gauche qui s'identifie à Lajos Kossuth (1802-1894) et les partisans du compromis qui mettent en avant la personnalité d'István Széchenyi (1791-1860) et qui sont représentés aujourd'hui par la droite. La fréquentation des lieux de mémoire devenus lieux de rassemblement politique est révélatrice de ce clivage ainsi que de celui qui entoure les dates commémoratives de l'histoire hongroise dont je ne traiterai pas ici. La continuité semble prédominer tandis que les ruptures sont surtout dues aux changements de régime et à l'effacement temporel de certaines références qui sont soit trop lointaines, soit trop marquées idéologiquement (Dózsa György [1470-1514], la république des Conseils de 1919 et autres célébrations imposées par les communistes).

Mon propos s'articulera autour de deux grands thèmes au sein desquels j'aborderai principalement trois lieux de mémoire : Budapest (monuments, cimetières, statuaire), Mohács et Ópusztaszer.

Le lieu-mémoire

Ce sont ici des lieux se rattachant à des événements réels et documentés permettant de fixer avec certitude l'endroit où ils se sont déroulés. De cette certitude naît une validité historique qui donne au lieu en question toute son importance et permet l'accomplissement d'un rite commémoratif relativement consensuel. L'exemple le plus évident de lieu-mémoire est le champ de bataille de Mohács même si les interprétations historiques divergent[1]. En effet tous les régimes ont honoré la défaite d'août 1526 : le premier monument dédié au roi Louis II fut érigé en 1861, suivi de la construction d'une église en centre ville, le régent Horthy s'y rendit en 1926, les communistes récupérèrent également l'événement et au lendemain de la transition démocratique, le premier ministre József Antall visita le site en 1991.

La concentration à Pest de la contestation nationale au début du XIXe siècle transforme bientôt la capitale en lieu de mémoire véritable[2]. Mis à part la forteresse de Komárom qui fut la dernière à se rendre en octobre 1849, et Arad où furent exécutés les treize généraux de la guerre d'indépendance,

1. Norbert SPANNENBERG, Sándor ŐZE, « "Wir brauchen kein Mohács". Historiographie und politische Instrumentalisierung der Erinnerung an einer nationalen Niederlage in Ungarn », Konrad CLEWING, Oliver Jens SCHMITT (éd.), *Südosteuropa. Von moderner Vielfalt und nationalstaatlicher Vereinheitlichung. Festschrift für Edgar Hösch*, Munich, 2005, p. 327-347.

2. Catherine HOREL, « Les lieux de mémoire à Budapest, entre transition et permanence », Antoine MARÈS (éd.), *Lieux de mémoire en Europe médiane. Représentations identitaires*, Paris, Centre d'étude de l'Europe médiane/Inalco, 1999, p. 55-64.

c'est à Budapest que se trouvent les principales références à la révolution de 1848 appelées à faire date et à devenir des jalons de la lutte pour l'indépendance nationale au point d'être repris comme symboles en 1956. Il est intéressant de remarquer que certains lieux qui avaient alors seule valeur de symbole comme le musée national, deviennent lieu de mémoire après avoir été choisis comme point de rassemblement des manifestations. Le château royal de Buda, siège du pouvoir habsbourgeois et repris par les insurgés en mai 1849 fait également office de lieu de mémoire, disputé cependant par le régime qui tente de se le réapproprier en faisant ériger en 1852 une statue du général Hentzi[3]. La citadelle de Buda, du haut de laquelle les impériaux bombardèrent la rive gauche, devient également – par défaut – un lieu du souvenir, ce qu'elle est encore de nos jours. Le permanence en Hongrie d'une domination étrangère – celle des Habsbourg, puis celle des Soviétiques – rend certains lieux de mémoire ambivalents sinon franchement conflictuels et certains personnages ou certaines références historiques transparentes pour la conscience nationale ne se laissent que difficilement récupérer.

Au fur et à mesure de la reconquête de son autonomie, la Hongrie fait de sa capitale un livre d'histoire à ciel ouvert, restaurant et exaltant les lieux de sa grandeur passée et de ses souffrances plus récentes. Les fêtes du Millénaire de 1896 donnent lieu à une fièvre de restauration et de constructions de mémoriaux et de statues. Le projet autour de la place des Héros devient l'archétype de cette mise en scène et la disposition comme le choix des personnalités statufiées sur la colonnade donne lieu à de nombreuses controverses puis à des destructions et remplacements au gré des changements de régime[4]. Ainsi les communistes substituèrent après 1945 systématiquement aux Habsbourg leurs adversaires, Kossuth prend donc la place de François-Joseph. La dénomination des rues devient à son tour une façon de créer des lieux de mémoire réels ou fictifs et la frénésie de changement et les querelles que certains suscitent dans les années 1990 démontrent la fragilité de la mémoire collective des événements récents et traumatiques de l'histoire : la rue de Pest nommée d'après László Rajk reprend ainsi son ancien nom de Pannónia puisque malgré son exécution en 1949, Rajk demeure avant tout un acteur – et non des moindres – du régime communiste.

Le rappel à 1848 lors de la révolution de 1956 en dit long sur la signification attribuée par les Hongrois aux lieux de mémoire. Elle commence effectivement le 6 octobre, jour symbolique choisi pour le réenterrement de László Rajk et qui marque l'anniversaire de l'exécution de Batthyány en 1849. La manifestation du 23 octobre emprunte une partie du par-

3. Catherine HOREL, *Histoire de Budapest*, Paris, Fayard, 1999, p. 144.
4. Katherine VERDERY, *The Political Lives of Dead Bodies. Reburial and Postsocialist Change*, New York, Columbia University Press, 1999, p. 4-13.

cours suivi par celle du 15 mars 1848 et marque des stations auprès des statues commémorant les héros de la guerre d'indépendance (Petőfi, Bem, Kossuth[5]). Les revendications et le choix des noms des organisations et mouvements sont tout autant révélateurs et sont par ailleurs une gifle infligée au pouvoir qui avait habilement récupéré l'héritage de 1848 pour fonder un national-communisme hongrois basé sur une vision simpliste et erronée de l'histoire, ce dont les citoyens ne sont pas tous dupes.

Au lendemain des deux insurrections, des lieux de mémoire bien réels mais secrets naissent là où sont tombés les martyrs : ils sont appelés à devenir ensuite de véritables sites de commémoration. L'exécution de Lajos Batthyány donne lieu à une célébration officielle de sa mémoire en 1870 lors de son inhumation définitive dans le mausolée du cimetière de Kerepes. Par la suite, cette partie du premier grand cimetière de Budapest est réservée aux sépultures des grands hommes de la nation et prend le nom de panthéon national le 4 octobre 1956[6].

Le lieu-symbole. Les réenterrements

On entre ici dans la catégorie du lieu fictif, destiné à rappeler le souvenir d'un événement ou d'une personne dont la localisation exacte reste secondaire. Dans cette catégorie se trouvent de vrais lieux de mémoire, mais dont la localisation est extérieure au territoire tel que le palais du Petit Trianon à Versailles, et d'autres dont l'implantation relève de la fiction pure comme Ópusztaszer, soit de la fiction voulue pour des raisons de symbolique, ainsi les tombes vides, les statues, les noms de rues.

La fiction joue un rôle important, comme un rappel aux mirages qui surgissent dans la grande plaine (*Délibáb*) les jours de canicule. Le cas le plus exemplaire est celui du site d'Ópusztaszer, à quelques kilomètres de Szeged, lieu présumé de rassemblement des tribus magyares conduites par Arpád et déjà célébré comme tel avant la construction du parc-mémorial à l'occasion du Millénaire de 1896. Le parc a été depuis régulièrement réaménagé, dispose d'un site Internet, accueille groupes scolaires et manifestations patriotiques et folkloriques. Il a en outre été orné d'un buste de Kossuth dont la présence peut sembler étrange dans un lieu censé rappeler le IXe siècle, mais qui exprime bien le caractère fusionnel de la conscience nationale que les anachronismes ne gênent pas.

L'abondance de martyrs générés par les tragédies successives de l'histoire hongroise fait de leurs sépultures un enjeu très particulier pour lequel il existe trois cas de figure : le mort a disparu (Petőfi), le mort est enterré à

5. András GERŐ, « March 15th : The Fortunes of a National Day », *New Hungarian Quarterly*, n° 126, vol. 33, été 1992, p. 121.
6. Lajos CSERNUS-LUKÁCS, Viktor TRIFF, János ZSIGMOND, *Budapesti temetők* [Cimetières de Budapest], Budapest, 1999, p. 14.

l'étranger (Rákóczi, Kossuth, Horthy, Bethlen, Mindszenty, Bartók etc.), le mort est enterré en Hongrie mais de façon indigne (Batthyány, Nagy) ou jugée telle (József Attila dans le panthéon de la classe ouvrière). Créer pour les martyrs une sépulture non seulement décente, mais destinée à devenir un lieu de mémoire signifie donc rétablir la vérité historique et parachever la construction de l'identité nationale. Hormis la tombe, certains lieux sont convertis par les Hongrois en symboles et deviennent porteurs d'un message politique : c'est le cas du petit monument érigé en 1926, qui marque l'emplacement de la caserne où fut exécuté Batthyány et qui contient une flamme perpétuelle (*örökmécses*), après l'exécution d'Imre Nagy il allait devenir un lieu de manifestations dont les participants associaient ouvertement la mémoire des deux chefs de gouvernement assassinés. Récemment encore, le lumignon a été choisi comme lieu de rassemblement, cette fois non pour protester mais pour se réjouir, puisqu'à l'issue du premier tour des élections législatives d'avril 2006, le premier ministre sortant Ferenc Gyurcsány arrivé en tête a convié là ses partisans.

Le rituel a donc été mis en place en 1870 à l'occasion du réenterrement de Lajos Batthyány, ancien Premier ministre du gouvernement hongrois indépendant de 1848 et exécuté le 6 octobre 1849. Il fut perfectionné ensuite en 1894 lors du retour de la dépouille mortelle de Lajos Kossuth, décédé quelques jours plus tôt à Turin où il vivait en exil. Le « retour » de Kossuth donna lieu à la plus considérable manifestation de ce type jamais vue dans la capitale. Cette célébration *post mortem* contribua à établir le lien entre la mémoire des jours tragiques mais glorieux de la révolution et l'affirmation de la conscience nationale hongroise consécutive au Compromis de 1867. De même, le retour en 1906 des restes du prince Ferenc Rákóczi, mort en exil dans l'empire Ottoman, compléta le rituel et en fit une composante de la nation hongroise : le cérémoniel devait être adapté bien plus tard par József Antall à l'occasion du réenterrement du régent Horthy et servit ensuite pour ses propres funérailles en décembre 1993[7].

Le régime communiste s'empara à bon compte du rituel et dès 1947 organisa l'enterrement des victimes hongroises du fascisme – l'éloge funèbre fut prononcé par László Rajk, alors ministre de l'Intérieur, future victime et futur réenterré lui-même. Par la suite le rituel devait devenir un élément des revendications en faveur de la vérité historique et conduire à l'inhumation de Rajk en 1956, en guise de prélude à l'insurrection.

La même signification peut être attribuée au 16 juin 1989 qui marque le réenterrement d'Imre Nagy et de quatre de ses co-accusés, et symbolise la fin du régime communiste en Hongrie. La cérémonie a été en partie organisée par László Rajk junior, membre du *SzDSz* (Alliance des démocrates libres), et filmée pour la télévision par Gábor Koltai[8]. Le rituel s'est déroulé

7. Verdery, *op. cit.*, p. 16.
8. Gábor Koltai avait aussi filmé la manifestation officielle du 15 mars 1989.

en deux étapes, la première sur la place des Héros a été conçue comme un tribu de la nation payé par quelque 250 000 personnes et des millions de téléspectateurs. En second lieu, au cimetière central (*Újköztemető*) de Rákoskeresztúr, toujours à Budapest, où un hommage est rendu par des personnalités de l'intelligentsia, des arts et des media qui se relaient pour lire les noms des 277 victimes de la répression. Tous sont rassemblés sur la parcelle 301, là où les corps des personnes exécutées avaient été jetés face contre terre, dans des fosses communes. Parmi les orateurs se trouvaient le journaliste Miklós Vásárhelyi (1917-2001), qui avait été jugé en même temps que Nagy, et un très jeune membre du *FIDESZ* (Alliance des jeunes démocrates), le futur Premier ministre Viktor Orbán (1998-2002, 2010). Le Comité pour la justice historique (*Történelmi Igazságtétel Bizottsága*), agissant au nom des survivants et des familles des victimes avait banni de la cérémonie les dirigeants du Parti et seuls les représentants de l'État y furent admis.

Un monument officiel en marbre, ressemblant quelque peu à un dolmen, œuvre du sculpteur György Jovanovics, a été érigé en 1992. Un an auparavant, les parcelles 298 et 301 avaient été transformées en un lieu de piété nationale (*nemzeti kegyhely*) dédié aux victimes de la répression qui ont été à cette occasion enterrées dignement avec pour nombre d'entre elles l'ajout du piquet en bois traditionnel (*kopjafa*) en usage dans les campagnes hongroises.

Durant les années consécutives à la transition démocratique, de nombreuses autres inhumations officielles ont eu lieu : qu'il s'agisse de gens comme Nagy, morts et enterrés dans des circonstances douteuses et indignes, ou bien certes correctement inhumés mais en terre étrangère soit parce qu'ils avaient fui la Hongrie, soit que leurs familles refusaient qu'ils fussent enterrés dans un pays communiste, ces derniers constituent à vrai dire la majorité des réenterrements de l'après 1989. Le calendrier de ces cérémonies d'un genre particulier commence en 1990 avec Anna Kéthly, dirigeante du Parti social-démocrate qu'elle avait contribué à refonder en 1956. L'année 1991 a probablement été le temps fort dans cette décennie de funérailles avec tout d'abord le réenterrement du cardinal Mindszenty (1892-1975), dont les restes furent rapatriés d'Autriche, puis l'homme politique et penseur radical Oszkár Jászi (1875-1957), en provenance des États-Unis, enfin Gábor Földes (1923-1958), victime de la répression de 1956. En 1992, le gouvernement Antall entreprit d'œuvrer pour la réhabilitation d'hommes politiques conservateurs de l'entre-deux-guerres, ce qui le conduisit à organiser les inhumations du Premier ministre Miklós Kállay (1887-1967) et du colonel László Erdős. Ce processus devait atteindre son point culminant en 1993 avec le retour des restes du régent, l'amiral Miklós Horthy, décédé en 1957 en exil au Portugal. La cérémonie, retransmise à la télévision, souleva une vague de protestations, une partie de l'opinion publique y voyant non seulement une forme de réhabilitation mais aussi un éloge du régime réactionnaire personnifié par Horthy. Malgré les dénégations du Premier ministre Antall, qui avait tout d'abord promis que le rituel demeurerait une affaire strictement privée, il se transforma en un hommage officiel avec la présence de la télévision, des honneurs militaires, de l'édition d'une médaille commémorative. Cet épisode affaiblit considérablement le gouvernement et contribua à sa défaite électorale de 1994[9].

Après les élections de 1994, les réenterrements prirent une dimension moins politique. Tout d'abord parce que les principales réhabilitations avaient déjà eu lieu, d'autre part parce que le gouvernement de gauche composé d'anciens communistes, certes libéraux, se sentait sans doute moins à l'aise avec une pratique copieusement instrumentalisée par l'ancien régime. On s'en tint donc au poète Attila József (1905-1937), qui fut le premier personnage de la vie intellectuelle et artistique à être réenterré depuis Béla Bartók (1881-1945[10]), on dut pour cela l'extraire du Panthéon de classe ouvrière du cimetière de Kerepes, où il avait été transféré après la guerre, et donc l'inhumer – dans le même cimetière toutefois – pour la troisième fois, ce qui constitue un record national. Enfin une dernière personnalité du régime Horthy fut également réenterrée mais sans causer de polémique particulière : l'ancien Premier ministre István Bethlen (1921-1931) avait été arrêté par l'Armée rouge en mars 1945 à Budapest et déporté en URSS, où il mourut vraisemblablement en prison en octobre 1946. Ses restes furent inhumés en juin 1994 dans le mausolée de Lajos Batthyány, toujours au cimetière de Kerepes[11].

Les révolutions, guerres, occupations ainsi que les deux totalitarismes ont produit en Hongrie un nombre considérable de martyrs, de suicidés et d'exilés qui peuplent le panthéon imaginaire de la conscience nationale. L'exigence en leur faveur de funérailles décentes a été de ce fait plus forte en Hongrie que partout ailleurs, et notamment au XXe siècle puisqu'elle est un des pays ayant vécu le plus grand nombre de bouleversements violents en Europe. Il faut ajouter à cela que tout comme dans la partie autrichienne de l'ancienne monarchie des Habsbourg, l'héritage baroque se caractérise par un goût pour le *decorum* et la mise en scène, y compris de la mort. Si les Viennois se précipitaient pour voir *a schöne Leich* (un beau cadavre), les Hongrois étaient et sont toujours plus sensibles au contenu politique du

9. Plus récemment, la polémique a été relancée à propos du possible réenterrement de László Bárdossy, Premier ministre d'avril 1941 à mars 1942, et exécuté en 1946. Les partisans de sa réhabilitation mettent en avant son anticommunisme, alors que ses opposants stigmatisent son antisémitisme et son penchant pour le fascisme.

10. Bartók mourut à New York et fut rapatrié en Hongrie en 1988. Sur les conditions de son retour voir Verdery, *op. cit.*, p. 132 ; et Susan GAL, « Bartók's funeral : representation of Europe in Hungarian Polical Rhetoric », *American Ethnologist*, 18, p. 440-448.

11. Ignác ROMSICS, *Bethlen István. Politikai életrajz* [István Bethlen. Biographie politique], Budapest, Osiris, 2005[2].

cercueil, dont ils font souvent un enjeu national, qu'il s'agisse de Kossuth ou d'un représentant du monde de la culture.

Le rituel du réenterrement nous amène à une définition de l'anthropologie du patriotisme (*patriotizmus antropológiája*) en Hongrie[12]. Le rituel patriotique est l'expression d'une globalité dans sa signification nationale, car il embrasse l'ensemble du XXe siècle de l'entre-deux-guerres à l'ère communiste ; il se présente ainsi comme une « religion politique », qui concerne toutes les confessions (catholiques, protestants, juifs). Il parvient par ailleurs à créer un consensus dans l'opinion et chez les hommes politiques, que très peu de polémiques sont venues perturber, si l'on excepte le débat autour du réenterrement du cardinal Mindszenty, connu pour ses positions ultra-conservatrices, de même que celui qui fit rage au sujet de l'amiral Horthy. En revanche, l'inhumation d'Imre Nagy offre l'un des meilleurs exemples de cette unanimité, très marqué il est vrai par le contexte particulier de 1989. Non seulement il devait être le premier, mais il contribua de surcroît à la chute du régime : il représente l'archétype du consensus national à un moment donné. L'anthropologue Susan Gal distingue cinq groupes d'images permettant d'analyser le rituel dans ce cas précis : le nationalisme – dans le bon sens du terme – et le renouveau de la nation ; la religion ; l'image de Nagy « communiste à visage humain » ; des représentations générationnelles avec l'exigence de vérité historique formulée par la jeune génération ; enfin le rituel mémoriel (*emlékezés ritusa*) et l'acceptation du passé (au sens allemand de *Vergangenheitsbewältigung*) qui devient part de l'héritage politique de la nation. Ce dernier élément se révèle évident dans le cas de Horthy, même si le débat historiographique et politique est loin d'être clos, comme le montrent les discussions récurrentes à propos de la maison de la Terreur (*Terror háza*) par exemple.

La première étape dans le déroulement du rituel est constituée par sa légitimation qui intervient par l'intermédiaire de reliques et si possible, de membres de la famille, ce qui lui assure un contenu émotionnel fort ; la légitimation politique vient ensuite, basée sur le débat historiographique qui doit avoir eu lieu avant le réenterrement ; parallèlement se met en place la réhabilitation juridique et politique, bien que dans le cas de personnalités importantes telles que Rajk, Nagy, Mindszenty ou Horthy, aucun vrai débat n'ait agité l'opinion publique au sujet de leur legs politique ; c'est ainsi cependant que naît le consensus à tel point qu'il peut conduire à l'instauration d'un nouveau tabou qui annihile toute critique à propos du défunt. Ainsi nombreux sont ceux qui pensent que malgré leur sort tragique, Rajk et Nagy demeurent des communistes honnis. Le processus

12. Je fais ici référence à un projet de recherche lancé en 1991 par la chaire d'anthropologie culturelle de l'université Eötvös Loránd de Budapest (*Kulturális Antropológia Tanszék*). András ZEMPLÉNI, János TARI, *Újratemetési szertartások Magyarországon* [Rites du réenterrement en Hongrie], Budapest, MTA/PTI-Etnoregionális Kutatóközpont, 1997, p. 76.

aide toutefois grandement la société hongroise dans la construction d'une nouvelle mémoire historique. Durant les premières années de la transition démocratique, la nation hongroise est parvenue à consolider un consensus politique par le syncrétisme entre un passé reconnu et admis par presque toute la communauté nationale, et le présent. La continuité de l'histoire hongroise a été restituée aux citoyens sans exclusives ni taches blanches, de Nagy à Mindszenty en passant par Horthy[13].

La création dans les deux grands cimetières de Budapest de monuments mémoriaux reste la principale activité de la mémoire historique au XXe siècle. Après la frénésie de 1896, la construction de lieux de mémoire urbains connaît un rythme plus modeste même si chaque régime veut imposer sa propre lecture de l'histoire nationale. Deux monuments sont ainsi construits pour honorer Kossuth, l'un par le régime Horthy, l'autre par les communistes, dans une optique sensiblement différente dans les deux cas : dans les années 1920, au sortir de la guerre et de l'amputation du pays, Kossuth apparaît entouré des ministres et de combattants de la guerre d'indépendance mais l'impression générale est celle d'un combat désespéré; au lendemain de la Seconde Guerre mondiale, Kossuth est en revanche vu comme le messie de l'indépendance nationale et se tient seul sur un piédestal, bras droit en avant, tandis que sur le socle, ouvriers et paysans partent à l'assaut. Le sort réservé aux statues qui ornent le monument de la place des Héros est également révélateur des distorsions politiques subies par la mémoire historique : continuité dans la signification première du monument qui vise à célébrer les fondateurs et les principaux personnages de l'histoire du pays, mais rupture dans le discours avec le remplacement systématique sous le régime communiste des Habsbourg par leurs opposants.

La destruction, la transformation ou l'éloignement des lieux de mémoire, surtout dans le cas des statues, pour des raisons pratiques évidentes, illustre la thématique de continuité et de rupture : il y a ainsi des départs définitifs, par destruction ou par refus consensuel de réinstaller certains personnages, des retours par l'intermédiaire des réenterrements que l'on accompagne souvent de l'érection d'une statue en ville, comme ce fut le cas pour Nagy à proximité du parlement, et même des allers-retours comme le montrent les trois enterrements du poète József Attila et la valse des noms de rues, sans parler de l'exposition édifiante des monuments et statues de la période communiste rassemblés dans le parc aux statues (*szoborpark*) appelé officiellement Memento Park.

Dans chacun de ces cas, le lieu de mémoire – qu'il s'agisse d'un monument, d'une sépulture ou d'une statue – fait débat dans l'opinion publique. L'absence ou la disparition de certains repères de la mémoire sont

13. András ZEMPLÉNI, « Lieux de piété nationale et réenterrements politiques en Hongrie contemporaine. Du bois à la pierre ou de la mémoire à l'histoire », *in* Antoine MARÈS (éd.), *Lieux de mémoire en Europe médiane*, *op. cit.*, p. 67-69.

douloureusement vécues et l'introduction de nouveaux symboles n'est pas toujours admise. De même, la population n'est pas dupe de la reconversion de certains événements ou de certains personnages travestis à l'occasion des changements de régime successifs advenus en Hongrie. Des lieux ou des héros incontournables (Mohács, Kossuth) expriment la continuité de la mémoire historique, tandis que ceux qui se révèlent plus problématiques et moins consensuels sont destinés à faire les frais des transitions politiques. La symbolique du lieu de mémoire acquiert alors une dimension supplémentaire.

Les monuments aux têtes couronnées et aux hommes politiques roumains à Bucarest, du communisme au postcommunisme : sémiotique des idéologies dominantes dans le paysage urbain

Castilia MANEA-GRGIN

Depuis le XIXe siècle, l'une des obsessions de la culture européenne fut d'inventer, par la célébration des grands hommes, une nouvelle mémoire collective[1]. Mais l'écrivain Robert Musil remarquait en 1926, à propos de l'invisibilité paradoxale des monuments publics, que la majorité d'entre nous considère les monuments comme des arbres dans la rue. Nous serions immédiatement surpris s'ils venaient à disparaître, et pourtant nous les regardons à peine et n'avons aucune idée de ce qu'ils représentent[2]. Toutefois, pour comprendre la construction de la mémoire collective, il est moins important de savoir ce que les monuments représentent, personnages ou événements historiques, que de connaître les motifs pour lesquels ils ont été érigés. Les monuments ne dévoilent pas tant l'histoire dont ils semblent témoigner en apparence, que la mémoire de la période durant laquelle ils furent érigés, rénovés, détruits ou bien encore restitués dans un espace public urbain[3].

C'est dans cette perspective que seront analysées les statues de rois et d'hommes politiques dans l'espace public (en particulier dans les rues, les places et les parcs) et plus précisément les transformations de ce panthéon politique national installé en plein air à Bucarest pendant la période communiste et postcommuniste. La majorité de ces monuments publics s'inscrit dans le répertoire des formes traditionnelles de l'art figuratif. Par leur contenu symbolique, davantage que d'autres monuments, ils contribuent

1. Mona OZOUF, « Le Panthéon. L'École normale des morts », *in* Pierre NORA (éd.), *Les Lieux de mémoire – La République*, t. I, Paris, Gallimard, 1984, p. 141.
2. Robert Musil, *Die Denkmale* (1926), d'après Sergiusz MICHALSKI, *Public Monuments. Art in Political Bondage 1870-1997*, Londres, Reaktion Books, 1998, p. 45-46.
3. Gavriel D. ROSENFELD, *Munich and Memory. Architecture, Monuments, and the Legacy of the Third Reich*, Berkeley-Los Angeles-Londres, University of California Press, 2000, p. 107.

à la présence des idéologies dominantes, anciennes et/ou actuelles, dans l'espace urbain, en particulier dans la capitale d'un État national.

Le premier monument public à être inauguré à Bucarest était dédié à un noble du XVIIe siècle et a été érigé en 1865-1869. Jusqu'à la fin de la Seconde Guerre mondiale et tout particulièrement durant l'entre-deux-guerres, Bucarest, appelée « le petit Paris », se couvre de monuments. Dans le centre-ville dominent les monuments aux têtes couronnées et aux hommes politiques roumains, dont certains furent également actifs dans le domaine de la culture.

La période communiste : 1945-1989

Après la Seconde Guerre mondiale, en Roumanie comme dans les autres pays socialistes, des changements radicaux sont intervenus dans les pratiques publiques de commémoration. Ces changements ont pris place à la suite de profondes transformations dans le discours historique, et partant dans la perception du panthéon roumain.

Selon l'historien roumain Lucian Boia, trois phases doivent être distinguées dans la construction d'une mythologie historique communiste roumaine : tout d'abord la phase internationaliste ou anti-nationale, à la fin des années 1940 et dans les années 1950; puis la phase de réhabilitation partielle du passé national dans les années 1960 et au début des années 1970; enfin la phase d'hyperbole nationaliste durant les deux décennies suivantes, dont le résultat a été un composé hybride de tradition historique pré-communiste et de phraséologie communiste sur la lutte des classes[4].

Ces trois phases sont identifiables dans la politique communiste d'érection de monuments à Bucarest. La longue tradition européenne de destruction révolutionnaire de monuments, qui a commencé avec la Révolution française[5], s'observe aussi immédiatement après la Seconde Guerre mondiale, tout spécialement en Europe centrale et orientale. La vague de destructions révolutionnaires et d'iconoclasme politique n'a pas épargné la Roumanie. La « guerre » contre les monuments et autres signes et symboles de « l'Ancien Régime » a commencé dans tout le pays après l'abdication forcée du roi Michel Ier à la fin de l'année 1947 et s'est poursuivie au cours des années 1950. À la fin des années 1940, l'expression « monuments publics qui ne correspondent plus au point de vue idéologique et politique » et « dont les matériaux sont grandement nécessaires à l'économie générale

4. Lucian BOIA, *Istorie şi mit în conştiinţa românească* [Histoire et mythe dans la conscience roumaine], Bucarest, Humanitas, 1997, p. 64-82, 266.
5. Voir à ce propos les écrits de l'historien de l'art allemand Paul Clemen en 1933, cité dans Rudy KOSHAR, *From Monuments to Traces : The Artifacts of German Memory, 1870-1990*, Berkeley-Los Angeles-Londres, University of California Press, 2000, p. 88-89.

du pays » est apparue dans les documents officiels [6]. Les statues considérées sans valeur artistique, en majeure partie en bronze, ont été détruites, d'autres ont été remisées dans les dépôts des musées [7]. Il est très intéressant de constater que des arguments quasiment identiques ont été utilisés, entre autres, à l'occasion de la destruction de statues en France (environ 70 à Paris uniquement) durant le régime de Vichy, à l'instigation des autorités allemandes (1940-44 [8]).

À Bucarest, comme dans tout le pays, ont disparu sur ordre politique les monuments de la dynastie des Hohenzollern (1866-1947), ceux des rois Carol Ier et Ferdinand, œuvres du sculpteur croate Ivan Meštrović (1883-1962), et des artisans de la Roumanie moderne, les hommes politiques libéraux et conservateurs Ion C. Brătianu, son fils Ion I. C. Brătianu (par Meštrović également), Lascăr Catargiu et Take Ionescu [9]. À côté de ces monuments imposants dans le centre de Bucarest, des statues de plus petit format installées en dehors du centre-ville subirent le même sort. Bucarest a perdu de la sorte un grand nombre de monuments [10]. Après la destruction des monuments, a suivi la destruction des maisons de personnalités importantes du monde politique et culturel [11]. Outre ces symboles, l'élite roumaine d'avant-guerre a également disparu, pour partie dans les prisons communistes, pour une autre partie en exil, une dernière enfin s'est fondue dans le nouvel ordre social.

Parallèlement, il était nécessaire d'ériger de nouveaux monuments pour honorer les personnalités historiques les plus distinguées du panthéon communiste universel, en fait principalement soviétique. Ainsi fut rendu hommage à Staline dès 1945, puis à Lénine un peu plus tard; les Allemands Marx et Engels n'ont en revanche été choisis pour aucune statue. Pour la première fois, les héros officiels n'appartenaient plus au panthéon national. L'imposante statue du Soldat soviétique (1947) a remplacé le monument du roi Ferdinand, bien qu'aucun soldat de l'Armée Rouge ne soit tombé dans « la lutte pour Bucarest [12] ». Ainsi, à l'ombre de Staline, le panthéon roumain a aspiré à devenir pluriel, roumano-russo-soviétique. À travers l'adaptation roumaine du motif du combattant bolchevique est apparu

6. Mihai Pelin, *Deceniul prăbuşirilor (1940-1950). Vieţile pictorilor, sculptorilor şi arhitecţilor români între legionari şi stalinişti* [La décennie des effondrements (1940-1950). Vies des peintres, sculpteurs et architectes roumains, entre legionnaires et staliniens], Bucarest, Compania, 2005, p. 588-590.

7. Andrei Pippidi, « Reflecţii melancolice despre statui » [Réflexions mélancoliques sur les statues] (publié pour la première fois dans la revue *22*, 8-9 mars 1990), *Despre statui şi morminte. Pentru o teorie a istoriei simbolice* [Statues et tombeaux. Pour une théorie de l'histoire symbolique], Iaşi-Bucarest, Polirom, 2000, p. 225; Mihai Pelin, *op. cit.*, p. 589-591.

8. Sergiusz Michalski, *op. cit.*, p. 31-2, 49-51, 55; June Hargrove, « Les statues de Paris », *in* Pierre Nora (éd.), *Les Lieux de mémoire – La nation*, t. III, Paris, Gallimard, 1986, p. 272-275.

9. Voir notamment Andrei Pippidi, *op. cit.*, p. 225; Mihai Pelin, *op. cit.*, p. 584-598.

10. Lucian Boia, *op. cit.*, p. 265.

11. Andrei Pippidi, *op. cit.*, p. 226.

12. Silvia Colfescu, *Bucureşti. Ghid turistic, istoric, artistic*, Bucarest, Vremea, 2001, p. 102-103; Mihai Pelin, *op. cit.*, p. 604.

aussi le mythe du communiste qui a lutté dans l'illégalité contre « le régime bourgeois-latifondiaire ». Dans les années 1940 et 1950 ont été érigés des bustes en l'honneur de ces personnalités auxquelles échut « une mort héroïque » avant août 1944 (début septembre, l'Armée Rouge est entrée en Roumanie) et des socialistes intégrés à l'histoire du Parti communiste roumain. Ainsi a-t-on érigé en 1946 le buste d'Ilie Moscovici, plus tard celui d'Ilie Pintilie, puis de Ştefan Gheorghiu [13].

Durant la décennie suivante, quand l'idéologie nationaliste a commencé à remplacer l'idéologie internationaliste, des monuments plus imposants ont été dédiés à un certain nombre de communistes roumains de premier rang et à leurs compagnons de route décédés : Mihail Sadoveanu ou bien Petru Groza dans les années 1960 [14]. Mais comme dans les autres pays communistes, le monument qui devait avoir le rôle le plus important dans le système de représentation symbolique, en donnant à voir la nouvelle hiérarchie dans le panthéon communiste, était le « Monument des héros de la lutte pour le socialisme, la liberté du peuple et de la patrie » de 1963. En 1965 a été enterré dans ce mausolée Gheorghe Gheorghiu-Dej, qui dirigeait le PC roumain depuis 1952. Autour de Dej, placé au centre du monument, y furent inhumés d'autres héros de la mythologie communiste (à la fois des communistes et des socialistes [15]). Mais durant la période suivante, celle de Nicolae Ceauşescu (1965-1989), Dej n'a obtenu aucune des statues pourtant promises. Durant le demi-siècle de communisme roumain, ne furent célébrés que des leaders vivants. La perte du pouvoir signifiait aussi leur disparition, partielle ou totale, de l'histoire [16] et de la mémoire collective.

Les deux décennies suivantes ont été marquées par un nationalisme et un isolationnisme propres au communisme roumain. Ailleurs dans le bloc communiste, les héros socialistes internationaux (en particulier ceux issus d'Union Soviétique, mais pas uniquement) ont souvent été plus nombreux que les héros nationaux. Mais dans la Roumanie de Ceauşescu, ce sont les héros nationaux du passé qui ont été exaltés [17]. Tout comme dans le discours idéologico-historique, on observe dans l'érection des monuments un déplacement du choix des personnalités, du contemporain vers le passé roumain. Ainsi s'efforça-t-on de créer un panthéon politique roumain dans

13. Nicolae Croitoru, Dumitru Târcob (éd.), *Bucureşti. Monografie*, Bucarest, Sport-Turism, 1985, p. 414 ; Lucian Boia, *op. cit.*, p. 262-266 ; Andrei Pippidi, *op. cit.*, p. 226 ; Mihai Pelin, *op. cit.*, p. 605.

14. Lucian Boia, *op. cit.*, p. 273 ; *Program de dezvoltare a Municipiului Bucureşti 2000-2008* [Programme de dévelopement de la ville de Bucarest], Bucarest, 2004, p. 124.

15. *Petru Groza, Constantin Ion Parhon, Ion Costache. Frimu, Leontin Sălăjan, Alexandru Moghioroş, Lucreţiu Pătrăşcanu, Ilie Pintilie, Gheorghe Cristescu, Grigore Preoteasa, Ştefan Gheorghiu, Filimon Sârbu, Ştefan Foriş, Vasile Roaită, Constantin Dobrogeanu-Gherea, C. Costaforu, Ana Pauker, Ştefan Voitec, Chivu Stoica,...* Silvia Colfescu, *op. cit.*, p. 169 ; *Adevărul*, 3 mai 2003, http://www.adevarulonline.ro/arhiva/2003/Mai/449/36859.

16. Lucian Boia, *op. cit.*, p. 262, 273.

17. Katherine Verdery, *What Was Socialism and What Comes Next ?*, Princeton-New Jersey, Princeton University Press, 1996, p. 42.

la cour du Musée militaire de Bucarest. Cette institution a été dans la dernière décennie de communisme le lieu principal de falsifications historiographiques, sous la supervision d'Ilie Ceauşescu, le frère de Nicolae. Les vingt-sept bustes de personnages historiques, avec les inscriptions qui les accompagnent, reflètent les obsessions de l'historiographie au temps de Ceauşescu : rois daces, princes roumains médiévaux, mais aussi de la Transylvanie en tant que « pays roumain » (bien qu'elle ne le devînt d'un point de vue politique qu'en 1918), révolutionnaires du XIXe siècle canonisés (Nicolae Bălcescu, Avram Iancu, Mihail Kogălniceanu). Le dernier personnage historique à être entré au panthéon est Alexandru Ioan Cuza, le premier souverain de la Valachie et de la Moldavie unies (1859-1866). Preuve que, après la phase d'élimination quasi-complète des années 1950, un panthéon national, traditionnel en somme, a été accepté. Mais ni les rois de Roumanie de la dynastie des Hohenzollern, ni les hommes politiques du régime précédent n'ont trouvé place dans ce panthéon, resté avant tout d'inspiration communiste. Quelques personnages historiques, éliminés dans un premier temps, furent ensuite réhabilités, si cela était en accord avec la réhabilitation générale de l'histoire roumaine. Ce fut le cas du premier roi roumain Carol Ier (1839-1914) et du maréchal Ion Antonescu (1882-1946). Toutefois, tous les personnages historiques après 1866, et même les « grands hommes » communistes jusqu'en 1965, lorsque Ceauşescu a pris le pouvoir, devaient être mineurs afin de ne pas menacer le caractère unique du *Conducător*. Ce dernier pouvait seulement être comparé aux anciens héros, en particulier aux souverains qui étaient déjà entrés dans la légende. Le monument de Lénine est cependant resté, symboliquement, le plus grand à Bucarest, jusqu'à la fin de la période communiste, celui de Staline ayant été détruit après son décès en 1953 [18].

La période postcommuniste

Depuis 1990, les Roumains se sont engagés, comme leurs voisins postcommunistes, à redéfinir leur panthéon national, en particulier sa section contemporaine. La mythologie historique et politique a été réadaptée au pluralisme politique, si bien qu'il en résulte un large éventail de héros et de symboles [19]. Jusqu'à aujourd'hui, les autorités postcommunistes ont exercé pratiquement à titre exclusif le pouvoir de démolir ou d'ériger des monuments dans la capitale, mettant à profit les moyens financiers et le pouvoir politique qui étaient à leur disposition. Bien qu'il s'agisse d'une période courte, il est possible de distinguer deux types de discours officiel, l'un politique, l'autre

18. Lucian Boia, *op. cit.*, p. 270-274.
19. *Ibid.*, p. 276; Maria Bucur, « Edifices of the Past : War Memorials and Heroes in Twentieth-century Romania », *in* Maria Todorova (éd.), *Balkan Identities. Nation and Memory*, New York, New York University Press, 2004, p. 158.

historico-mythologique. D'une part, est repérable un discours de centre-gauche du Parti social-démocrate (l'ex-PDSR), le principal parti des coalitions de 1990-1996 et 2000-2004. Au début des années 1990, ce parti était considéré comme le successeur informel du Parti communiste roumain (PCR). D'autre part, se fait entendre le discours du centre-droit, composé de plusieurs partis ayant détenu le pouvoir de 1996 à 2000, puis depuis la fin 2004.

Au début des années 1990, à l'inverse de ses déclarations de dévouement aux valeurs démocratiques, le PDSR a essayé de poursuivre la politique roumaine d'avant 1990, mais dans une autre variante, dans l'idée de réaliser un socialisme « à visage humain ». Paradoxalement, dans le même temps, il a été à la tête de l'action de démolition des monuments communistes. Dans les pays d'Europe centrale et orientale, le déplacement des symboles discrédités de la période antérieure n'a pas été un processus spontané. Il est rapidement devenu du ressort des bureaucraties locales et non du gouvernement national qui devait régler des problèmes plus urgents[20]. Mais à Bucarest, le sort des monuments communistes est devenu une véritable affaire d'État. Sous l'impulsion du président de la République Ion Iliescu, la statue de Lénine de Bucarest a été déplacée au début de 1990[21]. Par la suite, la statue de Groza a très rapidement été déplacée avant que ne vienne le tour des bustes des communistes et socialistes roumains (Olga Bancic, Ilie Pintilie, Iulius Fucik, Vasile Roaită, Alexandru Sahia, Ion Costache Frimu, Ştefan Gheorghiu, Alexandru Moghioroş,...) et même des écrivains russes (Maïakovski, Gorki, Pouchkine, Tolstoï). Certains de ces monuments étaient des œuvres de sculpteurs roumains parmi les plus réputés. Une nouvelle fois dans l'histoire roumaine, le phénomène de destruction de monuments devenus indésirables a pris de l'ampleur dans tout le pays, malgré les protestations, en particulier celles d'historiens et d'artistes. Quelques monuments ont été complètement détruits, d'autres furent relégués dans des endroits incongrus (ceux de Groza et de Lénine furent déposés dans l'arrière-cour du palais de Mogoşoaia à la périphérie de la ville) ou sont conservés dans les dépôts de musées. L'État roumain n'a pas inauguré le « Parc des monuments communistes » prévu, comme il en existe dans d'autres pays postsocialistes (Hongrie, Allemagne, Russie, Lituanie[22]). La loi sur la protection des monuments historiques a été votée en 2001, mais à Bucarest eurent lieu des destructions et des essais de destruction de monuments après le vote de cette loi[23]. Une désapprobation publique se manifesta en 2003, et

20. Sergiusz Michalski, *op. cit.*, p. 150.

21. Voir http://stiri.rol.ro/stiri/2005/03/178678.htm, 7 mars 2005.

22. Andrei Pippidi, *op. cit.*, p. 225-26 ; *Adevărul*, 17 janvier 2004, http://www.adevarulonline.ro/inc/print.jsp?magazine_id=687&article_id=67589 ; *Evenimentul Zilei*, 21 mars 2004, http://evz.ro/social/?news_id=149561&print=1.

23. Voir la conférence de presse du maire de la capitale Traian Băsescu, 13 avril 2004 : www1.pmb.ro/pmb/primar/cpresa/2004/conf_2004-04-13.htm ; *Cotidianul*, 22 juillet 2005, http://www.cotidi-

surtout en 2004, suite à la décision du gouvernement de déplacer le mausolée des leaders communistes. Il s'agissait en fait d'une initiative de l'Église orthodoxe roumaine, qui désirait faire construire à la place du mausolée communiste une « Cathédrale de la Rédemption du Peuple[24] » et remplacer ainsi un symbole par un autre. D'une manière plus générale, il semble que l'Église essayait d'imposer à la société l'idée que la mémoire collective devait être de nouveau construite en fonction des valeurs religieuses.

Illustration 1. Ionel Brătianu. Cliché de l'auteur.

Comme dans d'autres pays postcommunistes, à Bucarest, sous les gouvernements de centre-gauche, quelques monuments datant d'avant la Seconde Guerre mondiale, comme celui des hommes politiques Ionel Brătianu (en 1992) et Barbu Catargiu (son monument avait été déplacé à la fin des années 1980 et replacé en 2003-2005), ont retrouvé leur place dans l'espace urbain (ill. 1). Ceci peut être interprété comme l'intention de restaurer une certaine

anul.ro/index.php?id=44&art=1355.

24. *Adevărul*, 15 avril 2004, http://www.adevarulonline.ro/articole/utilajele-aedificia-carpati-au-intrat-in-monument ; *Observator Cultural*, 20-26 avril 2004, http:/www.observatorcultural.ro/arhivanrrevista.phtml?xnrrevista=217 ; *Jurnalul Național*, 6 septembre 2005, http://www.hotnews.ro/articol_31192-'Catedrala-manuirii-neamului'-de-Mircea-Cartarescu.

continuité avec la période démocratique antérieure. Néanmoins, la promesse faite par le gouvernement de réinstaller le monument de grande taille de Lascăr Catargiu n'a pas été honorée[25]. Des moyens importants ont été alloués pour la construction, dans le centre de Bucarest et à l'initiative du président de la République Ion Iliescu, de l'imposant Monument à la Révolution de 1989 (bien qu'un autre monument plus petit y eût été érigé plus tôt, sur la même place et en l'honneur de cette même Révolution[26] (ill. 2). Outre la Révolution de 1989, deux autres dates ont été l'objet de l'attention du PSD, le 24 janvier 1859 et le 1er décembre 1918. Cette dernière date est devenue jour de fête nationale après 1989. Il s'agit par ce choix de commémorer un événement national, l'union de l'État roumain, et non pas, comme ce fut le cas pendant la période communiste, un événement politique (23 août 1944, basculement dans la camp des Alliés) ou encore comme avant 1945, un événement dynastique (10 mai 1866, entrée du prince Carol Ier à Bucarest). Dans ce contexte, une fois de plus à l'initiative du président Iliescu, a été érigé à Bucarest en 2004 le monument au prince A. I. Cuza (1820-73) qui est pour la gauche la personnalité officielle emblématique de l'Union de 1859 et de la création de la Roumanie moderne[27].

Illustration 2. Monument à la Révolution de 1989. Cliché de l'auteur.

25. *Adevărul*, 17 février 2003, http://old.revistapresei.ro/RO/articol.cfm?Sectiune=Esential&ID=40186; *Program de dezvoltare a Municipiului București 2000-2008*, Bucarest, 2004, p. 123 ; *Curierul Național*, 19 août 2004, http://www.curierulnational.ro/?page=articol&editie=605&art=44261 ; *Evenimentul Zilei*, 8 janvier 2005, http://www.evenimentulzilei.ro/bucuresti/?news_id=175876&PHPSESSID=1cba578c6.

26. *Ziua*, 19 mai 2005, http://stiri.neogen.ro/oul-lui-iliescu-in-teapa-revolutiei/135024/2; *România Liberă*, 6 septembre 2005, http://www.hotnews.ro/articol_31215-Teapa-din-Piata-Revolutiei-sfintita-de-un-sobor-bisericesc.

27. *Azi*, 20 mars 2004, http://www.azi.ro/arhive/2004/03/20/politic.htm.

Outre l'unité, l'autre principe de la pratique communiste soutenu par le gouvernement du PSD était celui de l'autorité[28]. Dans l'espace public de Bucarest, de nouveaux monuments dédiés aux personnalités politiques roumaines (encore une fois d'avant 1866) étaient destinés à illustrer ce principe. Cela fut le cas avec le buste du prince valaque Vlad III Țepeş-Dracula (1431?-1476), qui a été parmi les personnalités historiques roumaines les plus honorées durant le régime de Ceauşescu. Érigé en 2003 (la construction avait en fait commencé en 1976), ce buste avait disparu à la suite du grand tremblement de terre de 1977 dans le dépôt d'un musée de Bucarest, puis fut retrouvé plus tard. Deux autres monuments étaient destinés à la capitale en 2004, ceux dédiés aux princes Étienne le Grand de Moldavie (1433-1504) et Şerban Cantacuzène de Valachie (1640-1688[29]). Les autorités ont promu, surtout au début des années 1990, le culte d'une personnalité qui a beaucoup fasciné une partie de l'opinion publique, de même que certains historiens. Il s'agit d'Ion Antonescu, le dictateur (1940-1944) que le régime communiste avait accusé de trahison et de crimes de guerre, exécuté en 1946, puis en partie réhabilité plus tard. Toutefois, sous la pression politique interne et externe, le gouvernement a adopté en mars 2002 une ordonnance d'urgence contre l'utilisation des symboles fascistes. Le buste d'Ion Antonescu cependant, placé en 2001 sur une initiative privée dans la cour d'une église de Bucarest que lui-même avait fait construire, n'avait pas été déplacé, malgré quelques tentatives. Le buste a seulement été recouvert d'une boîte métallique et en référence à la loi, le lieu fut déclaré propriété privée[30]. Il a finalement été déplacé sous le gouvernement de centre-droit arrivé au pouvoir en 2004.

Parallèlement au culte d'Antonescu, le gouvernement du PSD a essayé à plusieurs reprises d'effacer du « palimpseste » de la mémoire nationale, suivant en cela les pratiques communistes, presque toutes les traces de la monarchie et des hommes politiques de la période de l'entre-deux-guerres. Ainsi, le PSD a toujours célébré l'Union du 1er décembre 1918 à Alba Iulia devant le monument du prince Michel le Brave (symbole d'une autre « union », celle de 1600), car il considérait ce lieu comme emblématique des événements de 1918. En revanche, à Alba Iulia, les monuments du libéral Ion I. C. Brătianu et du conservateur Iuliu Maniu, qui figurent parmi les principaux acteurs de l'Union de 1918, ne recevaient aucun honneur officiel[31].

28. Lucian Boia, *op. cit.*, p. 280-281.

29. *Program de dezvoltare a Municipiului Bucureşti 2000-2008* [Programme de développement de la municipalité de Bucarest], Bucarest, 2004, p. 123. Le gouvernement du PSD a fait ériger des monuments similaires dans d'autres villes roumaines, voir par exemple, *Evenimentul*, 11 septembre 2003, http://www.evenimentul.ro/local/article/44428,14,baseArticle.html.

30. *Adevărul*, 1er juillet 2002, http://www.adevarulonline.ro/articole/atata-vreme-cat-intre-conducatorii-statului-german-este-enumerat-si-hitler ; *Gardianul*, 10 janvier 2005, http://www.gardianul.ro/index.php?a=eveniment2005012001.xml.

31. *Ziua*, 2 décembre 2003, http://www.ziua.net/display.php?data=2003-12-02&id=133767.

Ce paradoxe a été interrompu par les partis du centre-droit[32]. Se considérant comme le successeur des partis démocratiques d'avant 1945, le centre-droit propose une valorisation historique différente de la période de l'entre-deux-guerres et de la monarchie. Les premiers monuments politiques d'après 1989 sont apparus à Bucarest à la fin des années 1990, sous le patronage du gouvernement dirigé alors par le Parti paysan (PNȚ-CD, 1996-2000). Ce dernier a fait ériger des monuments à ses leaders et « martyrs » du communisme, Iuliu Maniu (1873-1953) et Corneliu Coposu (1914-1995[33]), ce qui constitue une nouveauté dans le paysage symbolique des monuments de Bucarest (ill. 3). Le centre-droit a également défendu le principe que les monuments communistes ont aussi leur place dans le patrimoine artistique de la capitale, comme partie intégrante de l'histoire roumaine. En 2004, Traian Băsescu du Parti démocrate, maire de Bucarest et futur président de la République, s'est opposé à la destruction du mausolée des chefs communistes. De son côté, le Premier ministre Călin Popescu-Tăriceanu du Parti libéral a décidé en 2005 de le restaurer[34].

Illustration 3. Iuliu Maniu. Cliché de l'auteur.

32. *Evenimentul Zilei*, 1er décembre 2005, http://www.evz.ro/article.php?artid=204890.
33. Voir Jurnalul Național, 29 juin 2006, http://www.jurnalul.ro/articol_56078/in_piata_revolutiei__de_la_sublim_la_ridicol.html.
34. Voir la conférence de presse du maire de la capitale Traian Băsescu, 13 avril 2004 : www1.pmb.ro/pmb/primar/cpresa/2004/conf_2004-04-13.htm.

Même sans être très longue, l'histoire des monuments de Bucarest n'en reflète pas moins les transformations à travers lesquelles est passée la société roumaine durant le dernier siècle et demi, non sans laisser apparaître les interventions des idéologies dominantes dans l'espace urbain. À l'instar des discours historiques officiels, avant comme après 1945, et jusqu'à aujourd'hui, le panthéon national exposé en plein air à Bucarest a été principalement politique et presque entièrement masculin. Il a été concentré presque exclusivement dans le centre de la capitale. De 1945 à aujourd'hui, des monuments ont été érigés avant tout en l'honneur d'hommes politiques, de têtes couronnées et de personnes dont l'action fut jugée exceptionnelle (les « héros »), plus rarement des personnalités du monde scientifique ou culturel, dont les monuments sont du reste de dimensions plus modestes et se trouvent principalement dans des zones périphériques de l'espace urbain. Ce qui laisse à penser que dans la société roumaine, la science, la culture et l'éducation – pierres de touche de la démocratie – ont été moins valorisées que la politique.

Mais en Europe occidentale, durant cette même période et plus particulièrement depuis le milieu des années 1960, une crise de la figuration dans l'art s'est approfondie, ce qui implique une crise du monument politique public. Le manque d'intérêt pour l'érection de monuments classiques a plusieurs raisons. Pour les nouvelles générations, les monuments ont perdu le rôle social qu'ils avaient autrefois dans l'espace urbain. Il semble que le culte des grands hommes ait aussi perdu, ces derniers temps, une bonne part de sa légitimité. De nombreuses vagues d'iconoclasme politique ont détruit le mythe de l'immortalité assurée par un monument. Le réalisme socialiste a distillé en Occident un certain doute quant au pouvoir de l'art dans le domaine de l'instruction et de la réconciliation civiques. Tout cela a conduit à une prédominance de la sculpture publique idéologiquement neutre et à de nouvelles formes d'art dans l'espace urbain[35]. Il semble qu'une telle crise du monument public soit à peine envisageable en Roumanie, toute comme en Russie, par exemple. Sans doute pourrait-elle avoir uniquement lieu au prix d'un approfondissement de la démocratisation de la société et d'une dépolitisation de l'art exposé dans l'espace public.

Traduction du croate de l'auteur, revue par Inès Sabotič.

35. Mona Ozouf, *op. cit.*, p. 163 ; Sergiusz Michalski, *op. cit.*, p. 7-8, 172, 186, 201-205.

Les fêtes nationales en Croatie depuis 1990 : les étudiants face aux jours de mémoire officiels

Ines SABOTIČ et Anka MIŠETIĆ

Les élections parlementaires croates de l'année 2000 amènent une nouvelle majorité parlementaire au pouvoir, une coalition de gauche remplace le HDZ (Union démocratique croate) à la tête du pays depuis 1990. Les objectifs politiques et le discours changent, la fête nationale aussi. En 2001 en effet, le législateur choisit une nouvelle date pour marquer la fête nationale, le 25 juin au lieu du 30 mai. Les polémiques sont nombreuses et les débats passionnels. Le passé croate récent n'est de fait pas dépourvu d'événements importants, particulièrement marquants d'un point de vue historique. D'une part, la dernière guerre dite « Guerre patriotique » (*Domovinski rat*) dans les années 1990 est un concentré d'événements ; d'autre part, la naissance d'un État est un épisode proprement « extraordinaire », une rupture radicale avec la période précédente. Certains perçoivent donc le changement de date de la fête nationale comme une réinterprétation douteuse d'événements historiques, d'autres comme une correction légitime [1]. Certains éprouvent une certaine confusion devant ce changement. La mémoire est sans aucun doute un enjeu politique, peut éveiller les passions, poser des questions sur l'interprétation de l'histoire d'un pays. Ainsi la fête nationale, et plus généralement les fêtes célébrées par l'État, apparaissent comme un véritable lieu de mémoire, reflétant ici le sentiment national croate [2].

Les fêtes nationales sont des célébrations civiles propres à une nation, à son histoire, ce qui leur confère une forte connotation politique. En cela, elles diffèrent des fêtes civiles universelles comme le Nouvel An, ainsi que des fêtes religieuses, ancrées dans la tradition. Mais elles ont toutes comme point commun d'être des fêtes légales. En les inscrivant dans la loi, le législateur reconnaît l'importance des valeurs (religieuse, politique, universelle...) véhiculées par ces fêtes. Ces dernières occupent dès lors un statut

1. Voir l'ensemble de la couverture par les médias : quotidiens, hebdomadaires, émissions télévisées.
2. Pierre NORA (éd.), *Les Lieux de mémoire*, Paris, Gallimard, 7 vol., 1984-1993. Voir en l'occurrence plus particulièrement l'article de Christian AMALVI, « Le 14 juillet. Du *Dies irae* à *Jour de fête* », p. 421-472.

particulier dans le calendrier officiel. Devenant jours fériés, elles procurent une pause, aussi bien dans la vie économique (jour de cessation d'activité) que dans la vie sociale (jour de loisir).

Les fêtes nationales sont des jours de commémoration publique et annuelle en mémoire d'un événement, d'un personnage ou d'un groupe justifiant d'une dimension politique avérée. Un jour par an, on assiste à une répétition de l'histoire. Le passé ressurgit à une date précise, qui devient un outil mnémotechnique. Cette répétition a évidemment pour objectif de rappeler, dans le présent, les valeurs sur lesquelles repose l'État, tout en exprimant aussi un projet d'avenir. Les fêtes nationales sont à la fois des jours de mémoire collective, des symboles d'une certaine identité politique nationale et le support de valeurs citoyennes officielles.

Si la dimension symbolique ne fait aucun doute, on peut se demander ce qu'il en est dans la pratique. Quelles sont les fêtes nationales choisies par le législateur croate ? Suffit-il de proclamer des journées comme fêtes nationales pour que la mémoire d'un événement historique soit effectivement transmise ?

De la fête nationale aux fêtes nationales : quelles dates choisir ?

En 1990, le législateur commence une vaste restructuration qui apporte un nouveau cadre législatif au nouvel État. L'une de ses tâches est aussi de définir un nouveau calendrier, de nouvelles fêtes représentatives et porteuses de nouvelles valeurs.

Dans les tableaux 1a et 1b, sont présentées les fêtes légales en Croatie et en Yougoslavie, ce qui permet de mettre en évidence les ruptures.

Tableau 1a. Les fêtes légales en Yougoslavie et en Croatie

1973	1991	1996
	FÊTES LÉGALES	
Fêtes civiles universelles		
1er et 2 janvier – Nouvel An	1er et 2 janvier – Nouvel An	1er et 2 janvier – Nouvel An
	1er mai – fête du Travail	1er mai – fête du Travail
Fêtes religieuses		
		6 janvier – Épiphanie
		Lundi de Pâques
	15 août – Assomption	15 août – Assomption
		1er novembre – Toussaint
	25 et 26 décembre – Noël	25 et 26 décembre – Noël
Fêtes nationales		
1er et 2 mai – fête du Travail		

9 mai – Fête de la victoire		
	30 mai – Fête nationale	30 mai – Fête nationale
	22 juin – Jour de la lutte antifasciste	22 juin – Jour de la lutte antifasciste
4 juillet – Fête des combattants		
27 juillet – Jour de l'insurrection		
		5 août – Fête de la reconnaissance patriotique
29 (et 30) novembre – Fête de la République		
	JOURS DE MÉMOIRE	
25 mai – Fête de la jeunesse 22 décembre – Jour de l'armée		15 mai – Journée à la mémoire des Croates morts dans la lutte pour la liberté et l'indépendance

Fêtes légales en Yougoslavie

Lorsque Zagreb était la capitale de la République socialiste de Croatie, une des six républiques constitutives de la République fédérale socialiste de Yougoslavie, les fêtes légales étaient exclusivement civiles. Depuis 1973[3], outre le Nouvel An, on compte cinq fêtes nationales. Le 1er mai pourrait être une fête universelle, mais dans le contexte communiste, la Fête du travail prend un sens particulier. Le 9 mai est la Fête de la victoire, qui célèbre la fin de la Seconde Guerre mondiale et la victoire sur le fascisme[4]. Le 4 juillet est la Fête des combattants en souvenir du 4 juillet 1941 lorsque Tito lança un appel à la résistance adressé à tous les peuples de Yougoslavie, contre les occupants fascistes et leurs collaborateurs. Le 29 novembre, jour de la Fête de la République, commémore les événements du 29 novembre 1943, lorsque furent jetées les bases de la nouvelle Yougoslavie, lors de la deuxième session de l'AVNOJ (Conseil antifasciste de libération populaire yougoslave). Enfin, le 27 juillet est le Jour de l'insurrection, une fête propre à la République socialiste de Croatie[5], en souvenir du début de la résistance antifasciste sur son territoire (27 juillet 1941).

3. « Zakon o praznicima Socijalističke federativne republike Jugoslavije » [Loi sur les jours fériés de la République socialiste fédérative de Yougoslavie], *Službeni list SFRJ* [Journal Officiel de la RFSY], 1973, numéro 6.
4. Pour les événements, voir Ivo Goldstein (éd.), *Kronologija : Hrvatska, Europa, svijet : politička i vojna povijest, religija, književnost, likovne umjetnosti, znanost i tehnički razvoj, glazba, film, sport* [Chronologie : Croatie, Europe, monde : histoire politique et militaire, religion, littérature, beaux-arts, savoirs et progrès technique, musique, cinéma, sport], Zagreb, Novi Liber, 1996.
5. « Zakon o proglašenju 27. srpnja narodnim blagdanom » [Loi sur la proclamation du 27 juillet comme jour férié national], *Narodne novine*, 1947, numéro 111.

Il faut également mentionner comme « jour du souvenir », qui n'est pas férié, la Fête de la jeunesse le 25 mai, à l'occasion de l'anniversaire de Tito, et le Jour de l'Armée populaire yougoslave, le 22 décembre, en souvenir de la formation de la première brigade prolétarienne en 1941.

Toutes ces dates ont pour point commun la lutte antifasciste et les institutions clés de la République fédérale socialiste de Yougoslavie. Pourtant, peu de temps avant la fin de la Yougoslavie, le parlement de la République socialiste de Croatie vote des lois qui autorisent une certaine reconnaissance de la liberté religieuse. Une loi [6] donne en effet aux citoyens le droit de chômer le jour de Noël, de la fête du sacrifice (Aïd al-Adha ou Aïd el-Kebir) ou une autre fête, selon la religion, et qui a été votée un mois environ avant la victoire du HDZ aux élections parlementaires.

Fêtes légales en République de Croatie (depuis 1990)

À la suite des élections parlementaires de 1990, le HDZ vient au pouvoir. Parmi les nombreuses lois votées au parlement, certaines concernent les fêtes légales. Si la possibilité pour les citoyens de prendre un jour de congé pour Noël par exemple existait déjà, la nouvelle majorité parlementaire élève en décembre 1990 Noël au rang de fête légale [7]. C'est en 1991 qu'une loi sur les fêtes légales est votée [8]. Outre le Nouvel An, la fête du Travail et deux fêtes religieuses, Noël et l'Assomption [9], on compte deux fêtes nationales.

Le 30 mai est déclaré jour de la Fête nationale. En effet, un an plus tôt, à l'issue des premières élections parlementaires libres pour le parlement de la République socialiste de Croatie, on assiste à la constitution du parlement et à l'élection, par ce même parlement, de Franjo Tuđman comme président de la présidence de la République socialiste de Croatie [10]. Cette date marque par conséquent la constitution d'un parlement pluraliste issu d'élections libres.

La seconde fête à dimension politique a lieu le 22 juin, jour de la lutte antifasciste. Cette date se réfère à un événement de la Seconde Guerre mondiale qui eut lieu en 1941, celui de la première insurrection armée des partisans croates contre les occupants et les collaborateurs. Si le régime yougoslave avait bien consacré un jour à la résistance antifasciste, le législateur croate conserve cette idée, mais propose une autre date et d'autres

6. « Zakon o pravima građana na odsustvovanje s rada na dan vjerskih blagdana » [Loi sur le droit des citoyens à s'absenter de leur travail le jour de fêtes religieuses], 3 mai 1990, *Narodne novine*, 1990, numéro 19.
7. « Zakon o Božićnom blagdanu » [Loi sur la fête de Noël], 14 décembre 1990, *Narodne novine*, 1990, numéro 53.
8. « Zakon o blagdanima i neradnim danima u Republici Hrvatskoj » [Loi sur les jours fériés et chômés en République de Croatie], 23 mars 1991, *Narodne novine*, 1991, numéro 14.
9. Le Lundi de Pâques et la Toussaint sont déclarés jours fériés, mais non chômés.
10. En juillet 1990, Franjo Tuđman devient président de la République de Croatie.

protagonistes. En effet, avant 1990, étaient considérés comme les premiers antifascistes des Serbes qui avaient effectué une opération de résistance dans la localité de Srb (région de Lika) ; après 1990, ce sont les activités de résistance de Croates à Sisak qui sont célébrées [11]. Cette autre date soulève de nombreux débats et suscite des polémiques. L'antifascisme s'inscrit dans le calendrier comme une valeur croate, avec des acteurs historiques croates [12].

En 1996 [13], une nouvelle loi sur les fêtes est votée. Le 5 août devient jour de la reconnaissance nationale (*Dan zahvalnosti*), en souvenir de l'opération « Tempête » (*Oluja*) qui a permis la libération et la réintégration du tiers du pays occupé par la Région autonome serbe de Krajina. Il y a également un premier « jour du souvenir » (*Spomendan*). Le dimanche le plus proche du 15 mai est proclamé Journée à la mémoire des victimes croates dans la lutte pour la liberté et l'indépendance. Cette expression se réfère avant tout au 15 mai 1945, date symbole du « chemin de croix et de Bleiburg [14] ». Quelques jours après la fin de la Seconde Guerre mondiale, des Croates, des musulmans, des Slovènes, des soldats de l'armée régulière ou des membres des structures politiques collaborationnistes, fuyant devant l'armée yougoslave, ont cherché refuge en Autriche, à Bleiburg en Carinthie. Cette protection leur a finalement été refusée si bien qu'ils ont rebroussé chemin vers la Yougoslavie. Des dizaines de milliers ont été tués par les partisans yougoslaves.

On signalera encore que l'Épiphanie, le Lundi de Pâques et la Toussaint deviennent aussi fêtes légales.

11. Sur ces deux événements et leur contexte, tels qu'ils sont présentés par l'historiographie de la Yougoslavie socialiste, voir notamment : *Pišu učesnici. Lika u NOB 1941.* [Ceux qui ont participé aux événements écrivent. La région de Lika dans la lutte de libération nationale], Belgrade, Vojno djelo, 1963 ; *Sisak i Banija u revolucionarnom radničkom pokretu i ustanku 1941.* [Sisak et la région de la Banija dans le mouvement révolutionnaire ouvrier et la révolte de 1941], Sisak, Muzej Sisak, 1974.
12. Sur la question de l'antifascisme croate, voir la contribution de Drago Roksandić dans cet ouvrage.
13. « Zakon o blagdanima, spomendanu i neradnim danima u Republici Hrvatskoj » [Loi sur les jours fériés, jour de mémoire et jours chômés dans la République de Croatie], 30 avril 1996, *Narodne novine*, 1996, numéro 33.
14. Josip Jurčević, *Bleiburg : jugoslavenski poratni zločini nad Hrvatima* [Bleiburg : crimes yougoslaves commis après la guerre à l'encontre des Croates], Zagreb, Dokumentacijsko-informacijsko središte – DIS ; Udruga ratnih veterana Hrvatski domobran ; Hrvatsko društvo političkih zatvorenika, 2005. Jozo Marević (éd.), *50 godina Bleiburga* [50 ans de Bleiburg], Actes du colloque, Bleiburg, 14-15 mai 1995, Zagreb, Croatiaprojekt, 1995.

Tableau 1b. Les fêtes légales en Croatie.

2001	2002	2005
FÊTES LEGALES		
Fêtes civiles universelles		
1er janvier – Nouvel An	1er janvier – Nouvel An	1er janvier – Nouvel An
1er mai – Fête du travail	1er mai – Fête du travail	1er mai – Fête du travail
Fêtes religieuses		
	6 janvier – Épiphanie	6 janvier – Épiphanie
Lundi de Pâques	Lundi de Pâques	Lundi de Pâques
Fête-Dieu	Fête-Dieu	Fête-Dieu
15 août – Assomption	15 août – Assomption	15 août – Assomption
1er novembre – Toussaint	1er novembre – Toussaint	1er novembre – Toussaint
25-26 décembre – Noël	25-26 décembre – Noël	25-26 décembre – Noël
Fêtes nationales		
22 juin – Jour de la lutte antifasciste	22 juin – Jour de la lutte antifasciste	22 juin – Jour de la lutte antifasciste
25 juin – Fête nationale	25 juin – Fête nationale	25 juin – Fête nationale
5 août – Jour de la victoire et de la reconnaissance patriotique	5 août – Jour de la victoire et de la reconnaissance patriotique	5 août – Jour de la victoire et de la reconnaissance patriotique
8 octobre – Fête de l'indépendance	8 octobre – Fête de l'indépendance	8 octobre – Fête de l'indépendance
JOURS DU SOUVENIR		
		9 janvier – Jour de la résolution de la séparation du Međimurje de l'État hongrois
		15 janvier – Jour de la reconnaissance internationale de la Croatie
15 mai – Journée à la mémoire des Croates morts dans la lutte pour la liberté et l'indépendance	15 mai – Journée à la mémoire des Croates morts dans la lutte pour la liberté et l'indépendance	15 mai – Journée à la mémoire des Croates morts dans la lutte pour la liberté et l'indépendance
30 mai – Jour du parlement	30 mai – Jour du parlement	30 mai – Jour du parlement
		25 septembre – Jour de la décision de l'union de l'Istrie, de Rijeka, de Zadar et des îles à la Croatie

Les élections parlementaires en 2000 apportent un changement politique : une coalition de gauche arrive au pouvoir. Une nouvelle lecture du passé récent est alors proposée par le législateur [15]. Des significations nouvelles sont accordées aux dates relatives à l'indépendance croate. Ainsi le 30 mai n'est plus la fête nationale, il devient jour du souvenir (*spomendan*), plus précisément, jour du parlement croate en souvenir de la restauration d'un parlement constitué de représentants élus par les citoyens lors d'élections libres. Ce jour marque aussi « le rôle historique du parlement croate dans la sauvegarde au cours des siècles passés de la nation croate ».

Comme le 30 mai n'est plus fête nationale, une nouvelle date est proposée, en souvenir du 25 juin 1991, lorsque le parlement déclare la « dissociation » de la République socialiste de Croatie de la République fédérale socialiste de Yougoslavie. Mais la décision d'indépendance prise alors n'est pas encore effective (en raison d'un moratoire imposé par les instances internationales). Le 8 octobre, jour de la déclaration d'indépendance de 1991, devient Jour de l'indépendance. Le 5 août reste jour férié, mais change en partie de nom. Ce n'est plus le jour de la reconnaissance patriotique, mais la fête de la victoire et de la reconnaissance patriotique. Alors que la Fête-Dieu devient fête légale, l'Épiphanie ne l'est plus, mais le redeviendra en 2002 [16].

Suite à la victoire du HDZ aux élections parlementaires de 2004, le parlement vote une nouvelle loi sur les jours fériés, plus précisément sur les jours du souvenir [17]. Ainsi depuis 2005, le 15 janvier est déclaré jour de la reconnaissance internationale de la République de Croatie qui eut lieu en 1992. Deux autres jours du souvenir, le 9 janvier et le 25 septembre, sont ajoutés à cette liste. Respectivement, le premier est déclaré Jour de la résolution de la séparation de la région du Međimurje de l'État hongrois du 19 janvier 1919, le second celui de la prise de décision de la réunion de l'Istrie, Rijeka, Zadar et des îles à la Croatie le 25 septembre 1943. Ces deux dates rappellent l'importance du maintien de l'unité du territoire croate.

D'une manière générale, on observe une rupture importante par rapport à la période yougoslave. Dans un premier temps, les fêtes religieuses sont réhabilitées, mais avec quelques incertitudes. Une fête relative aux valeurs antifascistes reste en place, mais avec une dimension croate plus affirmée. Enfin, de nouvelles valeurs politiques sont consacrées à travers des fêtes nationales et des jours du souvenir. Malgré des changements de dates de fête ou de nom, on constate néanmoins un certain consensus sur les nouvelles

15. « Zakon o izmjenama i dopuni zakona o blagdanima, spomendanu i neradnim danima u Republici Hrvatskoj » [Loi sur les amendements à la loi sur les jours fériés, du souvenir et chômés en République de Croatie], 7 novembre 2001, *Narodne novine*, 2001, numéro 96.

16. « Zakon o dopuni zakona o blagdanima, spomendanima i neradnim danima u Republici Hrvatskoj » [Loi sur l'amendement à la loi sur les jours fériés, du souvenir et chômés en République de Croatie], 8 février 2002, *Narodne novine*, numéro 13, 2002.

17. « Zakon o dopunama zakona o blagdanima, spomendanima i neradnim danima u Republici Hrvatskoj » [Loi sur les amendements à la loi sur les jours fériés, du souvenir et chômés en République de Croatie], 23 septembre 2005, *Narodne novine*, 2005, numéro 112.

valeurs telles que l'indépendance, la victoire remportée lors de la dernière guerre, mais aussi ses victimes et l'unité territoriale de la Croatie.

Mais ces fêtes sont-elles perçues comme importantes et donc dignes de mémoire, notamment parmi les jeunes générations et plus particulièrement les étudiants ?

Fêtes nationales et mémoire des étudiants
Un pari politique réussi ?

Une enquête sociologique pilote a été effectuée auprès de 173 étudiants. La catégorie sociologique des étudiants a été choisie pour différentes raisons. D'abord, ils n'ont pas d'expérience directe de la guerre. De plus, ils sont ouverts à différentes sources d'information, à travers l'enseignement, puisqu'ils poursuivent des études supérieures, la famille, dont ils restent en partie dépendants et les médias, puisqu'ils en sont en général consommateurs.

Tableau 2. Connaissez-vous ces fêtes légales ?

Fêtes légales et jours du souvenir	Oui (%)	Non (%)
Noël	99,4	0,6
Nouvel An	97,7	2,3
Lundi de Pâques	94,8	5,2
Toussaint	91,3	8,7
Épiphanie	87,9	12,1
Fête du travail	85,0	15,0
Assomption	78,6	21,4
Fête-Dieu	46,8	53,2
Jour de la lutte antifasciste	41,6	58,4
Fête de la victoire et de la reconnaissance patriotique	41,6	58,4
Fête nationale	28,9	71,1
Jour de la reconnaissance internationale de la Croatie	19,7	80,3
Fête de l'indépendance	13,3	86,7
Jour de la résolution de la séparation du Međimurje de l'État hongrois	12,7	87,3
Jour du parlement	11,0	89,0
Jour de la décision de l'union de l'Istrie, de Rijeka, de Zadar et des îles à la Croatie	10,4	89,6
Journée à la mémoire des Croates morts dans la lutte pour la liberté et l'indépendance	8,1	91,9

Nous avons tout d'abord voulu vérifier la connaissance des fêtes légales parmi les étudiants. Nous leur avons donc proposé de relier deux colonnes, l'une comportant le nom des fêtes, l'autre avec des dates. Le tableau 2 révèle une parfaite connaissance des fêtes religieuses et des fêtes civiles universelles. Il est question de fêtes traditionnelles et communes à toute l'Europe. Même si les fêtes religieuses ont pendant des décennies de communisme été effacées de la vie publique, elles retrouvent facilement une fonction dans la société. En revanche, on observe une faible connaissance des fêtes nationales, en particulier de la fête nationale qui a changé de date. Quelque 21 % des étudiants ont d'ailleurs répondu que la fête nationale est célébrée le 30 mai. L'ancienne date est en partie restée dans les mémoires.

Tableau 3. Cette fête est-elle importante pour vous ?

Fêtes légales et jours de mémoire	% (oui)
Noël	89,6
Lundi de Pâques	69,5
Nouvel An	48,9
Toussaint	19,6
Fête du travail	11,5
Assomption	11,5
Fête nationale	7,9
Fête de la victoire et de la reconnaissance patriotique	5,7
Jour de la lutte antifasciste	2,8
Épiphanie	1,7
Fête de l'indépendance	1,7
Jour de la résolution de la séparation du Međimurje de l'État hongrois	1,1
Jour du parlement	1,1
Jour de la décision de l'union de l'Istrie, de Rijeka, de Zadar et des îles à la Croatie	1,1
Fête-Dieu	0,6
Jour de la reconnaissance internationale de la Croatie	0,6
Journée à la mémoire des Croates morts dans la lutte pour la liberté et l'indépendance	0,6

Les fêtes les mieux connues des étudiants sont aussi celles qui sont les plus importantes à leurs yeux (tableau 3).

Graphique 1. Combien y a-t-il de fêtes aujourd'hui en Croatie ?

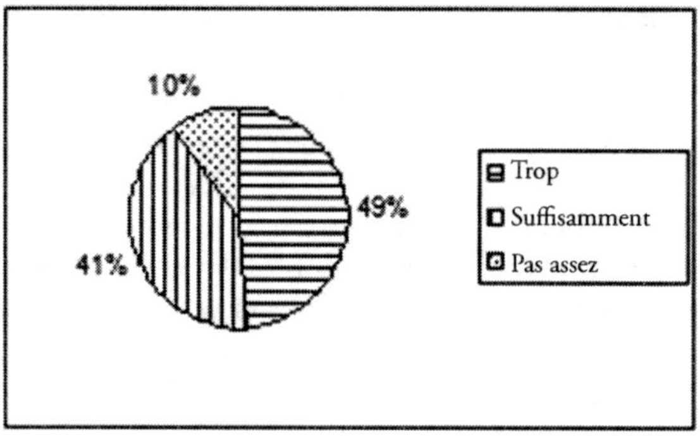

Près de la moitié des étudiants considère qu'il y a trop de fêtes (graphique 1), qui créent une confusion. On peut se demander si cette impression n'est pas le résultat d'un changement fréquent des dates et des noms des fêtes nationales.

Les élites politiques ont-elles réussi leur pari ? On observe certes une parfaite connaissance des fêtes religieuses. En revanche, les étudiants connaissent mal les fêtes nationales.

Problèmes de mémoire. Problèmes de transmission ?

Il n'est pas suffisant qu'une fête soit inscrite dans la loi, encore faut-il que la mémoire de ce qu'elle célèbre soit transmise. Il convient donc de se pencher sur les canaux de transmission habituels, à savoir l'école, les medias, la famille, les amis et éventuellement les institutions religieuses, comme l'Église.

Graphique 2. Vous informez-vous à ces sources d'informations ?

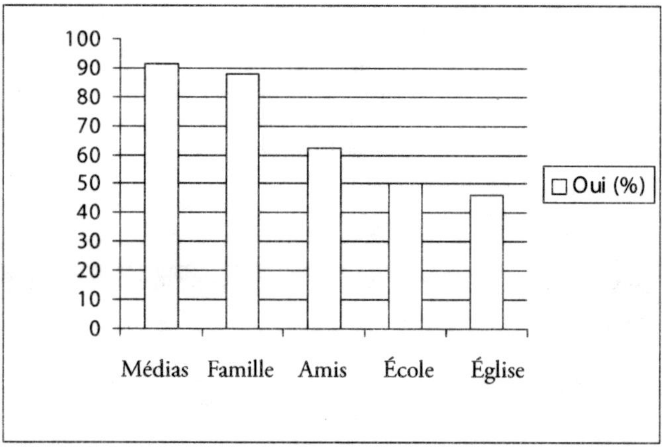

Selon les résultats de l'enquête pilote sur les étudiants, les principales sources d'information sur les fêtes sont les médias et la famille. Cependant, il apparaît que la famille et les médias ne semblent pas transmettre une mémoire relative aux fêtes nationales. De même, on remarque le rôle secondaire de l'école.

Somme toute, il semble qu'il faille constater que les « transmetteurs » ne jouent pas le rôle qui leur est confié. Soit ils ne transmettent pas assez, soit ils transmettent mal, si bien que les « récepteurs », en l'occurrence les étudiants, ne reconnaissent pas les informations, quand informations il y a, comme importantes ou intéressantes.

À ces canaux de transmission, on peut en ajouter un autre, la fête ou une commémoration régulière et visible. L'importance du rôle social de la fête est connu, en tant que dépositaire d'une force de cohésion sociale considérable et vecteur d'une grande énergie libérée [18]. La fête est en effet porteuse de symbolique, de gestes, de rites, de messages, autant d'éléments pour aider à transmettre la mémoire par des outils mnémotechniques efficaces. D'ailleurs, on peut remarquer que les fêtes les mieux connues, mais aussi les plus importantes pour les étudiants, sont celles qui sont véritablement célébrées et fêtées : Nouvel An, Noël, Pâques, même si elles sont vidées de leur sens premier quand il est spirituel. Elles transmettent en effet des messages clairement identifiables comme la paix, le pardon, la joie, etc. Or ces dernières années, les fêtes nationales sont avant tout marquées par la politique. Ce sont les représentants politiques qui déposent des gerbes sur les tombes des soldats morts pour la patrie, mais qu'y a-t-il est-il d'organisé pour la population à l'échelle nationale ? Il n'y a pas de parade militaire, pas de bal populaire, pas de concerts, pas de feu d'artifice [19]. Tout dépend de la volonté des autorités locales. La fête en somme n'est pas dans la rue, elle n'investit pas l'espace social. D'une certaine manière, la fête n'est pas fêtée. Le citoyen, plus largement la société civile, restent des acteurs passifs.

De plus, le changement de date dans le cas de la Fête nationale montre à quel point il est difficile de déplacer une date de commémoration, même récente, mais qui avait réussi à s'installer dans la mémoire collective justement par l'intermédiaire de la fête. En effet, le 30 mai étaient organisées des fêtes auxquelles participait une large palette d'acteurs sociaux.

Plus généralement, le changement de date, ou l'ajout de nouvelles dates, fait des fêtes nationales un enjeu politique et non plus une valeur en soi, située au-delà de la politique. Dès lors, la fête populaire et nationale devient une fête politisée.

18. Anka Mišetić, *Gradski rituali : retradicionalizacija društvenog života u hrvatskim gradovima nakon 1990.* [Les rituels urbains : le retour de la tradition dans la vie sociale des villes croates après 1990], Zagreb, Hrvatska sveučilišna naklada, 2004.

19. Voir les quotidiens *Večernji list*, *Jutarnji list*, *Vjesnik* au lendemain de la fête nationale.

Si l'objectif recherché dans la commémoration de fêtes nationales est d'accorder un jour de repos, l'objectif est atteint. Mais si l'objectif de la fête est de commémorer un événement du passé et d'affirmer une valeur, l'objectif n'est alors dans le cas présent que partiellement atteint. Le passé récent est finalement mal connu. Certes, il est fort probable que si nous avions fait une enquête parmi la population croate qui a été témoin et acteur de l'histoire croate durant les années 1990, les résultats auraient été différents. Mais le but des fêtes nationales serait justement de transmettre aux nouvelles générations ce qui est arrivé dans un passé dont elles n'ont pas une mémoire directe.

Finalement, l'identité nationale croate au travers des fêtes nationales révèle une certaine incertitude et un manque de stratégie claire des élites politiques et des canaux de transmission. Face à une mémoire qui tend à se dissoudre, on peut se demander, si nécessité il y a de transmettre cette mémoire, comment faire pour qu'elle soit transmise aux jeunes générations.

Troisième partie

PATRIMOINES : MISES EN SCÈNE ET USAGES CULTURELS

Le trésor de la Cathédrale de Zagreb : construction d'une identité chrétienne et européenne entre Danube et Méditerranée

Dino Milinović

Lorsque l'on parle des influences qui ont contribué à la formation d'une identité culturelle sur le territoire de la Croatie contemporaine, dans la plupart de cas, c'est le littoral oriental de l'Adriatique (du nord au sud : Istrie, Primorje et Dalmatie) qui attire l'attention. Les composantes les plus visibles de cette identité sont en effet généralement liées à la Méditerranée à travers la colonisation grecque, l'urbanisation romaine et le christianisme, qui arrivent tous trois par la voie maritime. À la fin de l'Antiquité, de rares sources historiques, imprécises de surcroît, qui mentionnent le territoire de la Croatie continentale donnent l'impression d'une *terra incognita*. Peu de témoignages font état d'une continuité urbaine : toutes traces de civilisation antique semblent avoir disparu de cet espace. Aux xe-xie siècles, à l'époque de l'État médiéval croate, cette région située entre deux rivières (Save au sud et Drave au nord), se trouve exposée à la dernière vague d'invasions, dont la conséquence est l'installation d'un peuple nouveau, celui des Magyars. Bien qu'il soit difficile de déterminer dans quelle mesure et pour combien de temps la région fit partie de l'État médiéval croate, des éléments indiquent la présence d'un pouvoir au moins intermittent détenu par des souverains croates sur ce territoire[1]. Vers la fin du xie siècle, l'influence politique hongroise s'affirme progressivement dans la région. Pour la première fois, l'identité culturelle croate en gestation s'inscrit dans un nouveau cadre géographique et culturel, celui de l'Europe centrale.

L'événement qui a constitué un tournant historique majeur dans la région est bien connu. Il s'agit de la fondation de l'évêché de Zagreb, qui remonte

1. Consulter le tome I de la série « La Croatie et l'Europe », paru en français : Ivan Supičić (éd.), *Croatie. Trésors de la Croatie ancienne des origines à la fin du XIIe siècle*, Paris, Somogy, 1999, en particulier les contributions de Radoslav Katičić, « De l'origine des Croates » (p. 149-167) et Tomislav Raukar, « Espace et société », p. 181-195.

à une période située entre 1087 et 1094, d'après différentes sources[2]. Nous savons que le roi hongrois Ladislas Ier (1040-1095) fut le fondateur de l'évêché et qu'il l'a placé sous la protection du roi Étienne (1000-1038), premier souverain hongrois canonisé par l'Église. Le fait que l'évêché de Zagreb soit dès le début lié aux deux rois canonisés (Ladislas Ier le fut au XIIe siècle) indique clairement la signification politique de cet acte. L'importance de l'événement est d'ailleurs confirmée par les dons précieux offerts par le souverain hongrois au nouvel évêché. Ces dons constituent le noyau du trésor de la cathédrale de Zagreb – une collection d'objets liturgiques, qui selon l'historien de l'art Hanns Swarzenski « reflète les idéaux politiques et spirituels de l'époque[3] ». Les inventaires des objets qui se trouvaient dans le trésor – le plus ancien conservé date de l'année 1394 – nous permettent aujourd'hui de nous rendre compte de la richesse du trésor de l'Église de Zagreb, comparable par son envergure à de grandes fondations établies par des souverains européens[4]. Même si la plus grande partie des objets décrits dans les inventaires a été perdue entre-temps, deux objets parmi ceux qui ont été conservés attirent tout particulièrement l'attention.

Illustration 1. *Plenarium*. Cliché Goran Vranic.

Le premier est considéré comme possédant la plus grande valeur artistique du trésor. Il s'agit d'un *plenarium* (ill. 1) composé de quatre plaques en ivoire.

2. Pour l'état de recherche sur ce problème, voir Antun Škvorčević (éd.), *Zagrebačka biskupija i Zagreb, 1094-1994* [L'évêché de Zagreb et Zagreb, 1094-1994], Zbornik u čast kardinala Franje Kuharića [Mélanges en l'honneur du cardinal Franjo Kuharić], Zagreb, 1995, surtout les contributions de Valentin Putanec et György Györffy.

3. Hanns Swarzenski, *Monuments of Romanesque Art*, Londres, 1954.

4. Publié par Dragutin Kniewald, « Najstariji inventari zagrebačke katedrale » [les plus anciens inventaires de la cathédrale de Zagreb], in *Starine JAZU*, Zagreb, 43, 1951.

Elles sont prises aujourd'hui dans un cadre en bois couvert de métal doré datant du XVIIe siècle, mais l'inventaire de 1394 nous apprend que le cadre original était beaucoup plus richement orné de pierres précieuses et semi-précieuses, de perles et d'appliques en ivoire[5]. D'après cette description, au milieu du *plenarium*, dans la cavité entre les quatre plaques, se trouvait une grande topaze. Ce sont donc les quatre plaques en ivoire ornées de dix épisodes de la vie du Christ qui présentent les seules pièces conservées de l'objet primitif. La datation des reliefs pose toujours des problèmes, mais les détails iconographiques ainsi que le style de l'ivoirier indiquent comme période probable de création la seconde moitié du XIe siècle, ce qui laisse entrevoir l'époque de fabrication du *plenarium*, bien que l'on connaisse de nombreux exemples où des reliefs en ivoire plus anciens aient été utilisés ultérieurement comme reliure de livres liturgiques ou dans des reliquaires[6].

Illustration 2. Reliquaire en forme de croix. Trésor de la cathédrale de Zagreb.

Le deuxième objet est la relique la plus ancienne et la plus précieuse du trésor de la cathédrale de Zagreb, la pièce de bois provenant de la Vraie Croix. Malheureusement, la petite relique en forme de croix n'est plus dans son état primitif non plus. Vers la fin du XVe siècle, elle fut placée dans le reliquaire en forme de croix (ill. 2), sans doute suite au nouvel usage assigné

5. Dragutin KNIEWALD, *op. cit.*, p. 65.

6. Voir ma thèse de doctorat *Bjelokosni plenarij iz Riznice Zagrebačke katedrale u kontekstu otonske renesanse* [Le plenarium en ivoire du trésor de la Cathédrale de Zagreb dans le contexte de la renaissance othonienne], Zagreb, 2005 ; voir aussi ma contribution (en croate et anglais) dans le catalogue de l'exposition sur les premiers siècles d'art croate : Biserka RAUTER-PLANČIĆ (éd.), *Prvih pet stoljeća hrvatske umjetnosti* [Les cinq premiers siècles de l'art croate], Zagreb, Klovićevi dvori, 2006.

aux reliques à l'intérieur du sanctuaire, dont le but fut d'atteindre une plus grande visibilité des objets sacrés (*Heiltumsschau*) pour la communauté des fidèles assemblés devant l'autel. Quelle était sa forme originale? L'inventaire de 1394 décrit la croix en or, aujourd'hui perdue, ornée de pierres précieuses et semi-précieuses, dans laquelle fut incorporé un morceau de la Vraie Croix (*crux de auro facta continens in se de ligno domini nostri in modum cruces*[7]). Le même inventaire fait état de la « petite croix en bois du Seigneur » (*crux parva de ligno Domini*), apparemment liée au *plenarium* dans le service liturgique, mais sans que leur rapport soit précisé. Le texte étant peu explicite sur ce point, il est difficile de trancher pour décider s'il s'agit d'une même pièce de la Vraie Croix ou de deux reliques distinctes. D'après la tradition, le *plenarium* (avec ses quatre plaques en ivoire) avait servi de reliure à un livre liturgique important, que le premier évêque de Zagreb, Duh, apporta avec lui en arrivant à Zagreb au moment de la fondation de l'évêché à la fin du XIe siècle; quant à la relique du « bois du Seigneur », la tradition veut qu'elle fut apportée à Zagreb par l'évêque Macilin, chanoine de Jérusalem, un demi-siècle plus tard environ[8] Même si les deux hypothèses paraissent intéressantes (et mal fondées), il faudra les mettre en rapport avec d'autres interprétations probables. En effet, si les deux objets étaient liés de quelque manière dans la liturgie, comme le laisse penser l'inventaire de 1394, ne faudrait-il pas en inférer une origine commune?

Dans un article publié récemment, j'ai proposé comme hypothèse qu'à l'origine le *plenarium* n'avait pas servi de reliure au livre liturgique, mais de reliquaire (*arca, theca*[9]). En faveur de cette interprétation, je me suis appuyé sur le texte de l'inventaire de l'an 1394, où le *plenarium* est rangé parmi les reliquaires. Qui plus est, les dimensions du petit « bois du Seigneur » en forme de croix, conservé dans le trésor, correspondent à peu près à celles de la cavité centrale au milieu du *plenarium*, ce qui laisse à penser que la relique précieuse y fut insérée à l'origine. Plus tard, conformément à l'usage évoqué plus haut qui préconisait l'exposition des objets sacrés (*Heiltumsschau*), la relique de la Vraie Croix a pu être détachée du *plenarium*, d'où la topaze au milieu du *plenarium* qui apparaît dans le texte d'inventaire de 1394. Quant au morceau du « bois du Seigneur », la relique fut incorporée dans le reliquaire en forme de la croix vers la fin du XVe siècle où elle se trouve encore à présent.

---

7. Dragutin KNIEWALD, *op. cit.*, p. 64, n° 92.
8. Cette tradition ne repose sur aucun document historique. Elle est enregistrée pour la première fois au XIXe siècle.
9. Dino MILINOVIĆ, « "*Bjelokosni plenarij" – prilog poznavanju najstarije povijesti Riznice Zagrebačke katedrale* » [« Le plenarium » en ivoire – contribution à la connaissance de l'histoire la plus ancienne du Trésor de la Cathédrale de Zagreb], in *Radovi Instituta za povijest umjetnosti* [Travaux de l'Institut d'histoire de l'art], 29, Zagreb, 2005, p. 29-42, avec un résumé en anglais.

Illustration 3. Mandorle qui entoure le Christ. Trésor de la Cathédrale de Zagreb.

Si l'hypothèse du lien direct entre le *plenarium* et la relique est maintenue, il faut également poser la question du donateur. La tradition attribue la donation aux deux évêques Duh et Macilin ; celui dont le rôle dans la fondation de l'évêché de Zagreb fut prépondérant, le roi Ladislas Ier, y est étrangement omis. Il avait pourtant durablement marqué l'iconographie de l'évêché. De nombreuses reliques du roi (à l'instar d'Étienne, Ladislas Ier fut canonisé après sa mort, au XIIe siècle) sont toujours conservées dans le trésor de la cathédrale de Zagreb. L'un des objets les plus précieux, la cape du roi lui est attribuée et montre l'influence sur la mode des souverains occidentaux des objets de luxe inspirés par le rituel impérial de la cour de Constantinople [10]. Que peut-on cependant indiquer en faveur du don royal supposé à l'Église de Zagreb ? Pour répondre à cette question, il nous faut revenir au contenu du *plenarium* et « du bois du Seigneur ».

Bordées d'un cadre des feuilles d'acanthes, les quatre plaques en ivoire du *plenarium* sont décorées de dix épisodes de la vie du Christ. Quoique leur iconographie soit usuelle à cette époque, de nombreux détails intéressants y apparaissent. Dans la scène du baptême, par exemple, les motifs rares de l'ampoule dans le bec de la colombe du Saint-Esprit et de la mandorle qui entoure le Christ (ill. 3). Il est possible de lier ces deux détails rares à la tradition carolingienne de Reims en France, où selon la légende locale saint Rémi baptisa Clovis grâce au chrême destiné à l'onction qu'une

10. Ainsi la cape offerte par Henri II à l'évêché de Bamberg (cf. Wilhelm MESSERER, *Der Bamberger Domschatz*, Munich, Hirmer, 1952, p. 49-50).

colombe avait miraculeusement apporté dans une ampoule[11]. Probablement en signe d'analogie avec l'événement mentionné, dans les siècles suivants l'ampoule fait son apparition dans la représentation du baptême des empereurs (Constantin ou Othon III), où leur nombre (deux ampoules) est une allusion à la dualité du pouvoir royal (*rex et sacerdos*), à l'instar des rois de l'Ancien Testament[12]. Les ampoules au chrême, ainsi que la mandorle, sont également dotées d'une puissante charge royale. Doit-on penser que l'ampoule qui apparaît dans la scène du baptême sur le *plenarium* de Zagreb contient le même message en soulignant, surtout en jonction avec le symbolisme de la mandorle, l'épiphanie royale (*Christus rex*) ? La comparaison avec Reims est d'autant plus éclairante à la lumière des livres liturgiques conservés à bibliothèque épiscopale de Zagreb (*Knjižnica Metropolitana*). Or les plus anciens de ces livres, redigés à la fin du XIe siècle, reflètent d'une manière significative la liturgie du Nord de la France[13].

D'autres motifs sur les reliefs en ivoire du *plenarium* dévoilent une symbolique royale : le portique dans la scène de l'Annonciation sous lequel Marie est assise est celui du palais royal d'Hérode, que l'on retrouve habituellement dans la scène du massacre des Innocents, omise sur les reliefs de Zagreb[14] ; le voile derrière Marie (*velum*) sert d'attribut à un souverain, surtout dans la représentation carolingienne[15] ; dans la scène de la Naissance, sur le petit banc auprès de Marie, on aperçoit ses chaussons – autre marque de dignité, laquelle paraît réservée aux rois de l'Ancien Testament. La même constatation peut être faite en ce qui concerne le type du sarcophage avec les strigiles dans la scène de la Résurrection[16]. Cependant, *Christus Rex* ou *Maria Regina* sont les types iconographiques

11. Anne PRACHE, « L'Abbatiale (XIe-XIIe siècles), le tombeau de saint Rémi et la Sainte Ampoule », in *Le Sacre des rois*, Actes du colloque international d'histoire sur les sacres et couronnements royaux (Reims, 1975), Paris, Belles Lettres, 1985, p. 192.

12. R. DESCHMAN, « Otto III and the Warmund Sacramentary. A Study in Political Theology », in *Zeitschrift für Kunstgeschichte*, 34, 1971, p. 1-20.

13. Surtout le manuscrit MR 126; Dragutin KNIEWALD, « Zagrebački liturgijski kodeksi XI.-XV. stoljeća » [Les codex liturgiques de Zagreb, XIe-XVe siècle], in *Croatia Sacra*, 19, Zagreb, 1940 ; voir aussi Dom G. MORIN, « Manuscrits liturgiques hongrois des XIe et XIIe siècles », in *Jahrbuch für Liturgiewissenschaft*, VI, Münster, 1926, p. 63-65. Des influences lotharingiennes furent aussi présentes, cf. J. TÖRÖK, « Influences lotharingiennes sur la liturgie d'Europe centrale autour de l'an Mil », *in* Dominique IOGNA-PRAT, Jean-Charles PICARD (éd.), *Religion et culture autour de l'an Mil*, Paris, Picard, 1990, p. 285-289.

14. Motif courant dans les manuscrits othoniens vers l'an Mil (par exemple, dans l'évangéliaire d'Othon III).

15. Jean Fournée, « Architectures symboliques dans le thème iconographique de l'Annonciation », in *Synthronon, art et archéologie de la fin de l'Antiquité et du Moyen Âge*, Paris, Klincksieck, 1968, p. 225-235. Pour le symbolisme royal dans l'architecture, voir aussi Piotr SKUBISZEWSKI, « Ecclesia, Christianitas, Regnum et Sacerdotium dans l'art des Xe-XIe siècles », in *Cahiers de civilisation médiévale*, XXVIII, 1985, p. 133-179.

16. L'empereur Othon II ayant été enseveli dans un sarcophage de ce type dans l'atrium de Saint-Pierre à Rome, le sarcophage à strigiles devient, semble-t il, l'image d'enterrement privilégiée et apparaît dans la scène de Résurrection, mais aussi dans celle de la Nativité (crèche), comme préfiguration du tombeau.

parmi les plus répandus dans l'art chrétien de cette époque ; tous les attributs de dignité sur les reliefs de Zagreb lui sont propres et ne peuvent être interprétés en fonction d'un lien direct entre le *plenarium* et le fondateur royal de l'évêché de Zagreb. En ce sens, la possibilité qu'une petite pièce du « bois du Seigneur » fût placée dans la cavité entre quatre plaques du *plenarium* semble d'autant plus importante. Car cette relique, la plus empreinte de douleur et la plus précieuse du monde chrétien, joue un rôle capital dans le contexte du prestige des souverains et de la politique d'État. La cour impériale à Constantinople, où la relique fut conservée après y avoir été apportée de Jérusalem, distribue de petits morceaux de croix dans des staurothèques, ces reliquaires richement ornés, soit à l'intention de l'activité missionnaire, notamment au sein des peuples slaves, soit en confirmation des relations privilégiées avec les souverains et nations alliés [17]. En Europe occidentale, le premier moment de la circulation intense des staurothèques byzantines correspond au « renouveau othonien » dans la deuxième moitié du xᵉ siècle.

Simultanément, en conformité avec l'évolution de l'idée du sacré, un nouvel idéal du souverain chrétien apparaît au passage du premier au deuxième millénaire : le saint souverain (*rex imago Dei*), incarné par l'empereur du Saint Empire germanique [18]. Cette évolution est suivie par une dévotion plus marquée envers le Christ crucifié et les instruments de sa passion (dont témoigne l'apparition des crucifix monumentaux dans l'art othonien). Les souverains germaniques font eux-mêmes, en accord avec la Curie romaine, de nouveaux efforts d'évangélisation, et se tournent vers de « nouvelles » nations sur le versant oriental de l'Europe chrétienne. À l'instar de la cour byzantine, la relique de la Vraie Croix représente le cadeau le plus précieux dont le souverain othonien peut se servir afin d'établir des liens politiques privilégiés ou pour renforcer ses efforts dans diffusion de la foi [19]. Il va sans dire que la sainte relique ne sert pas uniquement d'appui à la politique extérieure des empereurs, mais consolide également le pouvoir à l'intérieur de l'État. En effet, à l'époque othonienne, les centres épiscopaux sont organisés comme un réseau de base qui sert à soutenir le pouvoir du souverain. Dans ce sens-là, il est de règle que la fondation d'un nouvel évêché soit accompagnée du rituel de donations royales, le cas exemplaire à l'époque étant la fondation de

17. Les staurothèques majeures étaient pratiquement toujours liés à l'empereur : « Seine [...] traditionelle Verbindung mit Konstantin dem Großen machte das Reliquiar mit dem Siegbringenden Kreuz nahezu zu einem kaiserlichen Reservat » (H. Fillitz, « Das Kreuzreliquiar Kaiser Heinrichs II. in der Schatzkammer der Münchner Residenz », in *Münchner Jahrbuch*, 3 F., IX-X, 1958-59, p. 23).

18. Ainsi apparaît l'image du roi « convertisseur du peuple » ; cf. « Roi », texte par Jaques Le Goff, *in* Jacques Le Goff, Jean-Claude Schmitt (éd.), *Dictionnaire raisonné de l'Occident médiéval*, Paris, Fayard, 1999, p. 985-1004 ; à consulter aussi, dans le même ouvrage, l'entrée « Sainteté » de Sofia Boesch Gaiano (surtout p. 1026-1028).

19. Hiltrud Westermann-Angerhausen, « Das ottonische Kreuzreliquiar im Reliquien – Triptychon von Sainte-Croix in Lüttich », in *Wallraf-Richartz Jahrbuch*, XXXVI, Cologne, 1974, p. 7-22.

l'évêché de Bamberg en 1007 par Henri II[20]. Ce modèle de donation devint la forme habituelle par laquelle le saint souverain exprime sa piété et son influence. Au XIe siècle, les rois hongrois participent pleinement à l'imitation du nouveau modèle du sacré : pas moins de quatre souverains (ou princes) hongrois de l'époque sont canonisés. Quoiqu'on veuille y reconnaître une motivation politique, on ne peut contester qu'un nouveau modèle du pieux souverain chrétien est créé parallèlement à la dernière grande vague d'évangélisation en Europe[21]. C'est dans cette atmosphère qu'est fondé l'évêché de Zagreb, fruit à la fois d'ambition politique et de piété, à l'instar du modèle othonien[22].

À la lumière de cette politique, on comprend mieux l'insistance des documents hongrois plus tardifs cherchant à revendiquer le motif principal de la fondation de l'évêché. Selon eux, ce serait le souci de ceux « que la chimère d'idolâtrie écarta du respect du Dieu[23] ». Ce sont les Slaves en général qui sont visés, plus particulièrement les Croates vivant dans la région entre la Save et la Drave. Ce motif pouvait sans doute satisfaire les ambitions de la Curie romaine aussi, qui s'efforçait de faire entrer les peuples slaves dans son giron. C'est parce que le *plenarium* et la relique « du bois du Seigneur » représentent la trace matérielle de cette politique dans le trésor de la cathédrale de Zagreb qu'il faut sans doute les considérer comme cadeau royal à l'évêché et une confirmation de Ladislas comme roi « à l'instar du Christ ». Car rien ne saurait mieux exprimer sa piété qu'une staurothèque – reliquaire de la Vraie Croix artistement ouvragé. Les détails d'iconographie royale dans les épisodes du cycle christologique apportent d'ailleurs eux aussi des arguments à l'appui de la thèse d'une donation royale.

Le patrimoine de l'Église de Zagreb n'est nullement la conséquence de hasards historiques. Il est bien au contraire le résultat d'une politique systématique du pouvoir séculaire et religieux. En créant l'évêché de Zagreb, en le plaçant sous la protection de saint Étienne, lui-même nommé d'après le protomartyr chrétien, le roi Ladislas avait pour but d'assurer à la couronne hongroise le territoire compris entre la Save et la Drave, au prétexte d'une nouvelle évangélisation. Les deux objets les plus précieux conservés dans le trésor de la cathédrale de Zagreb témoignent de l'importance de l'évêché, scellée par la donation précieuse faite au nom du roi. C'est en saint souverain que Ladislas agit, poursuivant le modèle de piété établi par les souverains du Saint Empire germanique. L'acte de Ladislas était d'une

20. Wilhelm MESSERER, *op. cit.*

21. Sur la politique « orientale » d'Henri II envers les peuples slaves, voir Stefan WEINFURTER, *Heinrich II.*, Ratisbonne, Pustet, 1999, surtout p. 261-262.

22. Sur ce point, la politique des empereurs germaniques et des souverains hongrois était souvent commune; Thomas VON BOGYAY, *Stephanus Rex, Versuch einer Biographie*, Vienne-Munich, Herold, 1975.

23. Tomislav RAUKAR, *op. cit.*, note 1.

grande portée politique : l'évêché de Zagreb ne fut détaché de l'archevêché de Kalocsa en Hongrie qu'en 1852. Cette superposition des limites des juridictions ecclésiastiques avec les frontières d'État croates fut vécue par les patriotes croates comme un triomphe de l'idée nationale.

De la nation mère aux fantômes des empires : de la natio dalmate à la Croatie

Bernard DOUMERC

Dans plusieurs de ses livres, Claudio Magris le répète : « Le monde slave est en conflit avec l'italianité de la Dalmatie [1]. » Cette affirmation pose parfois problème, mais un débat idéologique qui souvent, dans d'autres livres ou d'autres discours, en devenant militant, laisse filer la démagogie et la xénophobie, ne nous concerne pas.

Un exemple pour confirmer ces propos : le témoignage de Benko Kotruljević (Benedetto Cotrugli), rapporté par Nenad Fejić, illustre à merveille cette crise identitaire si ancienne. Ennuyé par la justice barcelonaise en 1444, le marchand ragusain assure sa défense en ces termes : « Nous croyions être un fait connu et avéré non seulement de vous mais des nations du monde entier que les Ragusains n'étaient pas des Italiens ni des sujets italiens, mais aussi bien par leur langue que par le site qu'ils occupent, des Dalmates et des sujets de la province de Dalmatie [2]. » Raguse était pourtant autonome depuis plus d'un siècle, bien installée comme puissance politique régionale respectée. Que dire alors de la permanence de l'italianité des villes dalmates restées dans l'orbite vénitienne jusqu'à la fin du XVIIIe siècle ? La période de transition vécue par les nations de l'Europe orientale en attente du rapprochement décisif et irréversible avec les membres de l'Union européenne laissait sur le bord du chemin la majorité des nations reconstituées sur les ruines de l'ex-Yougoslavie [3]. Toujours soucieuse de

1. Claudio MAGRIS, *Utopies et désenchantement*, Paris, L'Arpenteur, 1999, p. 44 ; il faut citer l'étude d'un précurseur en la matière : Lucien FEBVRE, *Frontière : le mot et la notion. Pour une histoire à part entière*, Paris, SEVPEN, 1962, p. 11-52. Voir aussi le livre éclairant de Georges CORM, *L'Europe et l'Orient. De la balkanisation à la libanisation. Histoire d'une modernité inaccomplie*, Paris, 1989, p. 22-23.
2. Nenad FEJIĆ, « Dubrovčanin Benko Kotruljević pred sudom Kraljice Marije Aragonske u Barceloni » [Le Ragusain B. K. devant le tribunal de la reine Marie d'Aragon à Barcelone], *Istorijski Časopis* [Revue historique], 1982/1983, 29-30, p. 77-84.
3. L'historiographie française avait délaissé la sphère adriatique jusqu'à ce que la dernière guerre projette dans l'actualité les problématiques complexes de cette marge européenne et provoque une accumulation de publications très variée, voir en ce qui concerne notre démarche : *Histoire de l'Adriatique*, Pierre CABANES (éd.), Paris, Le Seuil, 2001 et Ivan DJURIĆ, *Glossaire de l'espace yougoslave*, Paris, L'Esprit des péninsules, 1999.

réfléchir à un avenir consensuel, l'Europe unifiée et représentée par des nations indépendantes, cherchait à imposer des normes d'excellence à ces peuples demandeurs d'espoir car bousculés par l'Histoire, sans doute plus que d'autres [4]. Comment gérer le très lourd usage politique du passé, le poids de la mémoire, sans le renier mais en affirmant des caractéristiques propres appelées à s'épanouir dans un avenir désormais proche ?

Dans cette étude, l'objectif est de mettre en évidence la ténacité des liens entre la nation mère, la République de Venise, qui domina ces territoires pendant de très longs siècles et la région périphérique, autrement dit la Dalmatie, l'une des régions du littoral croate. Derrière quelle frontière se sent-on chez soi, s'interrogeait Claudio Magris reprenant en écho le discours d'un autre écrivain de la conscience européenne, Ivo Andrić.

Pendant longtemps, du IXe siècle jusqu'au milieu du XXe siècle, une interdépendance très prégnante entre un centre dominateur, la lagune vénitienne, et une périphérie constitutive de l'empire territorial, a marqué en profondeur la vie des habitants de ces zones littorales entourant la mer d'intimité. Un colloque qui se tint à Venise en octobre 2000 posa le problème avec une réelle acuité constructive [5]. Depuis longtemps, ce débat récurrent menaçait les relations diplomatiques entre l'Italie et la Croatie et fut remis à l'ordre du jour dans de très nombreuses conférences internationales et ouvrages de synthèse [6]. Tous les travaux de la *Società Dalmata di Storia Patria* vont dans ce sens : les Vénitiens étaient chez eux en Dalmatie [7]. Qu'en est-il exactement ? Ce passé représente-t-il donc, pour l'avenir, une chance ou un handicap ?

La Dalmatie vit naître l'empereur Dioclétien et saint Jérôme, et peu à peu attirée par la romanité, tourna le dos à la Croatie continentale vassale de la Hongrie, puis de Vienne. La métropole vénitienne dominatrice peu à peu imposa sa marque dans tous les domaines : politique, économique, culturel et religieux, sur cet espace géographique et sur les populations. Voyons ce qui dans trois domaines laisse encore de nos jours une trace indélébile de l'interculturalité. Il faut évoquer tout d'abord les résidus de la langue et de la pensée vénitiennes dans la culture dalmate. Il est indispensable ensuite de rappeler le fondement urbain de la civilisation dominante dans cette région. Il faudra enfin tenter d'évaluer la permanence des flux migratoires, preuve d'un évident lien entre le centre et sa périphérie. Ces trois facteurs ont modelé, avec d'autres, une culture italo-dalmate très nettement différenciée

4. Par exemple, parmi la considérable bibliographie consacrée à ce sujet, voir : Emmanuel TODD, *L'Invention de l'Europe*, Paris, Le Seuil, 1996 ; Jean-François GOSSIAUX, *Identités et conscience européennes*, Paris, PUF, 2002 ; Hubert HAENEL, François SICARD, *Enraciner l'Europe*, Paris, Le Seuil, 2003.
5. Nedo FIORENTIN (éd.), *Venezia e la Dalmazia anno Mille : secoli di vicende comuni*, Trevise, Canova, 2002.
6. Voir par exemple : Arrigo PETACCO, *L'Esodo : la tragedia degli Italiani d'Istria, Dalmazia e Venezia Giulia*, Milan, Mondadori, 1999 ; Francesco PIAZZA, *L'Altra sponda adriatica : Trieste, Fiume, Istria, Dalmazia (1918-1998), storia di una tragedia rimessa*, Vérone, Cierre, 2001.
7. Cette association créée en 1926 à Zara avait pour intention de promouvoir l'italianité de la région.

de celle qui prévalait dans la Croatie intérieure. Les Croates, en ce début du troisième millénaire, voudraient sans doute échapper à ce déterminisme du passé mais la nation-mère a laissé une carte génétique qui fait ressurgir ses données dès qu'on veut les lire. D'où vient le malentendu ?

Revenons au premier critère retenu, celui de la permanence d'une langue latine en terre slave. En 1898 mourait Antonio Udina, le dernier habitant à parler la langue dalmate, qui restait utilisée sur les marges littorales, dans la petite cité insulaire de Veglia [8]. Une langue était morte avec lui. Ce résidu de langue néo-latine avait résisté aux intrusions de lexique slave. Un observateur attentif et perspicace, Charles Yriarte (1833-1898), voyageur français, lettré et historien à ses heures, constatait en effectuant un voyage dans les Balkans méconnus en 1878 que « partout la population parle le même dialecte qu'à Venise. Par exemple à Sebenico, tout rappelle Venise mais surtout le langage et cela jusqu'à Boccali [les Bouches de Kotor]. Mais à Raguse on parle un dialecte nommé langue de Raguse, *lingua raugia,* qui est une langue romane mais chargée de quelques ajouts techniques slaves [9] ». Il ajoute que la population se comporte selon un même mode de vie qu'à Venise et il écrit cela à la fin du XIXe siècle. Mais peu à peu, les relations avec la campagne slave introduisent une corruption du langage. D'autres témoins confirment la longue résistance de l'italien utilisé comme langue vernaculaire sur le littoral, langue de la marine et du négoce. Dans ses *Souvenirs de l'Adriatique,* Albert Dumont (1842-1884) évoque un parler slave que seuls utilisent la domesticité et le bas peuple de Raguse comme c'était le cas en 1553, époque à laquelle, dans Spalato, tous les citadins parlaient la *lingua franca,* alors que les femmes à leur service parlaient le slave [10]. Ce sentiment d'appartenance linguistique fut ravivé en 1994 quand la région administrative de Vénétie votait une loi autorisant le financement de certaines actions visant à promouvoir « la conservation mais aussi la valorisation du patrimoine culturel » en Istrie et en Dalmatie. Il est vrai que tout le long de la côte orientale de l'Adriatique, et ceci jusqu'à Raguse, « on parlait italien pour affirmer qu'on avait du sang romain et italien ». Démarche identitaire surprenante, qui cache un profond malaise. Pendant des siècles, les Dalmates ont pensé et écrit en italien, au moins en ville. Il s'agissait d'un état d'esprit et cela ne leur posait aucun problème identitaire.

À la suite de la reconquête vénitienne de la région après 1409, sauf l'ensemble géo-politique ragusain, tous les usages acquis par les élites locales, aristocratiques ou bourgeoises, furent d'inspiration vénitienne. À Spalato,

8. Dans la logique du propos, nous utiliserons les formes italiennes (éventuellement française) des toponymes, à savoir, du nord au sud : Veglia (Krk), Fiume (Rijeka), Segna (Senj), Nona (Nin), Zara (Zadar), Sebenico (Šibenik), Traù (Trogir), Spalato (Split), Brazza (Brač), Curzola (Korčula), Raguse (Dubrovnik), Cattaro (Kotor), Budua (Budva).

9. Charles Yriarte, *La Dalmatie,* récit du voyage de 1874 publié dans la revue *Le Tour du Monde, le Journal des voyages* et repris dans *Les Bords de l'Adriatique et le Monténégro,* Paris, Hachette, 1878.

10. André Dumont, « Souvenirs de l'Adriatique », *Revue des Deux Mondes,* 1872, p. 685.

dès le XIVe siècle, le conseil de la commune voulait engager un podestat compétent pour gérer une cité en difficulté mais à la condition qu'il fût de *gens latina.* Dans la fière Raguse, pas moins de 67 recteurs furent vénitiens avant l'autonomie politique obtenue en 1358. Cela ne pouvait que laisser une marque indélébile dans la conception de la vie politique et institutionnelle. Peu à peu, tous les statuts urbains des autres cités de Dalmatie ayant accepté la soumission, de gré ou de force, furent rédigés en italien, dans un esprit d'inspiration juridique vénitienne : à Sebenico comme à Traù en 1322, à Spalato en 1327, l'année suivante à Nona et cela jusqu'à la rupture momentanée de 1358, l'uniformisation des règles de droit et de l'administration des affaires publiques, le *negocium,* devint alors une priorité. Certes une vague opportuniste dans l'historiographie italienne chercha, au début du XXe siècle, à récupérer l'historicité de ces faits pour justifier une reprise en main de la Dalmatie[11]. Le témoignage si criant de vérité d'un marchand croate devisant aimablement avec un voyageur français est en ce sens édifiant : « Depuis que nous avons pris conscience de nous-mêmes, nous voulons affirmer notre vraie patrie[12]. »

Les revendications séparatistes croates les plus enflammées pendant le XIXe siècle furent rédigées en italien à Spalato. En 1848, le directeur dalmate d'un journal ragusain répondant aux vifs reproches d'un gouverneur autrichien déclara : « Sauf à de très rares exceptions, nos lecteurs ont besoin d'apprendre par l'italien la vérité slave. » Cet héliotropisme en direction de Venise et plus généralement de l'Italie ne cessa jamais. Le phénomène s'était produit de la même façon pendant l'éphémère occupation française par les armées napoléoniennes[13]. En 1811 le gouverneur des Provinces illyriennes autorisait l'usage de l'italien dans l'administration, mais un rappel de la loi de 1807 précisait que, désormais, il y aurait un enseignement en croate dans les écoles primaires. C'est à cette époque que le père Šime Starcević rédige une grammaire « illyrienne-française » à l'usage des maîtres d'école et des militaires. Cette tentative fut poursuivie avec la création du *Télégraphe Illyrien,* journal édité en trois langues, français, italien, allemand car l'édition prévue en illyrien fut refusée à la suite de virulentes disputes parmi les membres du comité de rédaction. En 1813, tous les agents de l'Administration publique utilisent l'italien dans leur activité professionnelle, puis en 1827, le nouvel occupant autrichien acceptait malgré lui « que les notaires rédigent leurs actes dans cette

11. Bruno DUDAN, Antonio TEJA, *L'Italianità della Dalmazia negli ordinamenti e statuti cittadini*, Milan, Nicola, 1943; Antonio TEJA, « Studi e note degli statuti delle città dalmate », *Annali Triestini di diritto, economia e politica*, XVII, 1939, vol. 1 et 2.

12. Cité dans Bertrand DE JANDIN, *De Trieste à Corfou parmi les nationalités rivales*, in *Le Tour du Monde, Nouveau journal des voyages*, 1911, p. 134.

13. Stjepan ĆOSIĆ, « Dubrovnik under the French rule (1810-1814) », *Dubrovnik Annals*, 4, 2000, p. 103-142 et Vesna ČUČIĆ, *Posljednja kriza Dubrovačke Republike* [La dernière crise de la République de Dubrovnik], Zagreb-Dubrovnik, HAZU-Matica Hrvatska, 2003.

langue pour être compris de tous ». Encore en 1842, le rapport réclamé par le gouvernement autrichien intitulé *Das Königreich Dalmatien* admettait que « la langue dominante comme les coutumes sont italiennes par exemple de Zara à Spalato où l'aspect des cités est lui-même totalement italien » et vingt ans plus tard, l'usage de l'italien est encore répandu, dans les écoles, dans l'administration, la justice et le théâtre.

Lassé par un tel affront, l'empereur d'Autriche amorce la contre-attaque culturelle : en 1866, le gouvernement impérial impose, non sans difficulté, l'usage du croate en Dalmatie, malgré les vives protestations de la population autochtone comme à Sebenico en 1869[14]. Des émeutes d'une rare violence précipitent le conflit linguistique au cœur du débat : Vienne voulait chasser Venise, mais le lion rugissait encore. En 1872, le gouvernement autrichien impose définitivement l'usage du croate dans l'enseignement : la protestation ne connaissait pas de répit mais contraints, les Dalmates, conscients des enjeux politiques, allaient basculer enfin dans le « slavisme » rejetant en partie cet élément d'italianité si fortement ancré dans leur culture. Mille ans après l'arrivée des Vénitiens, la guerre des langues était lancée de Trieste « où les Slaves sont privés de parler leur langue nationale » et dans l'enclave hongroise de Fiume « par haine des Slaves, les Hongrois favorisent l'italien et le croate est proscrit[15] ».

Comme dans d'autres zones de colonisation, la cité fut le lieu d'installation des pouvoirs dominants, mais les maîtres vénitiens surent développer un fort sentiment de filiation entre la mère-patrie et ses filles éloignées[16]. Prudemment tenus à l'écart, les Slaves accédaient rarement à l'exercice du pouvoir. Tous les statuts accordés aux communautés urbaines et aux élites locales par le gouvernement vénitien, représenté sur place par un comte, comportaient un lot de mesures discriminatoires à leur égard et souvent la méfiance rejoignait l'exclusion. Toutes les cités tentent d'empêcher l'installation des Slaves en leur refusant l'acquisition de biens immobiliers *intra muros* : « que personne natif de la cité ne puisse laisser ses biens à des parents slaves, même si le père est *citoyen* et la mère slave ». Le principe de l'exclusion des Slaves étant partagé, le contact avec la civilisation urbaine était limité : « les habitants des villes de la côte tenaient à ce que le paysan slave restât barbare ». Partout le marchand et le bourgeois est italien, il parle le slave de façon sommaire, avec un accent de dédain. Parfois des insultes fusent et on traite son interlocuteur de « croate ».

La République de Venise reprit un contrôle total de la Dalmatie à l'exception de Raguse au début du XVe siècle et cela jusqu'à l'arrivée des Français en 1806. Dans son livre, Charles Yriarte accumule les affirmations : « Ici,

14. Le poids numérique de la population italienne était considérable.
15. Bertrand DE JANDIN, *De Trieste...*, *op. cit.*
16. Bariša KREKIĆ, « Contribution to the study of the Ragusan presence in Venice in the fourteenth century », *Dubrovnik Annals*, 5, 2001, p. 7-45.

bien que du sang dinarique coule dans leurs veines, il semble que tous les habitants du littoral dalmate soient adoucis par le contact de leurs voisins italiens. » Encore aujourd'hui on se croirait sur quelque place de Venise, et qu'en était-il au début du XIXe siècle, quand ces villes n'étaient pas encore endommagées par les destructions massives des deux conflits majeurs du XXe siècle ? Tout porte la marque des concepteurs urbanistes et architectes italiens.

À Raguse aussi, « le cachet général de la ville est bien celui d'une ville vénitienne », nous sommes dans les territoires du domaine colonial d'outre-mer : le *Stato da mar* fait de cette côte « *l'Italia d'oltre confini*[17] ». En 1797, le dernier doge, traqué par la troupe française quitta la cité en emportant le *corno*, symbole de la fonction et rejoignit Zara « car dans cette ville continuera la République ». Avant de partir, des centaines de *Schiavoni* lui firent une escorte remarquée en tirant des salves d'honneur. Ces Dalmates depuis des siècles embarquaient à bord des navires et constituaient le gros des forces militaires de la Dominante. À la fin de l'été 1797, les habitants de Cattaro, ayant enfin appris la nouvelle se réunirent dans la cathédrale pour débattre de leur avenir. Dans un consensus émouvant, ils amenèrent les couleurs et dissimulèrent l'étendard de Saint-Marc dans le maître-autel, comme ils l'auraient fait avec une relique parmi les plus précieuses. L'un des Cattarins déclara alors : « Depuis 377 ans, notre vie et notre sang furent pour toi Saint-Marc, nous avec toi, toi avec nous ! » Cette indéfectible *pietas erga patriam* n'était pas sujette à caution ni marquée par un quelconque opportunisme politique, elle était sincère et partagée par la grande majorité de la population. Faut-il donner un autre exemple : en avril 1797, dans les méandres de la lagune, un navire armé par un groupe de sujets fidèles venus des Bouches de Kotor s'attaqua avec succès au *Libérateur d'Italie*, frégate française vaincue par les supposés esclaves des Vénitiens.

Il faut bien dire qu'à choisir entre les Turcs et les Vénitiens, les Dalmates firent le choix. Sans doute n'avaient-ils pas d'avenir selon la très critique discussion proposée par Friedrich Engels dans un article intitulé : « Le panslavisme démocratique[18]. » De nombreux Slaves de l'arrière-pays, Serbes, Bosniaques et Monténégrins acceptèrent bon gré mal gré la domination ottomane et souvent la conversion à l'islam pour conserver des privilèges menacés. Le fait était exceptionnel dans la zone dalmate, il est vrai mieux protégée des assauts turcs par le rempart vénitien. Quoi qu'il en soit, on peut affirmer que la fidélité des Dalmates à l'égard des Vénitiens fut rarement prise en défaut. Dans ces conditions, comment ne pas penser à

17. Filippo-Maria PALADINI, *Un Chaos che spaventa, poteri, territori e religioni di frontiera nella Dalmazia della tarda età veneta*, Venise, Marsilio, 2003, p. 98 et Antonello PERLI, « La frontière adriatique », *D'Adriatique et d'Italie*, Actes du colloque international du CIRILIS (Toulouse 1997), *Collection de l'écrit*, 1, 1998.

18. « Le panslavisme démocratique », *Nouvelle gazette rhénane*, 14 février 1849 : « Ces peuples qui n'ont jamais eu d'histoire propre qui poussent sous la domination étrangère. »

Maurice Barrès et à ses harangues enflammées[19]. Ils étaient patriotes, dignes héritiers des pères qui servirent la cause vénitienne, sans hésiter à verser leur sang sur tous les champs de bataille terrestres et maritimes et reconnus dignes de confiance par une aristocratie vénitienne pourtant bien parcimonieuse de louanges[20]. Plus tard certains, venus d'ailleurs, reprocheront cet héritage encombrant, mais les Dalmates savaient que le vrai visage de leur communauté reflétait les règles implicites ou explicites bien partagées qui donnent vie à la Cité[21].

Tous les pays en marge de l'Union européenne ont été tiraillés par l'attraction de centralités rivales et les populations subirent ces contraintes politiques. Le constat juste proposé par Pierre Rosenvallon est bien en phase avec la situation des pays riverains de l'Adriatique. Il affirme qu'il « faut reconstruire la façon dont les individus et les groupes ont élaboré leur intelligence des situations, de repérer les récusations et les attractions à partir desquelles ils ont formulé leurs objectifs[22] ».

Remettre en lumière le rôle joué par les flux migratoires existant depuis toujours entre une périphérie et son centre attractif s'impose en dernier lieu. La mer Adriatique, espace réduit et favorisant la proximité par le voisinage des deux rives, ne fut jamais un obstacle à la migration, bien moins que les massifs montagneux de l'arrière-pays. De plus, un courant continu de migrants attirés par la prospère Italie, où ils étaient bien accueillis, car très désirés, convergeait vers la péninsule dans deux directions privilégiées : le duché de Venise et les seigneuries militaires des Marches et de la Pentapole[23]. Cette émigration économique en direction des centres urbains italiens en plein essor après le passage de la grande peste de 1348, trouvait une justification idéologique dans le concept impérial. On ne pourrait compter le nombre des soldats coloniaux, Dalmates mais aussi Albanais et Grecs, embarqués à bord des galères ou combattant dans les *condotte* de stradiotes redoutés, tant leur nombre est élevé. L'empire colonial vénitien s'est construit sur le courage des supplétifs dalmates, sur la loyauté et le dévouement des gens de mer.

Quand l'accumulation des problèmes économiques frappait la région, l'émigration s'intensifiait et le dépeuplement sévissait. En 1498, à Raguse et sur son territoire, on peut estimer la population aux environs de quatre-vingt-dix mille habitants mais deux siècles plus tard ils n'étaient plus que

19. Marcel DETIENNE, *Comment être autochtone, du pur Athénien au Français raciné*, Paris, Le Seuil, 2003, p. 128.

20. Bernard DOUMERC, « De scodrensi obsidione et expugnatione : la fin de l'Albanie vénitienne », *Byzance et ses périphéries, Hommage à Alain Ducellier*, Toulouse, Framespa, 2004.

21. Pierre ROSANVALLON, *Pour une histoire conceptuelle du politique. Leçon inaugurale au Collège de France*, Paris, Le Seuil, 2003.

22. *Ibidem*. Voir aussi Alain DIECKHOFF, *La Nation dans tous ses États : les identités nationales en mouvement*, Paris, Flammarion, 2000.

23. Alain DUCELLIER, Bernard DOUMERC, Brunehilde IMHAUS, Jean DE MICELI, *Les Chemins de l'exil, bouleversements de l'est européen et migrations vers l'ouest à la fin du Moyen Âge*, Paris, Colin, 1992.

vingt-six mille[24]. Le gouvernement vénitien obtenait ainsi l'encadrement de ces populations laborieuses dans un modèle latin et catholique, qui répercutaient dans leur province d'origine les us et coutumes de la société lagunaire. Ces sujets devinrent les *marcolini*, fidèles de Saint-Marc. Les Dalmates vivaient leur destin familial et personnel dans le giron de la nation centrale. Dans les villes côtières et dans les îles, les Slaves qui voulurent rester changèrent de patronyme en « italianisant » leur nom et les mariages mixtes avec des Slaves de l'extérieur étaient désormais interdits[25]. La distinction entre Slaves, Latins et Dalmates était réaffirmée et fondait un éventail de statut juridique individuel lié à l'appartenance ethnique. Partout, l'antagonisme était flagrant entre l'élément de culture italienne et l'élément de culture slave : les uns dirigeaient la ville, les autres gouvernaient la campagne[26]. Dans ces conditions, on comprend mieux l'existence récurrente de la dilution identitaire et linguistique[27].

De nos jours, le problème est à l'opposé de ce processus. Peut-on relever la tête en affirmant la spécificité croate ? Les Italiens, au nombre de cinquante-cinq mille en 1865, n'étaient plus que vingt-sept mille en 1880 et seulement quinze mille en 1900. L'éphémère retour en 1918 sur les décombres de la défunte et vaincue Monarchie austro-hongroise ne se réalisait pas dans de bonnes conditions : la « slavisation » de la contrée par les agents de l'État viennois portait ses fruits et le rejet de la culture italienne émergeait peu à peu. Le problème fut si épineux qu'il fallut négocier à Rapallo en novembre 1920 l'exode de milliers d'Italiens installés depuis des siècles en Dalmatie. La seule ville de Zara abrita 3 500 réfugiés et beaucoup d'autres cherchèrent un abri à Trieste, Ancône et Venise. Certains érudits n'hésitèrent pas à tirer le signal d'alarme comme le fit Jacques Ancel, dans un livre intitulé *Les Balkans face à l'Italie*[28].

« Il ne s'agit pas seulement ici, serait-on tenté d'ajouter, d'histoires rivales qui s'affrontent et dont chacun cherche à faire prévaloir son antériorité, sa légitimité, ses valeurs, mais aussi de récits et d'argumentaires qui mobilisent souvent les mêmes ressources à des fins contraires qui se dénient et se révisent l'un l'autre[29]. » L'historien Alberto Tenenti, aux analyses si précises, plaçait au centre de son étude de la vision vénitienne de l'aire culturelle définie comme Golfe de Venise autour des événements

24. Nenad Vekarić, « The population of Dubrovnik Republic in the fifteenth, sixteenth and seventeenth centuries », *Dubrovnik Annals*, 2, 1998, p. 7-28.

25. Bruno Dudan, Antonio Teja, *L'Italianità...*, *op. cit.*, p. 82. Roberto Cessi, *La Repubblica di Venezia e il problema adriatico*, Naples, Edizioni scientifiche italiane, 1953.

26. Jurko Tadić, « Venezia e la costa orientale dell'Adriatico fino al secolo XV », *in* Augusto Pertusi (éd.), *Venezia e il Levante fino al secolo* XV, Florence, Olschki, 1953, tome 1, p. 687-704.

27. Voir à ce sujet le très beau témoignage de François Maspero, *Balkans-Transit*, Paris, Le Seuil, 1997.

28. Jacques Ancel, *Les Balkans face à l'Italie*, Paris, Delagrave, 1928, p. 120.

29. François Hartog, Jacques Revel, « Note de conjoncture historiographique », *in* François Hartog, Jacques Revel (éd.), *Les Usages politiques du passé*, Paris, EHESS, 2001, p. 16.

du XVIe siècle[30]. Un élément de réponse est fourni par la remarquable étude d'Egidio Ivetić sur les historiographies nationales et l'interprétation de la Dalmatie médiévale[31]. Il oppose avec grande finesse la présentation d'un modèle d'autonomie latine dans un monde hostile, fruit de l'historiographie pro-vénitienne, à un combat incessant de la tradition slave de revendication d'un creuset politique du royaume croate. La République de Venise est souvent présentée comme un modèle structurant les sociétés (*mito*), mais elle contient le germe du rejet (*antimito*). Il s'agit bien d'une histoire des mentalités et des représentations sans cesse renouvelée[32].

Les Croates se positionnent sans doute difficilement face à un héritage ambivalent, mais qui fut librement accepté[33]. Nous avons parfois le sentiment qu'à l'intérieur de la frontière nationale, des communautés vivent côte à côte plus que véritablement *ensemble.* Claudio Magris donne une fois de plus une réponse possible : « Tout comme le mot "autrichien", le mot "yougoslave" [...] renvoie à la puissance abstraite d'une idée, beaucoup plus qu'à sa réalisation accidentelle dans le concret ; c'est le résultat d'une soustraction, l'élément qui demeure une fois ôtés les particularismes nationaux, ce qu'ils ont tous en commun, mais que l'on ne peut identifier à aucun[34]. » Peut-on opposer un tribalisme primitif à la manifestation centrale d'une modernité, c'est-à-dire accepter la reconnaissance de cultures spécifiques contre une culture d'État, nous dirons nationale[35] ?

Laissons le dernier mot à Milan Kundera : « On suppose que les petits [pays] sont nécessairement les imitateurs des grands, c'est une illusion. Ils sont très différents... L'Europe des petites nations est une autre Europe, elle a un autre regard et sa pensée forme souvent le vrai contrepoint de l'Europe des grands[36]. » Mais le défi pour ces pays serait-il de gommer le poids du passé pour définir des valeurs spécifiquement nationales ? Ce serait certainement une erreur.

---

30. Alberto TENENTI, « Il cinquecento come snodo dei destini adriatici », *in* Nadia FALASCHINI, Sante GRACIOTTI, Sergio SCONOCCHIA (éd.), *Homo Adriaticus*, Reggio Emilia, Diabasis, 1998, p. 27-35.
31. Egidio IVETIĆ, « Storiografie nazionali e interpretazione della Dalmazia medioevale », *in* Nedo FIORENTIN (éd.), *Venezia e la Dalmazia, op. cit.*, p. 95-134.
32. Sante GRACIOTTI (éd.), *Mito e antimito di Venezia nel bacino adriatico (secolo XV-XIX),* Actes du premier colloque italo-croate, Venise-Rome, Cini-Il Calamo, 2001.
33. Alain FINKIELKRAUT, *Comment peut-on être croate ?,* Paris, Gallimard, 1992.
34. Claudio MAGRIS, *Danube*, traduit par Jean et Marie-Noëlle Pastureau, Paris, Gallimard, 1988 [1986], p. 458. Voir aussi : Pierre BÉHAR, *Vestiges d'empires, la décomposition de l'Europe centrale et balkanique*, Paris, Desjonquères, 1999.
35. Alain DIECKHOFF, *La nation..., op. cit.*
36. Milan KUNDERA, « Prague, poème qui disparaît », *Le Débat*, n° 2, 1980.

Les antiquités dalmates au XIXe siècle : une archéologie impériale ?

Daniel BARIC

Depuis l'époque des Provinces illyriennes jusqu'à la fin de l'Empire austro-hongrois, l'héritage impérial de Rome en Dalmatie et tout particulièrement à Split, commence à être mis en valeur à travers l'organisation officielle de la recherche sur l'Antiquité et le soutien qui lui est accordé. La conservation des traces de l'Antiquité ainsi que leur étude se développent en effet systématiquement à partir du début du XIXe siècle, soit dès lors que des pouvoirs impériaux successifs exercent un droit de regard direct sur la Dalmatie. L'empereur habsbourgeois François Ier a joué un rôle essentiel de mécène en ce domaine. L'accumulation d'un savoir sur l'Antiquité romaine en Dalmatie est le fait, à la fin du XIXe siècle, de recherches entreprises *in situ* et financées par les autorités compétentes de Vienne. Mais progressivement, des chercheurs locaux prennent la relève des premiers archéologues venus d'Italie et d'Autriche. Ce passage d'une archéologie développée depuis le centre de l'Empire à une recherche organisée par des Dalmates marque l'émergence d'une appropriation locale de ce passé romain, non sans qu'un nouveau regard se pose, accompagné de nouvelles questions, face aux monuments impériaux de Split.

Dans le cadre de l'établissement des Provinces illyriennes, l'usage de l'adjectif « illyrien » par les autorités françaises est censé satisfaire l'attente des populations locales, en particulier des Slaves du Sud, en l'occurrence des Slovènes et des Croates pour ce qui est des régions les plus méridionales des Provinces illyriennes, l'actuelle Dalmatie [1]. Lorsque Napoléon crée les Provinces illyriennes, le besoin se fait sentir de disposer de connaissances précises et actualisées sur cette région. Parmi les rapports rédigés dans le but d'informer l'empereur des Français sur la situation en Dalmatie, avec ses prolongements militaires et diplomatiques, un texte fait montre d'une particulière érudition. Il s'agit du rapport de l'officier originaire de Split Lujo

1. Drago ROKSANDIĆ, *Vojna Hrvatska : La Croatie militaire. Krajiško društvo u Francuskom Carstvu (1809-1813)* [La société des Confins militaires dans l'Empire français, 1809-1813], vol. 2, Zagreb, Školska knjiga, 1988, p. 110-112.

Matutinović (1765-1844) intitulé *Essai historique sur les provinces illyriennes*[2]. L'ensemble de l'essai est directement adressé à l'empereur. C'est dans le contexte d'une description de la ville de Split du point de vue militaire et économique que Lujo Matutinović en vient à évoquer le centre de la ville, le palais de Dioclétien. Il en souligne le remarquable état de conservation générale et suggère qu'un tel bâtiment devrait être mis directement sous la protection de l'empereur, car il le mérite certainement par ses dimensions imposantes[3]. Cette proposition faite par Lujo Matutinović n'a cependant pas été réalisée par Napoléon.

Les empereurs habsbourgeois qui succédèrent à Napoléon en Dalmatie pour une période plus longue purent se préoccuper davantage de la conservation de ce bâtiment. Après le Congrès de Vienne, qui attribua la Dalmatie à l'empire d'Autriche en 1815, l'empereur François Ier entreprit un voyage à travers cette partie méridionale de l'Empire. Il visita Split en 1818. Dans le journal de voyage qu'il tint durant ce périple dalmate, il consigna la forte impression que lui procura la taille du monument[4]. Comme il avait reçu une solide éducation classique, il comprit qu'un sérieux travail scientifique devait être effectué sur les inscriptions et les œuvres d'art dispersées dans la ville, avant de pouvoir disposer d'une connaissance approfondie de l'histoire du palais antique. Il décida qu'un musée archéologique devait être fondé à Split. Il fut inauguré en 1821. Cette institution donna une impulsion décisive à l'étude l'Antiquité à Split car à partir de ce moment, il y eut en permanence une personne au moins en charge des monuments antiques dans la ville.

Il est aisément compréhensible que lorsque plus d'un demi-siècle plus tard l'empereur François-Joseph se rendit en Dalmatie en 1875, il se fit également montrer le Musée archéologique, de fondation impériale. Le compte rendu, publié la même année sous forme de livre, après l'avoir été dans les colonnes du Journal de Vienne (*Wiener Zeitung*), contient la version officielle de cette visite. Il met particulièrement en valeur les liens entre la situation actuelle et celle du passé antique, qui doit apparaître comme une source d'inspiration aux contemporains :

> « Sa Majesté observa chaque détail du magnifique monument ancien, écouta avec beaucoup d'attention les explications du guide. Les lignes de l'architecture antique, l'excellente exécution de l'ensemble, le mausolée, l'atrium, le sphinx égyptien, l'impressionnante façade sud du palais impé-

2. Le manuscrit est conservé au Service historique de l'Armée de Terre à Vincennes. Je remercie le professeur Drago Roksandić de m'en avoir procuré une retranscription. Une édition en croate est disponible : *Ogled o ilirskim provincijama i crnoj Gori*, Zagreb, Školska Knjiga, 2009.

3. *Ibid.*, p. 196.

4. Une partie du journal a été publiée dans une traduction croate commentée. Voir Ivan PEDERIN, « Franjo I. i počeci antičke arheologije u Hrvatskoj » [François Ier et les débuts de l'archéologie antique en Croatie], *Vjesnik za arheologiju i historiju dalmatinsku* [Bulletin d'archéologie et d'histoire dalmates], 78, 1985, p. 123-150.

rial qui donne sur la rive, en un mot tout ce qui pouvait transmettre une claire idée de son ancienne grandeur avait été vu par Sa Majesté, qui suivit avec un intérêt très intense les explications du conservateur et posa des questions qui montraient un savoir profond, et lorsque l'empereur sortit, on pouvait entendre une nouvelle fois les acclamations chaleureuses de la population [...] qui attendait au dehors. La ville de Split voulait se montrer reconnaissante comme il se devait envers le savoir et l'érudition de son monarque [5]. »

Il semble que ce soit précisément en visitant les monuments romains de Split et en se montrant fin connaisseur de ce passé romain que l'empereur suscite l'enthousiasme de la population locale. Il apparaît qu'à ce moment, les habitants de Split sont conscients de l'important héritage impérial romain que recèlent les murs de la cité.

L'empereur se rendit également à Salona, localité toute proche de Split, « lieu de naissance de Dioclétien », où il vit :

> « une sorte de nécropole chrétienne du quatrième siècle, où des pierres en abondance, des inscriptions, des colonnes aux chapiteaux remarquablement ciselés [...] montrent clairement ce qui pourrait être prélevé du sol classique de Salona, si un soutien financier plus important était disponible pour les fouilles [6] ».

Il s'agit en effet du moment où le soutien officiel commença à venir à Salona, en particulier pour la nécropole chrétienne. Mais l'empereur s'intéressait aussi à la situation présente de la région. Ainsi, après avoir admiré « le vaste panorama de l'*ager salonitanus* [...] il observa également les travaux en cours sur la ligne de chemin de fer [...] le passé antique et l'avenir [...] étaient représentés à cet endroit, avec d'un côté les ruines et de l'autre le chemin de fer en construction [7] ». Le passé antique de la ville, que l'auteur présente comme un temps d'abondance pour la Dalmatie, devrait donc apparaître comme un modèle pour les développements futurs de la région. La fusion entre un passé romain glorieux et prospère et un avenir à son image semble complète, autant pour l'empereur que pour la population. Un arc de triomphe et un obélisque décoré d'instruments techniques marquaient en l'honneur de la visite de l'empereur l'endroit où devait bientôt être inaugurée la station de chemin de fer. L'empereur « pouvait quitter la ville avec la conviction que toutes les conditions sont réellement remplies pour faire de la cité l'un des emporia les plus considérables de l'Adriatique [8] ».

N'est-ce pas cette population dalmate cependant qui est accusée dans ce même compte rendu d'avoir dévasté les monuments antiques avant que

5. Franz Coglievina, *Allerhöchste Reise Seiner k. und k. Apostolischen Majestät Franz Joseph I. durch Triest, Görz, nach Venedig, Istrien, Dalmatien und Fiume*, Vienne, 1875, p. 215-216.
6. *Ibid.*, p. 216-218.
7. *Ibid.*, p. 219.
8. *Ibid.*, p. 226.

la munificence impériale de François Ier ait permis au travail scientifique de commencer à se développer, par l'intermédiaire de l'Académie des sciences, afin de « rassembler et classer scientifiquement avec le souci allemand de l'exhaustivité » ce riche matériau[9] ? Un soutien financier et intellectuel avait permis de « sauver du vandalisme et de la négligence » ces monuments qui désormais étaient convenablement présentés. Ainsi l'exigence locale de préservation et de restauration du passé romain semble être ici pour le moins ambivalente. Le soutien financier direct des Habsbourg à la construction du musée archéologique de Split est la marque visible d'un vif intérêt pour le passé romain, en particulier impérial, qui apparaît comme un correctif à l'insouciante de la population locale. Le soutien institutionnel, celui de l'Académie et de l'université de Vienne, est une conséquence à la fois d'une attention portée en haut lieu à cette question et du manque d'intérêt local.

Une certaine division du travail semble avoir prévalu dans la gestion de l'archéologie. Les aspects purement croates ont été confiés aux membres de l'association croate d'archéologie de Knin, dans l'arrière-pays dalmate (*Hrvatsko starinarsko družtvo u Kninu*), sous la direction du père Lujo Marun (1857-1939), dont le but fut de rassembler et de conserver les objets qui avaient été trouvés jusqu'alors et exposés à toute sorte de vandalisme. Le but principal était d'apporter quelque lumière sur la culture slave en Dalmatie durant l'époque médiévale. L'Antiquité se retrouvait dès lors au second plan des préoccupations de cette archéologie médiévale.

Les recherches sur le passé romain ont été financées et se sont développées dans un contexte politique précis, alors que les réflexions sur les empires et la colonisation dans le passé romain tendaient à renvoyer l'image d'une situation contemporaine. Le cas de l'archéologie romaine en Bosnie-Herzégovine est particulièrement significatif. Elle n'a commencé à se développer qu'à partir du moment où le pouvoir autrichien a occupé ce territoire, à l'issue de la campagne militaire de 1878. Les recherches menées dans le cadre du musée provincial de Bosnie-Herzégovine à Sarajevo ont eu pour objectif de prolonger les études menées sur l'histoire antique en Dalmatie, puisque la Bosnie-Herzégovine faisait partie, du moins dans sa partie méridionale, de la province romaine de Dalmatie. La délimitation des frontières de cette province fait logiquement partie des thèmes traités par les spécialistes d'histoire ancienne dépêchés par Vienne pour développer la connaissance de ce passé. Ainsi en est-il des travaux du professeur Carl Patsch (1865-1945) qui, après avoir enseigné dans un lycée de Sarajevo, est devenu l'un des conservateurs du Musée de Bosnie-Herzégovine dans les années 1890. Dans ses études archéologiques et épigraphiques sur l'his-

9. « Die zahlreichen Altertümer der Stadt und der ganzen Umgebung, die vor der munificenten Bewilligung des Kaisers Franz und vor den Beiträgen der kaiserlichen Akademie der Wissenschaften den Verwüstungen der Bewohner überlassen waren, gesammelt, mit deutscher Gründlichkeit wissenschaftlich geordnet [...] worden sind. » *Ibid.*, p. 215.

toire de la province romaine de Dalmatie, la colonisation romaine tend à apparaître comme un miroir de la présence autrichienne dans la province nouvellement administrée par l'Empire habsbourgeois [10]. Les nombreux pâturages et les races chevalines de qualité dans la région de Bihać au nord-ouest de la Bosnie, note Patsch, qui en font un lieu de stationnement adapté aux besoins de la cavalerie (des forces armées de l'empire des Habsbourg), laissent à penser qu'il en fut de même à l'époque romaine. Au-delà de l'exercice implicite de comparaison entre les deux présences militaires, Patsch introduit aussi une évaluation qualitative de la présence impériale :

> « La diffusion du latin et le développement de routes et de techniques, par exemple de produits locaux en céramique, pourrait être reconstitués sur la base des objets retrouvés, récemment ou pas, en Bosnie. Il apparaît que la population locale a gagné, grâce à la colonisation romaine, l'occasion d'atteindre un "plus haut degré" de maîtrise technique [11]. »

Au-delà du souci de traiter la question de l'intégration de l'ensemble de la province dalmate dans le système romain, émerge un intérêt pédagogique pour les ruines romaines accessibles à l'intérieur des frontières de l'Empire austro-hongrois. Hans Gutscher, professeur d'histoire ancienne dans diverses écoles de l'Empire et dont le champ de spécialisation couvre les aspects didactiques du traitement de l'Antiquité classique, publie en 1896 un rapport sur les antiquités romaines en Istrie et Dalmatie [12]. Il remarque que :

> « Non seulement nous amenons l'élève dans la capitale du monde classique, mais nous faisons en sorte qu'il se sente à l'aise en Sicile, et même en Afrique et en Espagne ; mais il ne vient pas à son esprit que nous-mêmes, dans notre patrie, nous tenons sur un sol classique. [...] Il y a quelque vérité dans les moqueries des ennemis de l'instruction classique qui font valoir que notre jeunesse se sent bien partout, excepté sur le sol de notre patrie, et nous ne devrions pas perdre une occasion à cet égard de fournir à nos élèves, si ce n'est une connaissance complète des pays romains de l'Autriche-Hongrie, du moins la vive conscience qu'ici aussi le gouvernement romain et la vie culturelle ont pénétré toutes choses des siècles durant et ont laissé d'innombrables monuments pour en porter témoignage [13]. »

La formation classique apparaît dès lors comme une contribution à la formation d'une conscience nationale du citoyen d'un État auquel l'élève doit pouvoir s'attacher, notamment par l'admiration des éléments romains

10. Carl PATSCH, « Archäologisch-epigraphische Untersuchungen zur Geschichte der römischen Provinz Dalmatien », in *Wissenschaftliche Mitteilungen aus Bosnien und der Hercegovina*, vol. 4-6, Vienne, 1896.
11. *Ibid.*, p. 183.
12. Hans GUTSCHER, « Die römischen Altertümer auf heimatlichem Boden », in *Jahresbericht des Landes-Obergymnasiums in Leoben*, Leoben, 1896. Ce texte fut reproduit à l'occasion d'une rencontre de professeurs de l'enseignement secondaire d'Allemagne et d'Autriche en 1903, sous le titre « Istrien und Dalmatien im klassischen Unterricht », in *Fünfunddreißigster Jahresbericht des k. k. zweiten Staats-Gymnasiums in Graz*, Graz, 1904.
13. Hans GUTSCHER, « Istrien und Dalmatien », *op. cit.*, p. 5.

qui s'y trouvent encore. Cette formation doit ne pas apparaître comme dégagée des impératifs de l'éducation moderne, c'est-à-dire de plus en plus pratique et technique, mais aussi nationale. Ainsi faut-il comprendre la proposition faite aux enseignants d'histoire dans les lycées de traiter la guerre en Illyrie entre les Romains et les pirates illyriens, comme un segment particulièrement « attractif et romantique » de l'histoire romaine, en cela qu'il permet de montrer « la mort du roi [illyrien] et la régence de la passionnée Teuta, l'assassinat de l'envoyé romain [...] la fuite de Teuta dans les parties les plus éloignées des Bouches de Kotor, qui peuvent être présentées aux élèves de manière très vivante dans leur inaccessibilité[14] ». Parler de la lutte entre Romains et Illyriens sur les bords de l'Adriatique permet ainsi d'évoquer efficacement d'un point de vue didactique la situation géographique avantageuse dans laquelle se trouve stationnée la marine de guerre autrichienne, au fond des Bouches de Kotor. Mention n'est pas faite en revanche, dans le cadre habsbourgeois de l'enseignement secondaire, de la sémantique moderne du terme « illyrien », synonyme de « croate[15] ».

L'archéologie scientifique et sa diffusion, voulues par les autorités viennoises, sont-elles uniquement le résultat d'un projet impérial depuis le départ, qui justifie bien à propos la présence impériale autrichienne en Croatie, en mettant en avant l'idée d'un bienfait économique et politique résultant de l'organisation impériale, du temps de Dioclétien comme du temps des Habsbourg ? Au-delà des présentations officielles, il convient de s'interroger sur le véritable intérêt de la population locale pour ce passé romain devenu vénérable par une décision prise à Vienne. Quel était dans ce contexte le rôle des érudits locaux en Dalmatie, dont le plus éminent était le père Frane Bulić (1846-1934) ?

La vision d'un Français sur l'émergence de l'archéologie en Dalmatie peut être intéressante dans ce contexte, n'étant pas partie prenante dans ce rapport entre centre et périphérie. Charles Yriarte a publié en 1878 *Les Bords de l'Adriatique et le Monténégro*, où il décrit des fouilles qui furent menées en 1874 à Salona (c'est-à-dire celles que l'empereur visita l'année suivante) :

> « Les fouilles sont commencées depuis dix-sept jours, une quarantaine d'ouvriers sont occupés à fouiller le sol, et les femmes du village de Salone transportent la terre dans des paniers, qu'elles portent sur la tête, comme des fellahs d'Égypte creusant le sol de Ghisèh. En l'absence du directeur, le curé catholique du village dirige le travail. »
>
> C'est un spectacle très pittoresque et toujours plein d'émotion qu'une fouille conduite par un homme qui connaît le terrain sur lequel il opère

14. *Ibid.*, p. 31-32.
15. Daniel Baric, « Der Illyrismus : Geschichte und Funktion eines übernationalen Begriffes im Kroatien der ersten Hälfte des 19. Jahrhunderts und sein Nachklang », *in* Moritz Csáky, Jacques Le Rider, Monika Sommer, *Transnationale Gedächtnisorte in Zentraleuropa*, Innsbruck, Studienverlag, 2002, p. 126-140.

« [...] C'est avec une émotion réelle que nous voyons les ouvriers, un genou à terre, introduire le levier entre le couvercle et le sarcophage. Tous les habitants ont quitté leur ouvrage et assistent à l'opération, groupés sur des tertres, dans les poses les plus variées, et semblables à ces fines figures des bas-reliefs antiques ; les Salonitaines, le panier sur la tête, suivent des yeux le groupe qui occupe le centre. [...] Le professeur Glavinich copie l'inscription mais la trouve obscure et affirme qu'il n'y a que deux personnes au monde capables de lire ces caractères, Mommsen et Léon Renier de l'Institut de France [16]. »

L'image qui accompagne cette description résume un moment essentiel dans le travail de mise au jour des vestiges romains. Elle peut être interprétée comme la représentation du développement de la recherche archéologique en Dalmatie. Trois personnages y apparaissent, chacun représentant un moment particulier dans l'histoire de l'appropriation du passé romain. Sur la droite, une femme en tenue paysanne apporte une pierre, mais ne la regarde pas. Ceux qui observent la pierre de leur côté ne portent pas attention à elle. Elle est jeune, habillée de manière traditionnelle. Elle représente les habitants des campagnes de Dalmatie, qui vivent parmi les ruines et le monuments antiques, mais ne peuvent en comprendre le sens. Les interprètes de ce passé se trouvent sur la droite. On reconnaît un prêtre à sa soutane, debout entre les deux autres personnages. Il peut servir d'intermédiaire entre la population locale, dont il est issu, et le deuxième érudit, qui est assis. C'est cet érudit qui examine de plus près la pierre, sous l'œil attentif du prêtre. Il pourra donner à l'objet trouvé sa place dans le savoir institutionnel des musées et des publications. Il pourra éventuellement faire appel à un spécialiste pour déchiffrer certaines inscriptions. De telles sommités, à l'instar de l'archéologue allemand Theodor Mommsen (1817-1903), se sont en effet rendues en Dalmatie. Mommsen a eu l'occasion en l'occurrence de discuter avec des représentants du clergé local.

Cette illustration est censée représenter Michael Glavinić et Frane Bulić. Michael Glavinić (1833-1898) a pris la succession à la tête du Musée archéologique de Split d'érudits formés principalement en Italie, parfois à Vienne : Carlo Lanza (1820 à 1832), Francesco Carrara (1842 à 1853), Sebastiano Giovanizio (1853 à 1858), Šime Ljubić (1858 à 1863), Francesco Lanza (fils de Carlo, de 1863 à 1872). Né en Dalmatie (à Makarska) il a été formé dans des écoles secondaires à Dubrovnik et Split avant d'étudier la philosophie à Padoue et l'archéologie à Berlin et Vienne. Il est en charge du Musée archéologique de Split à partir de 1873 et l'un des co-fondateurs du *Bulletino di Archeologia e Storia Dalmata* en 1878 [17]. Il symbolise, par

16. Charles Yriarte, *Les Bords de l'Adriatique et le Monténégro. Venise, l'Istrie, le Quarnero, la Dalmatie, le Monténégro et la rive italienne*, Paris, Hachette, 1878. p. 271-272, *in* Noël Duval, Emilio Marin (éd.), *Salona III, Recherches archéologiques franco-croates à Salone*, Rome-Split, EFR-Musée archéologique de Split, 2000, p. 18-20.

17. *Ibid.*, p. 10.

son parcours académique, l'avènement d'une génération d'érudits locaux qui ont été en mesure de travailler en s'appuyant sur les travaux des archéologues viennois. C'est lui qui fut le guide de l'empereur François-Joseph au Musée archéologique de Split en 1875. Mais alors qu'il est en mesure d'expliquer à l'empereur les restes de la Rome impériale à Split, tout comme il peut communiquer avec le public scientifique à travers les articles qu'il publie dans les *Mitteilungen der k. k. Central-Commission*, il semble avoir eu des difficultés à masquer son indignation face à des membres de l'Église et à la population locale, comme à l'occasion d'une visite au cours de laquelle il remarque qu'un évêque a ordonné de détruire une statue de Pan et d'Amazone, parce qu'elles donnaient lieu à une vénération populaire, respectivement de saint Jean-Baptiste et sainte Barbara [18].

Le chercheur local qui a réellement été reconnu comme le fondateur de l'archéologie moderne en Dalmatie est Frane Bulić. Son activité s'inscrit dans une lignée d'hommes d'Église qui ont encouragé les recherches sur les ruines de Salona, depuis l'époque de l'archevêque de Split Pacifico Bizza (1746-1756) [19]. Ses travaux l'amènent à s'intéresser à toutes les couches du passé romain qu'il lui est donné de voir dans sa région natale, lui qui a vu le jour à mi-chemin entre Split et Salone. Tout en étudiant le palais de Dioclétien, il se concentre aussi sur ceux qui furent les victimes des persécutions ordonnées par l'empereur Dioclétien au début du IVe siècle, les martyrs chrétiens enterrés dans une nécropole à Salone. À son initiative se tient à Split en 1894 le premier congrès international d'archéologie chrétienne. Les archéologues les plus en vue se rendent à cette occasion à Split et donnent une véritable impulsion à ce champ de recherche. Mais Bulić se retrouve à ce moment de sa carrière scientifique sans le soutien qu'il espérait de la part de la maison impériale. Les finances du musée sont dans un état difficile, en particulier après la tenue du congrès d'archéologie chrétienne, la construction d'un nouveau bâtiment se fait encore attendre, alors que celui créé par François Ier est devenu depuis longtemps trop exigu pour abriter toutes les découvertes rassemblées depuis lors. Reste qu'il peut compter sur le soutien d'une poignée d'archéologues viennois parmi les plus influents, dont Otto Benndorf (1838-1907), professeur d'archéologie classique et premier directeur de l'Institut archéologique autrichien, qui font en sorte de trouver des fonds pour l'équipe constituée autour de Bulić, qui continue aussi à effectuer des fouilles dans le sol dalmate. Les résultats commencèrent à être connus en dehors des cercles les plus spécialisés en archéologie, lorsqu'à la faveur de l'arrivée de premiers touristes, des images et des photographies furent produites et diffusées. Split et Salone devinrent des étapes obligées de l'itinéraire touristique. Il n'en reste pas moins que des

18. *Archäologisch-epigaphische Mitteilungen aus Österreich*, II, 1879, p. 173.

19. Pour l'histoire locale des fouilles, voir Arsen Duplančić, Emilio Marin (éd.), *Corpus inscriptionum naronitanarum*, vol. I, Macerata-Split, 1999, p. 21-42.

moyens autrement plus considérables furent en même temps alloués par les autorités autrichiennes pour des projets de recherches archéologiques en Grèce et en Asie mineure.

Entre pédagogues autrichiens, archéologues viennois et dalmates et un voyageur à l'instar de Hermann Bahr qui se rend en Dalmatie en 1909[20], se dessine une convergence de vues quant au faible investissement financier et émotif que les autorités impériales habsbourgeoises consentent à consacrer à la Dalmatie antique. Samothrace et Éphèse, lieux de fouilles situés en dehors de l'Empire habsbourgeois, mais au cœur du monde grec auréolé de son prestige, captivent l'attention de Vienne bien plus que Salone et Split, malgré le souvenir impérial romain qui leur est attaché. L'absence d'intérêt soutenu et prolongé pour le passé impérial romain en Dalmatie est ressenti dans les dernières décennies de l'Empire par les élites locales de Split comme le signe d'une politique impériale autrichienne insatisfaisante et même incompréhensible au regard des besoins locaux. Les liens entre Vienne et Split, entre le centre impérial et la ville d'une lointaine province, n'en devinrent que plus distendus, marqués par une incompréhension réciproque grandissante. Les investissements réels dans des projets archéologiques en Dalmatie ne pouvaient plus contrebalancer l'impression générale d'un désengagement. De fait, après bien des discussions et des délais, ce n'est qu'à la toute fin de la Première Guerre mondiale que le nouveau bâtiment du musée archéologique de Split fut inauguré, près d'un siècle après la création du premier musée. Construit par des architectes autrichiens sur le modèle d'une villa romaine, à l'image du musée de Carnuntum sur le Danube dans les environs de Vienne, le musée édifié non loin de la mer Adriatique ne fut pas en mesure de s'insérer dans un réseau muséographique et scientifique étendu au territoire de l'empire des Habsbourg, qui cessa précisément d'exister au moment de son inauguration.

20. Hermann Bahr, *Dalmatinische Reise*, Berlin, Fischer, 1909.

Entre mémoire et oubli, aperçu sur les mutations démographiques à Osijek de la fin du XIXe siècle à la première moitié du XXe siècle

Zlata Živaković-Kerže

La ville d'Osijek s'est développée au gré de chutes et d'essors vertigineux. Jusqu'à la fin du XIXe siècle, elle avait toutes les caractéristiques d'une métropole de Slavonie. C'était l'un des plus importants centres de la vie économique et sociale du Royaume de Croatie-Slavonie-Dalmatie, avec un caractère institutionnel et militaire bien marqué. Pour cela, elle a souvent été appelée « la deuxième capitale du pays [1] ». Son essor reposait sur une position géopolitique favorable. La ville est située sur un plateau de la plaine de Slavonie, à 22 km du cours du Danube, là où il se rapproche le plus de la rive droite de la Drave. Au XIXe siècle, Osijek se développe de fait sur les rives de la Drave. C'est un carrefour de routes commerciales ; par Osijek passaient et passent aujourd'hui encore les voies terrestres et fluviales qui la reliaient et la relient toujours aux quatre coins du monde. Cette position entre est et ouest conférait à Osijek, durant des siècles, le caractère singulier de point de rencontre de différents peuples et de religions [2].

Dès lors, des événements historiques complexes ont déterminé la densité de la population d'Osijek. En 1880, la ville comptait 18 201 habitants (7 477 Allemands, 6 227 Croates, 1 655 Serbes, 1 493 Juifs, 1 152 Hongrois), 19 778 habitants en 1890 (9 072 Allemands, 5 516 Croates, 1 602 Serbes, 1 585 Juifs, 1 378 Hongrois), 23 018 habitants en 1900 (10 012 Allemands, 6 458 Croates, 2 212 Hongrois, 2 027 Juifs, 1 698 Serbes) et 28 505 habitants en 1910 (11 169 Croates, 8 479 Allemands, 3 536 Hongrois, 2 299 Juifs,

1. Archives nationales à Osijek (HR-DAO), Administration municipale, Mairie d'Osijek – procès-verbal du 7 décembre 1868. D'après le recensement de la population effectué à la fin de l'année 1869, Osijek compte 17 247 habitants, et Zagreb 19 857.
2. Stanko Andrić, *Slavonija- sažeti vodič prirodnih i kulturno-povijesnih zanimljivosti* [Slavonie – guide synthétique des curiosités naturelles, culturelles et historiques], Zagreb, VBZ, 2004, p. 13-24 ; Ive Mažuran, Josip Vrbošić, *Osijek, na obalama stoljeća* [Osijek, sur les rives des siècles], Osijek, Matica hrvatska, 1998, p. 10.

2 258 Serbes[3]). Le faible accroissement démographique naturel à Osijek, de même que dans d'autres villes croates, ne peut s'expliquer que par des phénomènes migratoires, eux-mêmes conditionnés par l'absence quasiment complète de conflit armé sur le territoire de la Monarchie austro-hongroise. Par conséquent, la mobilité physique de la population a considérablement augmenté et l'installation dans la ville de nouvelles populations a pu devenir permanente. Ces migrations sont particulièrement complexes. Selon leur origine régionale, les habitants d'Osijek étaient des citadins, soit d'Autriche et de Hongrie (de Styrie, Carniole, Carinthie, du Tyrol, de la Basse et Haute-Autriche, du royaume de Bohême, de Moravie, Galicie et de Hongrie du Sud – de la Baranya), soit des territoires des comitats croates et slavons (comitats de Virovitica, de Syrmie et de Požega). En 1890, 53,72 % des habitants d'Osijek sont nés à Osijek même, 29,52 % sont venus d'Autriche et de Hongrie et 17,26 % sont issus des comitats croates et slavons ; en 1900, 46,58 % des habitants sont originaires d'Osijek, tandis qu'en 1910, ils sont 40,45 % ; en 1900, les nouveaux arrivants d'Autriche et de Hongrie représentent 31,72 % des habitants d'Osijek, alors qu'en 1910, ils comptent pour 32,15 % ; en 1900, 21,70 % des habitants sont originaires des comitats croates et slavons, et ils sont 27,40 % en 1910. Une part importante de ces mouvements migratoires est le fait d'éléments de langue maternelle allemande, issus d'Europe centrale. À la fin du XIXe et au début du XXe siècle, la composition de la population s'est trouvée affectée par une dynamique régressive des migrations. Celles-ci provoquent l'expansion des populations allemande, juive et hongroise au détriment de la population croate, ce qui n'était le cas dans aucune autre grande ville du royaume de Croatie-Slavonie-Dalmatie[4].

Dans la structure économique de la population d'Osijek en 1890, la part de l'industrie et de l'artisanat représente 36,7 %, celle du commerce 8,2 %, le transport compte pour 6,3 % et l'activité financière (l'industrie du crédit et l'industrie bancaire) 0,9 %, ce qui fait au total 51,12 %. Deux décennies plus tard, la part de l'industrie et de l'artisanat a atteint 39,7 % de l'économie, et celle du commerce, du transport et de l'activité financière 20,2 % (au total 59,9 %). Par ailleurs, la population allemande contribuait majoritairement

3. Mato ARTUKOVIĆ, *Srbi u Hrvatskoj (Khuenovo doba)* [Les Serbes en Croatie à l'époque de Khuen], Slavonski Brod-Osijek, Hrvatski institut za povijest-Grafika, 2001, p. 45 ; Stanislav MARIJANOVIĆ, *Hrvatsko pjevačko društvo „Lipa" u Osijeku 1876-1986.* [La chorale croate « Lipa » à Osijek de 1876 à 1986], Osijek, 1987, p. 22, 23.

4. Božena VRANJEŠ-ŠOLJAN, *Stanovništvo gradova Banske Hrvatske na prijelazu stoljeća* [La population des villes de la « Croatie civile » au tournant du XXe siècle], Zagreb, Školska knjiga, 1991, p. 48-50 ; Mirjana Gross, Agneza Szabo, *Prema hrvatskom građanskom društvu* [Vers la société civile croate], Zagreb, Globus, 1992, p. 25, 26 ; Alica WERTHEIMER-BALETIĆ, « Stanovništvo Osijeka i osječkoga kraja, 1948-1991 » [La population d'Osijek et de ses environs, 1948-1991], *HAZU Anali Zavoda za znanstveni rad u Osijeku* [HAZU Actes de l'Institut pour la recherche scientifique à Osijek], vol. 12, Osijek, 1996, p. 10 ; Stanislav MARIJANOVIĆ, *Hrvatsko pjevačko društvo, op. cit.*, p. 23 ; Agneza SZABO, « Socijalni sastav stanovništva » [La composition sociale de la population»], *in* Julijo MARTINČIĆ (éd.), *Od turskog do suvremenog Osijeka* [Osijek, de la ville turque à la ville moderne], Osijek-Zagreb, Zavod HAZU, Školska knjiga, 1996, p. 155-157.

au développement de l'artisanat, la population juive à l'essor du commerce et des activités financières et la population hongroise à la croissance de l'agriculture. La population serbe avait considérablement moins d'influence dans le développement des activités commerciales et artisanales, de même que la population croate dans le développement de l'artisanat [5].

Osijek est devenue une ville plurinationale, avec un aspect et des influences multiculturelles. Elle est devenue un lieu fort intéressant pour les investissements. Ceux-ci se multiplient et s'affirment dans l'effervescence de la vie industrielle et financière. Jusqu'à la seconde moitié du XIXe siècle, la production manufacturière a décliné et l'organisation du travail en corporations, ainsi que le mode de vie patriarcal de la noblesse et des grands propriétaires terriens ont disparu. De plus, l'observation historique de ces événements nous permet de rendre compte des caractéristiques spécifiques des contributions de chaque communauté dans la vie socio-économique d'Osijek. Dans les années 1870, le parler allemand propre à la ville d'Osijek (Essek en allemand), *die essekerische Sprache*, devient la langue de larges couches sociales. Durant cette période, les aspirations germaniques, ainsi que la magyarisation de la vie publique, notamment à l'époque de Khuen [6], sont des conséquences des mutations socio-politiques accomplies par le Compromis hungaro-croate [7]. Ces mutations se sont manifestées principalement dans la vie publique. Ainsi, en 1890, 10657 habitants d'Osijek, c'est-à-dire plus de la moitié de la ville (précisément 53,88 %), déclaraient être de langue maternelle allemande. Dix ans plus tard, ils étaient 12039 soit 52,30 %. C'est la raison pour laquelle on parlait l'allemand et le croate dans l'administration municipale. De même, l'allemand était la langue de travail dans les trois compagnies de sapeurs-pompiers nouvellement créées. Les noms de rues étaient écrits dans les deux langues, et les enseignes des entreprises étaient soit bilingues, soit uniquement en allemand [8].

Jusqu'en 1910, les migrations des populations rurales [9] des environs d'Osijek vers la ville ont augmenté en raison des changements intervenus dans la structure des propriétés rurales et du développement des possibilités

5. Igor KARAMAN, « Gospodarski razvoj Osijeka i okolnih krajeva » [Le développement économique d'Osijek et de ses environs] in *ibid.*, p. 142-154.

6. Dragutin Khuen Hedervary, ban (gouverneur) de Croatie (1883-1903). Son époque a été fortement marquée par la magyarisation de la Croatie.

7. En 1868, un an après le Compromis austro-hongrois (*Ausgleich*) qui livrait la Croatie à l'autorité hongroise, le Compromis hungaro-croate (*Nagodba*) fixait le statut des Croates au sein de la Hongrie.

8. Zlata ŽIVAKOVIĆ-KERŽE, *Urbanizacija i promet grada Osijeka na prijelazu stoljeća (1868-1918)* [L'urbanisation et le transport dans la ville d'Osijek entre 1868 et 1918], Osijek, Društvo za hrvatsku povjesnicu, 1997, p. 11-15; Stanislav MARIJANOVIĆ, *Hrvatsko pjevačko društvo, op. cit.*, p. 23.

9. La loi sur l'émancipation des populations rurales du 7 septembre 1848 avait des conséquences sur le long terme. L'abolition du servage a produit l'effet qu'il « n'était plus intéressant pour les propriétaires terriens de lier une population rurale plus importante à la terre : les paysans plus pauvres vendaient leurs manses aux plus riches et partaient pour les villes. Le capitalisme naissant a ainsi eu à disposition une population ouvrière; en même temps, ces nouveaux arrivants ont assimilé les anciens habitants allemands en donnant aux villes un caractère national issu de leur milieu rural ». Alan John Percivale TAYLOR, *Habsburška Monarhija 1809-1918* [La Monarchie des Habsbourg 1809-1918], Zagreb, Znanje, 1990, p. 92-95 [éd. originale, Londres, 1942].

d'embauche dans les branches les plus dynamiques de l'industrie d'Osijek – dans le commerce, le trafic et d'autres activités liées. Par conséquent, la proportion du nombre d'habitants de langue maternelle allemande a diminué, pour atteindre 37,10 %. Le nombre de Croates a augmenté, mais aussi celui des Serbes, dont la quote-part était de 7,92 % selon le dernier recensement de la population effectué en Autriche-Hongrie[10].

Dans la première moitié du XXe siècle, après la chute de la Monarchie austro-hongroise et l'établissement du Royaume des Serbes, Croates et Slovènes (Royaume SHS), c'est-à-dire ensuite du Royaume de Yougoslavie, Osijek est entrée dans une période d'instabilité économique, de pénuries et de turbulences sociales. À l'intérieur de ses frontières, le nouvel État unitaire centralisé regroupait des régions aux conditions socio-économiques très différentes. Ces conditions, créées par des évolutions séparées au sein de divers États ont, à leur tour, influencé l'activité des milieux économiques d'Osijek, notamment allemands et juifs, dans le domaine de l'économie transversale, les signatures de contrats commerciaux avec des États voisins, les nouvelles politiques fiscales, douanières et monétaires. C'est pourquoi à Osijek, qui demeurait un important centre administratif, militaire, culturel, commercial et industriel, la plupart des milieux économiques juifs, allemands et croates doivent parvenir à adapter leurs stratégies commerciales aux nouvelles circonstances. En effet, ces milieux entretenaient des liens forts dans le commerce intérieur, les finances et l'activité industrielle avec d'importants centres économiques de l'ancienne Monarchie austro-hongroise (Vienne, Budapest, Pécs, Villány, Barcs, Graz, Prague,...). Or ces villes se sont alors retrouvées de l'autre côté de la frontière, tandis que les anciens pays étrangers, les territoires de la Serbie, du Monténégro et de la Macédoine, sont devenus partie intégrante du nouvel État yougoslave[11].

Dans cet État nouvellement formé, la composition nationale de la population d'Osijek s'est considérablement modifiée, principalement du fait de l'essor de l'industrialisation. Le nombre d'usines employant des villageois des environs, notamment après la réforme agraire, croissait de jour en jour. C'est dans ce contexte que le premier recensement de la population au Royaume des Serbes, Croates et Slovènes (SHS), effectué le 31 janvier 1921, dénombrait 34 412 habitants à Osijek, dont 32 091 civils dans 3 612 maisonnées et 2 321 personnes militaires. En comparaison avec le recensement de 1910, le nombre d'habitants a augmenté de seulement 12,5 %, c'est-à-dire 3 586 personnes. La raison de cette faible augmentation de la population était le grand nombre de pertes humaines lors de la Première Guerre

10. Mato Artuković, *Srbi u Hrvatskoj, op. cit.*, p. 61 ; A. J. P. Taylor, *Habsburška Monarhija, op. cit.*, p. 233-235.

11. Zlata Živaković-Kerže, *Židovi u Osijeku (1918-1941)* [Les Juifs à Osijek (1918-1941)], Slavonski Brod-Osijek, Hrvatski institut za povijest-Židovska općina, 2005, p. 10-16; Dušan Bilandžić, *Hrvatska moderna povijest* [L'histoire moderne de la Croatie], Zagreb, Golden Marketing, 1999, p. 90-94.

mondiale. En 1921, la majeure partie des habitants d'Osijek était constituée par des Croates (15 033). Il y avait 7701 Allemands, 3 340 Serbes, 2731 Juifs, 2058 Hongrois et 3 549 personnes d'autres nationalités.

En 1930, la crise économique mondiale fut ressentie dans tout le Royaume de Yougoslavie, y compris à Osijek. Les événements économiques et la centralisation de tous les pouvoirs administratifs ou économiques ont marqué le début de la fin d'une phase de développement économique en Croatie et de la ville d'Osijek. Dès l'année suivante, après plus de 80 ans d'essor économique, un effondrement financier catastrophique a secoué la Croatie. Cependant, dans les années qui ont suivi, l'économie a redémarré. Un petit pourcentage de la population, pour la plupart des familles juives et/ou allemandes, possédait des commerces et des grands magasins. Ils ouvraient également de nouveaux ateliers spécialisés dans l'artisanat et développaient la production dans les petites et grandes usines existantes. Les employés administratifs représentaient à cette époque presque le quart de la population de la ville, notamment des Juifs et des Serbes riches et une minorité de Croates. Il s'agissait de fonctionnaires du secteur public ou d'employés du secteur privé, dans les entreprises financières ou commerciales, ou encore dans le cadre d'une activité telle que l'éducation, la santé, l'administration ou bien la culture [12].

Etant donné que dans l'appareil étatique prévalait une majorité serbe, la contribution des Serbes à l'économie d'Osijek a sensiblement baissé. De plus, en raison du changement du mode de vie provoqué par la rapide industrialisation, de nombreux anciens métiers exercés par les Serbes ont disparu d'Osijek (les marchands de bétail, les épiciers, mais aussi des artisans, comme les tailleurs de costumes ruraux, les matelassiers, les chaudronniers, les pelletiers, les forgerons...). Dans le Royaume de Yougoslavie, ils se tournaient de plus en plus vers les professions libérales, en particulier dans le milieu du droit (notaire, juge) ou bien vers les professions militaires et la gendarmerie. C'est la raison pour laquelle, à partir de cette époque et jusqu'au début des années 1940, les citoyens serbes, numériquement minoritaires, deviennent le soutien essentiel du régime grâce aux événements politiques et à leurs fonctions politiques avantageuses. En prenant de plus en plus part à la vie administrative et sociale de la ville, ils ont pu renforcer leur prédominance sur la majorité des habitants d'Osijek (Croates, Allemands, Juifs et Hongrois essentiellement) qui étaient eux-mêmes soit des ouvriers employés dans des entreprises industrielles, soit des gens de service dans les administrations [13].

12. Mira Kolar-Dimitrijević, « Nezaposlenost u Hrvatskoj od vremena velike svjetske krize i javni radovi » [Le chômage en Croatie au temps de la grande crise économique mondiale et les travaux publics], *Ekonomska i ekohistorija* [Histoire économique et l'écohistoire], 2005, p. 102-103 ; Mato Artuković, *Srbi u Hrvatskoj, op. cit.*, p. 56, 61.

13. Josip Bösendorfer, « Pravoslavni element kao sekundarni faktor u oblikovanju građanskog staleža u Osijeku » [De l'élément orthodoxe en tant que facteur secondaire de l'établissement de la bourgeo-

Au sein d'une agglomération multinationale et pluriculturelle telle que l'était la ville d'Osijek à la fin du XIXe et dans la première moitié du XXe siècle, les traces du passé, entre mémoire et oubli, s'entremêlent. Pour diverses raisons, les souvenirs fragiles, ou tout simplement l'oubli, ont chassé de la mémoire la contribution socio-économique et le rôle joué par certaines couches de la population. La raison en provient en partie des changements de la position géopolitique de cette ville sur la Drave, apportés par les guerres et les mutations socio-politiques du XXe siècle. Dans la mémoire de ces altérations, qui donnaient aux uns et prenaient aux autres, ainsi que dans les perspectives proposées par les historiens, ces relations et ces liens s'étiolent sous l'influence des événements politiques, de sorte que la mémoire en a été constamment refoulée. L'objectif de cet article n'est pas d'imposer un travail de mémoire sur le développement multinational et pluriculturel d'Osijek de la fin du XIXe et dans la première moitié du XXe siècle, mais de définir les points cruciaux qui établissent la base de son développement, de son dynamisme et de son ralentissement, de même que la contribution respective de chacune des communautés qui habitèrent cette ville.

isie à Osijek], *Osječki zbornik* [Actes d'Osijek], n° II et III, Osijek, 1948, p. 88-90, 92-94, 100, 101 ; Agneza Szabo, « Socijalni sastav stanovništva » [La composition sociale de la population], *in* Julijo Martinčić (éd.), *op. cit.*, p. 158-162 ; Mato Artuković, *Srbi u Hrvatskoj*, *op. cit.*, p. 59-66.

Patrimoine bâti et mémoire des communautés à Plovdiv

Krassimira KRASTANOVA et Michel RAUTENBERG

Plovdiv et ses communautés

Plovdiv, deuxième ville de Bulgarie, située au sud de la Bulgarie, dans la plaine de Thrace, compte environ 400 000 habitants. Edifiée sur trois *tépés* (collines) bordant la rivière Maritza, elle fut, dès l'Antiquité, une cité importante, sur la route entre la Grèce et les pays du centre et du nord de l'Europe. En 342 avant notre ère, la ville fut conquise par Philippe de Macédoine qui la baptisa du nom de Philippopolis, puis elle fut romaine, byzantine jusqu'à l'invasion slave au VIe siècle, à partir de laquelle la Bulgarie devint un royaume indépendant. La ville reprit le nom thrace de Pulpudeva qui deviendra Plovdiv. Pendant plusieurs siècles, Plovdiv passa alternativement des mains bulgares aux mains grecques, jusqu'à l'invasion des Ottomans en 1364 qui la nommèrent Filibe. À cette époque la population bulgare de la ville diminua drastiquement, la ville accueillit nombre de musulmans venus de l'Empire ottoman, mais aussi notamment des Grecs, des Ragusains et des juifs [1]. Après la prise de la ville, les Ottomans détruisirent la plus grande partie des fortifications, les trois *tépés* furent délaissés au profit des quartiers de la plaine situés à proximité de la Maritza. La ville fut profondément transformée suivant le modèle de cité orientale qui fut imposé par le nouveau pouvoir [2] : il y eut jusqu'à 55 mosquées, un grand caravansérail, plusieurs établissements de bains, et sur la place du marché se trouvaient plusieurs centaines de boutiques.

À partir de la fin du XVIIIe siècle, une bourgeoisie bulgare se constitua progressivement et elle investit les vieilles collines délaissées par les Turcs. C'est la période de la « Renaissance bulgare » pendant laquelle émergea le

1. Voir les titres suivants (en bulgare) : Bistra TSVETKOVA (éd.), *Notes françaises de voyage dans les Balkans*, Sofia, Nauka i izkustvo, 1981 ; Nikolay GUENTCHEV, « Plovdiv pendant les premiers siècles du pouvoir ottoman » *in* Nikolay GUENTCHEV, *Plovdiv des Renaissances*, Plovdiv, Christo G. Danov, 1981, p. 17-30.
2. Stoïo CHICHKOF, *Plovdiv dans son passé et son présent*, Plovdiv, 1926 ; Jordan VELTCHEV, *La ville entre Orient et Occident XIVe-XVIIe siècles*, Sofia, Jeannette, 2005.

sentiment national grâce à l'action de lettrés qui se passionnaient pour l'Occident, pour les idées de liberté, pour la langue française. Plovdiv, comme la nomment les Bulgares, devint un pont entre l'Orient et l'Occident. Lamartine y séjourna plusieurs jours, alors qu'il se rendait en Grèce. La ville était aussi un centre de la lutte pour la création d'une Église bulgare autocéphale, détachée de l'église grecque. Après la guerre russo-ottomane de 1877, puis les guerres balkaniques, Plovdiv connaît de profonds bouleversements démographiques, avec le départ de l'importante communauté grecque. Événement marquant de l'histoire nationale avant 1945, dont les conséquences se font sentir dans la vie locale jusqu'à aujourd'hui, le gouvernement bulgare, pourtant allié de l'Allemagne nazie, refuse en 1943 de déporter la population juive du pays. À Plovdiv, la communauté juive décida en 1998 de faire édifier un monument commémorant l'action des habitants de la ville.

La population de Plovdiv est aujourd'hui très majoritairement d'origine bulgare orthodoxe. Mais il y a 150 ans à peine, c'était une grande ville gréco-turque. Le recensement réalisé par le gouverneur de la Roumélie orientale en 1879 fait apparaître dans la région une très grande diversité de communautés : 573000 Bulgares, 174000 Turcs, 42000 Grecs, 19000 Tsiganes, 4100 juifs, 1300 Arméniens, les Bulgares habitant essentiellement les campagnes. En 1925, Plovdiv compte 71000 habitants dont approximativement 10 % de Turcs, 8 % de Juifs, 4 % d'Arméniens, les Grecs ayant pour la plupart émigré. Récemment, la situation démographique a évolué très rapidement[3]. Les communautés juive et arménienne ne comptent plus que quelques centaines de personnes chacune ; les Turcs sont plusieurs milliers, mais il est parfois difficile de les distinguer des Tsiganes dans les recensements qui se font sur la base d'une déclaration nationale et religieuse : les enquêtes ethnographiques que nous avons conduites semblent indiquer que de nombreux Tsiganes musulmans se déclarent Turcs. La plus importante communauté non bulgare est sans conteste la communauté tsigane, pour laquelle les estimations sont très variables : elle représente entre 10 et 20 % de la population de la ville, dont un nombre semble-t-il important, mais indéterminé, de Tsiganes roumains. À Plovdiv existe également une communauté de Bulgares dits « Thraco-Égéens », émigrés de Thrace occidentale lorsque cette région fut cédée à la Grèce en 1919. Résident également dans la ville des Macédoniens, et bien d'autres groupes qui restent plus ou moins organisés en communautés vivantes à travers des associations culturelles.

3. Sur les données concernant la situation démographique, voir : Stoïo Chichkof, *Plovdiv*, *op. cit.*, p. 193-205 ; *Statistique officielle de la Roumélie Orientale*, Plovdiv, 1881 ; *Résultats de sondage en Roumélie Orientale*, Plovdiv, 1885 ; *Résultats du recensement de la population de Bulgarie du Nord et du Sud*, Sofia, 1888, 1892, 1901, 1905, 1910, 1927, 1934 ; *Recensement de la population en 1956*, Sofia, Administration centrale de sondages statistiques, 1957 ; Elena Koleva, « Changements de structure démographique de la ville de Plovdiv », in *Recueil annuaire des musées de Plovdiv*, t. 4, 1965, p. 63-75.

Les archives montrent que dès le XVIIe siècle la ville est divisée en quartiers homogènes d'un point de vue communautaire, regroupés autour de leurs lieux de cultes. Cette organisation de l'espace urbain dure jusqu'au début du XXe siècle : les églises orthodoxes, réparties principalement entre Bulgares et Grecs, la cathédrale catholique, le temple protestant, l'église arménienne, la synagogue, la mosquée. Les bâtiments civils ne se singularisent pas selon des critères communautaires, mais essentiellement sociaux. Cependant, sur les façades, quelques signes indiquent l'appartenance communautaire : dans les entrées ou sur les vitres de maisons appartenant à des juifs, une étoile de David fut fréquemment apposée, à la demande des propriétaires. Entre la fin du XIXe et les années 1960, ce modèle d'organisation de la ville perd en dynamisme, largement en raison d'importants travaux d'urbanisme qui eurent lieu dans les années 1910-1920 pour créer une ville moderne autour du percement de l'avenue du Prince Alexander (*Kniaz Alexander*) puis avec les démolitions de la période communiste. Les noms non officiels des quartiers (« *evreïski kvartal* » : quartier juif, « *armenska mahala* » : quartier arménien, « quartier catholique »,...) continuent d'être utilisés, mais ils n'ont guère plus de caractère communautaire. On y trouve encore certaines institutions culturelles ou représentatives (écoles, lieux de réunion culturels), mais la densité communautaire y est faible.

La protection du patrimoine

La protection du patrimoine bâti a une longue histoire à Plovdiv. Dès les années 1920, l'administration municipale prit conscience de l'importance de l'héritage architectural. Dans les projets de modernisation de la ville, on s'interrogea sur l'opportunité et les moyens de sauvegarder certains bâtiments et de préserver le site des trois collines, qui représentent le principal héritage historique et culturel de la ville. En 1937, le conseil municipal vota un règlement sur l'aménagement du site qui prévoyait des dégrèvements fiscaux pour les propriétaires qui entretiendraient les vieux bâtiments. En 1942 la mairie définit juridiquement les limites de la vieille ville de Plovdiv, ce que le gouvernement confirme par arrêté ministériel. Au milieu des années 1950, le débat reprend sur la place de la vieille ville dans le cadre du patrimoine national. La mairie demande alors un nouveau statut juridique et en 1956 le ministère de l'Amélioration de la vie et de l'Architecture prend la décision, approuvée par le ministère de la Culture, d'inscrire l'ancien quartier des trois collines sur la liste des zones protégées au titre de la loi de sauvegarde des monuments de la culture. En même temps, la municipalité crée une cellule de gestion de l'Ancien Plovdiv qui, depuis la fin des années 1960, est abusivement appelée « Mairie » du Vieux

Plovdiv[4]. À la même époque, on discute de la valeur patrimoniale du quartier artisanal et commercial de Kapana, bâti à l'emplacement de la ville ottomane, qui avait conservé le tracé urbain ottoman avec ses petites rues sinueuses caractéristiques.

Durant les années 1960, d'importants vestiges archéologiques sont mis au jour : l'amphithéâtre et le stade romains, les restes de l'agora hellénistique, de nombreuses mosaïques qui décoraient les maisons antiques, ainsi qu'un temple thrace. Une politique de sauvegarde et de valorisation de ces vestiges fut mise en place. On laissa ouvertes des tranchées, afin de permettre une lecture stratigraphique du site. Il s'agissait, à travers ce dispositif, de donner à voir la profondeur historique de la cité tout en inscrivant la « bulgarité » de Plovdiv dans des fondements antiques.

Figures de la présence communautaire dans la mémoire collective et le patrimoine urbain de la ville

Le patrimoine bâti civil

Le quartier édifié sur les trois *tépés* historiques entre la fin du XVIIIe et du XIXe siècles, appelé la vieille ville (*Staria grad*), est assurément le plus représentatif des influences entremêlées dans le tissu urbain de Plovdiv. Sur ces collines, les riches marchands bulgares, grecs et arméniens ont édifié plus d'une centaine de maisons « bourgeoises », parfois de véritables petits palais, dans un style très particulier qui emprunte à la fois à la demeure turque (la cour arborée, les fontaines, le plan intérieur), une forte influence baroque, particulièrement dans la composition des façades, reprises de modèles ottomans eux-mêmes influencés par des architectes italiens, et des éléments plutôt balkaniques dans la forme générale du bâti. Très décorées, parfois surchargées, elles peuvent être entièrement lambrissées, avec des plafonds très ouvragés et des planchers de pin équarris, traditionnellement recouverts de riches tapis orientaux. Ces demeures ont été délaissées à partir du début du XXe siècle, puis souvent partagées en appartements communautaires sous le régime communiste.

Le rôle du religieux

Depuis 1989, la Bulgarie connaît un net retour du religieux, sans que la religion, ses canons et ses rites, soient réellement connus. Devenue une forme d'expression de la liberté individuelle et d'une prise de distance vis-à-vis du communisme, l'appartenance confessionnelle est vécue comme un héritage, un moyen d'affirmer une identité ethnique et communautaire.

4. Sur l'histoire du patrimoine à Plovdiv, voir Krassimira KRASTANOVA, Michel RAUTENBERG, « Réinterprétation du passé et imaginaire urbain », *Balkanologie*, VIII (2), décembre 2004, p. 33-54.

Dans ce contexte, les édifices religieux, qui sont tous inscrits sur la liste du patrimoine national, jouent un rôle identitaire important, complémentaire de leur fonction religieuse, rappelant celui qu'ils jouaient à l'époque ottomane. Un exemple significatif est celui de la mosquée *Imaret djamia.* Restaurée et transformée en musée d'art et de sculpture antique et médiévale par l'État socialiste, elle est redevenue un lieu de prière fréquenté et « lieu de mémoire » privilégié des musulmans de la ville.

Commémorations

Un monument a été érigé au centre du quartier juif, inauguré en 1998, pour célébrer le sauvetage des juifs bulgares pendant la Seconde Guerre mondiale. Le roi Boris III avait signé un décret s'opposant à la déportation des juifs avec le soutien de la population et des autorités religieuses. Tous les 10 mars, l'association Shalom organise une manifestation pour rappeler l'événement. La population, des hommes politiques ainsi que des personnalités israéliennes sont invités. Les Arméniens ont, dans le même esprit, élevé un monument à Pejo Javorov, un poète bulgare qui s'éleva contre le génocide du peuple arménien. Il se trouve dans l'enclos de l'église apostolique, comprenant en outre l'école et le théâtre.

La mémoire des lieux : Kapana

L'empreinte turque est très présente au pied des trois *tépés* historiques, par exemple dans l'urbanisme du quartier de Kapana, édifié à partir du XVe siècle, quartier d'artisans et de commerçants situé entre la principale mosquée de la ville et le caravansérail, remplacé dans les années 1960 par un grand magasin, un pastiche d'architecture ottomane, désaffecté depuis. Démoli au début du XXe siècle, le quartier fut reconstruit avec des maisons s'inspirant de divers styles typiques de l'Europe centrale, dans une tonalité générale assez marquée par l'art nouveau. Sa protection fut très longue à se mettre en place et il ne devint site sauvegardé qu'en 1989, l'objectif des artisans de cette protection étant de conserver l'urbanisme ancien, afin de garder trace de la présence ottomane dans la ville. Il s'agissait, pour les défenseurs du projet de protection, d'affirmer une dimension urbaine populaire, au pied de la vielle ville perçue comme bourgeoise.

L'effacement de la mémoire

Pour construire l'image d'une Bulgarie culturellement homogène, l'histoire de certains édifices protégés a parfois été gommée. C'est le cas de maison dite Balabanov qui fut construite par un marchand grec au début du XIXe siècle, démolie dans les années 1960, puis reconstruite à l'identique en 1978. Comme durant les années d'avant-guerre, elle porte le nom du propriétaire successeur bulgare du propriétaire grec. C'est aussi le cas du premier *gymnasion* grec qui a été renommé « l'école jaune », afin d'évacuer le souvenir de la présence grecque dans la vie culturelle de Plovdiv. C'est également le cas de *Mevlevi hané*, qui était la seule maison cultuelle des derviches et qui, dans les années 1960, a été transformée en galerie de propagande athéiste, puis en restaurant chic.

L'absence patrimoniale et de mémoire instituée

Les Tsiganes sont très visibles dans l'espace public, les femmes étant souvent affectées, par groupe, aux travaux d'entretien de la voirie et des espaces verts, les hommes circulant souvent dans des charrettes à cheval transportant du matériel de récupération. Leur présence est surtout notable par leur habitat : petites maisons sans étage, réparées avec du matériel de récupération, parfois isolées ou bien regroupées en petit nombre dans le centre de la ville. Beaucoup de Tsiganes logent dans des quartiers périphériques où ils ont été sédentarisés, dont l'un en particulier est connu comme le « quartier tsigane ». Aucun lieu, aucun monument, aucune trace patrimoniale ne vient rappeler l'ancienneté de leur présence dans la ville. Pour l'expliquer, plusieurs hypothèses peuvent être avancées, sans que la question puisse être explorée plus avant dans le cadre de cet article. S'agit-il du résultat de leur statut social mal reconnu, ou bien de la conséquence de traditions et de pratiques funéraires qui laissent peu de place aux traces matérielles, comme le fait de ne jamais prononcer le nom d'un défunt sous peine d'attirer la mort sur les vivants ?

Trois dynamiques (plus une) de protection du patrimoine et d'institutionnalisation de la mémoire

La confrontation de la mémoire collective, de l'histoire et du patrimoine montre la complexité des phénomènes de patrimonialisation et d'appropriation collective de l'héritage communautaire à l'œuvre en Bulgarie. Trois mouvements principaux dans ces processus peuvent être dégagés : la construction politique de la « bulgarité », un double processus de « gentrification » et de « touristification » et la construction d'une mémoire religieuse.

Le caractère bulgare est conféré par un effacement des traces qui auraient pu montrer la complexité des influences exogènes, dont certaines sont rejetées, sur le patrimoine considéré comme bulgare. À l'inverse, d'autres traces jugées plus conformes au modèle patrimonial national ou local, sont particulièrement valorisées. Il s'agit avant tout d'affirmer l'identité nationale, que ce soit avant, pendant ou après la période communiste. C'est finalement sous le communisme que la « bulgarité » a intégré, avec plus ou moins de bonheur, une partie de l'héritage bâti ottoman. Depuis quelques années, elle laisse une large place dans les commémorations, dans les musées et dans l'espace public, aux mémoires juive et arménienne.

Le patrimoine du centre de la ville, qu'il soit « bulgare » ou ottoman, connaît le sort identique à celui de maintes villes d'Europe : la valorisation patrimoniale va de pair avec l'augmentation du prix du foncier, la multiplication des commerces (magasins d'antiquités, galeries de peinture, restaurants), l'arrivée de nouveaux habitants appartenant aux catégories supérieures de la société ou originaires d'Europe de l'Ouest. Les bâtiments subissent des restaurations très voyantes qui privilégient à l'excès le bleu et blanc, couleurs quasiment inconnues auparavant, mais qui ont le mérite de rappeler l'image méditerranéenne que la ville aime à se donner. Cette mise en valeur du patrimoine se fait sans lien avec la mémoire collective. À certains égards, elle se fait contre la mémoire de la ville, l'aboutissement de cette dynamique étant davantage la transformation du passé en folklore que le respect et le rappel de l'histoire et des traditions culturelles locales.

À travers la place importante prise par les manifestations religieuses dans l'espace public ou privé (*kurban*, baptêmes, mariages), la religion est devenue l'une des expressions les plus fortes des identités sociales, autant pour les orthodoxes, que pour les catholiques ou les musulmans. Les mémoires religieuses familiales sont revitalisées et les lieux de cultes redeviennent les lieux de mémoire des identités collectives en instituant dans la ville une présence communautaire.

La mise en valeur d'un certain patrimoine à Plovdiv laisse une part variable à la mémoire collective, en la transformant, la fixant et l'institutionnalisant dans des bâtiments, des religions ou des commémorations. Deux exceptions sont à noter cependant. La communauté tsigane, la plus nombreuse, dont la mémoire collective est d'autant plus riche qu'elle utilise peu l'écrit, ne dispose d'aucun vestige, vitrine de musée ou monument évoquant son histoire et ses liens avec la ville. Il en va de même pour les Grecs, dont le rôle fut si important dans la vie économique et culturelle de la ville jusqu'à la fin du XIXe siècle : les traces de leur présence sont peu visibles, souvent effacées, voire intégrées dans une perspective bulgare.

Quatrième partie

MÉMOIRE ET CONSTRUCTION DE L'IDENTITÉ URBAINE, RÉGIONALE ET TRANSNATIONALE

L'élément allemand aux origines du théâtre croate moderne

Marijan Bobinac

1. L'émergence, durant le deuxième tiers du XIXe siècle, d'une littérature croate moderne, notamment d'un répertoire dramatique, est fortement liée, à l'instar de la situation dans la majorité des pays d'Europe centrale et orientale, au processus d'intégration nationale et à l'émergence d'une langue standardisée. Outre les difficultés à introduire le nouveau standard linguistique sur les scènes de Zagreb, les responsables à la tête des théâtres croates ont été confrontés à un autre défi, à savoir la domination à cette époque à Zagreb de l'art dramatique allemand. Le rapport des « illyriens », ces représentants de la « renaissance nationale croate », au théâtre allemand était des plus contradictoires : un théâtre en langue étrangère était d'une part vécu comme un grand obstacle au développement d'une culture nationale, d'autre part l'expérience des troupes de théâtre allemandes ont contribué de manière essentielle à la création d'un théâtre national croate, institution qu'ils estimaient devoir être un moyen important pour transposer les idées d'un mouvement national en phase d'intégration.

À partir de 1840, soit l'année où fut jouée sur une scène zagréboise la première pièce croate dans le nouveau standard linguistique, les représentations croates ont durant les deux décennies suivantes été sporadiquement montées à côté des pièces allemandes ; à partir de l'automne 1860, lorsque les comédiens allemands ont été chassés, on ne joua plus qu'en croate à Zagreb[1]. Le fait que même des auteurs dramatiques allemands mineurs

1. Sur l'histoire du théâtre en Croatie au XIXe siècle, voir : Nikola Batušić, *Hrvatska drama od Demetra do Šenoe* [L'art dramatique croate de Demeter à Šenoa], Zagreb, Matica Hrvatska, 1976. Nikola Batušić, *Povijest hrvatskog kazališta* [Histoire du théâtre croate], Zagreb, Školska knjiga, 1978. Nikola Batušić (éd.), *Hrvatska drama 19. stoljeća* [L'art dramatique croate au XIXe siècle], Split, Logos, 1986. Pavao Cindrić (éd.), *Hrvatsko narodno kazalište 1894-1969. Enciklopedijsko izdanje* [Le Théâtre national croate 1894-1969. Édition encyclopédique], Zagreb, Naprijed-Hrvatsko narodno kazalište, 1979. Sur les répertoires des théâtres croates, voir : Nikola Hećimović (éd.), *Repertoar hrvatskih kazališta* [Répertoire des théâtres croates], 1840-1860-1980, t. 1-2, Zagreb, Globus-JAZU 1990. Sur les acteurs allemands « chassés » de Zagreb, voir : Milka Car, « Der 24. November 1860 im kroatischen Theater. Die "Vertreibung" der deutschen Schauspieler », in *Zagreber Germanistische Beiträge*, 11/2002, p. 97-118.

aient pu servir de modèles aux hommes de théâtre de la période « illyrienne » ne saurait surprendre outre mesure. Il est clair qu'il était plus aisé de marquer une césure avec les traditions théâtrales plus anciennes de la Croatie du Nord et d'introduire au théâtre une nouvelle langue standardisée à l'aide de modèles dramatiques simples. Il fallait trouver pour cette raison des pièces qui pouvaient servir à transmettre de nouveaux messages politique, des pièces que les acteurs croates d'alors, principalement des amateurs, pouvaient jouer et qui pouvaient gagner l'assentiment du public théâtral, dont l'horizon d'attente était constitué pour l'essentiel par l'esthétique et le répertoire des troupes allemandes. Les illyriens ont estimé pouvoir puiser de tels modèles, pour ce qui concerne le domaine de la comédie, dans les œuvres d'August von Kotzebue (1761-1819) et chez les auteurs du théâtre populaire viennois, et pour ce qui est de la constitution du genre représentatif de cette époque, le drame historique, ils ont adapté entre autres le modèle de la tragédie de Theodor Körner (1791-1813).

Dans les rares écrits de poétique et de réflexion portant sur l'art dramatique d'auteurs croates du deuxième tiers du XIXe siècle, il est peu question de modèles, en particulier de ceux issus du domaine germanique. Les efforts déployés par les contemporains visant à effacer les traces d'influence en provenance de la culture dominante, dans une certaine mesure hégémonique, est devenue avec le temps une stratégie d'oubli. La critique littéraire et l'historiographie se sont fondées sur une représentation de la culture nationale comme création originelle et organique. Comme cela était le cas en Allemagne et dans d'autres pays européens, en Croatie aussi les historiographies littéraires et théâtrales avaient pour point de départ le mythe national, à partir duquel elles développaient leurs propres visées téléologiques : elles envisageaient l'histoire, aussi bien universelle que littéraire et théâtrale, comme la réalisation de cette idée. Une telle manière d'envisager l'histoire de la culture exclut tout ce qui n'est pas souhaitable, suscite l'oubli de tout ce qui pourrait porter préjudice à l'unité nationale, en particulier à l'idée de l'unité de la culture nationale. Dans l'histoire de la culture croate, l'influence de la culture allemande a été tout particulièrement occultée et vouée à l'oubli. Certes, les contacts entre littératures croate et allemande ont été souvent évoqués, mais rarement les recherches, jusqu'à une époque très récente, n'allèrent au-delà de l'énumération, dans un esprit positiviste, de sources et de motifs, de sorte que par ce biais également, l'idée qui était suggérée était celle d'une culture nationale libre de toute influence extérieure.

Dans ce processus, la reprise de modèles issus de certains genres de la littérature dramatique allemande durant la période illyrienne et post-illyrienne, à partir du milieu des années 1830 jusqu'aux années 1860, occupait une place éminente, mais il s'agit d'un phénomène qui n'a jusqu'à présent pas reçu d'explication satisfaisante. La dialectique toute particulière de l'accueil et du rejet, caractéristique d'ailleurs dans la reprise des influences allemandes dans la culture croate, est fortement perceptible dans le domaine des premiers genres dramatiques développés dans la littérature croate moderne. Rappeler les intentions des dramaturges illyriens, soumettre leurs textes à une nouvelle lecture et les comparer avec les poétiques théâtrales des auteurs allemands permettrait de se rapprocher grandement d'une reconstruction d'un pan entier d'histoire culturelle oubliée. À l'appui de trois genres dominants durant cette période, le drame historique, la comédie de mœurs et le théâtre populaire (*Volksstück* en allemand), je tenterai de présenter ce que pourrait apporter dans ce contexte une nouvelle lecture du théâtre croate du deuxième tiers du XIXe siècle.

2. L'œuvre dramatique de Theodor Körner a fortement marqué les débuts du théâtre croate moderne. Les auteurs dramatiques allemands représentaient en effet un élément essentiel dans le paysage théâtral de Croatie, autant avant la césure de 1848 que durant la décennie néo-absolutiste qui la suivit, que cela soit par le répertoire joué, par les textes imprimés qui furent des sources d'inspiration, ou bien par les traductions. Bien que la situation dans l'empire multinational des Habsbourg fût bien différente au milieu du XIXe siècle par rapport à l'époque des guerres anti-napoléoniennes en Allemagne, durant laquelle Körner a été actif, des points communs apparaissent : dans ses drames historiques, Körner a essayé d'atténuer les différences historiques, de manière à transmettre des messages politiques aisément compréhensibles. En agissant de la sorte, Körner a contribué à l'émancipation de la nation allemande, mais il a également fait apparaître à ses contemporains le potentiel légitimant contenu dans l'histoire nationale. Le modèle de Körner offrait de plus un autre lien avec la situation vécue par les Croates à ce moment : en montrant sur les scènes de théâtre la vision d'une identité politique future de la nation allemande, il pouvait se révéler utilisable dans la critique d'une situation ressentie comme insatisfaisante.

Un tel programme ne pouvait pas ne pas attirer les hommes de théâtre illyriens, qui eux-mêmes tentaient de mettre fin à une réalité qu'ils jugeaient insupportable en proposant une vision alternative de l'identité politique et culturelle des Croates (ou des Slaves du Sud en général). Le modèle de la tragédie *Zriny* (1812) de Körner, célébrée en son temps, pouvait tout particulièrement être suivi quant à la manière de revivifier et d'utiliser un mythe national, d'autant plus que cette tragédie mettait à la disposition des auteurs non seulement un modèle abstrait, mais aussi un modèle concret achevé pour l'un des plus anciens mythes croates, celui de Nikola Šubić Zrinski (1608-1566), le défenseur héroïque et malheureux de la forteresse de Siget/Szigetvár contre les Ottomans. Le fait que l'auteur allemand ait repris le mythe dans une version hongroise en l'occurrence, non sans l'avoir adaptée à la situation allemande, ne revêtait dans ce contexte que peu d'importance.

L'influence de la tragédie de Körner *Zriny* est particulièrement perceptible dans les pièce d'Ivan Kukuljević Sakcinski (1816-1889), en particulier dans la « pièce héroïque » (*junačka igra*) de 1839 *Juran et Sophie, ou les Turcs devant Sisak* (*Juran i Sofija ili Turci pod Siskom*), tout autant sur le plan du contenu que sur celui de la forme dramatique. Kukuljević ne pouvait cependant pas directement utiliser à ses fins le personnage devenu mythique de Zrinski, privé de toute possibilité de développement dramatique ou politique, puisqu'il meurt en affrontant les troupes ottomanes. Alors qu'en 1812, à l'apogée de la puissance napoléonienne, l'héroïsme désespéré pouvait apparaître comme une solution, Kukuljević se décide une trentaine d'années plus tard à utiliser une autre matière historique, celle de la bataille de Sisak. L'accent est mis cette fois sur un activisme perçu comme positif, car il devait dans sa perspective donner aux Croates assez de force et d'optimisme dans la phase décisive d'intégration nationale qui se précisait.

Les différences entre les deux auteurs, en particulier pour ce qui est des registres de style, ne peuvent cependant cacher un présupposé idéologique commun, l'antagonisme entre deux groupes nationaux. La situation irréconciliable entre ces deux camps, que Körner a présentés jusqu'au bout de leur logique, est actualisée sous forme d'événements issus du passé lointain, non sans en avoir gommé les implications nationales premières : pour l'auteur allemand, les Turcs représentent les Français, pour le Croate en revanche, ce sont les Hongrois, qui commencent à la fin des années 1830 à organiser une campagne de plus en plus active contre le mouvement illyrien. Il est intéressant de noter que dans le drame historique croate de la période du *Vormärz*, la tonalité anti-habsbourgeoise n'est pas encore perceptible. Dans les années 1850 en revanche, avec l'apparition du néo-absolutisme et la tentative de germanisation, la cible de la critique change et avec les pièces de Mirko Bogović (1816-1893) pointe une discrète thématique anti-habsbourgeoise.

Les correspondances conceptuelles entre les modèles du drame historique de Theodor Körner et les auteurs dramatiques croates du deuxième tiers du XIXe siècle sont reconnaissables à une série de caractéristiques, depuis leurs conceptions historico-philosophiques téléologiques jusqu'aux structures hybrides, classiques et romantiques à la fois, de leurs pièces, depuis le mélange de patriotisme engagé et d'écriture dans une manière populaire jusqu'à la sacralisation de la nation et la promptitude à se sacrifier pour sa gloire, de même que dans des images comparables de soi et des nations étrangères, tout ceci incite à repérer une réception intensive de l'écrivain allemand, et au-delà d'autres écrivains de sa génération. Ces affinités étant posées, sans oublier néanmoins les différences, il est possible de confirmer que pour les représentants du mouvement de renaissance croate, un Schiller affadi semblait plus adéquat pour la formation du théâtre national que le véritable et authentique Schiller.

3. À la recherche de modèles pour le théâtre historique, les auteurs dramatiques illyriens se sont inspirés des pièces historiques de August von Kotzebue. Homme de théâtre allemand qui connut le plus grand succès au XIXe siècle, qui de son vivant déjà acquit une renommée mondiale et était connu surtout pour ses comédies de mœurs sentimentales, il créa des modèles dramatiques facilement transposables qui servirent de matrices dans la conception du répertoire du théâtre national non seulement en Croatie, mais aussi dans d'autres pays d'Europe centrale et orientale.

Kotzebue a joué un rôle comparable en Croatie, avec des moyens similaires, auprès de quelques autres auteurs dramatiques, à celui qu'il a joué en Allemagne à la fin du XVIIIe et au début du XIXe siècle, à l'époque où il s'était agi d'élaborer un répertoire pour les scènes allemandes. Il bâtit sa production particulièrement appréciée et d'un point de vue contemporain réellement considérable (elle compte plus de 220 titres), sur la base de la pièce bourgeoise sentimentale. Mais Kotzebue disposait, en plus de sa connaissance remarquable de la technique dramatique, d'une certaine affinité à l'égard des thèmes sociaux de l'époque, de sorte que son œuvre dramatique peut aussi offrir des aperçus sociologiques significatifs. Il faut évoquer le style enlevé et les dialogues fluides, de même que sa capacité à construire des histoires dramatiques claires et compréhensibles pour tout un chacun.

Comme dans le cas de la tragédie de Körner, les drames de Kotzebue sont devenus un des repères du jeune théâtre croate et ont ainsi exercé une influence notable sur les auteurs des premières comédies croates modernes. L'attraction exercée par le modèle de comédie proposé par Kotzebue pour le public contemporain ne venait pas seulement de son esthétique ; il était tout aussi intéressant d'un point de vue thématique, avant tout en raison de sa manière de montrer les problèmes sociaux contemporains. Bien que dans ses œuvres les contenus socialement et politiquement provocateurs ne se rencontrent que rarement, si l'on excepte la présence d'un certain libertinage, il n'est sans doute pas possible d'affirmer qu'elles transmettent des valeurs conservatrices. Kotzebue se prononce au contraire clairement dans ses pièces en faveur de l'égalité et pour le dépassement des préjugés sociaux ; en cela, il tente de répondre aux attentes du public bourgeois autant que du public aristocratique. En faisant de ses « héros aristocratiques des représentants des idéaux des Lumières bourgeoises », il a gagné « la sympathie de la noblesse et de la bourgeoisie[2] ». Ce fait, dans la Croatie du *Vormärz*, était d'une importance capitale, dans la mesure où les représentants de la jeune bourgeoisie au sein du mouvement de renaissance nationale étaient unis à la noblesse de tendance libérale. Pour ces deux groupes sociaux, il était à l'évidence plus important à cette époque d'aplanir plutôt que d'approfondir les

2. Benno VON WIESE, « Einführung », *in* August VON KOTZEBUE, *Schauspiele*, Jürg MATHES (éd.), Francfort/Main, Athenäum, 1972, p. 7-39, ici p. 19.

clivages sociaux, ce en quoi il est possible de conclure que le modèle social de Kotzebue est arrivé en Croatie dans un environnement favorable.

4. À côté des comédies de Kotzebue et d'autres auteurs proches de lui, divers genres comiques populaires du *Volksstück* viennois ont également marqué les débuts du théâtre moderne croate. Les hommes de théâtre n'ont pas vu en eux uniquement les représentants d'un simple divertissement. En effet, comme il leur semblait clair que la diversification du paysage théâtral de Zagreb, qui ne comptait vers 1850 que 15 000 habitants environ, ne serait possible que dans un avenir lointain, ils ont essayé, par la comédie populaire viennoise, de transmettre de nouveaux contenus critiques sur la société.

La majorité des pièces issues du genre du théâtre populaire viennois qui ont été montées sur des scènes à Zagreb durant le deuxième tiers du XIXe siècle l'ont été par Josip Freudenreich (1827-1881), un acteur et homme de théâtre qui a pris de fait la direction de la troupe d'acteurs croates au milieu des années 1850. Jusqu'alors, seules avaient été jouées en langue nationale quelques pièces du répertoire des théâtres des faubourgs viennois, qui d'ailleurs n'étaient pas représentatifs de la production théâtrale contemporaine de la capitale danubienne. Ce n'est qu'avec l'arrivée de Freudenreich à la tête du théâtre de Zagreb que l'on commence à jouer en croate des auteurs dramatiques à l'instar de Johann Nepomuk Nestroy (1801-1862). Le fait que Freudenreich, qui a en tant qu'acteur atteint la plus grande popularité dans le répertoire du *Volksstück* et qu'il ait lui-même écrit quelques pièces dans ce genre, a incité toute une série de journalistes et de spécialistes du théâtre en Croatie à l'appeler le « Nestroy croate ». Cette dénomination n'est fondée qu'en partie. Dans la seconde moitié des années 1850, lorsque Freudenreich a écrit ses premières pièces, le *Volksstück* moralisateur et sentimental dominait les scènes des théâtres des faubourgs viennois, dont le représentant le plus en vue était Friedrich Kaiser (1814-1874), le concurrent plus jeune de Nestroy. Il n'est par conséquent pas étonnant que Freudenreich, qui connaissait la poétique dramatique de ces deux auteurs, se soit décidé en écrivant ses propres pièces à suivre la conception du théâtre populaire sérieux, avec tous ses éléments moralisateurs et didactiques, mais aussi comiques, plutôt que la farce subversive et d'inspiration locale dans le genre de Nestroy.

La popularité des pièces de Freudenreich était en grande partie fondée sur les personnages comiques et les intermèdes musicaux qu'ils chantaient. En comparaison avec les personnages comiques de Nestroy, leur rôle est sensiblement amoindri et pour l'essentiel, il correspond à la conception du *Volksstück* chez Friedrich Kaiser, où l'action « sérieuse » se trouve au premier plan, alors que les éléments comiques ne jouent qu'un rôle subordonné. En tant qu'acteur et organisateur de la vie théâtrale, peut-être Freudenreich mérite-t-il d'être appelé le « Nestroy croate », mais en tant qu'auteur dramatique, il devrait plutôt être considéré comme le « Friedrich Kaiser croate », si l'on compare ses œuvres avec la production viennoise de théâtre populaire. À l'instar de Kaiser, il s'est efforcé de réaliser une conception du *Volksstück* comprenant des scènes sérieuses et comiques, fondée sur un message expressément moralisateur et qui présente sur la scène la vie contemporaine des « petites gens ».

Une nouvelle génération de critiques littéraires et théâtraux, dont le représentant le plus important était August Šenoa (1838-1881), n'eut bientôt plus autant de compréhension pour la situation du théâtre à Zagreb, comme cela avait été le cas avec Dimitrije Demeter (1811-1872). L'une des cibles préférées de leur critique était le *Volksstück* allemand, en particulier la farce viennoise, que Freudenreich avait essayé d'introduire comme pièce maîtresse du répertoire dramatique croate. Une polémique a éclaté contre ce répertoire dans la seconde moitié des années 1860, si bien que Demeter s'est retiré, résigné, de la direction du théâtre et a laissé la place à son jeune opposant Šenoa. Lorsque par la suite l'influence de Freudenreich a commencé à faiblir, les pièces des faubourgs viennois ne purent conserver leur importance au sein du répertoire théâtral zagrébois. Comme ce fut le cas en même temps sur les scènes des faubourgs de Vienne, elles furent remplacées par des opérettes et des comédies de salon, genres dramatiques dans lesquels l'aspect international était sensiblement plus présent, et desquels le contexte local viennois était en grande partie effacé.

5. Une image plus complète des contacts entre les littératures et cultures allemandes et croates, en particulier pour ce qui est des débuts du théâtre moderne croate, ne pourra advenir qu'avec l'abandon de l'idée d'une culture nationale générée par elle-même, en toute indépendance. Un nouveau regard critique posé sur l'histoire de la littérature et du théâtre devrait, sans renier les résultats obtenus, partir d'autres prémisses. Il s'agirait d'essayer de rappeler à la mémoire ce qui a été évacué et oublié durant le processus de création et de développement de la culture nationale. La raison de cet oubli n'est certes pas due uniquement à l'insistance sur l'autonomie de la culture nationale et l'exclusion de l'autre, de l'étranger. Il convient d'en chercher également les raisons dans le fait que le rapport à la germanité et à la culture allemande a longtemps été évacué et tu, non sans que la plupart du temps des positions politiques et/ou idéologiques fussent présentes en arrière-plan.

Il ne faudrait pas non plus perdre de vue le contexte plus large, centre-européen, au sein duquel la nouvelle culture nationale s'est développée. Il s'agirait ainsi d'une contribution à une histoire culturelle de l'ancien espace habsbourgeois fondée sur une base régionale. Cette contribution ne saurait bien entendu se limiter à une présentation naïve et nostalgique, comme cela fut souvent le cas dans les discussions sur l'Europe centrale. Car ce qui fait l'intérêt de l'espace centre-européen, autrefois habsbourgeois, ce n'est certes pas, pour paraphraser Wolfgang Müller-Funk, la nostalgie, mais l'interaction de lignes de force culturelles, l'interpénétration de langues, de cultures et de politique, d'images de soi et des autres, de dynamique entre le particulier et l'universel[3].

Traduit du croate par Daniel Baric.

3. Wolfgang MÜLLER-FUNK, « Kakanien revisited. Über das Verhältnis von Herrschaft und Kultur. », *in* Wolfgang MÜLLER-FUNK, Peter PLENER, Clemens RUTHNER (éd.), *Kakanien revisited. Das Eigene und das Fremde (in) der österreichisch-ungarischen Monarchie*, Tübingen-Bâle, Francke, 2002, p. 14-32, ici p. 18.

Transferts mémoriels et appropriation du passé dans les anciens territoires allemands de la Pologne contemporaine

Thomas SERRIER

Adieu, adieu, ô dernière bouche à incendie allemande de la rue Jurand
j'étais venu à bicyclette par cet après-midi de printemps pour te saluer
comme chaque année afin que tu me remettes en mémoire un peu d'histoire.

Kazimierz BRAKONIECKI [1].

Poniemiecki ou Ce que les Allemands laissèrent derrière eux en Pologne

« Poniemiecki » : adjectif polonais d'occurrence récente; mot à mot « post-allemand »; « d'origine allemande », « autrefois allemand », « laissé là par les Allemands ».

Couramment utilisé aujourd'hui, au moins dans les régions occidentales de Pologne autrefois allemandes – ces fameux « territoires de l'Oder-Neisse » aujourd'hui plus sobrement qualifiés de « territoires du Nord-Ouest » –, l'adjectif « poniemiecki » sert à désigner toutes sortes de lieux et d'objets ayant appartenu aux Allemands jusqu'à leur fuite ou à leur déplacement forcé hors des provinces orientales du Reich, entre la fin de la Seconde Guerre mondiale et les années 1948-1949. Dans ces territoires devenus polonais au gré d'une immense translation de frontières et de gigantesques déplacements de populations, la gestion de l'héritage matériel et culturel allemand est jusqu'en ce début du XXIe siècle un enjeu de taille [2].

1. Kazimierz BRAKONIECKI, « Lament nad hydrantem » [Lamentation sur une bouche à incendie], in *Warmiński Budda* [Le Bouddha d'Ermeland], Olsztyn, Borussia, 2007, p. 137.
2. Zbigniew MAZUR (éd.), *Das deutsche Kulturerbe in den polnischen West- und Nordgebieten*, Wiesbaden, Harrassowitz, 2003; Marek ZYBURA, *Der Umgang mit dem deutschen Kulturerbe in Schlesien nach 1945*, Görlitz, Senfkorn, 2005; Peter Oliver LOEW, Christian PLETZING, Thomas SERRIER (éd.), *Wiedergewonnene Geschichte. Zur Aneignung von Vergangenheit in den Zwischenräumen Mitteleuropas*, Wiesbaden, Harrassowitz, 2006; Thomas SERRIER (éd.), *Die Aneignung fremder Kulturen in multikul-*

Dans sa nouvelle « La table » (*Stół*, 1991), emblématique de toute son œuvre, Paweł Huelle, né en 1957 à Gdańsk de parents transférés de l'Est et l'un des chefs de file de la littérature polonaise contemporaine, élève ainsi un meuble d'usage ordinaire, dont la particularité est d'être « poniemicki », au rang d'allégorie historico-politique. Respect pour la qualité toute germanique de la fabrication, craintes irrationnelles face à cette présence spectrale du passé, pulsions de haine envers un exutoire des ressentiments germanophobes : entre le père, pragmatique et économe, qui voudrait la « rafistoler », et la mère, qui oscille entre une sourde hostilité et des bouffées d'hystérie destructrice, la table de Huelle condense toute la gamme des sensibilités polonaises à l'égard des traces allemandes dans les territoires passés sous administration polonaise en 1945. Dans une *short story* onirique d'Olga Tokarczuk, autre grand nom de la scène littéraire polonaise des années 1990, c'est l'acquisition d'une armoire de l'époque allemande (*Szafa*, 1998), longtemps après 1945, qui donne lieu à une initiation à un passé englouti aux traits quasi mythologiques...

Éléments concrets, visuels et tangibles, la table de Huelle, la penderie de Tokarczuk ou encore la bouche à incendie du poète Brakoniecki citée en exergue emblématisent le processus fascinant, complexe et contradictoire de « l'appropriation » du passé allemand dans les régions occidentales de la Pologne après 1945, un phénomène qui a connu un bond qualitatif et quantitatif spectaculaire depuis 1989.

L'article suivant a pour objectif d'illustrer dans un premier temps les facettes multiples et les problèmes méthodologiques que posent ces phénomènes d'appropriation culturelle et les translations de mémoires qui l'accompagnent. À l'évidence, la viabilité de ce dernier concept nécessite d'être précisée. Les contours et les limites en apparaîtront plus clairement au terme d'une seconde partie qui se propose, à partir d'exemples concrets et d'études récentes, de dresser une typologie succincte des formes d'appropriation du passé et qui interroge d'autre part les facteurs de blocage ou de catalyse desdits transferts mémoriels.

Autour du « moment 89 », le changement de cap est en tout cas radical. Après des décennies d'ignorance mutuelle, à l'ombre de présentations de l'Histoire antagonistes et incompatibles, c'est comme si, grâce à un puissant retour de mémoire et à la faveur du tournant géopolitique de 1989, propice à des changements paradigmatiques profonds en matière identitaire, les « grandes narrations » allemandes et polonaises, tels deux bras divergeants d'un fleuve, mêlaient à nouveau leurs cours, permettant des jeux de rôle tout à fait inédits sur des questions encore brûlantes il y a peu. Autre romancier de Gdańsk, Stefan Chwin (né en 1949) n'a-t-il pas fait grand

turellen Städten in Nordosteuropa (20. Jahrhundert), Nordost-Archiv. Zeitschrift für Regionalgeschichte, n° 15, 2008.

bruit, en 1995, en racontant dans *Hanemann* (*Tod in Danzig*) l'expulsion des Allemands de Danzig du point de vue des Allemands ?

Implications théoriques : mémoires, territoires, reconnaissance

D'un point de vue théorique, les processus « d'appropriation culturelle » dans les anciens territoires allemands soulèvent une série de questions fondamentales, qui ont des implications décisives sur plusieurs champs de recherches actuels.

Les recherches autour des *mémoires collectives* tout d'abord. Au regard de la discontinuité quasi totale des « cadres de la mémoire », pas simplement sociaux, mais aussi territoriaux et politiques, c'est bien, dans le cas qui nous intéresse, la question de la transformation d'une « mémoire communicative » en une « mémoire culturelle » qui est au coeur du problème. Dans l'une de ses dernières communications, Reinhart Koselleck a rappelé avec vigueur l'impossibilité d'une transmission de la mémoire « primaire », unique, individuelle, inscrite dans les chairs autant qu'enregistrée dans les consciences[3]. Au-delà de ce constat fondamental, la radicalité de la destruction des confins et du bouleversement des populations interroge les trois composantes, mémoire, identité et tradition, de la « mémoire culturelle » définie par Jan Assmann. Vu l'ampleur de la rupture, étant donné que la population présente et la population passée des mêmes espaces n'ont quasiment aucun lien entre elles, au moyen de quelles « structures connectives », de quelles « connexions temporelles » (entre le passé et le présent) et « intersubjectives » (entre les individus porteurs et passeurs de mémoire) la « continuation culturelle » dont parle Assmann s'opère-t-elle ? La coupure d'une histoire en cours et la couture d'un nouveau présent interdisent-elles ou rendent-elles justement nécessaire de parler d'un lieu de mémoire « transnational[4] » ?

La question du rapport collectif à l'espace et au territoire ensuite. La notion de *carte mentale* contribue à mieux cerner dans leurs contours géographiques les phénomènes de rémanence de la « patrie » allemande perdue après 1945, d'une part, et, d'autre part, les projections géopolitiques d'une Pologne arrondie à l'ouest, antérieurs aux accords de Potsdam, ainsi que l'intériorisation de la nouvelle carte de la Pologne après 1945[5]. Le concept de *territorialité*, pro-

3. Reinhart KOSELLECK, « Der 8. Mai zwischen Erinnerung und Geschichte », *in* Steffen KAUDELKA, Rudolf VON THADDEN (éd.), *Erinnerung und Geschichte. 60 Jahre nach dem 8. Mai 1945*, Göttingen, Wallstein, 2006, p. 13-25, en particulier p. 13-17.

4. Jan ASSMANN, *Das kulturelle Gedächtnis : Schrift, Erinnerung, politische Identität in frühen Hochkulturen*, Munich, Beck, 1992 ; Jacques LE RIDER, Moritz CSÁKY, Monika SOMMER, « Vorwort », *in idem* (éd.), *Transnationale Gedächtnisorte in Zentraleuropa*, Innsbruck, Studienverlag, 2002, p. 7-11.

5. Sur la notion de carte mentale, voir Frithjof Benjamin SCHENK, « Mental maps. Die Konstruktion von geographischen Räumen in Europa seit der Aufklärung », in *Geschichte und Gesellschaft*, 28/3, p. 493-514 ; Gregor THUM, *Traumland Osten. Deutsche Bilder vom östlichen Europa im 20. Jahrhundert*,

posé notamment par Charles S. Maier, permet d'interroger le rapport à l'espace conçu à la fois comme espace de décision et de souveraineté et comme espace identitaire. Entre le « moment 1945 » et le « moment 1989 », on passe d'une forme exclusive à une forme non exclusive de l'attachement territorial (dit en termes techniques, du régime national au régime post-national de territorialité), du moins dans les représentations[6] ?

Dernier point, les enjeux d'une *politique de la reconnaissance*. Concept polysémique, d'une actualité politico-philosophique frappante[7], à mi-chemin entre politique, morale, justice et symboles, permettant en dernier lieu la construction dialectique des identités collectives, la question de la reconnaissance jalonne l'histoire des relations germano-polonaises depuis soixante ans[8] ; elle joue un rôle essentiel dans le « complexe germano-polonais lié au patrimoine culturel[9] ».

Göttingen, Vandenhoeck & Ruprecht, 2006. Pour une analyse de l'œuvre du principal protagoniste de la « pensée occidentale » polonaise dans l'entre-deux-guerres et après 1945 voir Markus Krzoska, *Für ein Polen an Oder und Ostsee. Zygmunt Wojciechowski (1900-1955) als Historiker und Publizist*, Osnabrück, Fibre, 2003 ; du même, « Die Bedeutung der Oder für das politische Denken Zygmunt Wojciechowskis (1900-1955) », *in* Karl Schlögel, Beata Halicka (éd.), *Oder-Odra. Blicke auf einen europäischen Strom*, Francfort, Peter Lang, 2007, p. 231-245 ; Thomas Serrier, « Les territoires occidentaux et la construction identitaire en Pologne 1900-200... », in *Études Germaniques* n° 62, 2007, 1, p. 211-221.

6. Charles S. Maier, « Consigning the Twentieth Century to History : Alternative Narratives for the Modern Era », in *American Historical Review*, 2000, p. 807-831 ; *idem*, « Transformations of Territoriality, 1600-2000 », *in* Gunilla Budde, Sebastian Conrad, Oliver Janz (éd.), *Transnationale Geschichte. Themen, Tendenzen, Theorien*, Göttingen, Vandenhoeck & Ruprecht, 2006, p. 32-56. Thomas Serrier, « Geschichtskultur und Territorialität. Historisches und räumliches Bewusstsein im deutsch-polnischen Grenzraum im 19. und 20. Jahrhundert », *in* Étienne François, Jörg Seifarth, Bernhard Struck (éd.), *Die Grenze als Raum, Erfahrung und Konstruktion. Deutschland, Frankreich und Polen vom 17. bis zum 20. Jahrhundert*, Francfort/Main, Campus Verlag, 2007, p. 243-267.

7. Charles Taylor, « The Politics of Recognition », *in* Amy Gutman, *Multiculturalism*, Princeton UP, 1994 ; Jean-Marc Ferry, *L'éthique reconstructive*, Paris, Cerf, 1996 ; Axel Honneth, *La lutte pour la reconnaissance. Grammaire morale des conflits sociaux*, trad. fr. de Pierre Rusch, Paris, Cerf, 2000 ; Paul Ricœur, *Parcours de la reconnaissance*, Paris, Stock, 2004. Ces études relèvent toutes d'approches spéculatives et normatives, qu'elles soient philosophiques ou sociologiques. On trouvera un bon exemple d'application à un objet historiographique chez Jean-Michel Chaumont, *La Concurrence des victimes. Génocide, identité, reconnaissance*, Paris, La Découverte, 1997. Cf. Thomas Serrier, « Allemagne-Pologne depuis 1945 : parcours de la reconnaissance », in *Allemagne d'aujourd'hui* n° 182 (*Les relations de l'Allemagne avec ses voisins est-européens*, Jean-Louis Georget (dir.)), octobre-décembre 2007, p. 21-30.

8. Jerzy Kranz, *Polen und Deutschland: getrennte oder gemeinsame Wege der Geschichtsbewältigung? Juristisch-politische Bemerkungen aus polnischer Sicht*, Bonn, Friedrich Ebert Stiftung, 2005 ; Dieter Bingen, *Die Polenpolitik der Bonner Republik von Adenauer bis Kohl 1949-1991*, Baden-Baden, Nomos Verlagsgesellschaft, 1997 ; *idem*, Janusz Józef Węc, *Die Deutschlandpolitik Polens 1945-1991. Von der Status-Quo-Orientierung bis zum Paradigmenwechsel*, Cracovie, Nakład Uniwersytetu Jagiellońskiego, 1993.

9. « Arbeitspapier II der Kopernikus-Gruppe : Entwurf für eine Lösung der Probleme um kriegsbedingt verbrachte Kulturgüter in Deutschland und Polen », *in* Dieter Bingen, Kazimierz Wóycicki (éd.), *Die Kopernikus-Gruppe. Zwischenbilanz eines deutsch-polnischen Gesprächskreises*, Wiesbaden, Harrassowitz, 2007, p. 22.

Une histoire transnationale, des mémoires fragmentées : États, populations, parcours

En 1945, l'effondrement du Troisième Reich entraîne le redécoupage des frontières de l'Allemagne, qui perd plus de 100 000 km^2 placés, au terme des accords de Potsdam, « sous administration » de la Pologne et de l'URSS : la Prusse orientale, coupée en trois (Memel échoit à la République Soviétique et Socialiste de Lituanie au sein de l'URSS, Königsberg devient Kaliningrad et est directement rattaché à la RSS de Russie, le Sud étant placé sous administration polonaise), la Prusse occidentale (ainsi que Danzig), la Poméranie jusqu'à Stettin/Szczecin, la partie orientale du Brandebourg ainsi que la Haute Silésie et la Basse Silésie à l'exception de la région de Görlitz à l'Ouest de la Neisse.

Il y a plusieurs manières de présenter la translation territoriale de l'Allemagne vers la Pologne et le vaste transfert forcé de populations, sachant qu'aucun vocable, à commencer par ceux faussement neutres de transfert et de translation, n'est objectif, et que le lexique participe au contraire de la construction des faits, et partant, de la mémoire. Même si l'analyse sémantique comparée omet souvent d'ajouter au corpus les différents champs sémantiques dans les trois langues des Alliés (*transfer/t*), la terminologie en RFA (*Vertreibung, Zwangsaussiedlung*), RDA (*Umsiedlung*) et Pologne (*wypędzenie, wysiedlenie, repatrianci*), a assez souvent été décortiquée ailleurs pour que la question ne doive pas être approfondie ici [10]. Notons simplement que les implications politiques des choix lexicaux opérés étaient à la fois internes, à une langue et à l'idiosyncrasie d'un régime, et externes, par des phénomènes de réception et de réfraction compliquant singulièrement les dialogues transnationaux par des questions de traductions nécessairement insatisfaisantes : associé de manière réflexe aux revendications des Fédérations de réfugiés, le terme ouest-allemand de *Vertreibung*, élevé dès la création de la RFA à un niveau officiel par le biais de l'intitulé d'un ministère, a ainsi eu longtemps une résonance très négative pour des oreilles polonaises ; inversement, son emploi circonstancié mais décomplexé par un historien aussi reconnu que Włodzimierz Borodziej témoigne à sa manière de l'évolution des mentalités dans les années 1990 [11].

Par-delà le vocabulaire, facteur d'antagonisme ou plate-forme de confrontation ouverte, de compréhension et de rapprochement des expériences, les partis pris historiographiques, et notamment les choix de focales, ont joué un rôle éminent dans la cristallisation des mémoires. Sans doute

10. Włodzimierz BORODZIEJ, « Flucht – Vertreibung – Aussiedlung », *in* Andreas LAWATY, Hubert ORŁOWSKI (éd.), *Deutsche und Polen. Geschichte – Kultur – Politik*, Munich, Beck, 2003, p. 88-95 ; Stanisław JANKOWIAK, « Terminologia w stosunkach polsko-niemieckich » [La terminologie dans les rapports polono-allemands], in *Sprawy narodowościowe* (Questions de nationalité) 6, 1997, p. 285-294.
11. Włodzimierz BORODZIEJ, Artur HAJNICZ, *Komplex Wypędzenia* [Le complexe de l'expulsion], Cracovie, Znak, 1998.

aurait-il fallu commencé par dire que les « territoires orientaux de l'Allemagne » n'existent pas en tant que tels, qu'ils sont très largement une vue de l'esprit, une construction, le fruit d'une vue aérienne englobante qui fait fi des amalgames entre des cas pourtant aussi dissemblables que, par exemple, la Poméranie, province périphérique et rurale de population allemande homogène avant 1945 et la Haute Silésie, à la population pluriculturelle gagnée dès la fin du XIXe siècle par les rivalités nationales, et marquée par une situation frontalière dont le potentiel de conflictualité et d'instabilité avait été révélé dans la tourmente des années 1918-1921.

L'effort de différenciation et le jeu d'échelle préconisés pour la présentation des espaces et des territoires valent plus encore pour rendre compte dans sa multiplicité de la vaste « remue d'hommes » qui affecta ce qui n'était pas encore les « territoires de l'Oder-Neisse [12] ». Retracer le cheminement complexe qui conduisit à la décision du « transfert » des Allemands de Pologne revient à interroger la volonté de Staline, mais aussi les calculs et convictions de Churchill et Roosevelt ainsi que le rôle de dirigeants politiques centre-européens pourtant indubitablement démocrates comme Beneš, Sikorski ou Mikołajczyk [13]. Au niveau des expériences individuelles, il faut rappeler l'extraordinaire maelström de populations (déportés, évacués, réfugiés, prisonniers de guerres de toutes nationalités) et la « gigantesque gare de triage » que fut la région dans les années de guerre et d'immédiat après-guerre [14]. Par-delà l'infinie variété des mémoires personnelles, dues aux différences nationales, géographiques, sociales, culturelles, générationnelles, mais aussi, plus directement, aux expériences vécues, des dénominateurs communs et des analogies frappantes sont possibles, facilitant l'empathie réciproque, malgré la persistance des traumatismes et des stéréotypes négatifs, comme le montrent les nombreuses rencontres organisées entre anciens et nouveaux habitants d'une même ville depuis les années 1990. Mais les terrains d'entente ne sont pas sans risque non plus. Staline et les « Russes » n'ont-ils pas trop « bon dos [15] » ?

12. Ce terme évocateur a été proposé par Abel Poitrineau dans un contexte très différent, une étude sur les migrations montagnardes en Auvergne (1983).
13. Detlef BRANDES, *Der Weg zur Vertreibung 1938-1945. Pläne und Entscheidungen zum „Transfer" der Deutschen aus der Tschechoslowakei und aus Polen*, Munich, Oldenbourg, 2001.
14. Karl SCHLÖGEL, « Nach der Rechthaberei. Umsiedlung und Vertreibung als europäisches Problem », *in* Dieter BINGEN, Włodzimierz BORODZIEJ, Stefan TROEBST (éd.), *Vertreibungen europäisch erinnern? Historische Erfahrungen – Vergangenheitspolitik – Zukunftskonzeptionen*, Wiesbaden, Harrassowitz, 2003, p. 11-44, citation p. 12.
15. On comparera sous cet angle *En crabe* de Günter GRASS (*Im Krebsgang*, 2002), l'essai « Le doigt de Staline » d'Olga TOKARCZUK (*Silesia Nova* n° 1, 2004) et la pièce de théâtre *Transfer* de Jan KLATA (2007).

Modes d'appropriations : faits accomplis, récits-maîtres et contre-mémoires

Sortie de guerre, stalinisation, dégel, « Ostpolitik » et la chute du Rideau de fer scandent plus ou moins exactement les différentes phases du discours officiel sur les « territoires recouvrés ». L'idée d'une Pologne de tout temps homogène, inspirée du courant national-démocratique de Roman Dmowski, avait été forgée de toutes pièces après 1945, pour asseoir le régime communiste en lui donnant une légitimation nationale [16]. Mais, comme ailleurs en Europe, ce premier récit-maître de l'immédiat après-guerre avait aussi pour fonction de stabiliser un pays bouleversé de fond en comble [17]. La propagande sur les « territoires recouvrés », encore reprise par le général Jaruzelski dans les années 1980, s'est sans doute imposée d'elle-même, malgré son invraisemblance, autant qu'elle a été imposée d'en haut, à la faveur d'un armistice passé entre une population épuisée par six années d'occupation et le nouveau régime en mal de soutiens [18].

Les premières équipes « pionnières » de l'administration polonaise arrivèrent dans les talons de l'armée rouge avec pour mission d'assurer le passage des territoires sous souveraineté polonaises. La « dégermanisation [19] » passa surtout par l'expulsion collective des Allemands encore sur place et un repeuplement notamment par l'installation des populations déplacées de l'Est, mais en réalité, les origines géographiques des nouveaux habitants sont très mélangées (territoires de l'Est, Pologne centrale, prisonniers rentrés d'Allemagne, migrants économiques revenus d'Europe occidentale).

Sur le plan « culturel », prolongeant les dégâts causés par les combats, un premier moment fut consacré à détruire. Il s'agissait d'effacer les traces du passé allemand par la destruction de monuments, de plaques de rue, d'inscriptions publiques, bientôt de cimetières et d'archives. L'acharnement hystérique mis à ce nettoyage symbolique, souligne en creux l'insurmontable distance entre les discours et la réalité. Dans son magnifique livre sur la polonisation de Breslau, Thum relate non sans ironie que, faute de matériel, les ordres concernant la polonisation de l'environnement visuel étaient tapés sur du papier à en-tête du Troisième Reich. Le Ministère des

16. Marcin Zaremba, *Komunizm, legitymizacja, nacjonalizm. Nacjonalistyczna legitymizacja władzy komunistycznej w Polsce* [Communisme, légitimation, nationalisme. La légitimation nationaliste du pouvoir communiste en Pologne], Warszawa, Trio, 2005.

17. Étienne François, « Meistererzählungen und Dammbrüche : Die Erinnerung an den Zweiten Weltkrieg zwischen Nationalisierung und Universalisierung », *in* Monika Flake (éd.), *Mythen der Nationen. 1945 – Arena der Erinnerungen*, Berlin, DHM, 2005, p. 13-29.

18. Joanna Warzyniak, « Die Westgebiete in der Ideologie des polnischen Kommunismus. Symbolik und Alltag am Beispiel der Soldatensiedler », *in* Loew, Pletzing, Serrier, *op. cit.*, p. 278-298.

19. Bernard Linek, *„Odniemczanie" województwa śląskiego w latach 1945-1950* [La « dégermanisation » de la voïvodie de Silésie durant les années 1945-1950], Opole, Instytut Śląski, 1997. Rappelons ici les connotations nationalistes du terme « Entdeutschung » dans l'entre-deux-guerres, par exemple dans le livre de Hermann Rauschning, *Die Entdeutschung Westpreußens und Posens. Zehn Jahre polnische Politik*, Berlin, 1930.

Territoires recouvrés, qui sera supprimé en 1949, alla jusqu'à émettre une note exigeant que fussent grattées les noms de marques allemandes sur les cendriers et les bocks de bière[20].

Complémentaire de cette forme d'appropriation par le vide, un plein de symboles polonais devait parachever l'œuvre de « repolonisation », terme de propagande assénant le dogme d'une antériorité polonaise à retrouver. L'opération s'appuya sur des transferts de biens culturels dont les plus connus sont le transfert de Lwów à Wrocław des fonds de l'Ossolineum, du Panorama de Racławice, grande fresque historique du XIXe siècle, ou encore de la statue de l'écrivain Fredro, qui put, après 1956, prendre la place laissée vide par Frédéric-Guillaume III sur la grande place en 1945 (ill. 1 et 2). Ces transferts ont leur histoire, complexe, en raison du tabou idéologique pesant sur l'expulsion des Polonais des « kresy » de l'Est, qui mettait en cause l'URSS de Staline[21]. À ces transferts d'un répertoire culturel national s'ajouta la mythification du passé local. Dans un contexte marqué par la fragilité générale du passé polonais, la « quête de continuité » s'appuya sur des situations locales fort différentes, comme le montrent bien les cas de Wrocław, Gdańsk et Szczecin[22]. Aussi bien les villes et les territoires repeuplés par les Polonais après 1945 n'offraient pas tous un visage similaire, par-delà leur commun aspect de désolation au sortir des destructions de la guerre. Souvent évoqué dans la littérature mémorielle et l'historiographie, le sentiment de vivre dans un état provisoire prolongé, « les valises faites » pour le cas d'un nouveau départ, connaissait des degrés d'intensité divers selon les lieux. Alors qu'une certaine évidence « polonaise » confortait l'enracinement à Gdańsk ou en Mazurie, et que la propagande orchestrée par le Ministère des Territoires recouvrés élevait Wrocław au rang de « capitale » des territoires recouvrés, visitée par un million et demi de visiteurs à l'occasion de l'Exposition des Territoires recouvrés en 1948, l'avenir polonais du territoire de Lebus, jouxtant l'Oder, ou de Szczecin, seule ville annexée sur la rive gauche du fleuve, parut longtemps des plus précaires.

---

20. Gregor THUM, *Die fremde Stadt. Breslau 1945*, Berlin, Siedler, 2003, p. 171-211 et p. 367-393.

21. Jana EGGERS-DYMARSKI, Joanna GIZEWSKA, Karin LENK, Gabriele PFEIFER, « Zwischen alter und neuer Heimat : Die Lemberger in Breslau », *in* Philipp THER, Tomasz KRÓLIK, Lutz HENKE (éd.), *Das polnische Breslau als europäische Metropole. Erinnerung und Geschichtspolitik aus dem Blickwinkel der Oral History*, Wrocław, ATUT, 2005, p. 86-99.

22. Peter Oliver LOEW, *Danzig und seine Vergangenheit 1793-1997. Die Geschichtskultur einer Stadt zwischen Deutschland und Polen*, Osnabrück, Fibre, 2003, p. 388-422 ; largement appuyé sur les travaux de Loew, Thomas SERRIER, « Danzig/Gdańsk : L'Europe du XXe siècle au prisme des confins germano-polonais », *in* Delphine BECHTEL, Xavier GALMICHE (éd.), *Les villes multiculturelles en Europe centrale*, Paris, Belin, 2008, p. 221-245 ; Gregor THUM, *op. cit.* ; Jan MUSEKAMP, « Der Königsplatz (plac Żołnierza Polskiego) in Stettin als Beispiel kultureller Aneignung », *in* LOEW, PLETZING, SERRIER, *op. cit.*, p. 19-36.

Illustration 1. Le Ring de Breslau en 1945 avec la statue de Frédéric-Guillaume III. Cliché de Henri Makaka Wisi. Musée de la ville de Wrocław. Quatrième de couverture de l'ouvrage de Gregor Thum, *Die Fremde Stadt*, Berlin, Siedler, 2003.

Illusration 2. Le *rynek* de Wrocław aujourd'hui avec la statue de Fredo. Quatrième de couverture de l'ouvrage de Gregor Thum, *Die Fremde Stadt*, Berlin, Siedler, 2003.

En lieu et place de cette vérité tronquée, les milieux intellectuels ont, dès les années 1970-1980, admis que la véritable marque des territoires du Nord et de l'Ouest résidait dans leur héritage plurinational et multiculturel séculaire[23]. Depuis les années 1990, grâce au dépassement progressif de l'antagonisme germano-polonais et malgré les questions encore sans solution consensuelle comme celle des biens culturels déplacés, la thèse que les « Polonais sont les dépositaires du patrimoine culturel allemand en Pologne » (Jan Józef Lipski) est admise par un public de plus en plus grand. Adam Krzemiński ne titrait-il pas dans *Polityka* en 2001, l'année du tricentenaire de la Prusse : « La Prusse, c'est nous ! »

Les années 1945-1960 furent marquées par des choix idéologiquement guidés en matière de conservation ou de destruction du patrimoine architectural[24], selon une hiérarchie subtile sacralisant le gothique (à Wrocław) ou le baroque (à Gdańsk), témoin de l'âge d'or de Danzig au sein du royaume de Pologne, mais diabolisant l'architecture prussienne du XIXe siècle, symbole d'oppression. Le changement de paradigme s'opère dans les années 1980, dans une chronologie qui n'est pas sans évoquer le nouveau souci du patrimoine en Europe de l'Ouest. La provocation consiste même à souligner la continuité entre l'urbanisme polonais des années 1950 et les plans de modernisation développés sous le Troisième Reich (par exemple à Szczecin).

Les activités historiques sont aussi spectaculaires que le changement de paradigmes en matière urbanistique. L'association culturelle Borussia fondée dès 1991 à l'initiative de deux trentenaires, l'historien Robert Traba et le poète déjà cité Brakoniecki, dans l'ancienne Prusse orientale, est aujourd'hui très souvent montrée en modèle. L'une des premières écloses, elle reste aussi la plus active parmi une kyrielle d'associations en quête des racines pluriculturelles[25]. La mémoire allemande de la « patrie perdue » sert souvent de matrice décentrée à cette archéologie polonaise d'une « Atlantide du Nord » (Brakoniecki). Tournée vers une réception active de la mémoire culturelle allemande, cette « appropriation » en cours d'une histoire longtemps interdite est désormais conçue comme une pluralisation enrichissante, et non plus comme une nécessaire table rase. Certains écrivains allemands comme Günter Grass ou Siegfried Lenz ou encore l'ancienne éditorialiste de *Die Zeit,* Marion Dönhoff, tous originaires des anciennes provinces allemandes perdues, tous résolument engagés dans le rapprochement germano-polonais et détenteurs de « clés » à remonter le

23. Claudia KRAFT, « Geschichte im langen Transformationsprozeß in Polen », *in* Helmut ALTRICHTER, *GegenErinnerung. Geschichte als politisches Argument*, Munich, Oldenbourg, 2006, p. 129-151.
24. Dieter BINGEN, Hans-Martin HINZ (éd.), *Die Schleifung. Zerstörung und Wiederaufbau historischer Bauten in Deutschland und Polen*, Wiesbaden, Harrassowitz, 2005 ; sur le cas exemplaire de Szczecin voir note 22 (art. de J. Musekamp) ainsi que Katja Bernhardt, Jan Musekamp, « 1945 – ein Bruch ? Stadtplaner in Stettin und Szczecin », in *Nordost-Archiv* n° 15, 2008, *op. cit.*, p. 38-59.
25. Robert TRABA, « Wo liegt Preußen ? », *in* Basil KERSKI (éd.), *Preußen. Erbe und Erinnerung. Essays aus Polen und Deutschland*, Potsdam, Deutsches Kulturforum östliches Europa, 2005, p. 159-165.

temps, sont de véritables célébrités en Pologne. Le succès touristique de livres sur Gdańsk dans les pas d'Oskar Matzerath ne se dément pas. En 2002, la ville de Gdańsk a érigé une statue en l'honneur de Grass, l'auteur du *Tambour* et prix Nobel de littérature 1999, le plus célèbre enfant de la ville (ill. 3). Cette popularité locale a été à peine entamée par la révélation de son passé de Waffen-SS.

Illustration 3. Günter Grass près de la statue d'Oskar Matzerath. Source : Cliché Wojtek Jakubowski/KFP, in *Dialog. DeutschPolnisches Magazin*, n° 79, 2007.

Il va de soi que des stratégies de légitimation sont à l'œuvre. Elles vont de récits individuels à des mises en scènes politiques en passant par du marketing local. Opération de communication réussie, lorsque la municipalité de Wrocław commande à l'Anglais Norman Davies une histoire pluriculturelle de la ville[26]. Récit individuel plein d'émotion lorsque Brakoniecki et son traducteur allemand Winfried Lipscher racontent qu'à vingt années de distance, c'est la même sage-femme, Mme Orłowska, qui a assisté à leur naissance et le même prêtre allemand, le P. Tarnowski, qui les a baptisés, l'un à Wartenburg, l'autre dans cette même ville devenue Barczewo[27]. Mais aussi pratiques identitaires des mineurs au chômage de Wałbrzych, qui désossent petit à petit en guise de souvenirs leur ancien matériel estampillé d'indications allemandes[28].

26. Norman Davies, Roger Moorhouse, *Microcosm. A Portrait of a Central European City*, Londres, Jonathan Cape, 2002.

27. Entretien avec Winfried Lipscher, Berlin, 16 février 2008.

28. Tomasz Rakowski, « Zwischen Sammeleifer und Archäologie. Die Erfahrung von Geschichte und Gegenwart bei degradierten Gemeinschaften in den polnischen Westgebieten (am Beispiel von Waldenburg und Umgebung) », *in* Loew, Pletzing, Serrier, *op. cit.*, p. 320-347.

Mise en scène politique enfin, lorsque Donald Tusk, le dirigeant politique libéral et futur chef du gouvernement polonais, coédite en 1996 dans son bastion politique de Gdańsk le best-seller local *Był sobie Gdańsk (Il était une fois Danzig)*, album de photos sépia datant de l'époque allemande. Dès 1993, les habitants de Szczecin interrogés par la *Gazeta Wyborcza* avaient placé deux maires de l'époque allemande parmi leurs personnalités historiques locales préférées [29]. La mise en valeur, souvent plus tardive, du patrimoine judéo-allemand relève de préoccupations pareillement situées au croisement de la quête des racines et de stratégies de légitimation [30].

Bilan : rhétoriques de la rupture et de la continuité

Montrer que Gdańsk, Wrocław, Opole ne sont pas Danzig, Breslau et Oppeln est un exercice rhétorique demandant peu d'effort, tant la césure entre les époques est importante [31]. Aussi la perspective d'identités hybrides telles que suggérées par Andrzej Zawada dans son célèbre essai *Bresław*, qui mixe les toponymes allemand et polonais (1996), reste-t-elle sans doute une acrobatie de l'esprit propre aux élites intellectuelles. Les phénomènes de circulations sémantiques et de transferts culturels sont pourtant indéniables. L'enracinement des Polonais des régions occidentales passe aujourd'hui par l'appropriation de la mémoire culturelle allemande des lieux.

29. Jan M. Piskorski, Bogdan Wachowiak, Edward Włodarczyk, *A Short History of Szczecin*, Poznań, PTPN, 2002, p. 210.
30. Julia Gogol *et alii*, « Eine große Tradition ohne Kontinuität. Die jüdische Gemeinde in Breslau seit 1945 », *in* Ther, Królik, Henke, *op. cit.*, p. 111-129.
31. Krzysztof Ruchniewicz, « Warum Wrocław nicht Breslau ist. Überlegungen zur Nachkriegsgeschichte der schlesischen Hauptstadt », in *idem*, *Zögernde Annäherung. Studien zur Geschichte der deutsch-polnischen Beziehungen im. 20. Jahrhundert*, Dresde, Thelem, 2005, p. 225-241.

Événement et mémoire dans une communauté à la frontière bulgaro-serbe[1]

Galia VALTCHINOVA

Dans son étude sur la construction nationale de la Macédoine grecque, l'anthropologue Anastasia Karakasidou revient à plusieurs reprises sur l'histoire de Paschalina « la Bulgare ». Celle-ci avait produit deux récits alternatifs de sa vie, les variations portant sur un moment clé de la vie de la communauté, qui s'était passé en 1913, lorsque la région fut « libérée » et incorporée à l'État grec[2]. Il s'agit d'un récit double d'un événement fondateur de la Grèce contemporaine qu'une slavophone avait vécu et dont elle avait consciencieusement retravaillé l'image, afin de la rendre conforme au récit national. Ce cas est symptomatique d'une tendance repérable ailleurs dans les Balkans : les histoires de vie s'adaptent sans cesse aux grands récits nationaux et aux relectures des événements historiques[3]. Depuis 1989, les sociétés balkaniques ont connu une nouvelle vague de ruptures, qui ont déclenché un processus de re-négociation des récits collectifs aussi bien que des récits individuels. La dissolution de l'ex-Yougoslavie et l'effondrement des régimes communistes furent accompagnés d'une guerre des mémoires et d'une réécriture de l'histoire qui modifièrent sensiblement les récits nationaux[4]. De fait, la guerre ou le changement de système politique sont des types d'événements qui font basculer les vies et modifier la vision que l'on a de sa propre identité. C'est en partant des réactions à une guerre, celle du Kosovo de 1999, qu'est proposée ici une exploration du travail de la mémoire sur les expériences et les identités collectives[5] dans le contexte de la transition postcommuniste bulgare.

1. Pour cet article, j'ai bénéficié des conseils d'Élisabeth Claverie et de Bernard Lory, que je remercie.

2. Anastasia KARAKASIDOU, *Fields of Wheat, Hills of Blood. Passages to Nationhood in Greek Macedonia, 1870-1990*, Chicago, University of Chicago Press, 1997, p. 125-131, 235.

3. Voir Pamela BALLINGER, *History in Exile : Memory and Identity at the Borders of the Balkans*, Princeton, Princeton University Press, 2002.

4. Voir Robert HAYDEN, « Recounting the Dead. The Rediscovery and Redefinition of Wartime Massacres in Late- and Post-Communist Yugoslavia », *in* Ruby WATSON (éd.), *Memory, History and Opposition under State Socialism*, Santa Fe, School of American Research Press, 1994, p. 167-184.

5. Dans le sillage de Keith BROWN et Dimitrios THEODOSSOPOULOS, « The Performance of Anxiety. Greek Narratives of War in Kosovo », *Anthropology Today*, vol. 16, n° 1, février 2000, p. 3-9.

Les « événements » du printemps 1999

L'étude de cas ethnographique présentée ici concerne le bourg de Trăn dans l'ouest de la Bulgarie, dont les quelque 5 000 habitants sont partagés entre une population bulgare vieillissante, qui concentre les leviers du pouvoir local et une majorité montante de Roms. Le quartier dont il est question ici est celui de Barinci, situé à une dizaine de kilomètres de la frontière bulgaro-serbe, sur la route principale menant à l'un des points de passage entre les deux pays[6]. Depuis plus d'un siècle, la frontière est présente dans la vie quotidienne de Barinci sous plusieurs formes, à commencer par les échanges entre familles divisées, les fuites à travers les barbelés de l'époque communiste, jusqu'au commerce transfrontalier des premières années du postcommunisme[7]. La crise du Kosovo y a été vécue très directement par une présence militaire renforcée en 1998, ainsi que par des chutes accidentelles de missiles dans les environs de la localité, lors des bombardements de l'OTAN[8]. Les réactions de colère de la communauté locale ne tardèrent pas à s'exprimer et une manifestation eut lieu le 30 avril 1999, devant le lieu de mémoire principal de la ville, l'unique monument existant aux victimes de la guerre serbo-bulgare de 1885. Ce cadre inédit n'a pas manqué de produire un conflit d'interprétations :

> « Il ne faut pas écouter ceux qui crient : "À bas l'OTAN !", comme on l'a entendu à la manifestation organisée ici. Des femmes, des anciennes du PC, sont venues scander ce slogan… L'une d'elles était particulièrement remontée, elle a pris la parole, juste devant le monument aux morts, et elle a dit qu'il fallait demander la paix pour nos frères qui souffraient là-bas, les Serbes. Je l'ai interpellée en lui disant : Quels frères ? Ce sont des agresseurs, ils nous ont agressés en 1885 et maintenant, ils continuent [leur agression] contre les Albanais. Ce ne sont pas nos frères. Nous aussi, on a souffert à cause d'eux – avant tout le monde, même avant les Albanais. »

Ce point de vue est celui de N. R., le plus important homme d'affaires du bourg, un notable local. Les récits que les habitants firent de cet épisode variaient beaucoup. Plusieurs persistaient à y voir une action en faveur de la paix et un acte de solidarité avec le peuple serbe, d'autres lui opposaient des rancunes anti-serbes, d'autres encore n'en retirèrent que le rejet d'un Occident peu soucieux des plus démunis. Nonobstant ces lectures contra-

6. Il s'agit d'une ancienne *mahalla*, organisme social de *voisinage* dans le sens développé par Arjun Appadurai, *Après le colonialisme. Les conséquences culturelles de la globalisation*, Paris, Payot, 2001, trad. française de Françoise Bouillot [éd. originale *Modernity at Large. Cultural Dimensions of Globalization*, Minneapolis, University of Minnesota Press, 1996], p. 252-259.

7. Sur l'histoire, la vie sociale et religieuse du bourg, voir Galia Valtchinova, « From "Divided Brothers" to "Liberal Market" : Kinship and Transborder Exchange at the Bulgarian-Serbian Border in the second half of the 20th century », *European Journal of Turkish Studies*, 2006, Thematic Issue 4, http://www.ejts.org/document607.html.

8. Voir Galia Valtchinova, « Entre "intimité culturelle" et "choc des civilisations". Réactions bulgares 1999-2001 », *STRATES, Matériaux pour la recherche en sciences sociales*, n° 12, 2006, p. 357-374.

dictoires, tous étaient concernés par l'*événement*, et lui faisaient une place dans les récits de vie produits à ce moment. Cet enchevêtrement entre mémoire, construction identitaire et événement est au cœur de la recherche présentée ici.

Le travail de terrain : approches de la notion d'événement

Après un séjour de recherche en 1995 et 1997, des retours à Trăn dans les années 1998-2001 m'ont permis de recueillir dans des situations variées de nombreux récits de vie de différents interlocuteurs. La production de ces récits faisait apparaître un incessant travail d'ajustement du sujet à l'événement, qui s'effectuait dans un retour en arrière par rapport au passé personnel, plutôt que par rapport à un présent, lui-même pris dans un flux de changements rapides. Entre représentations locales et discours politiques, la mémoire des habitants se déployait dans un effort pour donner sens au présent en fonction de représentations du passé ; il s'agissait aussi de redire, de réécrire, voire d'imaginer leur propre passé en fonction des impératifs du présent. Les réflexions faites à propos de l'événement renvoyaient à des expériences passées souvent occultées, et menaient à une négociation permanente de l'événement entre passé et présent. Il s'agissait de présenter sa propre expérience, tout en construisant un récit de vie, comme une chaîne de « choses qui se sont passées », lesquelles, en se réalisant, ont marqué de façon durable la vie de l'individu ou de sa famille. Ces « choses qui arrivent » représentent des césures dans la vie quotidienne, un constat qui correspond à la définition anthropologique de l'événement comme occurrence interprétée, compréhension culturellement déterminée de ce qui arrive et qui a un sens et des effets pour les acteurs[9].

Les habitants de la localité accordaient le statut d'événement à ce qui était une rupture dans leur vécu quotidien. Le changement brusque de condition sociale, politique ou matérielle de l'individu portait en soi les germes de l'événement à une échelle personnelle, que l'on cherchait à mettre en corrélation avec l'échelle nationale où se définit l'événement historique. Ce lien entre événement et histoire d'un côté, événement et rupture de l'autre, introduisait le passé collectif comme le vecteur de la construction des histoires de vie personnelles. Il jouait un rôle essentiel dans la logique d'appropriation personnelle et familiale de certains événements historiques[10].

9. D'après la formule de Clifford Geertz, « une réactualisation unique d'un phénomène général, une réalisation contingente d'un modèle culturel » (Marshall SAHLINS, *Des îles dans l'histoire*, Paris, Le Seuil/Gallimard, 1989. p. 7 ; trad. sous la dir. de Jacques Revel. Éd. originale : *Islands of History*, Chicago, University of Chicago Press, 1987), développée *ibid.*, p. 158.

10. Sur la politique du temps et de l'histoire en Bulgarie socialiste, voir Deema KANEFF, *Who Owns the Past? The Politics of Time in a « Model » Bulgarian Village*, New York, Berghahn, 2003.

Ainsi l'événement se présente-t-il comme la cheville ouvrière de la production de l'histoire à partir de l'expérience vécue. C'est un concentré de vécu, où la distinction entre histoire et mémoire, ou bien plutôt entre l'Histoire et le mémorable, s'efface : l'association entre histoire et mémoire familiale ou collective, toujours transmise par voie orale, était en revanche constante. Des dizaines de récits recueillis indiquent qu'apprendre par ouï-dire, ou par un (grand-) parent, un savoir d'usage privé, façonne le corpus de connaissances historiques au même degré que le savoir transmis par le système scolaire.

Essayant de dégager les événements historiques utilisés comme repères ou comme cadre général des récits, j'ai constaté que mes informateurs, pour la plupart des Bulgares âgés de 40 à 70 ans, racontaient leur vie par rapport à des événements qui se situaient dans la vingtaine d'années la plus riche en ruptures, soit entre 1940 et 1960. La période ottomane s'est révélée être un autre pôle de mémoire. Enfin, un type d'acteurs particulier est apparu comme référence, celui des maçons constructeurs, migrants saisonniers qui furent les agents du changement dans la société locale. Ce qui se présente comme mémorable apparaît comme une catégorie où la temporalité joue autant que le capital social : il s'articule autour de catégories sociales et possède des repères chronologiques, les ruptures auxquelles s'accrochent les récits de vie.

Ruptures constitutives

Ayant oscillé au cours du XIXe siècle entre deux nations, serbe et bulgare [11], la société locale est marquée par une série de ruptures qui l'ont affectée sur le plan identitaire. Celle qui a très profondément marqué la mémoire collective fut le partage de la région de Znepole entre la Bulgarie et le Royaume des Serbes, Croates et Slovènes à l'issue de la Première Guerre mondiale dans le cadre du Traité de Neuilly en 1919. Une vingtaine de villages passent alors à la Serbie, une dizaine d'autres sont divisés en deux par la nouvelle frontière, qui laisse des centaines de familles partagées entre les deux États. La région perdue prit le nom de *Confins Occidentaux*, peuplés par des habitants appelés de manière neutre, purement géographique, les *Zapadnopokraïntsi* (les habitants des Confins de l'Ouest), censés préserver leur identité bulgare malgré la « serbisation » qu'ils subirent dans la période de l'entre-deux-guerres [12]. La Seconde Guerre mondiale y superposa un

11. Sur la double « libération » de Znepole, l'une serbe (fin 1877), l'autre bulgare (mai 1879), voir Nadia MANOLOVA-NIKOLOVA, « Das mittlere Westbulgarien 1877-1879 (Übergang zwischen zwei Epochen) », *Bulgarian Historical Review*, 1-2/2000, p. 41-56.

12. Pour ces développements et sur l'histoire de la région vue au prisme de l'historiographie traditionnelle bulgare, voir Metodi PETROV, *Nacionalno-osvoboditelnoto dvizhenie v Zapadnite Pokrajnini 1919-1934* [Le mouvement de libération des Confins Occidentaux, 1919-1934], Sofia, M. Drinov, 1995.

double changement, politique et territorial, dans le cadre de l'éphémère Grande Bulgarie. Ces deux changements confrontaient les habitants locaux à la difficulté de trouver à cet événement une place stable dans leurs histoires de vie et à lui conférer une connotation rassurante et stable.

Si dans une perspective nationale l'expansion bulgare en Serbie est temporaire et perçue comme condamnable, la Bulgarie étant une alliée de l'Allemagne nazie[13], du point de vue local, ce fut un retour aux origines. Cet événement reste en effet mémorable localement, avec l'effacement de la frontière qui séparait en deux la région de Znepole. Selon S. M., une dame âgée de 60 ans (1999) :

> « C'est la période la plus heureuse de ma vie. La frontière était ouverte et enfant, j'allais souvent avec ma sœur dans les villages de l'autre côté, elle y était institutrice. »

N. R., l'homme d'affaires, témoigne le même attachement affectif à cette période :

> « L'été 1944 j'étais lycéen, on a décidé avec des copains d'aller dans les Confins. La frontière était ouverte et tout le monde passait, les gens circulaient dans les deux sens. Nous sommes allés faire un tour dans les villages de l'autre côté, et là, j'ai été embauché dans une mine, j'y ai bien gagné ma vie. »

Mettant l'accent sur l'ouverture et la mobilité, l'expression « quand la frontière était ouverte » évoque un éventail d'expériences vécues qui tranche avec la fermeture de cette même frontière après cette période (surtout entre 1948 et 1960).

Le rapport à l'ancien régime est l'autre élément de rupture. Les *Zapadnopokraïntsi* considérés tout d'abord comme des « frères libérés » devinrent des « traîtres » dès qu'ils entrèrent dans la guérilla antifasciste. Entre « anciens », « nouveaux Bulgares » et le pouvoir royal se noua une relation à trois que la résistance serbe et bulgare, celle des partisans, rendit encore plus complexe. Les réalités de l'occupation bulgare de la Serbie restent perçues comme une mémoire inopportune, contournée par le discours officiel bulgare aussi bien sous le communisme que dans le post-socialisme.

Gérée de façon différente, la mémoire de la résistance antifasciste et communiste est elle aussi encombrante : il s'agit d'un vaste ensemble de mémoires privées et publiques qui n'ont toujours pas de place assignée dans l'histoire locale. Un tiers des personnes interviewées continuaient à construire leurs récits de vie autour de figures de la résistance antifasciste locale. Ceci s'explique par l'accent mis sur le local et par l'étendue des liens de sang qui fait

13. Présentée comme « l'accomplissement de l'idéal national », l'occupation bulgare de la Serbie orientale (1941-1944) fut ensuite, de 1945 jusque dans les années 1980, qualifiée d'occupation organisée par « les monarchistes et les fascistes », pour être réexaminée dans une perspective plutôt positive après 1989.

que presque chaque famille locale pouvait compter un ou plusieurs résistants dans ses rangs. Ce mouvement a gardé un certain capital politique. Opérant dans un contexte inédit (entre résistance yougoslave et Alliés britanniques), les *partizani* de Trăn acquirent une renommée de gens indépendants [14]. Elle persistait en dépit de l'association explicite entre *partizani* et communistes et la réévaluation négative de ce mouvement après 1989.

L'installation du régime communiste en septembre 1944 induit de nouvelles ruptures. Le changement de pouvoir creuse l'écart entre locaux et *Zapadnopokraïntsi*. Ayant fait preuve de non-soumission au régime « fasciste », ces derniers bénéficient d'un capital politique certain. La priorité accordée à la classe l'emporte sur les interrogations concernant la loyauté à la cause nationale, typiques du gouvernement précédent; ainsi la loyauté des Bulgares locaux fut-elle remise en question. Ce changement produit l'un des événements les plus traumatisants, le procès contre les « collaborateurs fascistes » en 1945. Dans la plupart des cas, l'accusation de collaboration avec le régime précédent avait pour conséquence ultime la proclamation de peines de mort. Souvent l'inculpation, qui pouvait procéder d'un règlement de comptes entre familles ou entre jeunes personnes, reposait sur les témoignages des *Zapadnopokraïntsi*. Avec son cortège de morts violentes, ce procès porta un coup fatal au fragile sentiment d'une identité locale transfrontalière. En 1999-2000, ce traumatisme ne s'exprimait que par le choix des mots pour raconter cet épisode. Les rares personnes qui en ont parlé se servaient des termes de dénonciation et de trahison, en inversant l'usage qui en avait été fait dans le discours officiel communiste. Racontées dans les mêmes termes, les deux ruptures majeures que la société locale a connues dans l'après-guerre, l'une entre antifascistes et communistes contre tous les autres, l'autre entre « ceux d'ici » et les *Zapadnopokraïntsi*, étaient ramenées à un enchaînement de trahisons et de dénonciations, où chacun avait sa place.

À ces ruptures s'en ajoute une nouvelle, entre la Bulgarie pro-soviétique et la Yougoslavie titiste en 1948 et les participants à la guérilla antifasciste locale furent parmi les premiers à en subir les conséquences. Soupçonnés de titisme, les chefs autrefois glorieux des *partizani* furent jetés dans des camps. Toutefois, la région continua à être célébrée pour son mouvement de résistance. Dans le savoir social implicite de l'époque, Trăn est associé à un communisme sympathique, parce que rebelle à la fraction qui a pris les commandes à Sofia. L'épreuve contribua au rapprochement entre communistes et population locale. Les tensions furent transposées sur la capitale Sofia, alors que Trăn fut marginalisé à l'extrême.

La rupture de 1948 réintroduit, avec brutalité, la fracture de la frontière de la guerre froide. Znepole devint une zone de partage entre deux États ennemis, l'un communiste, l'autre assimilé au monde capitaliste. Alors que

14. Voir Edward Palmer THOMPSON, *Beyond the Frontier. The Politics of a Failed Mission : Bulgaria 1944*, Stanford, Stanford University Press, 1997.

les *Zapadnopokraïntsi* établis sur place devenaient les mal-aimés du régime, avoir de la parenté dans les Confins Occidentaux était un handicap majeur. Le souvenir d'un parent resté en Yougoslavie structure de façon ambiguë un grand nombre de récits. Jusqu'à récemment, ce fut une source à la fois de fierté et d'ennuis, ces derniers l'emportant souvent s'il s'agissait d'un passage clandestin ou d'un départ par la frontière vers la Serbie. La mémoire locale présente ces départs comme des fuites, dans une double logique de recherche de prospérité économique et de promotion sociale dans une société proche, perçue comme libre et où l'on pouvait compter sur des réseaux parentaux. Dans l'optique du régime officiel, elles furent assimilées à un choix politique anticommuniste relevant de la haute trahison. Les familles des fugitifs furent soit déportées pour plusieurs années, soit mises sous surveillance policière permanente. Le fait d'avoir un parent fugitif était inscrit dans les dossiers personnels, y compris dans les *harakteristika* et les autobiographies [15]. Les passages clandestins de la frontière bulgaro-serbe présentent donc des micro-événements qui firent basculer plusieurs vies. Ce fait était rappelé avec insistance à l'heure où le ralliement contre la Serbie, « dernier bastion du communisme », fut présenté comme un « choix de civilisation » par l'élite politique bulgare [16].

Quelques-uns des enjeux majeurs à l'œuvre dans l'entretien d'une mémoire en état d'éveil permanent apparaissent au sein d'une communauté vivant aux marges d'un État-nation des Balkans. À Trăn, la mémoire collective reste suspendue entre passé et présent, indécise face à un passé qui donne à entendre des voix discordantes. Elle s'articule autour d'événements à l'aide desquels elle appréhende le temps social et gère le temps privé. Or l'événement est susceptible de changer de place dans l'image qu'une société se donne d'elle-même sous des régimes politiques différents, à des moments d'ouverture ou de changement du régime historique [17]. À leur tour, ces déplacements influencent les techniques de la mise en scène de soi, telle qu'elle se reflète dans les récits de vie. L'expérience de ruptures fréquentes et de relectures de l'histoire aura appris aux acteurs sociaux locaux à maîtriser un vaste horizon historique qui peut les aider à trouver de nouveaux ancrages, surtout en période de transition politique. D'où la nécessité de posséder une connaissance des zones obscures du passé familial et collectif et de l'emmagasiner sous forme de savoir social implicite, qui émerge dans des moments clés, comme ce fut le cas en 1999 durant le conflit armé au Kosovo.

15. Terme utilisé pour désigner la pièce du dossier personnel, habituellement produite par une institution où s'exerce l'autorité de l'État (l'école, le lieu de travail) avec un jugement sur le caractère et les activités de la personne. Voir Daniela Koleva, *Écrire la « normalité ». La pratique de la biographie sous le socialisme* (en bulgare), Sofia, LIK, 2003.

16. Galia Valtchinova, « Entre "intimité culturelle" et "choc des civilisations" », *op. cit.*, p. 362-367.

17. François Hartog, *Régimes d'historicité : présentisme et expériences du temps*, Paris, Le Seuil, 2003.

« Nous venons des Carpates, des Carpates indiennes, de Russie » Gérer une identité traumatisée – le cas des Bayaches de Serbie

Annemarie SORESCU MARINKOVIĆ

Les Bayaches (ou Bayashes) sont de petits groupes ethniques parlant différents dialectes de la langue roumaine et vivant, dispersés, sur les territoires de la Serbie, la Croatie, la Hongrie, la Bosnie-Herzégovine, la Bulgarie et, en nombre plus restreint, en Macédoine, Grèce, Ukraine, Slovénie et Slovaquie. Ils ne parlent pas le romani et la grande majorité est bilingue, maîtrisant aussi la langue du pays qu'ils habitent. En raison de leur mode de vie semi-nomade, de leur mentalité et de certains traits physiques, les Bayaches sont considérés par les autres comme des Gitans[1], et ils s'identifient parfois eux-mêmes comme des Gitans ou des Roms.

Jusqu'à une époque récente, les Bayaches avaient préservé leur métier traditionnel, à savoir le travail du bois : les hommes fabriquaient des pots et des cuillers en bois, tandis que les femmes fabriquaient des fuseaux, puis elles allaient de village en village pour les vendre ou les échanger contre de la nourriture ou des vêtements[2]. C'est la raison pour laquelle on les appelle souvent fabricants-de-cuillers ou de fuseaux, bien que très peu pratiquent encore ce métier. À présent, certains d'entre eux s'adaptent progressivement à la vie de village et à l'agriculture[3] ; d'autres continuent à mener une existence semi-nomade, voyageant pour vendre différents objets, mais les rideaux, les vêtements, les balais entre autres, ont remplacé les objets en bois ; d'autres encore se sont réorientés vers d'autres métiers, comme la

1. Voir l'étude fondamentale de Biljana SIKIMIĆ, « Banjaši na Balkanu » [Les Bayaches des Balkans], in *eadem* (éd.), *Banjaši na Balkanu : Identitet etničke zajednice* [Les Bayaches des Balkans : l'identité d'une communauté ethnique], Belgrade, Institut des études balkaniques, 2005, p. 7-12.
2. Sur le métier traditionnel des Bayaches, voir *ibid.*, p. 249-275.
3. Voir Anna ORSÓS, « Language Groups of Gypsies in Hungary », *in* Zsuszanna BÓDI (éd.), *Studies in Roma (Gypsy) Ethnography* n° 6, *Studies about Boyash Gypsies in Hungary*, Budapest, 1997, p. 194-199.

vannerie, et beaucoup ont immigré dans les pays de l'Europe occidentale[4] où ils travaillent désormais.

Les termes utilisés pour désigner les groupes bayaches dans différents pays sont variables : *Banjaši* en Serbie, *Beás* en Hongrie, *Bajaši* en Croatie, *Karavlasi* en Bosnie-Herzégovine, *Rudari* en Bulgarie. *Banjaši* est un terme construit dans le but de désigner ce groupe ethnique et il est principalement utilisé dans les milieux scientifiques[5]. Cet ethnonyme n'est connu que dans le groupe des Bayaches installés dans la région serbe de Bačka, le long du Danube, près de la frontière avec la Croatie et la Hongrie. Ce terme est compris sporadiquement, mais sans être utilisé, dans les autres groupes bayaches de la région du Banat serbe. En Serbie, au sud du Danube, à part les désignations professionnelles (*Lingurari, Fusari, Koritari, Rudari*), d'autres ethnonymes sont aussi utilisés, autant par les membres de la communauté que dans la société dans laquelle ils vivent, à savoir : *Ţigani/Ţâgani* (Gitans), *Cigani Rumuni/rumunski Cigani* (Gitans roumains), *Vlaški Cigani* (Gitans valaques) ou *Karavlasi* (Valaques noirs[6]).

Le nombre des villages bayaches en Serbie, estimé à l'aide des méthodes de dialectologie perceptuelle et d'analyse qualitative, avoisine les 180. Mais ce chiffre peut être trompeur, parce que certains villages sont très petits, ou ils peuvent former des hameaux satellites séparés du village principal, dotés d'un nom qui leur est propre. De plus, cette estimation est basée sur les attitudes subjectives des seuls Bayaches envers la langue de leur communauté et d'autres communautés bayaches qu'ils connaissent[7].

Le présent article est basé sur plus de cent heures d'interviews enregistrées sur bande son, conduites par l'auteur ou par ses collègues de l'Institut des études balkaniques de Belgrade, avec des interlocuteurs bayaches de différentes régions de Serbie, de 2003 et 2006. La méthode adoptée par l'équipe diffère complètement des méthodes de recherche traditionnelles en ethnologie et en linguistique. Le questionnaire ethnolinguistique des recherches a été progressivement abandonné et les interlocuteurs ont été encouragés à parler librement d'eux-mêmes et de leur communauté. Les chercheurs se sont également efforcés de réduire au maximum leurs interventions, afin que les interlocuteurs décident eux-mêmes de ce qui leur

4. Sur ce sujet, voir les développements dans Otilia Hedeşan, « Jedan teren : Trešnjevica u dolini Morave » [Un terrain : Trešnjevica dans la vallée de la Morava], *in* Biljana Sikimić (éd.), *op. cit.*, p. 13-106.
5. Pour plus de détails, voir Biljana Sikimić, in *eadem* (éd.), *op. cit.*
6. Pour les détails sur les ethnonymes et noms de métier gitans, voir Elena Marushiakova, Vesselin Popov, « The Gypsy Group – Ethnonyms vs Professionyms », article présenté à la 7e Conférence internationale sur la linguistique romani, Prague, 2006, cf. « Etnonimy a profesionimy – Grupy Cyganów na Bałkanach », in *Studia Romologica*, n° 2, 2008, p. 177-198 ; concernant les détails sur les ethnonymes bayaches en Serbie voir Biljana Sikimić, « Transborder Ethnic Identity of Bayash Roma in Serbia », in *TRANS, Internet Journal for cultural sciences*, n° 16, 2006, http://www.inst.at/trans/16Nr/14_4/sikimic16.htm.
7. *Ibidem.*

paraît le plus important à dire sur eux-mêmes, sur leur vie et sur celle des autres. À cet effet, les termes forgés par un anthropologue américain nous semblent exprimer au mieux la différence entre ce type d'interview et celui que les chercheurs avaient mené auparavant : « *interviewer pour s'informer* » et « *interviewer pour sentir*[8] ». L'insistance sur certains faits, les omissions, dissimulations, mystifications, inventions et commentaires, l'ordre de présentation des faits – tout ceci fait partie d'une stratégie complexe de reconstruction de la mémoire employée par les interlocuteurs.

Les chercheurs sont partis de l'idée que les interviews autobiographiques peuvent être révélatrices de la manière dont leurs interlocuteurs se relient à leur communauté, leur mémoire et leur passé, ce qui implique que l'entretien dévoile la manière dont ils se perçoivent eux-mêmes, dans leurs relations et par comparaison aux autres, comment eux-mêmes sont perçus par les autres et dans quelle mesure cette perception extérieure influence leur discours sur eux-mêmes. L'opportunité a été accordée, pendant un court moment, à des gens ordinaires, membres de la communauté bayache, de parler librement de leur identité, ce qui impliquait la participation empathique du chercheur, la joie et un soulagement quasiment thérapeutique de l'interlocuteur et la construction d'une relation dynamique et continue avec sa propre vie, qui devenait ainsi un « atout identitaire », autant pour celui qui produisait le discours que pour celui qui l'écoutait.

L'identification du groupe d'origine et l'établissement de frontières entre les groupes ethniques peuvent être des tâches assez ardues. Les classifications ethniques basées sur des oppositions binaires présupposent des frontières identitaires claires et c'est pourquoi elles peuvent difficilement être appliquées aux groupes qui se situent, en tant qu'entités limitrophes, entre deux catégories déjà établies, n'étant « ni l'une ni l'autre » ou bien « et l'une et l'autre », selon la situation et le contexte[9]. Ceci est le cas des Bayaches, dont les histoires, lorsqu'ils les racontent aux Roumains ou au chercheur roumain, gravitent inévitablement autour de l'identité roumaine, s'ils les relatent aux activistes roms, révèlent une préférence pour l'identité rom et enfin lorsqu'ils les racontent aux Serbes avec lesquels ils cohabitent, s'efforcent de souligner l'identité commune de ces deux peuples.

En tant que groupe marginal, les Bayaches de Serbie adoptent différentes stratégies de reconstruction de leur identité traumatisée. Dans les développements qui suivent, sera plus particulièrement présentée la manière dont ils s'approprient une identité roumaine « pure », sur la base de leur langue maternelle et d'un passé reconstruit et imaginé à l'aide des données les plus variées.

8. Klaus G. Witz, « The Participant as Ally and Essentialist Portraiture », *Qualitative Inquiry*, n° 12, 2, 2006, p. 246-268.
9. Thomas Hylland Eriksen, *Ethnicity and Nationalism*, Londres, Pluto Press, 2002, *passim*.

Les documents sur l'établissement des habitations bayaches sur le territoire de la Serbie, mais ailleurs également, sont très rares ou pratiquement inexistants. En raison de leur statut marginal, les Bayaches et les Roms en général ne sont mentionnés, ni dans l'historiographie roumaine, ni dans l'historiographie serbe. Ainsi, en l'absence de tout document et de dates certaines, l'histoire bayache est actuellement créée et recréée, notamment sur la base de leur folklore, élaborant *in fine* « un système vivant et dynamique en évolution constante, ayant diverses fonctions, y compris celle de connaissance historique de la communauté[10] ». Les légendes « étiologiques », portant sur les origines, sont particulièrement bien développées et appartiennent à des genres variés, ce qui contribue à construire une mythologie nationale des Bayaches où leur origine, en tant que peuple, apparaît comme une question primordiale, dont la réponse est recherchée au niveau du folklore[11]. Il ne faut cependant pas oublier que, même si le mouvement rom a pris une certaine importance ces dernières décennies, les Bayaches de Serbie, à la différence par exemple de ceux de Hongrie, n'ont pas de système éducatif officiel et institutionnalisé, ce qui explique pourquoi les réponses à cette question sont restées inchangées au cours des siècles passés.

Les légendes étiologiques expriment et reflètent les relations extrêmement compliquées entre le folklore et la culture « officielle » et elles peuvent avoir recours à des intrigues, des formes et approches folkloriques archaïques typiques, ou à des explications pseudo-historiques et à la connaissance scientifique moderne. En l'absence de tout document qui attesterait de leur arrivée dans les localités actuelles, presque chaque groupe bayache a sa propre légende étiologique. L'élément commun à toutes ces légendes est l'histoire de l'arrivée des ancêtres (de vrais « héros colons ») qui auraient traversé le Danube ou qui seraient venus des Carpates (deux symboles topographiques de la Roumanie actuelle) : « Les vieux disent que c'était il y a longtemps, mille ans, peut-être plus, depuis qu'ils sont arrivés. Ils sont venus des Carpates [...]. Nous sommes de là-bas[12]. » Dans la plupart des cas, le moment de leur arrivée est renvoyé à un passé lointain, beaucoup plus lointain que ce que toute preuve historique permettrait de supposer. De même, beaucoup de ces légendes font remonter l'origine bayache à

10. Comme le disent Marushiakova et Popov en parlant du folklore gitan en général, voir Elena MARUSHIAKOVA, Vesselin POPOV, « Myth as Process », *in* Thomas ACTON (éd.), *Scholarship and the Gypsy Struggle. Commitment in Romani Studies*, Hatfield, University of Hertfordshire Press, 2000, p. 81-93.

11. Ghinoiu a également remarqué que les documents sur l'établissement des villages sont malheureusement très rares, ce qui explique pourquoi les mythes et les légendes demeurent les seuls points de référence, notamment pour les périodes plus anciennes. Voir Ion GHINOIU, « Considerații etnografice asupra fenomenului de „întemeiere" a așezărilor » [Considérations ethnographiques sur le phénomène de « fondation » des villages], *Revista de etnografie și folclor*, Bucarest, 1979, p. 179-204.

12. Toutes les citations, sauf indication contraire, sont tirées des interviews menées par les chercheurs de l'Institut des études balkaniques de Belgrade avec les interlocuteurs bayaches de Serbie. Toutes les interviews sont enregistrées sur bande magnétique et classées dans les archives audio de l'Institut.

deux frères ou plus qui, dans leur fuite, auraient traversé le Danube : « [De quel endroit en Roumanie sont-ils venus ?] De Timişoara, de l'autre côté du Danube, il y avait deux frères. Qui se sont enfuis en traversant l'eau. »

Au moment de l'arrivée des Bayaches en Serbie (il y a environs deux cents ans, selon les données linguistiques), la Roumanie englobait un territoire différent de celui d'aujourd'hui et le concept d'État en général – particulièrement pour les groupes nomades et semi-nomades, tels que les Bayaches – n'avait pas vraiment d'importance. Ainsi, lorsqu'ils veulent souligner leur origine roumaine, les Bayaches mentionnent des toponymes différents qui auraient pu être préservés dans la mémoire collective (lieux de mémoire réels), des noms de montagnes, de villes ou de fleuves – comme les Carpates, Bucarest, le Danube – et qui auraient pu indiquer la route qu'ils ont suivie. Les endroits remémorés ont souvent servi d'ancrages symboliques pour un peuple dispersé[13]. Cependant, quand ils parlent de leur origine et de leur langue roumaines, les interlocuteurs insèrent fréquemment d'autres indicateurs aussi, comme la Géorgie, la Russie ou l'Inde[14], le résultat formant un étonnant mélange avec les connaissances géographiques contemporaines : « La mère de ma mère est venue de Géorgie, de Bucarest » ou bien « Et nous, qui avons été déplacés il y a peut-être des millions d'années, je ne sais pas exactement, nous sommes venus d'Inde, des Carpates indiennes, nous sommes ici, en Serbie. (Depuis que la Russie, les Carpates et la Roumanie existent.) »

Ce système de légendes n'est pas complètement fermé et indépendant : il évolue en permanence, en fonction du contexte culturel et de la culture « officielle » de la société dans laquelle vivent les Bayaches. La plupart du temps, ces légendes récemment créées sont construites et défendues de manière brillante et éminemment inventive. Une des « méthodes » dont se servent les Bayaches pour rendre leurs légendes crédibles et en faire quasiment une connaissance historique, consiste à citer différents historiens ou savants qui auraient prétendument écrit sur leur communauté. Dans cette démarche, ils soulignent même les détails les plus insignifiants, comme : « Nous avions un livre ici... *Posavina* [la vallée de la Save]. C'était un livre jaune. [...] Les gens se réunissaient le soir [...] ils chantaient, les violons et les accordéons vibraient, et les gens chantaient et racontaient des histoires. Alors les Serbes en entendaient parler des uns et des autres, le mot passait de bouche à oreille et parvenait jusqu'aux Serbes et jusqu'à Milovan [Glišić,

13. Voir Akhil Gupta, James Ferguson, « Beyond "Culture" : Space, Identity, and the Politics of Difference », *Cultural Anthropology*, n° 7, 1992, p. 6-23.

14. La pénétration de la « thèse indienne » sur leur origine est de grande importance pour le développement de la réflexion historique romani. Ce processus est déterminé par le progrès des connaissances scientifiques modernes sur les Balkans et en particulier par le concept de l'Inde antique comme l'ancienne patrie des Roms. Pour plus de détails sur la présence de la « thèse indienne » dans les légendes étiologiques des Gitans de Bulgarie, voir Elena Marushiakova et Vesselin Popov, « Myth as Process », *op. cit.*

1847-1908] et alors Milovan a écrit sur cet endroit et tout est écrit, c'est ce que je te raconte. »

Les Bayaches de Serbie n'ont pas une identité de groupe commune et presque chaque communauté bayache a sa propre légende. Certaines d'entres elles sont mieux articulées, tandis que d'autres ne sont que de simples ébauches, réduites juste à quelques phrases. En parlant des Gitans qui vivent dans le sud de Madrid, Gay y Blasco remarque également qu'ils ne produisent que des récits très schématisés et relativement peu développés de leur passé en tant que groupe[15]. Certains anthropologues[16] ont suggéré que leurs connaissances vagues et contradictoires du passé sont peut-être dues à leur manque d'intérêt pour le passé ainsi qu'à leur analphabétisme. Mais ceci n'est pas toujours vrai et il serait erroné d'appliquer aux Bayaches les notions occidentales selon lesquelles les images du passé sont le préalable nécessaire à la construction d'une identité. Les légendes parfois véritablement élaborées des Bayaches démentent l'idée qu'ils ne s'intéresseraient pas à leur passé. C'est précisément cette néo-mythologie qui démontre leur intérêt pour l'histoire et le passé de leur communauté.

Comme nous l'avons dit plus haut, la plupart des légendes bayaches évoquent la Roumanie comme terre de leurs ancêtres. Le récit « d'appartenance » (*be-longing*) aux terres roumaines – et nous tenons ici à souligner la dimension affective du terme : non seulement « appartenir » (*being*) mais aussi « aspirer » (*longing*) à appartenir à cet espace[17] – exprime les liens, le processus d'identification à la nation roumaine, et il peut être considéré comme faisant partie d'un discours plus large de construction identitaire.

Il existe encore un autre modèle, selon lequel les Bayaches structurent leurs légendes étiologiques et qui utilise non pas l'élément roumain de leur identité, mais une étymologie populaire et naïve pour expliquer l'ethnonyme du groupe. Ceci est également le cas en Bulgarie, avec les Rudari qui parlent roumain. Ils soutiennent que le mot Rudari n'est pas dérivé de *ruda* (« minerai ») mais de *rod* (« famille » ou « clan » en Bulgarie) et qu'ils sont les descendants des premiers clans bulgares qui se sont installés sur ces terres lors de la fondation de l'État bulgare[18]. Les Karavlasi (« Valaques noirs ») de Bosnie, dont certains se sont déplacés vers le Sud de la Serbie, utilisent aussi cette étymologie dans le but de se rattacher au roi serbe Karageorges (« Georges le Noir »), reliant ainsi l'origine et l'histoire lointaine de leur communauté aux moments importants de l'histoire serbe : « Nous sommes les descendants de Karageorges. Parce que Karageorges était un Karavla.

15. Paloma Gay y Blasco, « "We don't Know Our Descent" : How the Gitanos of Jarana Manage the Past », *Journal of the Royal Anthropological Institute*, n° 7, 2001, p. 631-647.
16. Michael Stewart, *The Time of the Gypsies*, Boulder (Co.), Westview, 1997, p. 28.
17. Pour un examen détaillé des significations possibles de ce terme, voir Aspasia Theodosiou, « "Be-longing" in a "doubly occupied place" : The Parakalamos Gypsy musicians », *Romani Studies* 5, vol. 13, n° 2, 2003, p. 25-58.
18. Elena Marushiakova, Veselin Popov, *op. cit.*

Georges le Noir [...]. C'est pourquoi les Turcs craignaient ce Georges le Noir. » Mais les Bayaches ne font pas usage de cette étymologie uniquement pour rendre compte de l'origine de leur peuple, mais aussi pour expliquer celle de la majorité de la population, dans une tentative de s'en distinguer et de donner une image positive de leur propre groupe[19] : « Nous sommes venus ici avant les Serbes, nous étions là avant eux, nous sommes un peuple plus ancien que les Serbes. En fait, ce sont les premiers peuples qui sont venus, et les Serbes viennent de Sibérie, puis ils sont venus ici, c'est pour ça qu'ils s'appellent les Serbes parce qu'en Sibérie, si tu as entendu parler de la Sibérie, là-bas il y a toujours de la neige et de la glace. »

Cependant, bien que sur le terrain on ait souvent l'occasion d'entendre ces récits, racontés exclusivement par les hommes les plus âgés de la communauté, ceci ne signifie pas nécessairement qu'ils sont les gardiens d'une tradition transmise de génération en génération, car dans de nombreux cas, ils créent une combinaison étrange de connaissances historiques en amalgamant l'ancien au nouveau. Il est beaucoup plus fréquent que les gens racontent librement des événements situés dans un passé récent. Ainsi, l'opposition principale qui fonde leur discours est un « maintenant », par opposition à un « avant ». Dans leurs récits, « avant » englobe la durée qui s'étend en amont des expériences de quelques personnes âgées de la communauté, formant un passé statique sans limites clairement définies[20]. La vie d'« avant » est remémorée comme une période de famine et de pauvreté, un voyage permanent de village en village afin de trouver le bois nécessaire et de vendre les produits. Ce passé, qu'on peut qualifier de « secondaire », est inséré entre le passé lointain des légendes et le présent et il représente le seul passé sûr et fiable.

Pour les Bayaches, assumer une identité et construire un passé est aussi problématique que pour n'importe quel autre groupe rom qui ne parle pas le romani. Dans la majorité des cas, c'est une entreprise qui place devant des choix multiples. Ils doivent résoudre divers problèmes de tailles différentes : la population environnante les considère comme des Gitans, ils parlent roumain, ils vivent en Serbie et sont rejetés autant par les Roumains que par les Serbes. Ainsi, à l'instar des Roms en général, lorsque les Bayaches se cherchent une identité, leur quête se porte toujours vers une autre minorité qui possède un statut plus élevé. Ceci est peut-être l'une des raisons de leur orientation vers les Roumains, soutenue, toutefois, par le fait qu'ils

19. Marianne Mesnil et Assia Popova examinent les différentes manières dont les peuples des Balkans désignent l'autre, l'étranger, et constatent que les peuples voisins sont négativement mythologisés, et qu'ils s'attribuent mutuellement une origine ou des caractéristiques ethniques péjoratives. Les auteurs concluent qu'une telle narration mythique exogène vise à « disqualifier » l'autre et à donner l'image la plus valorisante possible de soi-même. Voir Marianne Mesnil, Assia Popova, « Étranger de tout poil ou comment on désigne l'autre », *Civilisations, en quête d'identité*, vol. 42, n° 2, 1993, p. 179-198.

20. Paloma Gay y Blasco a remarqué la même chose, voir *op. cit.*

parlent les langues vernaculaires roumaines. Cependant, le refus intransigeant des autres minorités d'accepter les Bayaches, a conduit ces derniers, dans certains cas, vers une nouvelle voie, comme celle de la création d'une identité entièrement nouvelle et très lointaine, telle que l'identité berbère (par exemple, dans le village d'Orašje, au centre de la Serbie).

Les légendes étiologiques tendent à expliquer ce qui, autrement, n'a pas d'explication logique ou bien qui ne peut avoir aucune explication. Lorsque les Bayaches parlent du passé de leur communauté, l'effort visant à donner un sens même aux choses absurdes ou irrationnelles exprime leur besoin d'affirmer et de défendre leur propre existence, leur tentative de se créer une place dans l'histoire qui les a si longtemps ignorés. La nature éclectique de ce processus de création imaginaire du passé est justifiée par le fait que c'est une étape de développement habituelle de la réflexion historique de chaque nation.

Même si parfois les données fournies par les légendes ne sont pas recevables en termes de réalité, elles survivent au niveau du possible et dans l'univers de la tradition, parce que les Bayaches ne doutent pas de leur vérité. Pour citer Theodosiou, de « telles histoires 'origine(lles)' sont autant *pour* eux que *sur* eux[21] ». La « réalité » fournie par les récits des interlocuteurs est construite dans le but de définir, articuler et défendre leur identité.

Sur la base de données incomplètes, de souvenirs, de fragments d'histoire orale, de mythes fondateurs, de légendes étiologiques, d'anciennes et de nouvelles preuves historiques et géographiques, les Bayaches de Serbie tentent de combler d'immenses lacunes dans la connaissance de leur passé et d'élaborer leur histoire et leur identité. Néanmoins, comme l'ont suggéré les ethnologues bulgares Marushiakova et Popov, nous devons prendre en compte le fait que ces processus de création de mythes subissent l'influence d'un certain nombre de facteurs externes provenant de la société dans laquelle s'insère leur communauté, au sein de laquelle les travaux scientifiques de spécialistes, dont les idées, les écrits et la manière dont ils s'expriment pénètrent souvent rapidement dans le milieu bayache. De ce fait, la question de la responsabilité morale des scientifiques vis-à-vis de l'objet de leurs recherches doit être portée au premier plan. Il est aisément compréhensible que l'intérêt des chercheurs et la pression des communautés environnantes ait suscité chez les Bayaches le désir de trouver et de reconstruire leur passé.

Mais dans quelle mesure un tel matériau peut-il avoir de l'intérêt pour les historiens et dans quelle mesure ces légendes peuvent-elles être considérées comme un document historique, en l'absence de toute autre trace historique, sachant que la mémoire est toujours actualisée au présent[22] ? Un

21. Aspasia Theodosiou, *op. cit.*, p. 42.

22. Smaranda Vultur (éd.), *Lumi în destine. Memoria generațiilor de început de secol în Banat* [Les mondes dans les destins : la mémoire des générations du début du xxe siècle dans le Banat], Timișoara, Nemira, 2000, p. 336.

événement est construit, autant sur la base de ce qui s'est réellement passé, que de ce qui se dit sur lui. Même si les linguistes et les historiens n'ont pas montré beaucoup d'intérêt pour la collaboration entre leurs disciplines respectives (du moins en Serbie), des recherches conjointes sur des communautés telles que les Bayaches pourraient assurément présenter un immense intérêt, autant pour les scientifiques que pour un plus large public.

L'usage politique du passé : le cas de l'Union démocratique des Hongrois de Roumanie (UDMR)

Réka HORVÁTH

Cette étude aborde un sujet encore très peu exploré par la science politique hongroise, celui de l'usage du passé par les hommes politiques[1] de la minorité hongroise de Roumanie après 1990. Nous tenterons d'analyser comment des questions liées aux symboles sont intervenues dans les relations de l'UDMR[2] avec les partis politiques roumains entre 1990 et 2004.

La minorité hongroise de Roumanie et l'UDMR

Le syntagme « minorité hongroise » apparaît après la Première Guerre mondiale. Dans les traités internationaux, le terme de minorité a été utilisé pour la première fois à l'occasion des règlements du conflit à partir de 1918[3]. Le 4 juin 1920 la Hongrie a signé le traité de Trianon qui, entre autres, régularise au niveau du droit international la situation de la Transylvanie. Le traité de Trianon est important non seulement pour la Hongrie et les minorités hongroises, mais aussi pour la Roumanie, la Tchécoslovaquie et la Yougoslavie. La Hongrie perd 67 % de son territoire en juin 1920, dont 36,4 % en faveur de la Roumanie et elle perd également 30 % de la population magyare (au total 58 % de sa population). En même temps, la Hongrie, qui était pluriethnique avant le Première Guerre mondiale (en 1910, elle comptait 46 % d'habitants de nationalités autres que magyare), ne totalise plus en 1930 que 7,9 % de minorités. En revanche, après la Conférence de Paix, le territoire roumain s'est agrandi de 111,4 %. La Roumanie a reçu de la Hongrie un territoire de 103 093 km², avec une population de 5 257 467 habitants, dont 31,6 % de Magyars. Avec

1. Voir le titre du livre de François HARTOG et Jacques REVEL (éd.), *Les Usages politiques du passé*, Paris, Éditions de l'EHESS, 2001.
2. Le sigle est en roumain.
3. Jennifer Jackson PRIECE, *National Minorities and the European Nation-State System*, Oxford, Clarendon Press, 1998, p. 15.

ces territoires, la Roumanie a reçu un nombre important des minorités. Si avant la Première Guerre mondiale elle comptait seulement 8 % de population non-roumaine, après la Conférence de Paix, elle en comptait environ 30 %[4]. Au total, après 1920 plus de trois millions de Magyars sont devenus citoyens des États successeurs.

La plupart (98,88 %) des Hongrois de Roumanie vivent dans les départements de Transylvanie. Selon les données du recensement de 2002, les Hongrois représentent en Transylvanie 19,6 % de la population. Il y a des différences notables en ce qui concerne le pourcentage des Hongrois dans les départements de Transylvanie. Dans neuf départements, le pourcentage des Hongrois se situe entre 1,75 et 10,67 %[5]. Dans six départements, les Hongrois représentent entre 17,4 et 39,30 % de la population[6]. Enfin, les Hongrois sont majoritaires dans deux départements : Covasna avec 73,80 % et Harghita avec 84,62 %[7].

L'UDMR s'est constituée en 1989, se définissant comme « la coalition de défense de la minorité hongroise[8] ». Depuis, l'UDMR a participé à toutes les élections nationales et locales. L'UDMR a fait partie de coalitions gouvernementales entre 1996-2000 et après les élections de la fin 2004. Elle a également été liée par des protocoles d'accord avec le parti au gouvernement entre 2000-2004.

Les relations entre les partis politiques roumains et l'UDMR

L'analyse de la dynamique des relations entre l'UDMR et les partis roumains, de même qu'entre l'UDMR et les partis politiques de Hongrie durant la période 1990-1996, fait apparaître un sujet central, à propos duquel les acteurs hongrois d'une part[9] et les acteurs roumains d'autre part ne s'accordent pas. Ce sujet est la relation entre la nation et l'État. Pour les acteurs hongrois, la nation hongroise et l'État hongrois ne coïncident pas, les membres de la nation hongroise vivant dans des États différents. En conséquence, les Hongrois qui vivent en Roumanie font partie de la nation hongroise, mais ils sont des citoyens roumains. Ce qui fait que pour eux l'État roumain est un état multinational et cela devrait se voir par exemple dans la constitution. En revanche, pour les acteurs roumains, le caractère

4. Keith Hitchins, *Romania 1866-1947*, Bucarest, Humanitas, 1998, p. 290-291 (éd. originale : Oxford, 1994). Mária Ormos, *Magyarország a világháborúk korában 1914-1945* [La Hongrie à l'époque des guerres mondiales], Debrecen, Csokonai Kiadó, 1998, p. 82.
5. Caraş-Severin 1,75 % ; Sibiu 3,64 % ; Hunedoara 5,23 % ; Alba 5,40 % ; Bistriţa-Năsăud 5,89 % ; Timiş 7,46 % ; Braşov 8,65 % ; Maramureş 9,08 % ; Arad 10,67 %.
6. Cluj 17,40 % ; Sălaj 23,05 % ; Bihor 25,96 % ; Satu-Mare 35,19 % ; Mureş 39,30 %.
7. Les sources des données son les recensements de 1992 et 2002, qui se trouvent sur la page web de l'Institut roumain de statistiques. Les calculs ont été effectués par l'auteur.
8. Le programme de 1991 de l'UDMR se trouve sur le CD-Rom *RMDSZ 1989-1999*, de l'UDMR. Sauf mention contraire, les traductions figurant dans cet article sont de l'auteur.
9. En incluant ici les partis politiques hongrois, les gouvernements hongrois et l'UDMR.

national de l'État, le fait que « la Roumanie est un État national, souverain et indépendant, unitaire et indivisible[10] » ne peut pas être remis en question. En même temps, ils reconnaissent l'existence de la minorité hongroise et le fait que les membres de cette minorité ont le droit « de préserver, de développer et d'exprimer leur identité ethnique, culturelle, linguistique et religieuse[11] ».

Au cours des événements et processus qui ont suivi le changement de régime en 1989, les positions de l'UDMR et des partis politiques roumains ont divergé sur un certain nombre de points, à savoir : la rédaction de la Constitution roumaine, la question de l'enseignement en langue hongroise, du mémorandum de l'UDMR pour le Conseil de l'Europe, du traité bilatéral entre la Roumanie et la Hongrie, du Conseil des Minorités, de l'autonomie, ainsi que de la loi sur les Hongrois vivant dans les pays limitrophes. L'analyse de ces sujets montre que l'attitude et le discours des partis politiques roumains changeaient en fonction de leur présence au gouvernement ou dans l'opposition[12], sauf en ce qui concerne la question de l'autonomie et celle de l'université hongroise d'État.

La présence des symboles historiques dans les relations de l'UDMR et les partis politiques roumains

Dans quatre cas, des symboles historiques ont fait leur apparition dans les relations de l'UDMR avec les partis politiques roumains.

Instauration d'une nouvelle fête nationale

En 1990, le Parlement roumain a décrété une nouvelle journée de fête nationale, le Premier décembre, « pour marquer la réalisation de la Grande Roumanie[13] ». Si pour les Roumains le 1er décembre 1918 représente l'union de la Transylvanie avec le Royaume de Roumanie, pour la minorité hongroise la même date représente le commencement de leur statut de population minoritaire. La Roumanie a donc instauré une journée de fête nationale qui rend difficile au niveau symbolique l'attachement des Hongrois à l'État roumain.

10. Article premier de la Constitution Roumaine. La Constitution en vigueur se trouve sur le site internet de la Chambre des Députés : www.cdep.ro.
11. Article six de la Constitution Roumaine.
12. Voir les lois qui ont été initiées dans l'intervalle 1996-2000, critiquées par le PSD [Parti Social-démocrate] alors dans l'opposition et qui ont été adoptées après 2000, lorsque le PSD a été au gouvernement.
13. Dan PAVEL, Iulia HUIU, « *Nu putem reuşi decît împreună* ». *O istorie analitică a Convenţiei Democratice, 1989-2003* [Nous ne pouvons réussir qu'ensemble. Une histoire analytique de la Convention démocratique, 1989-2003], Iaşi, Polirom, 2003, p. 77.

La commémoration du 15 mars 1848

Parmi les symboles de la nation hongroise, le 15 mars 1848 occupe une place importante. Cette date marque en effet le début de la révolution et de la guerre d'indépendance de 1848 en Hongrie. On y retrouve des figures essentielles du panthéon national hongrois, comme le poète Sándor Petőfi, le journaliste et homme politique Lajos Kossuth, les revendications programmatiques des « douze points de mars [14] ». Depuis 1860, le 15 mars est considéré comme une journée de fête nationale hongroise, mais ce n'est qu'une loi adoptée en 1991 qui en marque officiellement l'adoption [15].

L'UDMR [16] organise depuis 1990 des commémorations du 15 mars dans les villes et villages de Transylvanie. Dans un premier temps (1990-1996), cette célébration a été condamnée par beaucoup d'hommes politiques roumains pour deux raisons. D'une part, lors de ces manifestations, les Hongrois de Roumanie utilisent des symboles qui sont ceux de la nation hongroise et qui sont ceux de la République de Hongrie, par exemple l'hymne national et le drapeau hongrois. D'autre part, parmi les douze points de mars, figure la demande d'une union de la Transylvanie avec la Hongrie.

Dans un second temps, les chefs de gouvernement roumains ont pris l'habitude d'écrire une lettre aux Hongrois, lue lors de ces manifestations, dans le but de prouver ainsi la bonne situation de la minorité hongroise de Roumanie, en faisant un geste symbolique à l'adresse de leur partenaire de coalition, l'UDMR [17].

Les commémorations de 2006 ont vu apparaître un nouveau phénomène, des groupes de Hongrois qui manifestent leur mécontentement à l'égard du gouvernement social-démocrate en place de Hongrie.

14. On y demande notamment la liberté de la presse, la suppression de la censure, un ministère responsable à Buda-Pest, la tenue d'une session parlementaire annuelle à Pest, l'égalité devant la loi dans les affaires civiles et religieuses, une armée nationale, une représentation politique sur des bases égalitaires, la libération des prisonniers politiques, ainsi que l'union de la Transylvanie avec la Hongrie.

15. Loi adoptée par le gouvernement de la République de Hongrie. Par cette « loi VIII de 1991 sur les journées d'État de la République de Hongrie », sont instaurés trois jours de fête nationale. Le 15 mars est selon cette loi « le jour du commencement de la révolution et de la guerre d'indépendance de 1848-1849 et le commencement de la Hongrie parlementaire moderne ». Le 20 août commémore la journée « du fondateur de la Hongrie, saint Étienne ». Le 23 octobre marque le « commencement de la révolution et de la guerre d'indépendance de 1956 et le jour de la proclamation de la République de Hongrie en 1989 ». Ces trois journées sont qualifiées comme étant celles de la nation hongroise, mais la loi stipule que « le Parlement déclare parmi ces journées nationales le jour du 20 août comme journée officielle d'État ». Voir la loi sur http://www.mkogy.hu.

16. Ainsi que des organisations de la société civile hongroise de Roumanie.

17. Cela c'est produit pour la première fois sous le premier ministre Victor Ciorbea en 1997 (suite aux élections parlementaires de novembre 1997, l'UDMR est entrée dans la coalition gouvernementale).

La ville de Cluj

Le maire Gheorghe Funar a été élu en 1992 maire de cette importante ville universitaire de Transylvanie. À partir de ce moment a commencé un processus d'appropriation symbolique des lieux de mémoire hongrois à Cluj. Ce processus a créé des tensions entre les différentes communautés de la ville. Étant donné que la ville est une des plus importantes de Roumanie, et du point de vue de l'enseignement en langue hongroise la ville la plus importante de Roumanie, et qu'elle abrite la présidence exécutive de l'UDMR, ces conflits ont également influencé les relations hungaro-roumaines au niveau national[18]. De plus, ils ont contribué à rendre plus visible la statue du roi Mathias pour les Hongrois de Transylvanie en général.

Dans le centre de la ville, à côté de l'église catholique Saint-Michel, une statue du roi Mathias[19] à cheval, entouré de ses capitaines, a été érigée en 1902. La statue est l'œuvre de János Fadrusz, qui a gagné le premier prix à l'exposition universelle de Paris en 1900. Sur le socle de la statue se trouve le blason de la Hongrie et l'inscription *Mátyás Király* [le roi Mathias en hongrois]. Le blason a été effacé en 1945. L'inscription hongroise a été remplacée par une inscription latine.

Le maire de Cluj a complètement changé l'aspect de la place centrale. Il a de nouveau fait apposer une plaque, qui s'y trouvait dans l'entre-deux-guerres, pourvue d'une citation de l'historien roumain Nicolae Iorga : « Le roi Mathias a été battu seulement une fois par les siens, quand il a lutté avec la Moldavie. » Il a également fait installer des drapeaux roumains tout autour de la statue et sur laquelle se trouve la statue de Mathias. Les poubelles et les bancs ont été peints aux couleurs du drapeau roumain. Parallèlement à ces changements opérés avec les symboles hongrois, des statues nouvelles, à la symbolique roumaine claire, ont été placées dans la ville.

Des fouilles archéologiques contestées ont débuté en 1994, en face de l'église Saint-Michel et de la statue de Mathias. Les Hongrois de Cluj, les dirigeants de l'UDMR et des représentants des églises hongroises ont plusieurs fois organisé des marches autour de la place pour protester contre les fouilles archéologiques et contre les modifications apportées à la statue de Mathias. Deux des trois fosses des fouilles archéologiques ont été comblées en 2005 après un changement à la tête de la municipalité de Cluj.

La statue de la liberté d'Arad

Ce cas est intéressant dans la mesure où son usage politique a rendu visible ce symbole plutôt local, tant au niveau de la minorité hongroise

18. Il s'agit en l'occurrence de symboles qui ne sont pas liés à l'histoire locale hongroise.
19. Le roi Mathias de la Hongrie (1458-1490) a été l'un des plus importants rois de Hongrie de l'époque de la Renaissance. Il est né à Cluj.

de Roumanie, qu'au niveau de la vie publique roumaine et de la vie politique hongroise. La statue de la liberté a été commandée en mémoire des treize généraux des armées hongroises exécutés le 6 octobre 1849. Elle a été inaugurée le 6 octobre 1890. Sur le socle de la statue sont visibles les effigies des généraux, la statue principale représentant la Hongrie entourée par la Liberté qui se réveille, le Génie militaire, la Volonté de sacrifice et le Combattant mourant. Après la Première Guerre mondiale, la statue a été démontée sur ordre du gouvernement de Ion Brătianu en 1925 et déposée dans la forteresse d'Arad.

Selon les responsables de l'UDMR, les négociations entre l'UDMR et le gouvernement roumain pour remettre la statue à sa place ont commencé en 1996 quand l'UDMR faisait partie de la coalition gouvernementale. La statue de la liberté d'Arad a été présente dans les médias roumains et hongrois et dans l'opinion publique surtout après 1999, lorsque le gouvernement roumain a décidé en octobre de la même année d'installer la statue de la forteresse dans la cour d'une maison conventuelle[20]. Entre cette date et sa mise en place en mars 2005, la statue a été plusieurs fois au le centre de l'attention de l'opinion publique. En fin de compte, la statue a été remise à son emplacement originel, mais dans le cadre d'un Parc de réconciliation, en face de la maquette d'un arc de Triomphe[21].

20. Sur la base d'une convention entre le gouvernement hongrois et roumain.
21. Les héros roumains de 1848/1849 sont visibles. Les deux photographies sont issues du site internet de l'UDMR.

Furent présents à l'inauguration le premier ministre de Hongrie, les dirigeants de l'UDMR, les dirigeants des Églises hongroises de Roumanie ainsi que le ministre de la culture de la Roumanie.

Pour cet événement, l'UDMR a édité un livre, une carte postale avec l'inscription « On l'a libérée », ainsi qu'une affiche[22] qui fut utilisée pendant les conférences de presse à cette occasion et par la suite également.

22. Les affiches sont visibles sur la page web de l'UDMR. Photographie de l'auteur.

L'image de la statue de la liberté d'Arad a été utilisée comme symbole principal dans la campagne pour les élections locales avec l'inscription « Ensemble, libres ! »

L'image de la statue de la liberté a été également utilisée par l'UDMR dans la campagne pour les élections parlementaires de 2005 avec l'inscription « Ensemble, pour l'autonomie ! »

Dans ce contexte se pose la question de savoir si dans les programmes de l'UDMR se trouvent des références au passé. Dans l'argumentation des revendications de l'UDMR, quelle référence à l'histoire est proposée ?

Dans les programmes de l'UDMR, les références directes au passé sont peu présentes [23]. En dehors du programme d'avril 1990, où la décision de l'assemblée d'Alba Iulia de procéder à l'union de la Transylvanie avec la Roumanie est mentionnée, seule se trouve une référence directe à des faits historiques précis dans les autres programmes [24]. Dans le premier programme de l'UDMR, deux références sont faites, mais elles ne reviennent pas dans les autres programmes. D'une part, le fait que l'UDMR est née dans le sillage de la « révolution de décembre » est mentionné. D'autre part, il est fait référence aux différentes formes de représentation au niveau politique des Hongrois entre 1919 et 1989 : « Dans cet esprit, l'UDMR se démarque des compromis des organisations des minorités des époques précédentes, elle ne veut pas poursuivre des accords désavantageux, les séries de renoncements et la politique des mensonges auto-destructeurs, elle est prête à combattre sur le plan politique avec tous les moyens légaux pour mettre en œuvre et pour protéger les droits des minorités [25]. » Le texte est de fait assez confus, il ne mentionne pas exactement s'il s'agit de la période de l'entre-deux-guerres ou de celle du régime communiste.

Des références à l'histoire en général et aux traditions historiques en particulier sont présentes dans les programmes de l'UDMR. D'autres références indirectes au passé sont repérables dans des revendications, ou bien dans le discours des programmes. Le lecteur averti peut faire la liaison avec des faits historiques [26]. Sans doute serait-il approprié de dire que ces références indirectes au passé sont des revendications de l'UDMR qui trouvent leur origine dans le passé [27].

23. Qu'il s'agisse de faits historiques, de personnages, de dates importantes et symbolique, qui a priori pourraient être mentionnés.
24. L'autre fait historique précis qui sert de base à un argumentaire pour des revendications actuelles est l'ensemble des traités signés après la Première Guerre mondiale.
25. Programme de l'UDMR 1990. CD-Rom *RMDSZ*.
26. La plupart de ces liaisons peuvent se faire sans qu'il soit nécessaire de disposer de connaissances historiques extrêmement étendues. Le programme de 1993 dit ainsi explicitement : « Il nous semble important que soient restituées les terres des Églises. » Il s'agit d'un fait généralement connu des lecteurs du programme que les biens immobiliers des Églises hongroises on été confisqués entre 1920 et 1940. Voir le tableau en annexe.
27. Voir quelques exemples dans les annexes.

Annexe

Exemples des références indirectes au passé

Revendication et propos tenus dans les programmes	Sources historique de ces faits
– Accès aux archives ; les documents qui ont été pris doivent revenir dans les différentes archives, les procès-verbaux ecclésiastiques doivent être redonnés aux Églises. – Rétrocession des terres confisquées aux Églises. – Restitution des biens ecclésiastiques. – Rétablissement des institutions ecclésiastiques supprimées. – Libre fonctionnement des ordres religieux. – Reconnaissance par l'État, à côté de l'enseignement étatique et privé, de l'enseignement confessionnel comme troisième forme d'enseignement.	Entre 1945-1989 : – « Mainmise du pouvoir (communiste) sur les bâtiments possédés par l'Église[28]. » – « Tout le système de l'enseignement catholique est supprimé. Les écoles catholiques sont fermées et leurs biens inventoriés. Les institutions religieuses de charité et de santé sont nationalisées par décret en novembre 1948. La presse catholique est petit à petit interdite. » – « La nationalisation des archives par la loi sur le patrimoine culturel de 1974 et le décret sur les archives nationales retirent aux Églises, aux personnes privées, les documents de plus de trente ans. Certaines archives – celle de l'évêché de Satu Mare – sont détruites[29]. »
– Université d'État en langue hongroise à Cluj.	– 1959 : fusion de l'université hongroise de Bolyai avec l'université roumaine Babeş.

28. Catherine DURANDIN, *Histoire des Roumains*, Paris, Fayard, 1995, p. 376.
29. *Ibid.*, p. 436.

Cinquième partie

LA SECONDE GUERRE MONDIALE : MODALITÉS DE L'APPROPRIATION DE LA MÉMOIRE

Les discours croates de l'antifascisme, entre mémoire et oubli (1941-2005)

Drago Roksandić

Les idéologies politiques du fascisme et de l'antifascisme en Croatie, tout comme leurs appropriations depuis les années 1920 jusqu'à nos jours, ont rarement fait l'objet de recherches systématiques, même si les débats qui sont liés à ces thèmes ne cessent de donner lieu, de différentes manières, à des explications de type binaire dans l'espace public croate [1]. La femme de lettres Slavenka Drakulić publia récemment dans le journal londonien *The Guardian* un commentaire sur le phénomène de la promotion de la tradition et des valeurs fascistes en Croatie, un texte qui fut traduit et publié en Croatie. Ivo Banac, pour ne citer que lui, historien et président du Comité Helsinki de Croatie, réagit de manière particulièrement tranchante. En effet, Banac remarquait que de semblables phénomènes existaient dans les pays de l'Union européenne et qu'aucune mesure ne pourrait être prise à ce sujet en Croatie tant que la valorisation des traditions et valeurs communistes ne serait pas pénalement sanctionnée aussi [2]. Suite à la décla-

1. Le thème de la mémoire, de l'oubli et de la tradition de l'antifascisme croate ont fait l'objet de plusieurs de mes publications : « Nationale Konflikte in Titos Jugoslawien – ein Tabu ? », *in* Peter Bettelheim, Robert Streibel (éd.), *Tabu und Geschichte. Zur Kultur des kollektiven Erinnerns*, Vienne, Picus, 1994, p. 100-128 ; « Shifting References : Celebrations of Uprising in Croatia, 1945-1991 », *East European Politics and Society*, vol. 9, n° 2, Printemps 1995, p. 256-271 ; « Pamćenje i kultura povijesnog mišljenja – baština hrvatskog antifašizma 1945-2005 » [Mémoire et culture de la mémoire historique – le patrimoine de l'antifascisme croate 1945-2005], in *1945 – razdjelnica hrvatske povijesti* [1945, un tournant dans l'histoire croate], Zagreb, Hrvatski institut za povijest, 2006, p. 37-44 ; « "Bratstvo i jedinstvo" u političkom govoru hrvatskih/jugoslavenskih komunista 1919-1945 godine [L'expression "Fraternité et unité" dans le discours politique des communistes croates/yougoslaves] », *in* Tomislav Badovinac (éd.), *Bratstvo i jedinstvo – suživot* ["Fraternité et unité" – coexistence], Zagreb, Savez društava « Josip Broz Tito » Hrvatske [Union des associations « Josip Broz Tito »], 2007, p. 43-60.
2. Voir Slavenka Drakulić, « Shadows in the Sunshine », *The Guardian*, 29 août 2008 ; Ivo Banac, *The Guardian*, « Croatian Singer's Right to Free Speech », 2 septembre 2008. Ivan Zvonimir Čičak, chroniqueur du quotidien zagrebois *Jutarnji list* [Journal du Matin], a engagé une polémique avec Slavenka Drakulić dans un texte encore plus acéré intitulé « Tous les mensonges de Slavenka Drakulić » publié dans ce journal (le 6 septembre 2008, p. 72). Il conclut par les mots suivants : « En dépit des efforts de Drakulić et de ceux qui sont du même avis qu'elle, la Croatie sera bientôt membre de l'UE, la Yougoslavie jamais, car elle est morte. C'est là que se trouve l'origine du malentendu. »

ration d'indépendance croate et à la reconnaissance par la communauté internationale de la République de Croatie durant la période 1990-1992, de comparables cas d'antagonismes publics étaient nombreux car chaque débat similaire tournait, et tourne encore en rond[3].

En effet, le préambule de la constitution croate de 1990, qui définit la source de la continuité et de la souveraineté de l'État croate, fait directement référence aux décisions des partisans prises au sein du Conseil territorial antifasciste de lutte pour la libération populaire de la Croatie (*Zemaljsko antifašističko vijeće narodnog oslobođenja Hrvatske – ZAVNOH*) en 1943 et 1944 ainsi qu'à la subjectivité du droit étatique dans le cadre de la République fédérale populaire de Yougoslavie (*Federativna Narodna Republika Jugoslavija – FNRJ*)/République fédérale socialiste de Yougoslavie (*Socijalistička Federativna Republika Jugoslavija – SFRJ*) de 1945 à 1990. Ni l'un ni l'autre ne sont historiquement concevables sans les communistes croates/yougoslaves tout comme la République de Croatie contemporaine n'est pas concevable si l'on ignore le fait qu'elle est issue de la désintégration de la Yougoslavie. Encore faut-il souligner que la Croatie est devenue indépendante dans le cadre d'une guerre de défense de 1991 à 1995, dont le coût en vies humaines et biens matériels a été très élevé. Il ne fait aucun doute que cette défense a été possible en raison du choix plébiscité par la population croate en faveur de « la réconciliation nationale croate », un concept qui a été d'abord idéologiquement articulé et mis en pratique par Franjo Tuđman, fondateur du parti de la Communauté démocratique croate (*Hrvatska demokratska zajednica – HDZ*) et premier président de la République de Croatie. Les anciens partisans, tout comme les oustachis croates ainsi que leurs descendants, se sont mobilisés au cours du processus d'indépendance de la République de Croatie et dans la guerre qui s'en est suivie[4].

Alors que la mobilisation de guerre croate était impérative en 1991-1995, les nombreuses interrogations sur le présent, le passé et l'avenir croates furent plus ou moins marginalisées dans le discours public croate. Les nombreux effets de la transition vers l'économie de marché qui se sont manifestés durant les années de guerre et surtout durant les années d'après-guerre, ont immanquablement posé dans l'espace public la question du patrimoine et de la tradition de la modernisation croate des XIXe et XXe siècles. Ceci a impliqué la nécessité de poser de nombreuses questions, notamment sur les « yougoslavismes » et autres programmes politiques de gauche

3. Il convient de souligner que la tradition antifasciste croate, dans toute sa pluralité, a souvent fait l'objet de contestations. Voir Boris Dežulović, Predrag Lucić, *Greatest Shits. Antologija suvremene hrvatske gluposti* [Anthologie de la bêtise croate contemporaine], Split, Feral Tribune, 1998, en particulier le chapitre « L'antifascisme et son opposition », p. 21-38; voir aussi le documentaire de Bogdan Žižić, *Damnatio memoriae* (2003) sur la destruction des monuments érigés en mémoire de la lutte de libération durant la Seconde Guerre mondiale.

4. La « réconciliation nationale croate » a délégitimé « la fraternité et l'unité » des Croates et des Serbes en Croatie et en Yougoslavie, alors qu'il s'agissait d'un slogan essentiel du mouvement des partisans, tout comme de la politique officielle croate et yougoslave jusqu'en 1990.

croates, et surtout sur la tradition communiste en Croatie[5]. Les problèmes qui étaient soulevés dans le débat public étaient d'autant plus importants qu'il était impossible de prévoir le prix extrêmement élevé en vies humaines des événements qui se sont succédé dans l'histoire croate du XXe siècle. Les pertes humaines, directes ou indirectes, surtout durant la période 1941-1945, durant la guerre mais aussi après, ont été particulièrement élevées. Les victimes, vainqueurs ou vaincus, victimes de guerre militaires ou civiles, n'ont pas véritablement été identifiées. S'il ne fait aucun doute qu'elles ont été particulièrement importantes parmi les Croates, elles ont aussi provoqué la disparition de communautés entières, comme la communauté juive, rom, allemande et italienne, ainsi qu'une catastrophe démographique parmi les Serbes de Croatie, soit en raison de l'ethnocide perpétré à leur encontre, qui visait à leur complet anéantissement, soit en raison du grand nombre de victimes au sein des unités de partisans[6].

Rares sont les familles et/ou les individus en Croatie qui n'ont pas été confrontés à une tragédie et/ou des traumatismes familiaux sur plusieurs générations[7]. La conséquence directe en est que, dans les traditions croates du XXe siècle, « les autres », ceux qui se trouvent de l'autre côté des frontières ethniques croates, sont souvent perçus au prisme d'une méfiance difficilement surmontable, comme de potentiels criminels. Il est vrai que dans un certain nombre de cas, les auteurs de massacres n'ont pas été sanctionnés et les victimes n'ont pas été réhabilitées[8].

5. L'intégration nationale croate dans le sens moderne du terme est sans aucun doute arrivée à son terme dans le cadre du Royaume des Serbes, Croates et Slovènes (1918-1929), puis du Royaume de Yougoslavie (1929-1941). Les interprétations des historiens s'opposent pourtant de manière binaire à ce propos. Dans l'historiographie, il n'apparaît pas clairement que la modernisation de la société croate, quelle soit « achevée » ou « inachevée », est avant tout un phénomène du XXe siècle, faisant partie par conséquent de la période yougoslave de l'histoire croate. Voir par exemple Dušan BILANDŽIĆ, *Moderna hrvatska povijest* [Histoire moderne de la Croatie], Zagreb, Golden Marketing, 1999; Ivo GOLDSTEIN, *Hrvatska povijest* [Histoire de la Croatie], Zagreb, Novi Liber, 2003, p. 153-446; Zdenko RADELIĆ, *Hrvatska u Jugoslaviji 1945-1991 : od zajedništva do razlaza* [La Croatie en Yougoslavie 1945-1991, de la communauté à la séparation], Zagreb, Školska knjiga-Hrvatski institut za povijest, 2008[2].
6. Vladimir ŽERJAVIĆ, *Gubici stanovništva Jugoslavije u drugom svjetskom ratu* [Les pertes de population de la Yougoslavie durant la Seconde Guerre mondiale], Zagreb, Jugoslavensko viktimološko društvo, 1989; Vladimir ŽERJAVIĆ, *Opsesije i megalomanije oko Jasenovca i Bleiburga* [Obsessions et mégalomanie autour de Jasenovac et de Bleiburg], Zagreb, Globus, 1992[2]; Igor GRAOVAC, Dragan CVETKOVIĆ, *Ljudski gubici Hrvatske 1941-1945. Pitanja, primjeri, rezultati* [Pertes humaines en Croatie 1941-1945, Questions, exemples, résultats], Zagreb, Friedrich Naumann Stiftung-Dijalog, 2005.
7. Bien qu'il existe un nombre croissant de témoignages sur ce sujet, l'historiographie est largement en retard par rapport à la littérature, à la cinématographie et au théâtre. L'anthropologie historique et les études culturelles sont un peu mieux loties que l'historiographie. Voir par exemple : Miroslav BERTOŠA, *Kruh, mašta & mast. Prizori i memorabilije o staroj Puli (1947-1957)* [Du pain, de l'imagination et de l'huile. Visions et faits mémorables dans la ville de Pula d'antan (1947-1957)], Zagreb, Durieux, 2007; Slavko GOLDSTEIN, *1941. Godina koja se vraća* [1941, une année qui revient], Zagreb, Liber, 2007.
8. L'exemple le plus récent est la critique publique que Stjepan Mesić, président en exercice de la République jusqu'en janvier 2010, a adressée à Zoran Milanović, président du Parti social-démocrate qui a exprimé son intention de se rendre à Bleiburg en Autriche et à Tezno près de Maribor en Slovénie, lieux d'exécutions massives par les partisans des membres des forces armées de l'État indé-

Cet article vise à questionner de manière critique le discours de l'antifascisme croate. Il se concentre sur quelques termes clés et leurs significations dans les textes des trois principales figures politiques antifascistes croates, à savoir Andrija Hebrang, Vladimir Bakarić et Franjo Tuđman pendant la période de 1943 à 1996[9]. Il s'agit de textes appartenant à des genres très différents, mais néanmoins comparables en ce que ce sont des exemples

pendant croate (NDH) et de civils réfugiés, surtout les membres de leurs familles. Afin de justifier sa décision, Milanović a déclaré : « Je peux seulement parler de mes motivations et je suis prêt à dialoguer avec tout le monde. En Croatie, il n'y a pas eu suffisamment de dialogue sur Bleiburg : d'abord, il y a eu trop de silence, puis trop d'interprétations partielles. Souvent, les traumatismes et les manipulations naissent du silence. » (*Jutarnji list*, 6 septembre 2008, p. 35). Au cours de l'été 2008 également, un recueil de documents en deux volumes de Đuro Zatezalo, *Jadovno. Kompleks ustaških logora 1941* [Jadovno. Le complexe des camps de concentration oustachis de 1941], Belgrade, Muzej žrtava genocida [Musée des victimes du génocide], 2007, a été présenté au public dans le plus grand silence médiatique en Croatie (à l'exception notable du Conseil serbe de Zagreb [*Srpsko narodno vijeće*]), tout comme cela avait été le cas en Serbie. Tout au long des 1 732 pages de l'ouvrage et pour la première fois, l'auteur propose une analyse critique de la manière dont les autorités de l'État croate ont, d'avril à août 1941, essayé de régler de manière « définitive » et le plus « discrètement » possible la question serbe et juive par des assassinats en masse de Serbes et de Juifs dans les grottes karstiques du Velebit, de Gospić à Jadovno, et sur l'île de Pag, avant que le changement de la politique d'occupation italienne et surtout les développements sur le terrain dus à la révolte des partisans dans la région ne les aient poussées à ouvrir le complexe concentrationnaire de Jasenovac.

9. Hebrang Andrija (Bačevac près de Virovitica, 21.11.1899 – Belgrade, [?]), *Hrvatski biografski leksikon* (*HBL*) [Dictionnaire biographique croate] Zagreb, Leksikografski zavod „Miroslav Krleža", 2002, tome V, p. 468-470 ; Bakarić Vladimir (Velika Gorica, 08.03.1912-Zagreb, 16.01.1983) ; *HBL*, Zagreb, 1983, tome I, p. 360-363 ; Tuđman Franjo (Veliko Trgovište, 14.05.1922, Zagreb, 10.12.1999), *Krležijana*, Zagreb, Leksikografski zavod „Miroslav Krleža", 1999, tome II, p. 452-456. Andrija Hebrang était l'un des plus anciens communistes croates et yougoslaves, appartenant à la même génération de communistes que Josip Broz Tito. Il a commencé à se détacher de Tito vers la fin de la guerre, puis s'est fait arrêter en 1948, à la suite du conflit entre la Yougoslavie et l'URSS, et tuer, certainement en 1950, sans que jamais aucun éclaircissement n'ait été apporté jusqu'à aujourd'hui concernant sa mort. Vladimir Bakarić était l'un des plus fidèles collaborateurs de Tito avant même le début de la guerre, et l'est resté jusqu'à la mort de Tito en 1980. De 1948 jusqu'à sa mort, il fut l'homme politique le plus influent en Croatie. Franjo Tuđman, né dans la région du Zagorje, au nord-ouest de Zagreb, d'où est aussi originaire Josip Broz Tito, était un officier de l'Armée yougoslave en poste au Quartier général de l'armée à Belgrade, et fut, des années durant, un homme sûr pour le PC. En 1961 cependant, il revient à Zagreb et fonde, en accord avec la direction du PC croate, l'Institut d'histoire du mouvement ouvrier de Croatie (*Institut za historiju radničkog pokreta Hrvatske*). À partir de 1967, il s'éloigne de plus en plus de la politique officielle du parti, devient un dissident politique et enfin, pendant un certain temps, un prisonnier politique. En 1990, aux élections multipartites en Croatie, le HDZ, le parti dont il est le fondateur, devient le parti le plus influent en Croatie, et Franjo Tuđman le premier président de la Croatie devenue indépendante. Les textes analysés dans cet article sont les suivants : Vladimir Bakarić, « Stvaranje zemaljskog antifašističkog vijeća narodnog oslobođenja Hrvatske » [La création du Conseil territorial antifasciste de libération nationale de la Croatie] et « O Drugom zasjedanju AVNOJ-a » [À propos de la Deuxième réunion de l'AVNOJ], *in* Vladimir Bakarić, *Društvene klase, nacija i socijalizam* [Classes sociales, nation et socialisme], Zagreb, Školska knjiga, 1976, p. 81-89 et 90-94 ; Andrija Hebrang in *Zemaljsko antifašističko vijeće narodnog oslobođenja Hrvatske. Zbornik dokumenata 1944 (od 1. siječnja do 9 svibnja)* [Conseil territorial antifasciste de libération nationale de la Croatie. Recueil de documents portant sur l'année 1944 (du 1er janvier au 9 mai), Zagreb, Institut za historiju radničkog pokreta Hrvatske, 1970, p. 600-607 [ZAVNOH : Recueil de documents] ; Franjo Tuđman, « Demokratska i suverena Hrvatska nastala na stečevinama antifašističke borbe » [La Croatie démocratique et souveraine, résultante des acquis de la lutte antifasciste], *in* Franjo Tuđman, *Zna se – HDZ*, Zagreb, 1995, tome III, 1995, p. 150-161 et « Antifašistički pokret bio je jači nego u bilo kojoj zemlji » [Le mouvement antifasciste a été plus important que dans n'importe quel autre pays], in *Zna se – HDZ*, Zagreb, 1998, tome IV, 1998, p. 228-229.

de discours politiques destinés à des auditeurs précis ou bien à un public moins clairement défini [10].

Le discours politico-idéologique moderne et connoté se réfère au passé, au présent et à l'avenir. Il est souvent intentionnel. Même si l'acte de parole est individuel, on peut se demander dans quelle mesure le discours politico-idéologique est véritablement individualisé dans les exemples présentés ici. Dans les trois cas, les orateurs sont, au moment où ils s'expriment, chacun à leur manière, les plus influents représentants de l'autorité et du pouvoir en Croatie, ainsi que les médiateurs d'aspirations et d'intérêts collectifs. Dans ces discours, il est toujours question d'appropriation individuelle de la mémoire collective et surtout d'appropriation individuelle d'aspirations et d'intérêts politiques collectifs.

Dans le cas des discours prononcés en temps de guerre par Vladimir Bakarić et Andrija Hebrang, ce qui apparaît comme le fait le plus évident est qu'il n'est quasiment pas fait mention du fascisme et de l'antifascisme, même si depuis 1941, au moment où s'est formé le mouvement de résistance, « antifascisme » est le mot-clé dans les dénominations des organes politiques du mouvement de libération en Croatie et en Yougoslavie : Conseil antifasciste de libération nationale de Yougoslavie – *Antifašističko vijeće narodnog oslobođenja Jugoslavije (AVNOJ)*, Conseil territorial antifasciste de libération national de Croatie – *Zemaljsko antifašističko vijeće narodnog oslobođenja Hrvatske (ZAVNOJ)*, Front antifasciste des femmes – *Antifašistički front žena (AFŽ)*, Fédération unie de la jeunesse antifasciste – *Ujedinjeni savez antifašističke omladine,...*

Lorsqu'il est question du fascisme dans ces discours, l'accent n'est pas mis sur l'idéologie, ni sur la pratique politique qui en découle, mais plutôt sur ses représentants, ceux de « la horde fasciste » et donc sur le phénomène de la préhistoire humaine (chez Hebrang). Les choix syntaxiques sont signifiants, car l'idéologie politique de l'antifascisme croate et yougoslave de 1943 et 1944 appelle à « l'unité » du « peuple » contre « les fascistes », et donc à l'unité de tous contre la bestialité contenue dans l'homme. Pourtant, cette dernière est régulièrement partagée entre « les occupants » et « les traîtres à la nation », entre « les occupants » et « leurs valets ». Par conséquent, quand il question du fascisme en tant qu'apparition idéologico-politique préhistorique, l'union antifasciste de tous les autres est en principe possible, quelles que soient les différences d'ordre idéologique, politique ou pratique. Cependant, la différenciation entre les notions de « fascistes » et d'« occupants », de « fascistes » et de « traîtres nationaux » ou de « fascistes » et de leurs « valets » nationaux, ethnicise d'une part le conflit avec le fascisme (le « peuple » fait face aux

10. C'est d'ailleurs la raison pour laquelle une étude a été initialement réalisée sous la direction de Damir Boras (Faculté des Lettres, Zagreb) sous forme d'une analyse de textes par ordinateur. Qu'il soit remercié ici très chaleureusement de cette collaboration. Cet article ne se réfère toutefois pas aux résultats de cette analyse menée conjointement.

« occupants ») et légitime d'autre part la relation d'exclusion avec cette partie du « peuple » qui fait partie des « traîtres nationaux », des « valets de l'occupant », quelle que soit la manière dont ils comprennent et perçoivent eux-mêmes leur position. La guerre contre le fascisme, par certains de ses aspects, devient donc nécessairement une guerre civile, même si les communistes croates et yougoslaves, principaux acteurs de l'antifascisme croate et yougoslave, ne l'ont jamais reconnu ni avant, ni après 1945.

Si la notion de « peuple » est chez Hebrang et Bakarić le plus souvent utilisée dans le cadre des questions de classe, à savoir dans le sens de *plebs*, cette notion n'est pas moins rare dans le sens de *ethnos*, le plus souvent sous la forme Croates/peuple croate, mais aussi très souvent Serbes/peuple serbe, Croates et Serbes en Croatie/peuple croate et serbe en Croatie. Quand il s'agit du sens *plebs*, le principe d'exclusion antifasciste se fait entre « le peuple » face à ces « messieurs (réactionnaires) », tandis que dans le cas du sens ethnique, il se fait entre « le peuple » en opposition aux « traîtres nationaux ». Quand la notion de peuple se morcelle, chose que l'on ne peut que rarement observer, qui plus est jamais dans des discours de guerre, elle regroupe « les ouvriers », « les paysans » et « l'intelligentsia honnête ». Par conséquent, en dehors des milieux ouvriers et paysans, seule une partie de l'intelligentsia est reconnue comme partie intégrante du « peuple ». En revanche, « les ouvriers » et « les paysans » sont, par principe, épargnés de la possibilité de devenir des « traîtres nationaux », ce qui est évidemment loin d'être une réalité historique, car beaucoup d'entre eux ont été du côté des ennemis des partisans ou bien ne se sont pas identifiés à eux.

Ces observations laissent deviner que la conscience historique du mouvement de libération nationale en Croatie et plus généralement en Yougoslavie est extrêmement présentiste. Avoir « un avenir sombre » et « un avenir lumineux » dépend entièrement de l'engagement ou non dans la lutte contre « le fascisme ». C'est le message universel et le point d'appui principal dans la quête de la légitimité internationale du mouvement de libération nationale de Croatie et de Yougoslavie. Les références à un passé lointain n'apparaissent que rarement, car chacune de ces références peut provoquer des réactions symboliques, être politiquement démotivante. Par conséquent « le peuple » devient un sujet historique seulement avec « la lutte de libération nationale ». Ainsi Vladimir Bakarić dit-il lors de la Première session du ZAVNOH le 13 juin 1943 à Otočac :

> « Camarades ! Notre peuple a jusqu'à présent subi de grandes pertes. Notre peuple a jusqu'à présent montré qu'il pouvait se mesurer avec ces peuples qui dans l'histoire ont toujours servi d'exemples lumineux de progrès de l'humanité [11]. »

Ou bien :

11. Vladimir BAKARIĆ, *Društvene klase...*, *op. cit.*, p. 89.

> « Nous n'avons pas été reconnus par le monde extérieur pour des raisons humanistes. Non, nous l'avons été car ils ont besoin de nous [12]. »

Le discours d'Andrija Hebrang lors de la Troisième session de ZAVNOH à Topusko est encore plus explicite :

> « Camarades, jamais la Yougoslavie n'a dans son histoire joui d'une si grande renommée qu'aujourd'hui. Jamais sa position n'a été plus forte qu'elle ne l'est aujourd'hui [13]. »

Ou, en extrayant les positions de Hebrang, on en comprend les raisons :

> « Vous vous demandez, camarades conseillers, comment ce petit pays, dans lequel ont sévi les réactionnaires de tout poil, a pu acquérir une si grande renommée dans le monde?
> Pourquoi prend-on la Yougoslavie comme exemple dans tous les pays saccagés et asservis d'Europe? »
> (1) « La Yougoslavie a été le premier pays qui a allumé la flamme de la guerre de libération dans la prison des peuples d'Hitler, dans la "nouvelle Europe". » [...]
> (2) « Le mouvement de libération de Yougoslavie exerce une grande influence dans la lutte des peuples prisonniers en Europe, surtout parmi ceux des pays voisins. » [...]
> (3) « La Yougoslavie a payé et paye encore un énorme tribut dans sa chair... » [...]
> (4) « Les peuples de Yougoslavie ont réalisé leur unité indestructible et construit leur héroïque Armée de libération nationale grâce à leur lutte ininterrompue... » [...]
> (5) « La lutte commune et les efforts communs de tous les peuples de Yougoslavie sont la base de la Yougoslavie démocratique fédérative. » [...]
> (6) « La nouvelle Yougoslavie se construit sur les principes démocratiques d'autodétermination, de liberté et d'égalité de tous ses peuples [14]. »

Une autre Yougoslavie n'était pas possible pour Andrija Hebrang :

> « La Croatie a apporté une grande contribution à la lutte de libération nationale de tous les peuples de Yougoslavie. Les Serbes en Croatie, qui ont longtemps supporté le poids principal de la lutte, ont apporté une contribution majeure. Grâce à sa lutte, la Croatie a acquis le droit à l'autodétermination, le droit de s'administrer elle-même, d'avoir son parlement comme organe législatif suprême et support de la souveraineté, et d'avoir son gouvernement populaire [15]. »

Étant donné qu'Andrija Hebrang a disparu relativement rapidement après 1945 et de manière véritablement tragique, la possibilité de comparaison sur une plus longue période n'est possible que dans le cas du discours de Vladimir Bakarić. Ici, les glissements de sens sont visibles pour toute une

12. *Ibid.*
13. ZAVNOH, *op. cit.*, p. 601.
14. *Ibid.*, p. 602.
15. *Ibid.*, p. 604.

série de notions. Dans ses discours tenus durant la guerre, Vladimir Bakarić parlait du peuple surtout dans un sens ethnique et national. En revanche, alors qu'il évoque en 1973 le contexte dans lequel se sont constitués les organes de l'AVNOJ et du ZAVNOH, le pouvoir de ces organes de libération apparaît avant tout défini comme une question de classe :

> « La masse des combattants et des participants au mouvement de libération nationale est constituée d'ouvriers et de paysans; aucune fraction significative des classes dirigeantes ne s'est engagée dans le mouvement [16]... »

En second lieu, « les ouvriers » et « les paysans travailleurs » sont ceux qui ont :

> « ... formé dans cette lutte une alliance solide qu'ils pensent perpétuer. Il était clair que les ouvriers allaient s'engager sous la direction du Parti communiste à réaliser le socialisme. Il était clair également qu'ils allaient le faire et pouvoir le faire uniquement dans la mesure où ils réussiraient à attirer vers eux leurs alliés [paysans], ou du moins une grande partie de leurs alliés [17] ».

Après 1945 et surtout après le conflit yougoslave avec l'Union soviétique en 1948, la guerre de 1941-1945 sera de plus en plus souvent interprétée comme une guerre de libération nationale et de révolution socialiste, indépendamment du fait que la révolution socialiste était explicitement niée durant la guerre. Avec la dissolution de la République fédérale socialiste de Yougoslavie en 1990-1991, les mémoires et les histoires officielles sur les expériences de 1941-1945 se sont brisées. L'interprétation est devenue plus ouverte et de nouvelles questions furent posées.

Durant les années 1990-1991, marquées par l'éclatement de la République fédérale socialiste de Yougoslavie et la constitution d'une République de Croatie indépendante, l'antifascisme croate extrait du contexte yougoslave devient l'une des composantes de l'idéologie de la « réconciliation nationale », avec un très fort accent mis sur la discontinuité, aussi bien idéologique que politique et nationale entre l'héritage de la Yougoslavie fédérale, autogestionnaire et socialiste, qualifié de « yougo-communiste », et une République de Croatie indépendante, confrontée à la contestation grand-serbe de sa souveraineté et de son intégrité territoriale. Son principal créateur en fut Franjo Tuđman, stratège incontestable du processus d'indépendance croate qui était par ailleurs lui-même marqué par un engagement dans le mouvement partisan dès le début de la guerre.

Le bref discours de Franjo Tuđman prononcé à l'occasion d'une cérémonie lors de laquelle il reçoit une décoration (Palais présidentiel à Zagreb le 4 novembre 1996) se présente comme une expression condensée de son interprétation de l'antifascisme croate dans le cadre européen :

16. Vladimir Bakarić, *Društvene klase...*, *op. cit.*, p. 84.
17. *Ibid.*

« Le mouvement antifasciste croate était une composante de cette coalition antifasciste créée par les États-Unis d'Amérique, la Russie soviétique, la Grande-Bretagne et la France en exil de De Gaulle. Le peuple croate s'est trouvé déchiré lors de la Seconde Guerre mondiale par les circonstances internationales [...]. Le peuple croate a vu la chute de la Yougoslavie monarchiste comme une possibilité de sortir de cette prison dans laquelle étaient persécutés aussi bien les communistes révolutionnaires que les démocrates nationaux croates. Pourtant, avec la proclamation de l'État indépendant de Croatie dans le cadre de l'ordre européen voulu par Hitler, le peuple croate s'est retrouvé dans une position sans issue, car cette Europe nazie d'Hitler courait au désastre [18]... »

La dimension croate du mouvement partisan change stratégiquement la relation de forces au sein même de la société croate de 1941 à 1945, devenant ainsi un mouvement qui devient le plus fort dans le cadre yougoslave mais aussi européen :

« ... au sein du peuple croate s'est formé un mouvement antifasciste qui était plus fortement développé, plus organisé, aux résultats plus efficaces que dans n'importe quel autre pays de l'ex-Yougoslavie, et j'ose même dire, [...] que dans n'importe quel autre pays européen [19] ».

Le mouvement partisan croate est pour Franjo Tuđman une composante nécessaire de l'idéologie nationale croate aussi bien dans sa dimension historique que politique :

« ... le rôle de la lutte antifasciste et du mouvement antifasciste en Croatie était d'une grande importance historique et nous avons su, lors de la création de la Croatie démocratique, intégrer toutes les composantes de l'histoire croate – y compris le mouvement antifasciste – dans les bases, dans les fondements de cette Croatie démocratique [20] ».

Le fascisme comme l'antifascisme se réfèrent de façon différente à la même chose, à savoir au règlement de la question historique de l'État national et de l'indépendance croates. Les idéologies, les mémoires et les aspirations se développent en parallèle les unes par rapport aux autres. Les questionnements sur leurs liens sont cependant exclus.

L'antifascisme en Croatie n'a certainement jamais été un phénomène unitaire ; tout comme les contextes qui l'ont vu naître, il importe de penser cette période en termes pluralistes. Mais les références à l'antifascisme en Croatie durant la période 1941-1945, puis dans les périodes ultérieures, et jusqu'à nos jours, ont toujours été et resteront une question de stratégie discursive qui va bien au-delà du seul antifascisme.

Traduit du croate par Inès Sabotič.

18. Franjo Tuđman, 1998, p. 228.
19. *Ibid.*
20. *Ibid.*, p. 229.

« Guerre » des mémoires et des symboles – Patrimoine mémoriel et mémoire des guerres mondiales dans la région de Koprivnica

Hrvoje PETRIĆ

La région de Koprivnica est située au nord-ouest de la Croatie, près de la frontière hongroise, à environ à quatre-vingts kilomètres au nord-est de Zagreb. La ville de Koprivnica s'est développée dans un site particulièrement favorable à la formation d'un noyau urbain, au contact des montagnes Bilogora et Kalnik au sud, et des marais dans les plaines de la Drave au nord. La ville a su profiter des avantages de sa position, puisqu'elle a développé de nombreuses fonctions : artisanat, commerce et administration. Au XIIIe siècle, elle a déjà tous les attributs d'une ville et en 1356 elle obtient le statut de ville libre et royale du roi hungaro-croate Louis Ier d'Anjou [1].

Dans la présente étude, il s'agit d'analyser les monuments aux morts datant de la Première et de la Seconde Guerre mondiale. Le patrimoine mémoriel existant a été pris en compte, tout comme celui qui a été détruit ou modifié. Certains de ces monuments seront ici plus particulièrement décrits en raison de leur caractère exemplaire.

Dans la région de Koprivnica, on observe dans la seconde moitié du XXe siècle des modifications sur les monuments aux morts des deux guerres mondiales. Sans doute peut-on parler d'une certaine manière de « guerre » des mémoires et des symboles. L'objectif poursuivi ici est de proposer une étude comparative du patrimoine mémoriel de la Première et de la Seconde guerre mondiale, mais aussi de faire une analyse des changements de perception de la symbolique de ce patrimoine jusqu'à nos jours.

Le premier exemple est directement lié à cette « guerre » des mémoires et des symboles. Il s'agit d'un monument détruit après 1945 et à la place

1. Dragutin FELETAR, « Značenje geografskog položaja i demografskih osobina za razvoj Koprivnice u prošlosti i sadašnjosti » [La signification de la situation géographique et des caractéristiques démographiques pour le développement de Koprivnica dans le passé et le présent], *Koprivnica – grad i spomenici* [Koprivnica, la ville et ses monuments], Zagreb, Institut za povijest umjetnosti, 1986, p. 11. Koprivnica est située à 339 km de Vienne, 269 km de Budapest, 369 km de Belgrade et 267 km de Rijeka, le plus important port croate, relié à Koprivnica depuis 1870 par une voie ferrée qui contribua grandement à son développement économique.

duquel a été élevé un monument antifasciste. En 1942, dans le village frontalier de Drnje[2], au quatre-vingt-quinzième kilomètre de la voie de chemin de fer Zagreb-Budapest (au nord-est de la ville de Koprivnica), un monument oustachi est érigé sur la place centrale du village. Les autorités oustachies avaient décidé d'élever un monument à l'occasion du premier anniversaire de l'État indépendant croate (NDH, Nezavisna Država Hrvatska). Ce monument était l'œuvre d'un « fils de paysan de Peteranac, le jeune et talentueux sculpteur Ivan Sabolić, élève du professeur Augustinčić de l'Académie des Beaux-Arts de Zagreb… La statue est haute de 2,20 m, posée sur un socle de 8 m de haut et réalisée gratuitement par Šimun Marković, un artisan maçon[3] ». Le 18 octobre 1942 a lieu la cérémonie d'inauguration pendant laquelle Franjo Blažek, à la tête du mouvement oustachi à Drnje prit en premier la parole, tandis que Stjepan Pavunić, protonotaire, curé de la paroisse et député, donna sa bénédiction[4]. En 1945, les partisans minent le monument et emportent les débris dans un endroit inconnu[5]. À l'endroit où se trouvait le monument, la municipalité fait construire en 1960 un mémorial sous forme de pavillon. À l'intérieur de ce pavillon se trouvent les photographies des personnes mortes dans le cadre du mouvement de libération nationale, sur les murs extérieurs sont apposées deux plaques avec les noms des combattants et des victimes de la terreur fasciste[6]. Après 1945, la place centrale où se trouve le pavillon reçoit le nom de Place des combattants morts (*Trg palih boraca*). Après 1990, elle change de nom et devient la Place du roi Tomislav (*Trg kralja Tomislava*[7]).

Le deuxième exemple vient de Koprivnica. Il s'agit de la mise en place d'un monument aux morts sur la place centrale et de son déplacement hors de la ville à la suite des changements politiques dans les années 1990. En 1955, sur la Place du maréchal Tito, à l'occasion du dixième anniversaire de la « victoire sur le fascisme », est érigé un monument représentant un partisan accroupi, un fusil à la main. Le SUBNOR (Union des associations des combattants du mouvement de libération nationale) de la municipalité de Koprivnica se trouve à l'initiative de ce projet réalisé par le sculpteur Ivan

2. Hrvoje Petrić, *Općina i župa Drnje. Povijesno-geografska monografija* [La commune et le canton de Drnje. Monographie historique et géographique], Drnje, Feletar, 2000, p. 23.

3. *Koprivnički Hrvat* [Le Croate de Koprivnica], 10 octobre 1942.

4. *Koprivnički Hrvat*, 24 octobre 1942.

5. Selon les déclarations des habitants de Drnje.

6. D'après le livre de Franjo Horvatić, *Spomenici NOB-e općine Koprivnica* [Les monuments de la lutte pour la libération populaire dans la commune de Koprivnica], Koprivnica, Muzej Grada Koprivnice, 1986, le pavillon construit en l'honneur des combattants du village Drnje date de 1961 (p. 44). Or, le pavillon a été érigé en 1960 en l'honneur des combattants de la commune de Drnje qui regroupait alors, hormis le village Drnje, les villages Torčec, Botovo, Peteranec, Komatnica et Sigetec. *Glas Podravine* [La Voix de la Podravina], Koprivnica, 16 juillet 1960. Le 10 juillet 1960 à Drnje a eu lieu la cérémonie d'inauguration du pavillon et de la plaque commémorative dans le nouveau parc. Lors de la cérémonie, Rade Bulat, ancien commandant de la 32e division de l'Armée de libération et Ante Dobrila Pepo, ancien commandant des partisans de Koprivnica, ont pris la parole.

7. Documentation de la collectivité locale de Drnje.

Sabolić (l'auteur du monument oustachi à Drnje mentionné plus haut[8]). Cette place centrale existe depuis le XVIIe siècle, elle portait alors le nom de *Piaza* ou *Pijac*[9]. En 1866, elle devient la Place Zrinski (*Zrinski trg*) en souvenir de Nikola Šubić Zrinski, ban croate et chef d'armée du XVIe siècle[10]. Entre les deux guerres, pendant la période de la monarchie yougoslave, cette place a porté le nom du roi Alexandre Karađorđević[11], pendant la durée de l'État indépendant croate, elle s'appela de nouveau Place Zrinski. En 1945, on lui attribue un nouveau nom, Place du maréchal Tito (*Trg maršala Tita*[12]). Ce changement de nom montre clairement comment les différentes autorités et structures du pouvoir ont, de manière symbolique, réglé leurs comptes avec leurs ennemis idéologiques. Après 1990, les autorités locales décident de redonner l'ancien nom à la Place du maréchal Tito, qui redevient la Place Zrinski. Elles ont expliqué cette décision par la volonté d'un retour à l'ancien nom de la place centrale de Koprivnica datant de 1866[13]. En 1990, les autorités locales, plus précisément le Conseil exécutif de l'Assemblée municipale de la municipalité de Koprivnica[14], acquise à majorité au parti HDZ (Union démocratique croate[15]), décident de faire déplacer le monument de la lutte antifasciste représentant un partisan accroupi. Ce dernier ne se trouve plus sur la place centrale, mais hors de la ville, dans le mémorial Danica, à l'emplacement du premier camp de concentration de l'État indépendant croate[16]. Aujourd'hui, une partie du mémorial et ses alentours immédiats sont devenus un parking pour les camions de l'usine alimentaire Podravka. Ce monument est certes en bon état, mais l'environnement reste relativement négligé.

Le troisième exemple vient également de Koprivnica. Il s'agit d'un monument aux morts qui se trouve dans le cimetière juif et qui témoigne

8. Franjo Horvatić, *Spomenici NOB-a, op. cit.*, p. 45.
9. Hrvoje Petrić, *Koprivnica u 17. stoljeću. Okoliš, demografske, društvene i gospodarske promjene u pograničnom gradu* [Koprivnica au XVIIe siècle. Environnement, changements démographiques, sociaux et économiques dans une ville frontière], Koprivnica, Meridijani, 2005, p. 96-98.
10. Leander Brozović, *Građa za povijest Koprivnice* [Sources pour l'histoire de Koprivnica], Koprivnica, Muzej grada Koprivnice 1978, p. 80.
11. Dragutin Feletar, Vjekoslav Prvčić, *Koprivnički album* [Album de Koprivnica], Zagreb, Meridijani, 2006, p. 19.
12. Mirela Slukan Altić, *Povijesni atlas gradova: Koprivnica* [Atlas historique des villes : Koprivnica], Koprivnica-Zagreb, Muzej grada Koprivnice-Institut društvenih znanosti Ivo Pilar, 2005, p. 216.
13. Državni arhiv Varaždin, Arhivski sabirni centar Koprivnica, Dokumentacija Skupštine općine Koprivnica [Archives d'État de Varaždin, centre délocalisé d'archives de Koprivnica, documentation de la municipalité de Koprivnica].
14. *Rušenje antifašističkih spomenika u Hrvatskoj 1990-2000* [La destruction des monuments antifascistes en Croatie, 1990-2000], Zagreb, Savez antifašističkih boraca [Union des combattants antifascistes], 2000, p. 87.
15. Dragutin Feletar, Ivan Švegović, « Izbori u Podravini 1990 » [Les élections en Podravina en 1990], *Podravski zbornik*, n° 17, 1990, p. 13.
16. *Rušenje antifašističkih spomenika, op. cit.*, p. 87 ; Sur le camp de concentration de Danica voir Zdravko Dizdar, « Ljudski gubici logora "Danica" kraj Koprivnice, 1941-1942 » [Pertes humaines dans le camp de "Danica" près de Koprivnica], *Časopis za suvremenu povijest* [Revue d'histoire contemporaine], n° 34/2, 2002, p. 377-407.

remarquablement du changement de la symbolique mémoriale. Ce monument est érigé tout d'abord en souvenir des victimes juives de la Première Guerre mondiale et réalisé par l'architecte Slavko Löwy (Koprivnica, 1904-Zagreb, 1996). Après 1945, il est en partie modifié, puisqu'il devient un monument des victimes juives de la Seconde Guerre mondiale et de l'Holocauste, si bien que les dates « 1914 » et « 1918 » sont remplacées par « 1941 » et « 1945 ». Ceci est la seule intervention faite sur le monument[17]. Il convient de souligner que dans la région de Koprivnica seuls deux monuments aux morts de la Première Guerre mondiale existaient, le premier dans le village de Gola, le second à Koprivnica (le monument mentionné ci-dessus). Après la Première Guerre mondiale, une initiative, restée lettre morte, avait proposé d'élever un monument aux morts avec la liste de toutes les victimes du village Peteranec[18].

Le quatrième exemple est celui d'une dissimulation. Une plaque commémorative avec le nom de lycéens morts fut apposée sur l'ancien lycée de Koprivnica, aujourd'hui l'école « Antun Nemčić Gostovinski ». Cette plaque avec les noms des membres morts du SKOJ (Union de la jeunesse communiste de Yougoslavie) du lycée de Koprivnica a été inaugurée le 26 décembre 1965[19]. En 1991, elle est délibérément recouverte par une nouvelle façade lors de la rénovation de l'école.

Le cinquième exemple est celui de la dévastation volontaire d'une plaque commémorative avec les noms des combattants morts lors de la lutte de libération nationale et des victimes du fascisme. Elle a eu lieu dans le village Đelekovac (au nord de Koprivnica) dans les années 1990. La plaque commémorative faisait partie intégrante d'un monument érigé le 22 décembre 1957 par l'organisation locale du SUBNOR à Đelekovec. Sur le socle en pierre se trouvait la statue d'un partisan. Le monument est l'œuvre du sculpteur Julije Papić[20]. En 1990, des inconnus ont brisé la plaque de granit sur laquelle étaient inscrits les noms des défunts et ont endommagé le socle. Après avoir cassé un certain nombre de blocs de pierre du socle, ils ont finalement renoncé à poursuivre la dévastation, après avoir butté sur du béton armé. Les vandales qui ont brisé la plaque commémorative et endommagé le socle du monument à Đelekovec n'ont jamais été jugés, bien qu'ils soient connus des autorités. Cet événement est, outre le vandalisme qu'il révèle, le reflet d'une « nouvelle guerre des symboles » particulièrement d'actualité dans les années 1990. En effet, durant cette période, de nombreux

17. Dražen Ernečić, *Židovi u Koprivnici* – katalog izložbe [Les Juifs à Koprivnica – catalogue d'exposition], Koprivnica, Muzej grada Koprivnice, 2005, p. 33-34. La photographie du monument aux morts de la Première Guerre mondiale se trouve à la page 32. Les modifications du monument ont été constatées à la suite d'enquêtes de terrain dans le cimetière juif de Koprivnica.

18. Selon les documents de la paroisse de Peteranec.

19. Franjo Horvatić, *Spomenici NOB-a, op. cit.*, p. 46.

20. Archives de l'école « Mihovil Pavlek Miškina », Đelekovec, *Spomenica škole Đelekovec* [Livre souvenir de l'école de Đelekovec], vol. 2, année scolaire 1957-1958.

monuments de la lutte antifasciste furent endommagés en Croatie. Sur la plaque commémorative, 53 noms de partisans et 23 noms de victimes de la terreur fasciste étaient inscrits. La destruction de la plaque commémorative à Đelekovec avait une signification particulière car ce village était connu, dans la région de Koprivnica, pour le nombre relativement important de partisans (plus de 400 partisans pour environ 2000 habitants) pendant la Seconde Guerre mondiale. Rapidement après la destruction de la plaque primitive, la municipalité de Đelekovec en apposait une nouvelle, avec une croix et le blason croate, qui porte l'inscription : « En souvenir de tous les morts pour la Croatie[21]. » Après 2000, les nouvelles autorités municipales ont remplacé cette plaque commémorative par une nouvelle, avec une inscription identique à celle de 1957. Sur le socle du monument, les traces de la dévastation sont toujours visibles[22].

Avant 1990, dans la région de Koprivnica, on comptait plus de 80 monuments relatifs au mouvement de libération durant la Seconde Guerre mondiale, plus précisément 23 monuments à Koprivnica (29 %) et 57 dans les villages alentours (61%). Dans ces derniers, 14 monuments se trouvaient dans les villages de la plaine et 43 dans les villages des montagnes Kalnik et Bilogora, où le mouvement de libération était le plus important[23].

Suite à des enquêtes de terrain entreprises par nos soins de 1996 à 2006 sur le patrimoine mémoriel dans les villages de la région de Koprivnica, il apparaît que 18 monuments ont été dévastés (soit 23 %) et 6 déplacés (soit 7 %), tandis qu'une majorité, à savoir 56 monuments, est restée intacte (soit 70 %). La majorité des monuments de la lutte de libération nationale a été dévastée ou déplacée dans la ville de Koprivnica dans les années 1990. D'après le livre sur la dévastation des monuments antifascistes en Croatie de 1990 à 2000, 27 monuments auraient été endommagés ou détruits dans la région[24].

Le principal monument a été déplacé depuis la place centrale de Koprivnica vers la périphérie de la ville. Trois (des cinq) bustes ont de même été déplacés de l'endroit où ils se trouvaient jusqu'en 1990 ; certains d'entre eux sont certes restés, mais les inscriptions qui les accompagnent sont en partie effacées. Une plaque commémorative a été volontairement recou-

21. *Rušenje antifašističkih spomenika, op. cit.*, p. 87.
22. Selon des enquêtes menées par mes soins sur les lieux.
23. Franjo Horvatić, *Spomenici NOB-a, op. cit.*, p. 44-48.
24. Zrinka Novak, Relja Bosanac, « Indeks srušenih, oštećenih i uklonjenih spomenika NOB. po županijama odnosno naseljima » [Répertoire des monuments du mouvement de la lutte pour la libération populaire détruits, endommagés et retirés, classés selon les cantons et les agglomérations], *Rušenje antifašističkih spomenika, op. cit.*, p. 362-363. Il y a des erreurs dans ce répertoire. Les auteurs écrivent p. 362 que « le buste du peintre naïf Franjo Mraz devant l'école du même nom » à Drnje était l'œuvre d'un auteur inconnu et a été retiré. Or, l'auteur du buste est connu, il s'agit du sculpteur Josip Fluksi, et le buste n'a jamais été retiré. On peut aussi mentionner que depuis 1990 cette école ne s'appelle plus Franjo Mraz. Archives de l'école « Fran Koncelak » – Drnje.

verte par la façade (acte non mentionné dans le livre susmentionné sur la destruction des monuments antifascistes en Croatie). Enfin, pratiquement toutes les autres plaques ont été enlevées de l'endroit où elles se trouvaient jusqu'en 1990. Heureusement, la plupart d'entre elles sont aujourd'hui déposées au Musée de la ville de Koprivnica[25].

Après 1990, on enregistre un exemple de rénovation d'un monument aux morts. Ce dernier a été érigé dans l'enceinte de la caserne de Koprivnica en mémoire des soldats de l'armée régulière de l'État indépendant croate, disparus « le 25 avril 1942 dans la montagne de Kalnik ». Quand l'Armée populaire yougoslave prend possession des lieux après 1945, le monument est détruit. Le 22 avril 1997, le monument est rénové par la mairie et l'association *Hrvatski domobran* [Le soldat de l'armée croate] de Koprivnica, et se trouve dans la nouvelle caserne « Ban Krsto Frankopan » de l'armée croate[26].

Dans la ville de Koprivnica, des profanations de cimetière ont eu lieu. Les autorités locales de l'État indépendant croate ont rasé une partie du cimetière juif de Koprivnica. À cette occasion, une partie du monument aux morts a été détruite, une partie brisée et de nombreuses tombes ont été profanées. Certaines traces de ce saccage sont visibles encore aujourd'hui (tombes brisées, traces de balles sur des pierres tombales[27],...). Le cimetière orthodoxe a également été dévasté.

À l'emplacement de l'actuel cimetière municipal de Koprivnica, existait avant 1945 un cimetière militaire pour les soldats des forces armées de l'État indépendant croate, les soldats allemands et alliés (notamment les cosaques). Le cimetière a été délibérément rasé après 1945[28]. Après leur victoire, les partisans voulaient, de manière symbolique, détruire les monuments et les symboles de l'État indépendant croate. Dans le cas de Koprivnica, raser le cimetière était un moyen d'éliminer la mémoire des hommes enterrés dans cette partie du cimetière.

Comme autre exemple d'effacement de mémoire, on peut mentionner les changements des noms des institutions éducatives dans la ville de Koprivnica en 1991. Jusqu'en 1990, les écoles primaires et les collèges portaient le nom des victimes du fascisme (Mira Bano) ou des combattants du mouvement de libération (Branko Jambrešić-Zriko). L'appellation

25. *Rušenje antifašističkih spomenika, op. cit.*, p. 87-88, 398. et d'après mes propres enquêtes sur place.

26. Sur la plaque, il est écrit que la première plaque a été apposée en 1942 par « les officiers, les sous-officiers et les soldats du premier bataillon cycliste de Koprivnica et les habitants de la ville de Koprivnica ».

27. Krešimir Švarc, « Stopedeset godina židovskog groblja u Koprivnici » [Les cent cinquante ans du cimetière juif de Koprivnica], *Scientia Podraviana*, n° 15, 2001, p. 9.

28. Le ministre de l'Intérieur à cette époque, Vicko Krstulović, a signé le 6 juillet 1945 une circulaire sur « la suppression des cimetières militaires des forces d'occupations » en Croatie. « Cette décision ne concerne pas les cimetières et les tombes des soldats de l'armée régulière (*domobranstvo*). » Zdravko Dizdar, Vladimir Geiger, Milan Pojić, Mate Rupić, *Partizanska i komunistička represija i zločini u Hrvatskoj 1944-1946. Dokumenti* [La répression exercée par les partisans et les communistes et les crimes commis en Croatie en 1944-1946. Documents], Slavonski Brod, Hrvatski institut za povijest – Podružnica za povijest Slavonije, Srijema i Baranje, 2005, p. 177-178.

peut aussi être une date, en l'occurrence celle de la date de la libération de Koprivnica le 7 novembre 1943. L'école maternelle qui portait le nom d'une victime du fascisme (Marica Prvčić) a également changé de nom au début des années 1990. Elle reçoit le nom apolitique d'une fleur des champs, « Tratinčica » (Marguerite). Les écoles reçoivent les noms d'hommes politiques et représentants de la culture croate. La première porte le nom de l'écrivain Antun Nemčić Gostovinski, la deuxième celui des frères Radić (Antun et Stjepan), hommes politiques et écrivains, et la troisième celui de Đuro Ester, maître d'école et écrivain de Koprivnica du XIXe siècle[29].

Le lycée de Koprivnica portait le nom d'Ivo Marinković, combattant mort lors de la libération, membre du Parti communiste d'avant-guerre et professeur dans ce même lycée. À la suite de la réforme scolaire au milieu des années 1970, le lycée n'existant plus, le Centre scolaire (devenu Centre pour l'éducation et la formation) continuait de porter ce nom. Au début des années 1990, le lycée est de nouveau établi. Depuis lors, il porte le nom de l'écrivain Fran Galović[30]. Même si ce dernier est un écrivain croate célèbre qui, par son œuvre littéraire, est lié à Starigrad, un village près de Koprivnica, il n'a cependant jamais été élève ou professeur de ce lycée.

Après 1990, la symbolique des monuments aux morts de la Seconde Guerre mondiale a changé. Pendant les années 1990, dans les villages des alentours de Koprivnica (Torčec, Peteranec, Drnje et Sigetec entre autres), des monuments sont érigés en l'honneur des soldats des forces armées de l'État indépendant croate, des combattants de l'armée libération et des partisans, et parfois des soldats de la dernière guerre des années 1990. Sur les plaques commémoratives, les noms de tous les soldats sont inscrits, mais sans précision quant à l'armée à laquelle ils appartenaient. De telles plaques se trouvent dans les cimetières de Drnje et Torčec et dans le centre des villages de Peteranec et Sigetec. Il existe aussi des monuments sur lesquels les noms et prénoms des défunts ne sont pas inscrits, comme sur le monument dans le cimetière de Đelekovec, érigé en 2002[31].

Sur le monument aux morts dans le cimetière de Drnje, les noms des soldats appartenant aux forces armées de l'État indépendant croate et de la

29. *Županija Koprivničko-križevačka, Tko je tko – školstvo* [Le comitat de Koprivnica-Križevci, annuaire de l'éducation], Koprivnica, Lora, 1994-95, p. 11, 25, 34, 42.

30. Le Centre scolaire de Koprivnica a ouvert ses portes le 1er juillet 1975. Les lycées de Koprivnica ont alors cessé d'exister : le Centre scolaire « Boris Kidrič », l'École de formation des cadres dans l'économie « 1er mai » et le lycée « Ivo Marinković ». Il est intéressant de noter qu'en 1975, le nouveau Centre scolaire n'avait d'abord aucun rapport avec la lutte antifasciste et la révolution socialiste, même si les trois écoles intégrées dans ce Centre portaient des noms correspondants. *Školski centar Koprivnica, Izvještaj o radu školske godine 1975/76* [Centre scolaire de Koprivnica. Compte rendu sur l'année scolaire 1975-76], Koprivnica, Školski centar Koprivnica, 1976, p. 4; Danijel Kovačić, « Povijest obrtničke škole u Koprivnici » [Histoire de l'école commerciale à Koprivnica], *Scientia Podraviana*, n° 20, 2006, p. 17; Vjekoslav Robotić, « Stoljeće koprivničke gimnazije » [Un siècle de lycée à Koprivnica], *Scientia Podraviana*, n° 20, 2006. 18-19.

31. Selon mes propres enquêtes sur le terrain. *Vendi*, n° 13, 2002, p. 23.

République de Croatie sont gravés les uns à côté des autres[32]. À Peteranec, en 1997, un monument aux morts a été érigé dans le centre du village, à proximité de la municipalité et de l'école[33]. Le monument représente un ange noir, sur le socle sont inscrits les noms des morts de Peteranec pendant la Seconde Guerre mondiale, quelle que soit l'armée à laquelle ils appartenaient. Mais très rapidement, des inconnus ont en partie dévasté le monument.

Avant 1990, à Koprivnica, 51 noms de rues et places se rapportaient au mouvement de libération ou aux victimes du fascisme, soit un peu plus de la moitié de l'ensemble des rues et places de Koprivnica[34]. Pendant les années 1990, 41 de ces rues et places ont changé de nom, soit 78 %. Certains noms de rues de Koprivnica donnés en référence aux protagonistes du mouvement de libération et aux victimes du fascisme sont cependant restés inchangés après 1990 : Mihovil Pavlek Miškin, Franjo Gažija, Franjo Mraz, Tome Čiković, dr. Željko Selingero, Mije Šimeko, Vladimir Nazor, Ivan Goran Kovačić, Tome Prosenjak, Grgur Karlovčan et dr. Tomislav Bardek. Autrement dit, une place et dix rues portant des noms relatifs au mouvement de libération et à ses protagonistes n'ont pas changé de nom (soit 22 %[35]). De même, l'hôpital de Koprivnica portait, avant 1990, le nom « Dr. Tomislav Bardek », qui existe aujourd'hui encore[36]. Parmi les usines, la tuilerie portait depuis 1948 l'appellation « 7 novembre 1943 » (en mémoire de la première libération de Koprivnica[37]), qui changea immédiatement après 1990[38].

À Koprivnica et dans les villages alentours, pendant la période de 1945 aux années 1990, s'est déroulée une « guerre des monuments commémoratifs », autrement dit de la mémoire. Elle est particulièrement visible dans le cas des monuments aux morts et des symboles de la Seconde Guerre mondiale. Après 1990, une dévastation des monuments du mouvement de libération et de la lutte antifasciste a pu être observée. Elle est particulièrement importante à Koprivnica, et dans une moindre mesure, dans certains des villages alentours. Pendant les années 1990, sont érigés les

32. Hrvoje Petrić, *Općina i župa Drnje*, *op. cit.*, p. 11, 176.
33. « *Neka ih čuva anđeo mira* » [Que l'ange de la paix les garde], catalogue publié à l'occasion de la cérémonie d'ouverture, Peteranec, 1997.
34. Državni arhiv Varaždin, Arhivski sabirni centar Koprivnica, Dokumentacija Skupštine općine Koprivnica ; Koprivnica – plan grada [Koprivnica – plan de la ville], Zavod za katastar i geodetske poslove Koprivnica i Zavod za kartografiju Geodetskog fakulteta u Zagrebu [Service du cadastre et de géodésie de Koprivnica et Institut de cartographie de la Faculté de géodésie de Zagreb], s. a. et enquêtes sur le terrain.
35. Grad Koprivnica, Dokumentacija o ulicama [Ville de Koprivnica, documentation sur les rues] ; *Plan grada Koprivnice i Koprivničko-križevačke županije* [Plan de la ville de Koprivnica et du comitat de Koprivnica-Križevci], Meridijani, Samobor 2004, et mes enquêtes sur le terrain.
36. http://www.obkoprivnica.hr/povijest.asp. Accès possible depuis le 7 janvier 2007.
37. Dragutin Feletar, *SOUR « Bilokalnik » 1960-1980*, Koprivnica, Bilokalnik, 1980, p. 33.
38. *Bilokalnik d. d. 1960-2000*, Koprivnica, Bilokalnik, 2000, p. 52-53.

premiers monuments aux soldats morts au sein des forces armées de l'État indépendant croate.

Depuis 2000, on remarque une rénovation de certains monuments endommagés et liés au mouvement de libération et aux victimes du fascisme (par exemple dans le village de Đelekovec). Les changements de noms de rues dans la ville de Koprivnica sont eux aussi significatifs quant au rapport entre mémoire et histoire. Les plus grands changements ont eu lieu au début des années 1990, quand une partie de la mémoire de la lutte de libération et des victimes du fascisme, importante dans cette région, est effacée du nom des rues et des places de Koprivnica (et en partie dans les villages aux alentours). Ces données montrent clairement l'influence de la politique au niveau local, et plus précisément, l'influence d'individus dont les options politiques étaient largement soutenues par la population, si bien que le changement de la symbolique de la Seconde Guerre mondiale dans la région de Koprivnica et des tentatives « d'extirpation des souvenirs » d'une partie du passé ont été possibles.

Traduit du croate par Inès Sabotič.

Pourquoi se souvenir de la Shoah ?

Jadranka Brnčić

L'histoire et la mémoire

On peut essayer de comprendre la relation entre l'histoire et la mémoire sous deux aspects : celui de la valeur objective de la connaissance scientifique (aspect épistémologique) et celui de la réflexion sur les implications éthiques de la mémoire (aspect déontologique). Quand on réfléchit sur la mémoire, c'est-à-dire sur la manière dont les événements passés restent présents aujourd'hui, on peut commencer par analyser ce qu'est la mémoire, observer ses causes biologiques et culturelles et voir ses effets possibles. La mémoire n'est pas seulement notre capacité à nous remémorer des événements passés, elle est aussi notre capacité à conserver ces souvenirs comme étant notre propre expérience : elle est l'élément constitutif de la formation d'une identité culturelle. Ricœur définit l'histoire comme l'« héritière savante de la mémoire [1] ». L'histoire est héritière de la mémoire et elle peut en disposer comme elle veut, en respectant, bien entendu, certaines obligations académiques, éthiques ou juridiques. Elle est savante parce qu'elle donne forme et signification à une matière d'abord amorphe. La mémoire est un processus qui jette un pont entre la mémoire individuelle et la mémoire collective, entre le témoin et l'héritier des changements que les événements historiques provoquent dans la culture humaine. La mémoire coordonne un seul temps – le temps humain [2]. La différence entre une mémoire historique linéaire et une mémoire culturelle qui se « produit » par le passé réfléchi, cette différence placée au cœur de la mémoire, la situe dans un contexte culturel.

Si nous accordons une égale valeur au discours historique et au récit, nous risquons un certain relativisme historique. C'est justement à cause

1. Paul Ricœur, *La Mémoire, l'histoire, l'oubli*, Paris, Le Seuil, 2000, p. 304.
2. Comme le disait Augustin : « Il n'y pas trois temps : le passé, le présent et le futur, mais plutôt : le présent dans le passé – la mémoire, le présent dans le présent – la vue et le présent dans le futur – l'attente. » Voir Augustin, *Confessions*, Paris, Desclée de Brouwer, 1964, p. 268.

de ce relativisme que la théorie de Hayden White[3] fut l'objet de critiques. En s'attaquant aux méthodes reconstructrivistes de l'historiographie qui niaient l'usage de la « subjectivité », White a mis à nu son caractère éminent narratif (« littéraire »). Il promouvait de la sorte des catégories anthropologiques, telles que la mémoire, lesquelles ne peuvent pas être objectivisées. Cependant, White a affirmé en même temps que ce relativisme est un équivalent moral au scepticisme épistémologique : la relation de la littérature, comme procédé essentiellement narratif, et l'histoire qui se veut scientifique, se montrent complémentaires, ce qui est évident justement sur la question de la compréhension historique de la Shoah. Selon White, l'historiographie traditionnelle ne dispose pas d'une méthode objective par laquelle nous pouvons enlever à une idéologie, ni au fascisme, sa légitimité, ou par laquelle nous pouvons montrer qu'elle « vaut » plus ou moins qu'une autre. La Shoah cependant a tellement ébranlé les fondements sur lesquels reposaient jusqu'alors les connaissances philosophique et historique du monde, ainsi que la conception du temps comme évolution linéaire et causale-consécutive, cet événement a tellement secoué l'histoire elle-même et poussé si loin la question de l'humanité, qu'après lui il n'est plus possible de ne pas introduire des questionnements éthiques dans les recherches historiques. Le scepticisme épistémologique projette l'idée de la pluralité cognitive à un niveau éthique de l'existence humaine.

Selon les définitions de La Capra[4], il y a deux approches principales, mais opposées, de l'historiographie. La première approche est un modèle scientifique, documentaire, et sa forme extrême est le positivisme qui s'en tient aux preuves sur lesquelles se fondent ses conclusions présentées comme « objectives », et la seconde est un modèle conceptuel, c'est-à-dire un constructivisme radical, fondé sur des éléments performatifs, figuratifs, rhétoriques et idéologiques, éléments qui structurent le « récit » historique et ses interprétations. La première historiographie écrit une histoire des faits liés entre eux par leurs causes et leurs effets, la seconde est l'histoire de la mémoire, qui ne connaît pas de divorce binaire entre le sujet et l'objet, entre le témoin et l'historien, l'histoire (événement historique) et l'histoire (récit).

Dans la conception de La Capra, le témoignage est une source historique comme une autre, même s'il n'est pas toujours certain. Alors dans le processus de la reconstruction du réel historique, trop complexe pour qu'il puisse être abandonné à la seule recherche historiographique, La Capra introduit comme facteur égal en valeur aux autres le discours psychanalytique. Dans les analyses des œuvres littéraires et historiques, aussi bien que dans les analyses des témoignages de ceux qui ont survécu à la Shoah, La

3. Hayden WHITE, *Metahistory. The Historical Imagination in 19th Century Europe*, Baltimore-Londres, The Johns Hopkins University Press, 1973.
4. Dominick LA CAPRA, *Writing History, Writing Trauma*, Baltimore-Londres, The Johns Hopkins University Press, 2001, p. 1.

Capra introduit dans l'historiographie des termes issus de la psychologie, en premier lieu le trauma. Les événements traumatiques n'appartiennent pas seulement à ceux qui les ont vécus directement, mais aussi à ceux qui ont hérité de changements culturels qui en sont induits. En suivant La Capra, nous verrons que la Shoah était ce bouleversement épistémologique qui nous a conduits au postmodernisme [5]. C'est pourquoi la culture postmoderne est essentiellement traumatique.

Si l'homme n'est pas immédiatement humain, mais doit le devenir, l'humain dans l'humain est radicalement mis en question par l'événement de la Shoah. Et avec l'humain, c'est toute la culture humaine, la culture positiviste, qui s'est alors transformée en culture déchirée, c'est-à-dire postmoderne. La perte traumatique d'un paradigme (politique, idéologique, théorique) est semblable à la perte de la foi et finit par la décomposition de la représentation de la réalité [6]. Par cette expérience inverse de celle de la conversion, il est possible d'expliquer la crise posttraumatique de l'identité : le trauma de la perte d'une certaine représentation de la réalité se transforme en trauma constitutif de l'absence radicale de la réalité. Ce trauma historique provoque la non-présence du réel, qui pourrait devenir prétexte à une irresponsabilité éthique et politique. Mais, à partir de la Shoah, l'historiographie qui tient à garder espoir en l'homme n'est plus possible sans dimension éthique : elle doit intégrer les questions de la responsabilité du témoignage, de l'oubli, du pardon, du rôle de la désobéissance civile...

Le posttrauma et l'identité

Les Juifs furent victimes d'un génocide sans précédent. Jamais jusqu'alors un État n'avait décidé et déclaré, sous l'autorité des plus hauts responsables, qu'un certain groupe (*Untermenschen*) doit être éliminé, et cela totalement, pour que cet État puisse conquérir son *Lebensraum*. Jamais jusqu'alors un État n'avait mis en œuvre tous les moyens à sa disposition afin de réaliser ces objectifs.

Si nous tirons une « leçon » de la Shoah – selon Ian Kershaw [7] – nous devons admettre, en affirmant son caractère unique, que notre monde n'a pas encore renoncé à de pareilles horreurs... Alors, si nous voulons comprendre la pathologie des États modernes, il ne faut pas interpréter la Shoah uniquement comme une histoire juive, ou allemande, mais il faut la prendre comme une histoire qui nous appartient à tous. La solution

5. Hayden White, *Figural Realism. Studies in the Mimesis Effect*, Baltimore-Londres, The Johns Hopkins University Press, 1999, p. 143.
6. Dominick La Capra, *History in Transit : Experience, Identity, Critical Theory*, Ithaca, Cornell University Press, 2004, p. 137.
7. Ian Kershaw, *Qu'est-ce que le nazisme? Problèmes et perspectives d'interprétation*, Gallimard, Paris, 1997, p. 214, trad. de l'anglais par Jacqueline Carnaud, éd. originale, *The Nazi Dictatorship : Problems and Perspectives of Interprétation*, Londres, Edward Arnold, 1985.

finale (*Endlösung*) n'est que la conception de la superiorité d'une race, d'une nation, d'un groupe, une conception poussée jusqu'à ses extrêmes, jusqu'à une idéologie totalitaire à l'œuvre[8]. La Shoah est devenue le paradigme, « la mesure selon laquelle il faut évaluer tous les phénomènes du crime collectif[9] ».

La mémoire collective contribue à la formation d'une identité culturelle. Alors l'événement traumatique, comme élément constitutif de la mémoire de la Shoah, est responsable soit d'une certaine entorse à l'appartenance à une communauté, soit d'une consolidation largement fictive d'une communauté qui ne partage que des possibilités de se souvenir. L'histoire comme continuité est nécessaire pour la formation de l'identité d'un sujet, d'une entité, et la conscience malheureuse de la discontinuité témoigne de l'impossibilité de pareil processus. On ne peut jeter des ponts entre les fractures qu'*a posteriori*, par la narration. Mais ce chemin est dangereux : étant donné que le passé n'est le foyer ni du présent, ni de l'avenir, la légitimation de la discontinuité comme facteur qui découvre la nature artificielle de la continuité, peut mettre en question l'identité de la communauté. Dans le présent, on ne peut semble-t-il attendre de l'individu que la révolte...

Le devoir le plus important de l'homme est alors, comme le disait Lévinas, de « se placer devant le visage de l'Autre[10] ». Chaque homme n'est pas responsable à l'égard des principes universels, mais surtout à l'égard de l'Autre. Toute la formation humaine devrait être la formation de l'humanité. Il n'y a qu'un chemin contre les manipulations politiques, contre les violences antisémites, racistes, contre toutes les Shoahs de l'histoire (au Rwanda, au Soudan, en Bosnie, en Irak...), qui consiste à ne pas les oublier et en même temps à être au-dela des divisions qu'elles créent. Quelle est la meilleure façon de commémorer Auschwitz ? Comme le disait Jacques Derrida, que « cela » et « jamais plus cela » ne soient pas près de nous, mais devant nous...

Les abus de la mémoire

Les victimes juives du génocide nazi ont spontanément et légitimement su garder le souvenir de ces horreurs. Elles ont non seulement le droit, mais aussi le devoir de graver ces souvenirs, cet apogée d'horreur, sur le marbre de la mémoire. Mais si cette mémoire se joue des dangers qui la menacent, depuis l'instrumentalisation jusqu'à la sacralisation, le seul souvenir des Juifs ne préserverait sans doute pas à lui seul la mémoire de la Shoah

8. Les analyses de Hannah Arendt de la notion d'autorité dans ses textes sur le totalitarisme sont encore très importantes pour la déconstruction de la relation entre le pouvoir et le régime politique.
9. Saul FRIEDLÄNDER, *L'Allemagne nazie et les Juifs*, trad. de l'anglais par Marie-France de Paloméra, Paris, Le Seuil, 1997, p. 13.
10. Emmanuel LÉVINAS, *Totalité et infini : essai sur l'extériorité*, La Haye, Nijhoff, 1961, p. 271.

de l'oubli. Et cela représenterait une double tragédie : pour les victimes, « assassinées » une deuxième fois, et pour toute l'humanité qui est par cette mémoire constamment mise en garde contre ce que l'homme est capable de faire aux autres humains.

Il est intéressant de noter que la Shoah n'est pas entrée dans le discours politique d'Israël tout de suite après la Seconde Guerre mondiale. Jusqu'aux années 1960, c'est-à-dire jusqu'au procès d'Adolf Eichmann, le seul nazi condamné à Jérusalem, régnait le temps de l'oubli. La jeune nation se construisait tout d'abord dans les *kibboutzim*, avec des agriculteurs en bonne santé et vigoureux. Mais après l'affaire Eichmann, qui a provoqué un profond changement du point de vue sur la Shoah, Ben Gourion, l'architecte de la nouvelle politique nationale, commença à présenter la Shoah comme une expression extrême du destin du peuple israélien condamné à l'exode permanent, du destin qui n'aurait pu transformer l'entrée dans la Terre Promise que par la fondation de l'État sur l'ancienne terre d'Israël. La société israélienne s'employait à nationaliser la mémoire de la Shoah. Le souvenir de la Shoah a d'abord déterminé la manière dont les Israéliens vivaient la guerre des Six jours. Il s'agissait d'une guerre théologisée, comprise comme doublement sacrée : les Israéliens soutenaient qu'ils ont évité de la sorte une nouvelle Shoah et qu'elle leur a permis de conquérir le territoire biblique. « Mais quel fruit empoisonné ! Aujourd'hui ce sont les colons qui gouvernent Israël ! Ce n'est pas nous qui avons conquis les territoires, mais ce sont les territoires qui nous ont conquis », écrit Idith Zertal [11].

René Girard affirme que les communautés humaines sont fondées sur une violence initiale [12]. La communauté se construit autour d'un ennemi commun et des liens scellés par le sacrifice de ce dont elle a peur. La plupart des cultures religieuses se sauvent de pareilles situations destructrices par le Sacré, qui ressuscite dans les offrandes religieuses sacrificielles. Leur finalité est d'apaiser les dieux. La rivalité produite par la jalousie se concentre sur l'ennemi, ou son substitut, ou sur une chose ou un être qui doit être détruit pour que le peuple vive. Un tel sacrifice est le paiement des « dettes » et en même temps l'instrument de l'apaisement. Dans l'histoire, c'est l'État qui a repris le rôle d'agent apaisant. Maintenant il protège la violence qui auparavant articulait sa structure. Puisque la rupture est obtenue par la haine et qu'elle est fondée sur la panique contagieuse, tout le tissu de la vie sociale est

11. Idith Zertal, *La Nation et la mort : la Shoah dans le discours et la politique d'Israël*, trad. de l'anglais par Marc Saint-Upéry, Paris, La Découverte, 2004. Sur la manipulation et l'abus de la mémoire – contrairement à Jean-Michel Chaumont (*La Concurrence des victimes : génocide, identité, reconnaissance*, Paris, La Découverte, 1995), qui insiste sur l'affirmation de la singularité de la Shoah – ont également écrit Alain Finkielkraut (*La Mémoire vaine. Du crime contre l'humanité*, Paris, Gallimard, 1989) et Tzvetan Todorov (*Les Abus de la mémoire*, Paris, Arléa, 1995). Hannah Arendt dans *Eichmann à Jerusalem* (1964) va jusqu'à présenter le sionisme comme un ressentiment historique de la victime qui répète ce qu'elle a subi de la part de son bourreau.

12. René Girard, *La violence et le sacré*, Paris, Grasset, 1972, p. 23.

par son essence une structure de mensonge. La culture du sacrifice est une culture trompeuse parce qu'obéissant à une logique qui ne délivre pas.

Si le souvenir servait auparavant à la « construction d'un pouvoir et une volonté de pouvoir contre une impuissance totale des Juifs pendant la Shoah », écrit Idith Zertal[13], maintenant on se remémore régulièrement « Auschwitz – comme une incarnation du mal – quand Israël se trouve devant les problèmes politiques et les problèmes de la sécurité sans accepter de se confronter avec les conséquences et de payer le prix. » La Shoah est présente dans la législation, dans les écoles, les prières, la poésie, les inscriptions funéraires, les monuments et les livres commémoratifs. La société israélienne n'a cessé de se définir en relation avec la Shoah, de se considérer tout à la fois comme héritière et procureur des victimes, d'un double mouvement de rédemption de leur mort et d'expiation de leurs « péchés ». Elle est devenue le fondement de la construction de la mémoire culturelle d'Israël et en fin de compte d'une politique de la mort. Idith Zertal ajoute que de plus, Auschwitz, dont le retour est perçu comme une éventualité permanente, est devenu la principale référence face à un monde systématiquement défini comme hostile et antisémite : Israël s'est ainsi doté d'une aura de sacralité, qui le rend imperméable à la critique et à une délibération rationnelle avec le reste de la communauté des nations.

Créé pour mettre fin à l'antisémitisme chrétien, l'État Israël se développe en nourrissant un antisémitisme arabe. Les Juifs israéliens d'aujourd'hui ne sont, selon Jean Daniel[14], plus fidèles au message d'Auschwitz : ils ne distinguent pas la barbarie, dont ils étaient victimes uniquement en raison de leur naissance, des malheurs qu'ils rencontrent en raison de ce qu'ils font maintenant librement et souverainement aux autres. « Pour la première fois après deux mille ans les Israéliens sont maîtres de leur destin national. Maintenant dans l'action, pas seulement dans l'être. Mais ils se montrent incapables de distinguer entre les horreurs qu'ils subissaient à Auschwitz et les guerres auxquelles ils sont exposés ensemble avec leurs ennemis, les Arabes. »

Il est vrai qu'Israël est aujourd'hui prisonnier de ses propres mythes, ses peurs, ses interprétations de l'histoire. Comme l'écrit Jean Daniel, le grand mouvement sioniste a tourné à quelque chose de régressif, s'est transformé en une société de prisonniers de leur propre pouvoir militaire. On dirait que « la prison juive » n'est plus une métaphore, mais qu'elle s'est incarnée dans ce mur six mètres de haut, bâti depuis 2002 pour séparer les territoires israéliens des territoires palestiniens. Le gouvernement d'Israël déclare que ce mur est construit pour des raison de sécurité, pour défendre les civils contre les attaques de terroristes palestiniens, mais la vérité est que ce mur détruit tout autour de lui : les hommes, la nature, l'environnement. Il n'offre pas la sécurité à Israël et il pourrait bien l'enfermer dans un nouveau ghetto.

13. Idith Zertal, *La Nation et la mort, op. cit.*, p. 129.
14. Jean Daniel, *La Prison juive*, Paris, Odile Jacob, 2003.

Le pardon comme acte politique

Ricœur se demande ce qui se passe avec la mémoire et l'oubli quand ils sont touchés par l'« esprit de pardon[15] ». Il suggère la possibilité d'un « pardon difficile » : ne pas oublier les crimes, mais pardonner aux individus qui les ont faits. Bien que l'esprit laïque offrirait, peut-être, une résistance à une pareille perspective, l'on doit tenir compte du fait que cette transformation pourrait abroger la logique circulaire de la vengeance ou de la punition. L'équilibre ne peut pas être rétabli par cette logique.

Le pardon et le repentir furent pendant trois ans (1996-1999) au centre du séminaire de Jacques Derrida[16] à l'École des hautes études en sciences sociales à Paris. Derrida montrait que si énigmatique que reste le concept de pardon, même libéré de son héritage religieux, abrahamique, après la Seconde Guerre mondiale il rentrait sur la scène géopolitique par la petite porte. Derrida voit que ce phenomène est lié à la demande d'une révision de la mémoire dans le processus d'internationalisation. La prolifération de ces scènes de repentir et de « pardon » crée sans doute une urgence universelle de la mémoire : il faut se tourner vers le passé, mais non pour en tirer de nouveau les questions de la culpabilité et de la responsabilité. Cet acte de mémoire, d'auto-accusation, de « repentance », de comparution, il faut le « porter à la fois au-delà de l'instance juridique et de l'instance État-nation », comme le dit Derrida. Il ne s'agit pas de justice, mais de pardon.

L'on est donc en droit de se demander ce qui est en train de se passer sur une vaste échelle. Les pistes sont nombreuses. Derrida en nomme une : « L'une d'entre elles reconduit régulièrement à une série d'événements extraordinaires, ceux qui, avant et pendant la Seconde Guerre mondiale, ont rendu possible, ont en tout cas "autorisé", avec le Tribunal de Nuremberg, l'institution internationale d'un concept juridique comme celui de "crime contre l'humanité". » Mais si l'on commençait à s'accuser, en demandant pardon, de tous les crimes du passé commis contre l'humanité, il n'y aurait plus un innocent sur Terre – et donc plus personne en position de juge ou d'arbitre. Nous sommes tous les héritiers de personnes ou d'événements marqués, de façon essentielle, intérieure, ineffaçable, par des crimes contre l'humanité. Le concept de « crime contre l'humanité » reste à l'horizon de toute la géopolitique du pardon. Il lui fournit son discours et sa légitimation.

Cependant, le langage du pardon, au service de finalités déterminées, était tout sauf pur et désintéressé. Comme toujours dans le champ politique. Derrida prendrait alors le risque de cette proposition : « À chaque fois que le pardon est au service d'une finalité, fût-elle noble et spirituelle

15. Paul Ricœur, *La Mémoire, op. cit.*, p. 279.
16. Jacques Derrida, Michel Wieviorka, « Le siècle et le pardon », in *Le Monde des débats*, décembre 1999.

(rachat ou rédemption, réconciliation, salut), à chaque fois qu'il tend à rétablir une normalité (sociale, nationale, politique, psychologique) par un travail du deuil, par quelque thérapie ou écologie de la mémoire, alors le "pardon" n'est pas pur – ni son concept. Le pardon n'est, il ne devrait être ni normal, ni normatif, ni normalisant. Il devrait rester exceptionnel et extraordinaire, à l'epreuve de l'impossible : comme s'il interrompait le cours ordinaire de la temporalité historique. »

Pour aborder à présent le concept même de pardon, la logique et le bon sens s'accordent avec le paradoxe qu'il faut, semble-t-il, partir du fait que s'il y a quelque chose à pardonner, ce serait impardonnable. D'où l'aporie que Derrida décrit avec une formalité sèche et implacable : « le pardon pardonne seulement l'impardonnable ». Autant dire que le pardon doit s'annoncer comme l'impossible même. Il ne peut être possible que de faire l'impossible. Il ne s'agit pas seulement de pardonner les crimes des autres, il faut aussi que l'homme se pardonne à lui-même le fait qu'il soit capable de commettre des crimes d'une cruauté inimaginable. Si nous en demandions le pardon, inconditionnel et fou, alors peut-être deviendrions-nous capables de ne plus les répéter. C'est cette « épreuve de l'impossible » qu'il faut affronter.

Une bonne politique de la mémoire

Face aux événements que Ricœur a appelé les « événements horribles[17] », placés sous le signe de la « solution finale », arrive un moment où les témoins vivants cèdent la place aux historiens et ce sont eux qui sont maintenant les gardiens de la mémoire des témoins. Il semble parfois que le pont jeté entre les témoins et les historiens soit très fragile, qu'il s'agit souvent d'un lieu conflictuel[18]. Bien entendu, la mémoire doit être « éclairée par l'historiographie », mais par l'historiographie capable de « ressusciter la mémoire » et d'établir, quand il s'agit de la Shoah, l'équilibre entre l'oubli et l'exagération. Comment, dès lors, garder la mémoire de la Shoah ? Comme le disait Paul Ricœur, en utilisant « une bonne politique de la mémoire », c'est-à-dire sans négliger l'événement de la Shoah, car cela conduirait à sa relativisation, mais sans la mystifier non plus, au risque de mener à un abus de la mémoire. Si cette mémoire est la seule source et la seule manière de construire l'identité d'une communauté, nous risquons de rester aveugles aux malheurs des autres et nous participons alors à la politique de la mort. Il faut donc, d'une autre façon, plus modeste, faire vivre la mémoire de la

17. Paul Ricœur, *La Mémoire, op. cit.*, p. 329.

18. Il suffit de rappeler le cas de Maurice Papon, ce haut fonctionnaire français qui, lorsque le *Canard enchaîné* a découvert des zones d'ombre dans son passé, sa participation à la déportations d'enfants juifs, a été condamné. Mais des historiens ont aussi exprimé leurs opinions sur sa culpabilité, ce qui suscita de nombreuses controverses.

Shoah jusqu'à ce qu'elle devienne un paradigme universellement accepté. Une « bonne politique de la mémoire » ne permettrait pas que la Shoah soit reléguée aux marges de l'histoire. Sa place est bien dans la « matrice » historique, qui seule peut la garder comme un événement qui a eu réellement lieu : « la visée véritative » nous oblige tous. Nous tous avons « le devoir de mémoire ».

Le livre de Ricœur *La Mémoire, l'histoire, l'oubli* est très important en ce qu'il conceptualise les relations problématiques entre l'histoire, la mémoire et la justice. Une certaine phénoménologie de la mémoire amène l'auteur, à travers un discours épistémologique sur la vérité de l'histoire, à la situation paradoxale de la condition historique. Transférée de la sphère de la mémoire à celle de l'histoire, avec l'herméneutique de la condition historique, la représentation du passé se découvre exposée aux menaces de l'oubli, mais aussi confiée à sa garde. Ricœur ne nie pas à l'histoire son autonomie ni ses privilèges, et surtout pas le privilège de « la fonction corrective de la vérité », mais il invite les historiens à être humbles. L'historien qui a la Shoah pour objet de sa recherche se trouve tout spécialement dans une « situation de responsabilité ». Or nous ne sommes pas encore guéris. Il dépend de nous, comme le dit Jankélévitch, de faire ou non durer l'agonie de l'humanité jusqu'à sa fin[19].

19. Vladimir Jankélévitch, « Le Pardon », in *Philosophie morale*, Paris, Flammarion, 1998, p. 1046.

Se souvenir de la Shoah dans la Pologne communiste : construction, mutations et fissures d'une mémoire officielle, 1945-1968

Audrey KICHELEWSKI

En avril 1945, deux affiches étaient placardées côte à côte sur les murs de Varsovie. Sur la première, on pouvait lire « Gloire aux défenseurs héroïques du Ghetto » tandis que sur la seconde était écrit « Honte aux valets fascistes de l'Armée de l'Intérieur [1]. » La mort tragique des Juifs était ainsi érigée en lutte nationale pour la défense des valeurs universelles portées par le communisme, s'opposant au combat des résistants non communistes, dont le souvenir était encombrant pour un pouvoir se construisant dans l'opposition au gouvernement de Londres en exil. Cette anecdote illustre bien les conflits de mémoires et leur instrumentalisation au service d'un nouveau régime cherchant à asseoir sa légitimité en remodelant le passé afin de forger une nouvelle identité nationale. Cette utilisation de l'histoire prend un sens particulier pour la Pologne, où la mémoire du passé a joué un rôle moteur dans la préservation, sinon la construction identitaire lorsque ce pays était sans territoire souverain. Ceci invite à s'interroger sur les liens entre la mémoire du passé, en l'occurrence à la politique mémorielle du nouvel État polonais, et la volonté de reconstruire l'identité de ses habitants.

L'historiographie traditionnelle souligne que jusque dans les années soixante, la mémoire de la Shoah est très largement refoulée à l'Ouest, occultée ou instrumentalisée à l'Est, dans une narration où la spécificité du sort des Juifs n'est pas perçue, englobée dans un rejet total des horreurs du nazisme. Pourtant, il fut toujours question en Pologne de cette mémoire, même dans son occultation, et d'une façon non linéaire et mouvante au fil des années. Cela tient en partie à la place particulière de ce pays, témoin de la destruction des Juifs d'Europe, et de trois millions de ses concitoyens juifs, soit 90 % d'entre eux, et plus de la moitié des victimes polonaises de la guerre.

1. Krystyna KERSTEN, *The Establishment of Communist Rule in Poland, 1943-1948*, Berkeley, University of California Press, 1991, p. 220. Sauf mention contraire, les traductions figurant dans cet article sont de l'auteur.

À travers l'exemple des commémorations officielles, dont la plus importante, celle de l'insurrection du ghetto du Varsovie déclenchée le 19 avril 1943, nous servira de fil conducteur, mais également dans la muséographie ou les parutions d'ouvrages historiques sur la guerre, nous souhaitons analyser cette mémoire officielle dans sa construction, ses mutations et ses fissures qui se dessinent lorsqu'elle est confrontée aux acteurs du passé, les sociétés polonaise et juive. Comment cette mémoire s'est-elle forgée, à quels impératifs obéit-elle et dans quelles circonstances évolue-t-elle ? Nous adopterons le fil chronologique des événements politiques du pays jusqu'en 1968, qui marque une rupture avec le déclenchement d'une campagne « antisioniste » aboutissant au départ de presque tous les derniers Polonais d'origine juive et qui voit l'apogée d'un nouveau discours sur la guerre et le génocide.

Une pluralité des mémoires dans la construction d'une narration officielle, 1945-1948

Une politique mémorielle précoce

Dès avant la fin du conflit, les puissances alliées partageaient, du moins sur le plan des discours officiels, une même vision quant aux buts de guerre et aux valeurs à répandre dans le monde. Les notions de paix et de progrès triomphant de la « barbarie fasciste » étaient un slogan fédérant, bien au-delà de la sphère communiste. C'est dans ce cadre que l'on peut comprendre l'empressement du gouvernement polonais à forger une mémoire de la guerre où il apparaissait fondamental d'identifier les camps du Bien et du Mal – même si ces derniers vont rapidement acquérir des contenus différents de ceux des Occidentaux.

Ainsi, dès leur libération à partir de juillet 1944, les restes des camps de concentration de Majdanek, du Stutthof et d'Auschwitz-Birkenau furent déclarés « lieux de mémoire » par le gouvernement provisoire[2]. En 1947, le gouvernement polonais créa un Conseil pour la Protection des Mémoriaux de la Lutte et du Martyre et décida également de faire du camp d'Auschwitz un « mémorial dédié au martyr de la nation polonaise et des autres nations[3] ». Cette déclaration marquait néanmoins déjà l'infléchissement de la mémoire de la guerre, où la spécificité du sort des Juifs était niée – même si celle-ci n'était pas non plus encore clairement apparue aux yeux des autres nations.

Les premières années de l'après-guerre voient également naître un immense intérêt, aiguisé par la propagande, pour tout ce qui touche à la

2. James YOUNG, *Texture of Memory : Holocaust Memorials and Meaning*, New Haven, Yale University Press, 1993, p. 120.
3. Pour l'histoire du Musée d'Auchwitz, voir Jonathan HUENER, *Auschwitz, Poland, and the Politics of Commemoration, 1945-1979*, Athens, Ohio University Press, 2003.

guerre, et où le sort des Juifs n'est pas occulté. Chaque commémoration est annoncée dans la presse et fait souvent la une, de même que les procès des Nazis anciens dirigeants de camps. Les journaux fournissent de nombreux témoignages de rescapés, sous forme de récit, mais également d'œuvres artistiques – poésie, films, théâtre. Le souvenir de la guerre est omniprésent et le discours sur celle-ci n'est pas encore figé.

Dans quel contexte ?

Durant les premières années de l'après-guerre, le gouvernement polonais semble vouloir accorder une place particulière aux rescapés juifs. Ainsi, le Manifeste du 22 juillet 1944, acte de naissance du nouveau régime, déclare l'égalité complète des droits des Juifs en tant que citoyens individuels et en tant que minorité nationale, en faisant explicitement référence à leur sort tragique subi durant la guerre[4]. Les Juifs sont la seule minorité mentionnée dans ce Manifeste. Par ailleurs, les déclarations du Parlement provisoire offrent une aide officielle aux victimes du génocide nazi. Le gouvernement encourage également la renaissance des organisations communautaires et prend des premières mesures pour la restitution des biens.

C'est dans ce contexte favorable que peuvent se mener d'intenses recherches sur la tragédie des Juifs. Celles-ci furent cependant pour l'essentiel menées par les rescapés eux-mêmes, dans la Commission historique juive, établie à Lublin dès le mois de novembre 1944. Cette commission agissait par le biais de comités locaux, qui dès 1945 recueillent des milliers de documents et de témoignages de survivants. Elle contribua aussi beaucoup à la constitution des dossiers d'accusation pour les procès de criminels nazis. Cela s'inscrivait naturellement dans l'image glorieuse d'un pays luttant contre le fascisme que le nouveau régime voulait mettre en avant.

... mais des priorités qui se dessinent : les commémorations du ghetto de Varsovie[5]

Pour célébrer ce symbole de la résistance juive et le premier soulèvement armé de populations civiles contre les Nazis, devait-on en oublier son

4. *Manifeste du PKWN*, Annexe du Journal Officiel de la République de Pologne, n° 1, 1944, p. 2.
5. Sur l'histoire des commémorations du soulèvement du ghetto de Varsovie, voir Jacek Leociak, « Zraniona pamięć – Rocznice powstania w getcie warszawskim w prasie polskiej : 1944-1989 » [La mémoire blessée – les célébrations annuelles de l'insurrection du ghetto de Varsovie dans la presse polonaise : 1944-1989], *Literatura polska wobec Zagłady* [La littérature polonaise face à l'extermination], Varsovie, ŻIH, 2000, p. 29-49 ; Bożena Szaynok « Konteksty polityczne obchodów powstania w Getcie Warszawskim w latach 1940 i w pierwszej połowie lat 1950 » [Les contextes politiques des célébrations de l'insurrection dans le ghetto dans les années 1940 et la première moitié des années 1950], *Biuletyn Żydowskiego Instytutu Historycznego* [Bulletin de l'Institut d'histoire juive], n° 3, 2004, p. 205-215.

dénouement tragique, qui fit 7 000 victimes et aboutit à la déportation des 50 000 Juifs vivant encore dans le ghetto ?

Notons tout d'abord que la publicité faite aux commémorations chaque 19 avril était très importante. En 1945, l'événement fait la une du quotidien du parti communiste, tandis que le journal du parti socialiste insère en première page la déclaration du Premier ministre Osobka-Morawski[6]. Dans son discours, il rappelle la mort de plus de trois millions de Juifs polonais et rend hommage aux combattants du ghetto. En 1948, l'inauguration du monument dédié aux combattants du ghetto est l'occasion d'une grande cérémonie officielle à laquelle participent de nombreuses délégations venues de l'étranger.

Inauguration du Monument aux héros de l'insurrection du ghetto de Varsovie, 19 avril 1948. Source : Institut d'histoire juive (Varsovie).

Toutefois, les discours tenus durant cette période fondatrice sont déjà fortement codifiés et un certain nombre de motifs annoncent la politique mémorielle du nouveau régime. Il s'agit d'abord de s'adresser à la population polonaise par delà un événement auquel elle n'a pas pris part. Les discours mettent donc l'accent sur le caractère universel de ce soulèvement, dans le cadre de la lutte contre l'hitlérisme et pour la démocratie, la dignité et la liberté.

Mais les luttes politiques sont présentes dans cette narration, dont le caractère fédérateur n'est qu'apparent. On exagère l'aide apportée aux insurgés par la résistance communiste, et on lie ces faits passés à l'histoire

6. *Głos ludu* [La Voix du peuple], 19 avril 1945, p. 1 ; *Robotnik* [Le travailleur], 19 avril 1945, p. 1.

immédiate, celle de l'amitié polono-soviétique. S'ancrant nettement dans le camp socialiste, le nouveau régime utilise aussi cet événement pour discréditer l'opposition à l'approche des élections et face au gouvernement rival à Londres. Cette charge permet en outre de séduire la population juive polonaise, en rendant l'opposition responsable de la vague d'antisémitisme qui resurgit en Pologne entre 1944 et 1947. Le quotidien communiste *Głos Ludu* [La voix du peuple] écrit ainsi : « Les assassins de l'Armée de l'Intérieur et des Forces Nationales Armées tentent de reprendre les méthodes nazies, ils essaient d'achever ce qu'ont entrepris les SS et la Gestapo, ils s'efforcent de procéder à des actes criminels contre les rares Juifs qui sont parvenus à échapper aux mains des meurtriers nazis[7]. »

Cette première période apparaît donc comme plutôt favorable pour la place accordée au souvenir des actes nazis commis à l'égard de la population juive en Pologne. L'attitude du régime pourrait se lire comme une marque de bienveillance, si l'on ne décelait pas clairement aussi le message politique sous-jacent. Avec la stalinisation du régime, une autre instrumentalisation de la mémoire de la guerre s'opère.

La « stalinisation de la mémoire », 1949-1956

S'accorder avec un nouvel agenda idéologique

L'idéologie stalinienne de lutte des classes impose la réorganisation des institutions culturelles et sociales du pays. En ce qui concerne la narration de la guerre, il s'agissait de lier plus étroitement encore la résistance contre les nazis et celle, actuelle, contre l'impérialisme. Cela aboutit à la production d'une propagande des plus grossières et à un discours des plus manichéens. La volonté de se conformer à ces exigences nouvelles conduit ainsi à reproduire dans un ouvrage consacré à l'insurrection du ghetto de Varsovie et rédigé par Bernard Mark, historien reconnu de l'Institut d'histoire juive, des photographies de Bierut et Staline, hors de propos[8].

Le vocabulaire des commémorations allait aussi faire partie de la lutte des classes. L'exemple du musée d'Auschwitz est à cet égard très éloquent[9]. Inauguré en juin 1947, il présente une nouvelle exposition deux ans plus tard dans le Bloc 21, intitulée « La lutte et la victoire », qui doit décrire la résistance de guerre, communiste et internationale. Contrairement au projet initial dans lequel le musée devait montrer le camp comme un lieu de souffrance et du martyre national, la nouvelle politique faisait du site un symbole de la lutte internationale contre le fascisme d'hier et d'aujourd'hui.

7. *Głos ludu*, art. cit., p. 1.
8. Bernard Mark, *Powstanie w getcie warszawskim* [L'insurrection du ghetto de Varsovie], édition de 1953 et de 1954.
9. Jonathan Huener, *op. cit.*, p. 92.

La mémoire dans l'arène de la guerre froide

Les transformations du discours sur le passé sont indissociables des impératifs de la politique extérieure polonaise. La guerre froide impose de choisir son camp. Cela se voit notamment pour les commémorations annuelles du soulèvement du ghetto de Varsovie : alors que l'ensemble des délégations étrangères étaient citées dans les médias lors des cérémonies de 1948, de 1950 à 1956, la presse ne précise plus si des étrangers ont assisté aux commémorations. Le ton se fait plus agressif et les références à l'actualité se multiplient, assimilant les ennemis d'aujourd'hui aux bourreaux d'hier. Ainsi, dans le compte rendu des commémorations du soulèvement du ghetto de Varsovie de 1950, le quotidien officiel y voit un prétexte pour attaquer les « forces réactionnaires de l'impérialisme ». Les noms de Truman et du secrétaire d'État américain Acheson sont évoqués aux côtés de ceux de Goebbels et d'Hitler. On trouve la même tendance à exacerber les tensions internationales dans le musée d'Auschwitz dans sa version de 1949-1954 : le bloc 15, consacré aux « Sources du Génocide », explique que celles-ci sont à rechercher dans l'impérialisme international, et en particulier celui des anglo-américains, dont les Nazis n'auraient que perfectionné les méthodes – relativisant du même coup leurs crimes tout en rendant responsables les anglo-saxons [10]. Mais de quel génocide est-il alors question dans cette nouvelle narration ?

La « déjudaïsation » de la mémoire de la Shoah

Avec la volonté de mettre en avant l'antifascisme international, il apparaît de plus en plus inadéquat de souligner dans la narration le sort particulier réservé aux Juifs. Par conséquent, les thématiques juives disparaissent des publications, des comptes rendus et des discours officiels. Sur les plaques commémoratives, la « nationalité » des victimes est parfois omise ou retirée. L'heure est à la « déjudaïsation » de la mémoire du génocide.

Quand les Juifs ne peuvent être assimilés au vaste ensemble des victimes de la guerre – comme pour le cas du soulèvement du ghetto, on « oublie » tout simplement de mentionner cet anniversaire, qui continue d'être célébré, mais discrètement. *Trybuna Ludu* [La Tribune du peuple], journal du POUP (Parti ouvrier unifié polonais), ne fait pas même mention du 10e anniversaire de l'insurrection du ghetto. Simple oubli ou volonté de faire disparaître cette mémoire juive ? On sait en tout cas qu'en 1951, l'un des dirigeants du Parti prépara une note à ses collaborateurs où il suggérait

10. *Ibid.*, p. 102.

de limiter l'ampleur des cérémonies consacrées à l'insurrection du ghetto de Varsovie [11].

Est-ce une réponse au sentiment de frustration ressenti dans la population ? On peut en tout cas constater que le traitement de la minorité juive a profondément changé : les partis politiques juifs, la majorité des institutions sociales et culturelles sont liquidés en 1949. La liberté dont jouissait la minorité juive se trouve considérablement atteinte et la communauté organisée adopte les mêmes slogans que la narration officielle et cède à la déformation historique lorsqu'elle évoque le sort des Juifs durant la guerre : les héros de l'insurrection sont tous, faussement, assimilés aux forces communistes.

La volonté de rétablir la vérité qui se manifeste avec le dégel allait-elle concerner la vision du génocide des Juifs ?

Un retour instrumentalisé de la Shoah dans la politique mémorielle polonaise, 1956-1968

Une parole libérée

La déstalinisation se traduit en Pologne par la réhabilitation des ennemis d'hier, notamment l'Armée de l'Intérieur. Un monument lui est érigé dans le cimetière de Varsovie et le 1er août 1957, le régime commémore enfin l'insurrection de la capitale [12]. Cet élan de recherche d'un discours plus honnête sur le passé se retrouve dans les récits sur la Shoah. Lors des commémorations du soulèvement du ghetto de Varsovie, la presse et les discours officiels cessent d'affirmer que seuls le parti et la résistance communiste sont venus à l'aide des Juifs en révolte et l'on mentionne de nouveau les différentes tendances au sein de la résistance juive. Au musée d'Auschwitz, l'exposition est totalement remaniée dès 1955, à l'occasion du 10e anniversaire de la libération du camp, qui donne d'ailleurs lieu à une grande célébration, qui rassemble environ 150 000 participants [13], où l'on note à nouveau la présence en nombre des délégations étrangères. Dans le bloc 15 qui introduit les événements, on trouve une référence au sort spécifique des Juifs, notamment en Pologne ; on continue toutefois de parler de « quatre millions de victimes », sans donner plus de précisions.

Un semblable rééquilibrage s'opère sur le plan de l'écriture du passé. L'Institut d'histoire juive reprend une activité plus sérieuse. Le livre de Bernard Mark sur l'insurrection du ghetto de Varsovie est republié en 1958 et 1959 dans une version remaniée et sans les photographies de Bierut et

11. Marcin ZAREMBA, *Komunizm, legitymizacja, nacjonalizm. Nacjonalistyczna legitymizacja władzy komunistycznej w Polsce* [Communisme, légitimation, nationalisme. La légitimation nationaliste du pouvoir communiste en Pologne], Varsovie, Trio, 2001, p. 327.
12. Pierre BUHLER, *Histoire de la Pologne communiste*, Paris, Karthala, 1997, p. 351.
13. Jonathan HUENER, *op. cit.*, p. 114.

Staline[14]. Au-delà de la sphère juive, la libération culturelle permet d'aborder plus aisément le thème de la guerre et du génocide. Cette libéralisation s'opère dans un contexte international où la spécificité du sort des Juifs commence à être mise en avant. Le procès Eichmann à Jérusalem a beaucoup contribué à ce tournant[15]. Toutefois, ce retour de thèmes jusqu'alors demeurés occultés s'opère dans un cadre qui reste étroitement circonscrit, avec des objectifs bien précis.

Un retour instrumentalisé

Les célébrations du quinzième anniversaire du soulèvement du ghetto de Varsovie en 1958 sont – pour la première fois – discutées au sein du Comité central. Un comité d'organisation est créé spécialement à cet effet et la volonté de donner une bonne image aux délégations étrangères est manifeste. En 1963, pour le vingtième anniversaire, quatre départements au sein du Comité central – dont, significativement, celui des Affaires étrangères, sont chargés d'organiser les cérémonies[16]. Pourtant les réflexes forgés antérieurement sur la façon d'aborder la mémoire de ces événements douloureux persistent. On note toujours la forte dichotomie entre la propagande pour le monde occidental et le silence au sein de la société polonaise. Les mobilisations pour les célébrations n'ont lieu que pour les « chiffres ronds » qui contrastent fortement avec les cérémonies annuelles, plus modestes, voire inexistantes[17].

On retrouve également dans la présentation des événements une tendance à toujours souligner le contexte présent et à établir des parallèles déstabilisants. Ainsi en 1964, les Vietnamiens sont invités aux commémorations du soulèvement du ghetto de Varsovie pour souligner le parallèle entre leur combat contre les Américains et celui des Juifs polonais contre les nazis[18]... De fait, la spécificité du sort des Juifs est toujours occultée. Plus généralement, le thème juif dans l'évocation de la guerre demeure encore très largement tabou. Ainsi, dans le projet de préparatifs du vingtième anniversaire de l'insurrection en 1963, le Comité central ne mentionne pas une seule fois le mot « Juif[19] ». De même dans l'appel aux morts prononcé lors de cette cérémonie, qui honore simplement les « fils et filles du peuple polonais[20] ». Au sein des instances dirigeantes, la « question juive »

14. Le titre même est modifié, dans un sens moins héroïque mais plus conforme à la réalité : *Walka i zagłada getto warszawskiego* [La lutte et la destruction du ghetto de Varsovie].
15. Sur ce thème, voir Annette WIEVIORKA, *L'Ère du témoin*, Paris, Hachette, 1997.
16. Marcin ZAREMBA, *op. cit.*, p. 328.
17. Michal MIRSKI, Hersz SMOLAR, « Commemoration of the Warsaw Ghetto Uprising : Reminiscences », *Soviet Jewish Affairs*, vol. 3, n° 1, 1973, p. 101.
18. Cité dans Michael STEINLAUF, *Bondage to the Dead. Poland and the Memory of the Holocaust*, New York, Syracuse University Press, 1997, p. 118.
19. Marcin ZAREMBA, *op. cit.*, p. 328.
20. Cité par *ibid.*, p. 329.

demeure taboue. Il n'est pas question de souligner la place particulière de cette minorité, pas plus qu'il ne convient d'admettre qu'elle est l'objet d'une discrimination inavouée.

Les événements de 1967-1968 : apogée de la psychose mémorielle

Le tournant va se produire à la faveur du contexte international. Au lendemain de la Guerre des Six Jours en juin 1967, la Pologne rompt ses relations diplomatiques avec Israël. Le 19 juin, le Premier secrétaire dénonce la « cinquième colonne » et invite les Juifs à être fidèles ou à partir. Une campagne de propagande anti-israélienne inonde alors la presse, sur les liens entre Israël et la RFA. Les deux pays avaient repris des relations diplomatiques en 1965, interprétées comme la collusion des « bourreaux » (la RFA symbolisant l'Allemagne nazie) et des « soi-disant victimes » (les Juifs d'Israël). Le passé est de nouveau manipulé pour lancer de nouvelles accusations. Le second temps de la campagne se produit en mars 1968. En représailles à des manifestations d'étudiants, les autorités accusent les « sionistes », autrement dit les Juifs, de déstabiliser du pays. Des centaines de réunions sont organisées dans les cellules locales du Parti pour évincer les « provocateurs sionistes ». Les autorités rouvrent les portes à l'émigration des Juifs, après les avoir déchu de la nationalité polonaise. Treize mille d'entre eux quittent le pays.

Le discours sur la Shoah fut au cœur de cette campagne de propagande : la manipulation atteint son apogée. Pourtant, alors que la Pologne fait la chasse aux sionistes, il faut éviter toute accusation d'antisémitisme. On réactive alors un nouvel élément de la narration de la Shoah : l'aide apportée aux Juifs par leurs concitoyens polonais, mais c'est surtout pour montrer la supposée ingratitude des Juifs sauvés. Un autre exemple marquant est l'inauguration du « pavillon juif » du Musée d'Auschwitz en avril 1968 : le régime pouvait ainsi arguer de sa bonne volonté et rétorquer aux accusations d'antisémitisme. Mais ce pavillon, entièrement conçu par les Polonais, n'insistait que sur « ce qui devait unir les Juifs et les autres peuples d'Europe [...] en particulier la lutte, la souffrance et la persécution sur le territoire polonais[21] ». Il fut vivement critiqué : les délégations étrangères ne vinrent pas l'inaugurer et le président du Comité international d'Auschwitz démissionna en signe de protestation.

Comme d'autres pays meurtris, la Pologne devait panser les plaies de la destruction et pour cela oublier les horreurs de ce passé douloureux. En outre, l'élaboration d'une mémoire patriotique cadrait mieux avec une politique antifasciste, dominante parmi les vainqueurs de la guerre, même si dans les sociétés sous domination soviétique, elle servait aussi à légitimer

21. Jonathan HUENER, *op. cit.*, p. 179.

le nouveau régime. Cette politique favorisa non seulement l'oubli des Juifs, la mémoire polonaise en fut également meurtrie, mais aussi l'oubli de l'antisémitisme. L'occultation n'était pas mensonge : on ne niait pas que les Juifs aient été assassinés, mais la spécificité de leur sort était refoulée. Cette mémoire ne fut pas uniforme et monocorde durant toute la période : les premières années marquent l'hésitation entre plusieurs options. Pourtant, progressivement, le schéma mémoriel se met en place. La Shoah est décrite comme un phénomène universel ; au sort des Juifs est toujours associé celui des Polonais, dans la souffrance, la lutte ou l'amitié.

Dans la forme même de la narration de l'événement, on observe le caractère très *conventionnel* des discours officiels, toujours dirigés vers une collectivité abstraite. Le contenu de *propagande* demeure marqué : il faut une interprétation convenable des événements. Enfin, les discours ont une fonction de *substitution*. La narration doit expliquer comment comprendre l'événement plus que le raconter. Pour cela, elle s'accompagne d'une actualisation dans le contexte politique présent, à l'aide d'une construction interprétative élaborée à cette fin.

On comprend donc pourquoi le discours officiel est si mouvant et si dépendant de la conjoncture extérieure. Le degré de manipulation atteint en mars 1968 est si flagrant qu'il marque un point de rupture, pour l'opinion internationale, comme à l'intérieur. Le silence sur « la question juive » qui suivra masque en réalité une remise en cause profonde au sein d'une partie de l'opposition politique qui luttera pour obtenir une liberté pour le présent et récupérer son passé.

Sixième partie

MÉMOIRE, TRANSITION ET IDENTITÉS POST-TRAUMATIQUES

Mythologies nationales, déni collectif, mécanisme de répétition et travail de mémoire La guerre en ex-Yougoslavie comme cas d'école

Louise L. LAMBRICHS

Depuis une vingtaine d'années, plus d'un millier d'ouvrages ont paru en Europe, aux États-Unis et au Canada sur la guerre de Yougoslavie. C'est dire combien ce conflit a suscité d'intérêt et généré d'analyses. Chacun de ces livres s'appuie sur des documents nombreux, chacun apporte un point de vue plus ou moins adéquat aux faits tels qu'ils se sont déroulés, chacun enfin a été publié dans une langue et à une date données, et les historiens de demain auront à tenir compte aussi de cela. Car ce n'est pas la même chose de dénoncer l'agression national-communiste serbe à Vukovar en 1991, et de reconnaître cette agression avec vingt ou trente ans de retard après s'être contenté d'affirmer qu'il y avait des coupables et des victimes de tous les côtés. Si je dis « national-communiste », souscrivant en cela à l'analyse d'Annie Le Brun [1], on entendra que je ne souscris guère au discours consistant à prétendre, soit qu'il s'est agi d'une « guerre civile » – ce qui fut et reste le point de vue des communistes yougo-nostalgiques, relayé par certaines puissances occidentales –, soit qu'il s'est agi d'un « conflit interethnique », discours assez communément admis, en partie dicté par une communauté internationale qui n'a jamais reconnu l'agression contre la Croatie, ce qui me paraît dangereux et contre-productif pour la paix à venir entre les jeunes générations. On voit par là à quel point le choix des mots, pour appréhender une situation historique et tenter d'en rendre justement compte, est capital. Car c'est le choix de ces mots qui rend compte, ou non, de la réalité et donne son sens, ou non, à l'histoire. Or mon point de vue, après vingt ans de travail, est que cette histoire, loin d'être absurde, a bel et bien un sens ; et que ce sens, il est important de le transmettre à la jeune génération, pour lui permettre précisément d'élaborer à son tour cette histoire sans se voiler la face, ce qui est la seule façon de la prémunir contre la répétition des conflits.

1. Annie LE BRUN, *Les Assassins et leurs miroirs*, Paris, Jean-Jacques Pauvert au Terrain vague, 1993.

Je n'ignore pas ce que ce point de vue peut avoir d'insolite. Tels de jeunes enfants soumis au discours parental, les êtres humains adorent considérer qu'ils ne sont pour rien dans les événements qu'ils engendrent et préfèrent se considérer comme les victimes de la fatalité, voire d'obscurs complots internationaux, plutôt que d'affronter leurs propres responsabilités. La guerre, pourtant, n'est pas une fatalité. C'est un phénomène catastrophique engendré par les hommes et lorsqu'on est historien, il est question de parvenir à établir clairement les responsabilités des uns et des autres, et de débusquer les causes de ces événements de façon à éviter, autant que possible, que de telles catastrophes se reproduisent.

Je n'ignore pas non plus que la question philosophique de savoir si nous sommes capables de tirer les leçons de l'histoire est un long débat, encore évoqué récemment par Jürgen Habermas dans un livre paru en France[2]. J'en relève une phrase qui me paraît importante : « On ne peut tirer d'enseignement que d'une histoire qui se répète. » Encore faut-il identifier ce qu'est le mécanisme de répétition, ce qui l'engendre, et se demander si l'historien est à même de le repérer.

Commençons par définir ce qu'est l'histoire, ce qu'est la mémoire, et de quelles disciplines chacune relève. Contrairement à ce qu'imagine le sens commun, l'histoire n'est pas le récit du passé dans son intégralité. Il suffit d'essayer de penser une seule journée dans le monde et de tenter d'en rendre compte, seconde après seconde, pour comprendre qu'il y faudrait des bibliothèques entières et qu'une vie humaine ne suffirait pas à l'écrire. Cela ne signifie pas qu'il ne faille pas écrire l'histoire, au contraire. Il est même capital de se mettre d'accord sur l'histoire de tel ou tel conflit, pour que les enfants apprennent la même chose à l'école. Il me paraît désastreux, par exemple, et très dangereux pour l'avenir que les enfants des écoles à Vukovar, à Sarajevo et à Belgrade, n'apprennent pas la même histoire – fût-elle, comme c'est toujours le cas, sommaire. Car ce que les enfants apprennent à l'école est ce qu'ils considèrent plus tard comme la vérité, et s'ils apprennent des vérités trop opposées, on aura construit pour eux le terrain idéal pour qu'ils se livrent à nouveau la guerre. Et les Européens conserveront les préjugés qu'ils entretiennent à plaisir depuis un siècle, à savoir que les Balkans sont une « poudrière » de peuples qui éprouvent un malin plaisir à « s'entretuer ». Si l'on veut construire une paix durable, il faut donc construire l'histoire ensemble. Il faut même parvenir à ce que tous les pays d'Europe aient, sur cette histoire, la même version – au moins quant aux points essentiels. Il serait donc nécessaire que les jeunes générations européennes contribuent aussi à écrire cette histoire, puisque leurs pays y ont été engagés à travers l'action dite humanitaire et à travers l'intervention permanente des soldats de l'ONU.

2. Jürgen Habermas, *De l'usage public des idées*, Paris, Fayard, 2005.

J'ai dit : construire. L'histoire, en effet, est toujours une reconstruction, mais pas n'importe laquelle. Ce n'est pas une reconstruction qui laisse de côté ce qui gêne les susceptibilités de tel ou tel. C'est une reconstruction du passé à partir des traces laissées, par ce passé, dans le présent, autrement dit c'est une reconstruction tenant compte de tous les documents accessibles et qui, à travers un texte, autrement dit une *façon de dire* qui mobilise, qu'il le veuille ou non, le jugement de l'auteur, cherche à dégager la signification des faits avérés et répertoriés. L'histoire se fonde donc sur des sources, des témoignages, des mémoires individuelles, mais aussi et surtout sur des documents d'archives. Lorsqu'on mène une enquête historique, ce que j'ai fait avec Mirko Grmek pour un événement longtemps appelé « la révolte des Croates » et qui s'est produit en France pendant la Deuxième Guerre mondiale[3], on peut mesurer, à la lumière des archives des nombreux pays concernés, à quel point les versions locales, partielles, étaient souvent erronées. Il faut noter aussi qu'à l'époque, la télévision n'existait pas. La particularité de cette guerre-ci est d'avoir été filmée en direct par toutes les télévisions européennes et ces images, visibles par les opinions, ont aussi été commentées de diverses manières, dans les différents pays.

Autrement dit, ce qu'on appelle la mémoire, dans le domaine historique, ce sont précisément ces documents, ces traces, qui ne sont pas seulement des images et des textes écrits mais aussi des monuments, des corps humains, etc. Et c'est à cette mémoire que l'historien doit parvenir à donner du sens, sans éviter les contradictions qui lui apparaissent au cours de ses recherches et en exerçant autant que possible son propre jugement. L'histoire est donc le récit issu de ce travail d'enquête et d'élaboration de la mémoire, qui devient ainsi mémoire collective, partagée par tous ceux qui ont participé au même événement. L'histoire du siège de Vukovar, par exemple, fait partie de ma mémoire et de la mémoire française, puisque la France y a été très directement engagée, à travers l'action dite humanitaire. Et d'ailleurs un jeune Français, Jean-Michel Nicolier, se trouvait dans les caves de l'hôpital (on peut le voir dans le documentaire de 2004 d'Hervé Ghesquière et Michel Anglade, *Vukovar, la cité des âmes perdues*), et son corps n'a jamais été retrouvé. De plus, beaucoup de Français se sont mobilisés, à l'époque, pour la Croatie, sans que cette mobilisation ait été relayée par les médias français, très influencés à l'époque par la propagande nationaliste serbe comme par celle du gouvernement français. La dernière guerre n'est donc pas seulement une mémoire locale, c'est aussi une mémoire française, anglaise, allemande, autrichienne, italienne, hollandaise, en un mot, européenne – ce dont la plupart des Européens n'ont pas encore pris conscience. Et les frontières qui nous séparent aujourd'hui sont beaucoup moins, à mes yeux, des frontières territoriales que des frontières linguisti-

3. Mirko D. Grmek, Louise L. Lambrichs, *Les Révoltés de Villefranche*, Paris, Le Seuil, 1998 ; trad. en bosnien par Nermina Strauss, *Buntovnici iz Villefranchea*, Sarajevo, Armis Print, 2005.

ques qui nous confrontent à la difficulté de traduire nos langues respectives et à nous exprimer dans d'autres langues.

On dit souvent que l'historien doit être « objectif ». C'est là une question délicate et moins simple qu'il n'y paraît. En effet, il paraît impossible d'être absolument objectif, et ce pour une raison simple : c'est que nous parlons et que, parlant, nous choisissons des mots dont le sens engage celui qui les utilise, même si ce sens dépasse parfois sa pensée. Dans chaque langue en effet, les mots résonnent d'une façon particulière, qui réfère à l'histoire de la langue et, plus largement, à l'histoire. L'historien a donc une double mission, très difficile : la première est de tenir compte de tous les documents existants pour reconstruire son récit de façon rigoureuse, et la seconde consiste à choisir ses mots pour rendre compte, de façon précise, des événements dont il parle. Or, le choix des mots est en soi, toujours et dans n'importe quelle langue, une *interprétation* puisque n'importe quel fait peut être traduit, dans chaque langue, par divers mots ou expressions impliquant une forme de jugement sur ce fait. Dire « guerre civile », « conflit interethnique » ou « agression national-communiste » ne dit pas la même chose et dans les trois cas, on interprète le réel. La question qui se pose à l'historien est de savoir quelle est l'interprétation la plus juste, étant donné les faits avérés. Personnellement, je récuse les deux premières interprétations pour les raisons suivantes : la première ne tient pas compte du fait que la Yougoslavie était une fédération de Républiques disposant d'une Constitution qui établissait les droits de ces Républiques, et non un État centralisé comme la France ; la deuxième laisse entendre que la communauté internationale n'est pas intervenue, ce qui est une contre-vérité puisque toutes sortes d'armées coiffées de bleu étaient présentes sur le terrain dès 1991 et que leur présence a considérablement influé sur le déroulement de la guerre ; seule la troisième me paraît juste, et pleine de sens, puisqu'elle renvoie au national-socialisme hitlérien et à une idéologie exterminatrice qui a bel et bien produit un génocide en Bosnie, ce qui a d'ailleurs été officiellement reconnu par l'ONU, quoique encore du bout des lèvres. On voit bien, par conséquent, à quel point les mots choisis renvoient à l'histoire passée et résonnent ou non dans la mémoire. C'est cette résonance qui donne leur sens aux événements, et c'est ce sens que nous pouvons transmettre aux jeunes générations pour leur permettre d'élaborer à leur tour cette histoire de façon critique, seule manière de les aider à développer une conscience historique apte à les protéger contre la répétition des mêmes erreurs que leurs aînés.

Si j'ai utilisé jusqu'ici le mot mémoire dans l'acception habituelle de mémoire consciente et rationnelle, historique, soulignons que la mémoire est une faculté humaine qui obéit à des mécanismes dont la vieille rationalité du XIXe siècle ne suffit pas à rendre compte. Il faut bien admettre en effet que jusqu'à présent, les historiens ne sont guère parvenus à empêcher le retour des guerres. Or ce n'est pas seulement, me semble-t-il, parce que leur travail n'a pas été suffisamment lu, critiqué, réélaboré, ou parce que ce travail a souvent été accompli trop tard, trop loin des événements eux-mêmes pour intéresser comme ils le méritent les jeunes générations, c'est peut-être aussi parce que leur discipline, si rigoureuse soit-elle, reste un outil insuffisant pour mettre au jour la logique souterraine des événements, je veux dire celle qui détermine les actes posés par les hommes politiques responsables et qui représentent les peuples.

En réalité, la seule discipline qui s'intéresse au fonctionnement du psychisme, et en particulier de la mémoire, est la psychanalyse. Cette discipline, récente au regard de l'histoire puisqu'elle n'a qu'un siècle, est née en Europe où elle s'est considérablement développée après Freud, en particulier en France, mais aussi en Hongrie, en Allemagne, en Angleterre et ailleurs. Elle a peu pénétré dans les pays communistes, car ce n'était pas la liberté de pensée qui caractérisait ces régimes. De plus, cette discipline se heurte, même en France, aux rationalistes toujours prisonniers du mythe d'une raison toute-puissante et qui philosophent encore sur l'homme comme on le faisait au XIXe siècle tout en se croyant modernes[4]. J'ajouterai que ma lecture de la guerre d'éclatement de la Yougoslavie[5], qui tient compte des mécanismes de la mémoire mis au jour par la psychanalyse, éclaire ce conflit d'une façon qui me paraît constructive pour l'avenir. À partir de l'analyse de la propagande nationaliste serbe, qui a mis le feu aux poudres en manipulant l'histoire et la mémoire collectives, j'en suis venue à lire l'ensemble de cette guerre comme une répétition déplacée de la Deuxième Guerre mondiale. Ce court-circuit interprétatif, rigoureusement fondé sur les faits avérés mais aussi sur le mécanisme psychique démontré par la clinique psychanalytique et suivant lequel, pour m'exprimer de façon schématique, le déni engendre la répétition, présente l'avantage de rencontrer l'intuition de beaucoup de Croates, de Bosniens, de Serbes et même de Kosovars, et pourrait permettre, dès à présent, la mise en place d'un travail de mémoire collectif d'un genre nouveau, de grande envergure, avec la jeune génération. En effet, comme le montre l'expérience allemande, c'est bien ce travail critique de mémoire, rigoureusement mené, et dans la durée, qui est capable de modifier en profondeur la perception que les peuples ont d'eux-mêmes et de les ouvrir à l'exercice de la démocratie en rupture avec leur passé totalitaire[6].

4. Quant aux questions épistémologiques soulevées par la révolution informationnelle et le statut de la psychanalyse, voir L. L. Lambrichs, « Du nouveau sous le soleil noir de la psychanalyse », *Inventaire/Invention*, 2006, et aussi L. L. Lambrichs, « Demain, quelle civilisation ? », *Les Cahiers du symbolisme*, 2006.
5. *Nous ne verrons jamais Vukovar*, Paris, éditions Philippe Rey, 2005 ; trad. en croate Marija Bašić, *Vukovar nikad nećemo vidjeti*, Zagreb, Luka, 2007.
6. Voir Jürgen Habermas, *op. cit.*, en particulier « Que signifie aujourd'hui "le travail de mémoire". Remarques sur un "passé dédoublé" », p. 57-92. Le dédoublement en question, qui renvoie au décalage entre la mémoire des Allemands de la RFA, qui ont élaboré le passé nazi, et la mémoire des

Comment ai-je repéré ce mécanisme, et quelle a été ma méthode ? Le repérage s'est accompli lentement, progressivement, au long des années de guerre au cours desquelles je n'ai cessé d'être attentive aux discours tenus par les uns et les autres (sans exclure les ressortissants de la communauté internationale), et de confronter ces discours aux faits et aux documents historiques. Autrement dit, au lieu de partir, comme le font souvent les historiens ou surtout les commentateurs de l'histoire contemporaine et de l'actualité, des faits *observés* (c'est-à-dire des actes de violence), je suis partie des faits *entendus* ou *faits de langage*, et de l'analyse des discours qui ont déclenché ces violences. En un mot, j'ai considéré que la guerre ne survenait pas par hasard, de façon absurde, mais qu'il fallait qu'elle soit engendrée par des discours répondant à certaines rhétoriques. Et c'est en confrontant ces discours aux faits et aux documents d'archives que j'ai pu dégager les grandes lignes du mécanisme de répétition qui avait présidé à cette guerre. Il va de soi que pour parvenir à dégager ce mécanisme, il était nécessaire de ne pas se priver soi-même de son propre jugement – autrement dit de ne pas se croire « objectif » ou « neutre ». Pour le dire autrement, il fallait soi-même, au terme d'un certain travail, se vivre comme sujet de l'histoire et dans l'Histoire, sujet de son histoire individuelle articulée à la grande Histoire, ce qui ne va pas de soi (le cas de Peter Handke en témoigne[7]), et non pas voyeur déconnecté du monde, supposé innocent et observant de Sirius.

La propagande qui déclenchera cette guerre se développe en Serbie dans les années 1980 et trouve l'occasion de s'épanouir de façon catastrophique au moment de la chute du Mur de Berlin. Plusieurs mythes nourrissent cette propagande (j'entends par « mythe », dans ce contexte, le récit figé, haussé à un niveau légendaire dans la mémoire collective, d'un événement historique réel, et fonctionnant dans le discours comme le retour d'un refoulé inélaboré, à traiter) : des mythes anciens, tel celui du Kosovo – immédiatement dénoncé par des personnes comme Bogdan Bogdanović –, mais aussi des mythes plus récents, liés à la Deuxième Guerre mondiale. Ces derniers, portés par la diaspora, ont été et restent actifs en Occident. Leur contenu porte essentiellement sur l'interprétation des nombreux massacres subis par les Serbes pendant la Deuxième Guerre mondiale, et sur l'usage généralisé du terme *génocide* pour les qualifier. À prêter attention aux discours des nationalistes serbes, tout s'est passé comme si l'usage abusif et répété de ce terme, *génocide*, pour qualifier ces massacres, avait permis l'amalgame avec la Shoah, l'identification des Serbes avec les Juifs, et finalement effacé

Allemands de la RDA qui, ayant subi le totalitarisme communiste, n'ont pas élaboré de la même façon la mémoire de la Deuxième Guerre mondiale, me paraît particulièrement intéressant au regard des différentes strates, encore fusionnées, de la mémoire nationaliste serbe.

7. Louise L. Lambrichs, *Le Cas Handke*, Paris, Inventaire/Invention, 2003 ; trad. croate par Marija Bašić, « Slučaj Handke », *Europski Glasnik*, 8, Zagreb, 2004.

de la mémoire collective serbe la collaboration de Milan Nedić et de l'État serbe de l'époque avec Hitler[8]. Ainsi voit-on au cours de cette guerre de Yougoslavie comment l'histoire déniée, inélaborée, martelée par la propagande, se réactualise dans les mémoires pour conduire à la répétition quasiment automatique de ce « même » (une politique d'extermination systématique, fondée sur une idéologie raciste jamais soumise à la critique collective), un « même » déplacé, mais toujours aussi impensé. Qu'il soit impensé ne signifie pas qu'il soit impensable – au contraire : la prise de conscience de la répétition, qu'on sent affleurer chez nombre de personnes pour peu qu'on soulève la question, pourrait justement le rendre enfin pensable et collectivement élaborable.

Pour plus de précision, revenons brièvement à cette question de la résistance au nazisme, toujours actuelle. Dans la mémoire collective croate, la collaboration catastrophique d'Ante Pavelić avec les nazis s'est d'autant mieux inscrite que les nazis ont perdu la guerre et que les Allemands ont été, de ce fait, contraints de remettre en question à la fois le système totalitaire du Troisième Reich et l'idéologie à laquelle, pour toutes sortes de raisons largement explorées depuis, beaucoup d'Allemands avaient souscrit à l'époque. Dans la mémoire collective européenne, les oustachis ont donc été, et à juste titre vu les crimes perpétrés, mis dans le même panier que les nazis. Les tchetniks, en revanche, ont échappé pendant cinquante ans à ce jugement de l'histoire européenne. Le travail de mémoire, qui s'est accompli dans les démocraties occidentales, ne s'est pas effectué sous le communisme. Il était donc assez facile aux ex-communistes serbes, maîtres de la propagande, de répandre le mythe suivant lequel les Serbes avaient subi un génocide « comme les Juifs », qu'ils avaient toujours été des amis des Juifs, et que l'histoire était là pour l'attester. Ce déni collectif, explicitement exprimé dans la lettre ouverte aux écrivains israéliens publiée par Vuk Drašković en 1985[9], est précisément ce qui a permis la résurgence d'une idéologie que nous croyions disparue et la répétition d'une politique exterminatrice, aboutissant à un nouveau génocide au cœur de l'Europe. La victimisation systématique du peuple serbe dans la propagande nationaliste, victimisation qui n'a jamais fait la part des responsabilités historiques de la Serbie, et en particulier de la collaboration de Milan Nedić avec Hitler, a été l'argument massue auquel ont adhéré spontanément les populations serbes, qui n'ont jamais eu accès à la vérité de leur histoire.

8. Voir en particulier Ljubica Štefan, *From Fairy Tale to Holocaust*, Zagreb, Ministry of Foreign Affairs, 1993, repris dans Louise L. Lambrichs, *Nous ne verrons jamais Vukovar*, Philippe Rey, Paris, 2005 ; mais aussi Philip J. Cohen, *Serbia's Secret War. Propaganda and the Deceit of History*, College Station, Texas A & M University Press, 1996.

9. Vuk Drašković, « Piscima Izraela » [Aux écrivains israéliens], 17 décembre 1985, *Naša Reč* [Notre parole], n° 373, novembre 1986, p. 8-9 ; repris dans Lazo Kostić, *Srbi i Jevreji* [Serbes et Juifs], 1988, p. 250-254, et Ivica Relković, *Haaški recital Vuka Draškovića* [Le récital de La Haye de Vuk Drašković], Zagreb, Susret, 2004, p. 113-123.

Autrement dit, si beaucoup de responsables politiques pourraient être tentés, aujourd'hui, de tourner cette page de l'histoire sans l'élaborer et l'écrire comme il conviendrait de le faire, si aujourd'hui, sous prétexte de ne pas blesser telle ou telle susceptibilité, ils pourraient être tentés de gommer – comme ils le font dans les manuels – les termes choquants tels ceux d'« agression », de « guerre de pillage », ou de « tchetnik[10] », il me semble qu'ils ont grand tort car en agissant de la sorte, ils ne feraient que répéter les mêmes erreurs que leurs aînés. En effet, c'est bien ce qui fut fait au lendemain de la Deuxième Guerre mondiale et nous en avons constaté, une génération plus tard, les effets délétères.

Il faut savoir, autrement dit, que la réconciliation entre les jeunes générations serbe, croate, bosnienne, passera par la reconnaissance locale et internationale des responsabilités réelles, et par un vaste travail de mémoire collectif dont il serait bon d'établir sans plus tarder le programme et les méthodes. En effet, si nous sommes loin d'avoir fini de découvrir toutes les facettes de cette guerre au cours de laquelle la Slovénie, puis la Croatie, puis la Bosnie ont été agressées, alors même que les casques bleus se trouvaient sur le terrain, dès 1991, sous la forme d'une force d'interposition qui, jusqu'aux bombardements de l'OTAN, n'a jamais mis le frein nécessaire aux ambitions conquérantes de l'agresseur, si cet enchaînement catastrophique a des raisons non seulement locales, mais aussi internationales dont nous mettrons longtemps à déployer tous les aspects, ce n'est pas une raison pour attendre les bras croisés l'ouverture des archives. D'ores et déjà, et puisque tous les manuels des pays d'ex-Yougoslavie sont différents, en particulier en Bosnie où les uns et les autres répandent les propagandes nationalistes, ce qui a pour résultat de formater pour ainsi dire les jeunes générations à croire à des vérités opposées, ce qui risque bien évidemment de les monter les unes contre les autres, il serait capital de se mettre au travail, et le plus vite possible.

Je m'interromprai ici, sans conclure, sur une invitation à poursuivre lectures et réflexions sur ce thème qui me paraît capital pour notre avenir commun.

---

10. Voir par exemple Željko Ivanković, « Bosnie : campagne des médias contre la révision des livres scolaires », *Le Courrier des Balkans*, mise en ligne le 4 décembre 1998 ; Amer Obradović, « Bosnie, trois histoires en concurrence pour un pays divisé », *Le Courrier des Balkans*, mise en ligne le 11 septembre 2005.

Le rôle des expressions mémorielles dans la (re)construction urbaine et identitaire
Le cas de Sarajevo

Nadia Capuzzo Derković

Depuis quelques mois, le site Internet de la Mairie de Sarajevo[1] souhaite connaître l'avis de ses visiteurs sur la future utilisation du bâtiment de l'ancienne Bibliothèque Nationale et Universitaire de Bosnie-Herzégovine. Causé par des projectiles incendiaires, l'incendie a ravagé la précieuse collection de livres et partiellement détruit l'édifice dans la nuit du 25 au 26 août 1992. Il est depuis devenu l'un des symboles des 1 425 jours du siège de Sarajevo ainsi que de la politique délibérée de destruction systématique du patrimoine culturel pendant la guerre en Bosnie-Herzégovine. Début février 2007, 6 442 internautes avaient participé à cette enquête en répondant à la question *Estimez-vous que l'hôtel de ville doive retrouver sa fonction originale du XIXe siècle*[2] ? Les réponses se répartissent de la manière suivante : 85,4 % (5 501) des participants à cette enquête souhaitent que le bâtiment retrouve sa fonction originale, alors que 14,6 % (641) d'entre eux ont répondu par la négative. Que révèlent ces pourcentages ?

Cet article présente une synthèse de la réflexion engagée dans le cadre d'une thèse de doctorat[3] des résultats du travail de terrain réalisé à Sarajevo depuis 1996. L'objet de la recherche porte sur les usages du passé à l'œuvre dans la reconstruction urbaine et la restauration du patrimoine historique et culturel à Sarajevo. Ces usages et abus du passé dévoilent de manière récurrente les tensions au sein du système de repères spatiaux et temporels constitutifs de l'identité collective bosnienne[4]. L'objectif est de mon-

1. www.sarajevo.ba, consulté en février 2007.
2. Sauf mention contraire, les traductions figurant dans cet article sont de l'auteur. Traduit du bosnien : « Smatrate li da se Gradskoj vijećnici treba vratiti prvobitna namjena iz 19. stoljeća ? »
3. « Urbicide et mémoires : destructions et reconstructions à Sarajevo », soutenue à l'Université de Genève en décembre 2009.
4. L'adjectif bosnien, équivalent français de *bosanac* renvoie au concept de citoyenneté, c'est-à-dire à l'ensemble des habitants de la Bosnie-Herzégovine, toutes nationalités confondues, à savoir bosniaque, croate et serbe. L'adjectif bosniaque, équivalent français de *bošnjak*, se réfère quant à lui à la nationalité, il désigne les habitants de Bosnie-Herzégovine dont le critère déterminant d'appartenance

trer combien le paysage urbain peut contribuer à la mise en place d'une mémoire partagée et influencer le sentiment d'appartenance à un groupe particulier[5]. L'une des conséquences de la guerre en Bosnie-Herzégovine et du siège de Sarajevo a été l'instrumentalisation des singularités architecturales au profit des processus de construction mémoriels et identitaires des différentes communautés nationales[6] lorsque la question de la reconstruction urbaine est devenue d'actualité. La promotion d'une identité collective et les tentatives d'appropriation de certains bâtiments servant la cause nationale d'un des peuples constitutifs de la Bosnie-Herzégovine ont été et sont majoritairement fondées à partir des lieux de mémoire. Dès lors, les édifices, les lieux de culte, les bibliothèques, les monuments ainsi que les bâtiments fonctionnels constituent des repères spatiaux servant les intérêts politiques d'un groupe particulier. Dans le contexte particulier des destructions qui eurent lieu pendant le siège de Sarajevo, la reconstruction de ces repères peut devenir tout aussi symbolique que leur destruction. Reconstruits, ils deviennent des lieux de mémoire de ce qui a causé leur destruction tout en gardant leurs significations et parfois leurs fonctions initiales. L'enjeu réside dans la capacité des autorités et des élites locales à fournir une lecture commune des événements qui ont causé la destruction partielle du patrimoine architectural, culturel et historique et contribuer ainsi au rétablissement de la multiculturalité caractéristique de Sarajevo. Or, à l'heure actuelle, différentes narrations des événements s'opposent en fonction des communautés nationales qui les produisent et elles sont en partie le reflet aussi de la volonté chez certains membres de l'élite locale de ne pas valoriser un groupe en particulier et de préserver ainsi la multiculturalité de la ville. Dans ce contexte de concurrence des mémoires, l'observation des stratégies de reconstruction de la ville de Sarajevo révèle l'expression des mémoires de groupes dont l'objectif est souvent de revendiquer un droit d'antériorité sur un lieu de mémoire particulier.

À partir d'exemples de (re)constructions du patrimoine architectural de la ville de Sarajevo, on cherchera à mettre en évidence les articulations entre mémoire historique et mémoire collective en prenant appui sur des exemples de supports de la mémoire et de leurs rôles dans l'affirmation d'une identité communautaire spécifique. Qui se souvient ? De quoi ? Comment ? Et pourquoi ? Faut-il craindre les réminiscences et les résurgences du passé

---

nationale est la religion. Dans la langue française on utilise plus communément le mot Musulmans. La notion d'identité collective bosnienne fait référence au sentiment d'appartenance à un territoire commun, la Bosnie-Herzégovine. Cette identité englobe à la fois les citoyens de Bosnie-Herzégovine (en langue bosnienne : *bosanac*), ainsi que les Musulmans (*bošnjak* : en français Bosniaque), les Serbes et les Croates de Bosnie-Herzégovine.

5. Joël Candau, *Anthropologie de la mémoire*, Paris, Armand Colin, 2005, p. 71.

6. Les trois communautés nationales (nationalités), peuples constitutifs de la Bosnie-Herzégovine, sont les Croates, les Musulmans et les Serbes de Bosnie-Herzégovine. L'adjectif Musulman avec une majuscule désigne l'un des peuples constitutifs de Bosnie-Herzégovine depuis le recensement de la population de 1961. Avec une minuscule, l'adjectif se rapporte à la religion.

ou, au contraire, contribuent-elles à une certaine cohésion sociale et à un devoir de mémoire ? En d'autres termes, comment interpréter les mémoires du passé et leurs manifestations actuelles ? Ces interrogations portent sur le souvenir que les habitants de Sarajevo conservent sur les années de siège et sur les destructions subies par le parc architectural de la ville.

Le paradoxe de la continuité dans la discontinuité

Le développement urbain de Sarajevo se caractérise par la juxtaposition de strates successives. Les influences ottomanes, austro-hongroises et socialistes s'inscrivent dans l'architecture des édifices et dans le développement de la morphologie de la ville. La ville s'est étendue de manière linéaire au fond d'une vallée formant une suite temporelle rendant visible son développement au fil de l'histoire. Sur une distance d'environ deux kilomètres, le promeneur peut déambuler d'est en ouest, en commençant par le quartier ottoman, puis le quartier austro-hongrois pour finir avec la partie caractérisée par une architecture moderniste de type socialiste. Bien que la morphologie de la ville soit de type concentrique, les limites entre chaque quartier ne sont pas hermétiques. On retrouve des édifices de la période austro-hongroise dans le quartier ottoman, ainsi que des mosquées datant de la période ottomane dans les quartiers caractérisés par une architecture socialiste ou austro-hongroise. Le paradoxe de la continuité dans la discontinuité se trouve ainsi cristallisé dans la morphologie urbaine de la ville de Sarajevo. Cependant, cette interpénétration des périodes historiques constitue aujourd'hui la pierre d'achoppement dans le processus de réaménagement urbain. Avant de présenter et d'analyser des exemples, il est nécessaire de prendre en considération la profonde modification de la population urbaine à Sarajevo depuis le début de la guerre en Bosnie-Herzégovine, ainsi que la rupture engendrée par les années de siège.

En effet, la transformation du tissu social urbain de Sarajevo, conséquence du siège que la ville a enduré de 1992 à 1995, a eu une incidence directe sur la spatialité vécue des habitants et, par extension, sur le rôle des marqueurs identitaires spatiaux dans la mobilisation de la mémoire et de la revendication d'une identité collective spécifique. Le principe d'homogénéisation culturelle et religieuse des territoires de Bosnie-Herzégovine n'a pas épargné Sarajevo, si bien qu'une profonde modification de la composition nationale de sa population est intervenue. D'après le recensement de 1991, la population était composée de 49,9 % de Bosniaques, 28,6 % de Serbes et 6,8 % de Croates[7]. Aujourd'hui, on compte 83,1 % de Bosniaques, 7,8 % de Serbes et 6,6 % de Croates[8]. Si l'on se réfère à la description

7. Hakija Đozić, *Demografske slike Sarajlija – od 1463. do 1991. godine*, Sarajevo, 1996, p. 48-51.
8. *Sarajevo 2000*, Sarajevo Canton Institute for Development Planning, Department for Social and Economic Planning, Mostar, Slovo, 2000, p. 75.

en termes de communautés nationales habituellement utilisée pour définir les peuples constitutifs de la Bosnie-Herzégovine, il devient pertinent de faire usage de la distinction entre communauté nationale majoritaire, Bosniaques, et communautés minoritaires, Serbes et Croates. Ces données mettent en évidence le bouleversement culturel qui s'est produit au niveau du tissu social urbain. Un des effets immédiat de ce bouleversement a été la *bosniaquisation* de la population. Ce terme désigne le processus d'homogénéisation de la population résidente au profit de la communauté nationale musulmane. Les racines multiculturelles du tissu social urbain ont, de ce fait, presque disparu. Une rupture s'est ainsi produite dans la tradition de relations intercommunautaires par la modification de l'équilibre national d'avant-guerre. Par conséquent, le rapport à la ville et à son patrimoine s'est progressivement transformé.

La notion de discontinuité s'applique également à la création de nouveaux lieux de mémoire. Des monuments non intentionnels (lieu de culte, bibliothèques, lieux de la vie quotidienne) deviennent à travers leur reconstruction de nouveaux monuments intentionnels dédiés aux événements qui ont causé leur destruction [9]. Les événements auxquels il est fait référence dans le processus de rétablissement de la continuité sont significatifs. S'agit-il du siège de la ville durant la dernière guerre en Bosnie-Herzégovine, de la période titiste avec ses constructions modernes ou de l'installation de l'administration austro-hongroise avec son projet de développement urbain ? Les exemples de la reconstruction de l'Hôtel de Ville, de la désignation du site archéologique dans le parc At Mejdan (Hippodrome) comme monument national, ainsi que la modification du nom du Parc Prešeren en Parc de la Mosquée Harem Kalin Hadži Ali sont frappants.

La Bibliothèque Nationale et Universitaire de Bosnie-Herzégovine à Sarajevo

Le sondage ainsi que ses résultats, mentionnés ci-dessus, sont symptomatiques du processus de (re)construction urbaine à Sarajevo après la guerre et de l'instrumentalisation du patrimoine visant une certaine réécriture de l'histoire. La formulation de la question ainsi que les réponses possibles ne laissent pas véritablement de choix aux internautes. En effet, l'intérêt de la Mairie de Sarajevo est de connaître uniquement leur avis quant à un éventuel retour de l'administration municipale dans les murs de l'ancienne Bibliothèque Nationale et Universitaire de Bosnie-Herzégovine. Il n'est aucunement fait mention des autres institutions qui y ont été abritées ni

9. Traduit de l'anglais : « What were once unintentional monuments – the places of worship, libraries and fountains of everyday life – by their rebuilding can become new, intentional monuments to the events that caused their destruction », Robert BEVAN, *The Destruction of Memory. Architecture at War*, Londres, Reaktion Books, 2006, p. 176.

de la possibilité de lui attribuer une nouvelle fonction. On est, par ailleurs, en droit de s'interroger sur la pertinence d'une telle démarche lorsque l'on sait qu'une décision a déjà été prise quant à la future fonction du bâtiment de l'Hôtel de Ville. Le Gouvernement du Canton de Sarajevo a en effet décidé en novembre 2003 que la Mairie de Sarajevo, la Bibliothèque Nationale et Universitaire de Bosnie-Herzégovine, ainsi que le Musée de la destruction de l'Hôtel de Ville se partageront le bâtiment une fois les travaux de réhabilitation terminés.

Construit sous l'Empire austro-hongrois, le bâtiment abrita l'Hôtel de Ville depuis son ouverture officielle en 1896 jusqu'en 1949. Durant la même période, l'édifice accueillit temporairement le Tribunal d'instance ainsi que le Parlement de Bosnie-Herzégovine. À la fin de la Deuxième Guerre mondiale, le bâtiment fut utilisé pour accueillir la Bibliothèque Nationale et Universitaire. Le nom d'Hôtel de Ville [10] est resté dans les mémoires des habitants de Sarajevo, bien que ceux-ci se réfèrent à sa dernière fonction avant sa destruction en 1992, c'est-à-dire à la Bibliothèque Nationale et Universitaire de Bosnie-Herzégovine. Ces quelques données historiques mettent en évidence la portée emblématique du site qui réunit dans un lieu précis la mémoire collective, celle-ci étant souvent « le produit d'un empilement de strates mémorielles très diverses, ces couches sédimentaires pouvant être bouleversées lors des tremblements de mémoire [11] ».

La réattribution de la fonction d'origine du bâtiment de l'Hôtel de Ville peut être interprétée comme une mise en évidence du passé austro-hongrois de la Bosnie-Herzégovine, au même titre que la reconstruction du Pavillon de Musique dans le parc At Mejdan et que la volonté des autorités politiques de la Municipalité de la Vieille ville [12] de Sarajevo de reconstruire le monument dédié à l'héritier du trône François-Ferdinand et son épouse assassinés à Sarajevo en 1914 [13]. Une autre interprétation consisterait à observer la convergence dans un même lieu de diverses mémoires « sans que soit précisée la mémoire de qui exactement et sans qu'il soit d'ailleurs toujours évident qu'elle y travaille réellement [14] ».

Le site archéologique At Mejdan (Hippodrome) à Sarajevo et le Parc de la mosquée Harem Kalin Hadži Ali

Les exemples qui suivent sont révélateurs du phénomène de sacralisation d'un lieu, dont l'objectif est l'expression territoriale de l'identité en référence à une communauté nationale particulière. Situé dans la vieille

10. Traduit du bosnien : *Vijećnica.*
11. Joël Candau, *op. cit.*, p. 72.
12. Traduit du bosnien : *Stari Grad.*
13. Voir sur l'histoire mémorielle de l'assassinat à Sarajevo la contribution de Paul B. Miller dans cet ouvrage.
14. Joël Candau, *op. cit.*, p. 156.

ville de Sarajevo, le site archéologique At Mejdan a été désigné monument national par la Commission pour la préservation des monuments nationaux de Bosnie-Herzégovine[15] lors de sa session bimensuelle du 25 au 31 janvier 2005. Le site est composé des restes de la mosquée Bakrbaba, d'une école élémentaire et d'une école secondaire islamiques ainsi que d'un harem. La désignation du site comme monument national par la Commission pour la préservation des monuments nationaux suppose l'érection d'un panneau informatif, l'interdiction de tous travaux autres que ceux de recherche, de conservation et de restauration ainsi que l'éventualité de reconstruire l'ensemble architectural de la Mosquée Bakrbaba sur le même site, respectant la même forme et avec les matériaux d'origine. La décision de la Commission pour la préservation des monuments nationaux de Bosnie-Herzégovine repose sur la valeur historique, artistique, esthétique et symbolique du site, c'est-à-dire, sa valeur religieuse et sa signification pour l'identité d'un groupe[16]. Les traces historiques de l'existence de ce complexe de la mosquée Bakrbaba ont toujours existé, mais leur redécouverte est récente et due aux travaux de prospection en vue de tracer une nouvelle route facilitant le trafic dans le quartier. La pression exercée par la Communauté islamique en vue de la protection du site a abouti à sa désignation comme monument national empêchant à l'avenir tous travaux de réaménagement, à l'exception d'une reconstruction.

L'exemple du Parc de la mosquée Harem Kalin Hadži Ali, anciennement Parc Prešeren en l'honneur du poète slovène Prešeren mort en 1849, est de même nature. Construite en 1535, la mosquée fut détruite une première fois en 1697 dans l'incendie de Sarajevo qui eut lieu lors de la campagne militaire menée par Eugène de Savoie. Très vite reconstruite, elle fut de nouveau détruite en 1947 pour laisser place à un parc devant un immeuble d'habitation destiné aux officiers de l'armée yougoslave. En 1994, pendant le siège, la communauté slovène de Sarajevo proposa aux autorités de la ville de nommer le site d'un parking illégal à l'époque, d'après le poète slovène Prešeren en l'honneur de l'amitié entre les Bosniens et les Slovènes. Les fondations de la mosquée furent découvertes en 2004 dans le cadre des travaux de réaménagement du parc par la Société slovène *Consortium artisticum*. Suite à l'intervention de la Communauté islamique, les travaux furent suspendus, le parc fut rebaptisé et les fouilles archéologiques furent conduites par l'Institut pour la protection du patrimoine culturel, histori-

15. Traduit du bosnien : *Komisija za očuvanje nacionalnih spomenika*. Source : www.aneks8komisija.com.ba. La Commission pour la préservation des monuments nationaux fut créée en 2001 conformément à l'Annexe 8 de l'Accord Général de Paix signé à Paris en décembre 2005 après avoir été négocié à Dayton aux États-Unis.

16. Traduit de l'anglais : « The Decision was based on the following criteria : [...] Historical value, artistic and aesthetic value, [...] Symbolic value : religious value [...] significance for the identity of a group of people. » Source : www.aneks8komisija.com.ba/main.php?id_struct=50&lang=4&action=view&id=2530.

que et naturel du Canton de Sarajevo. En 2006, cet institut proposa que les restes de la mosquée soient intégrés dans le paysage urbain environnant, avec pour objectif de souligner la valeur historique du site sans ignorer les modifications que celui-ci a subi au cours de son histoire récente.

La revendication d'un droit d'antériorité sur une parcelle de territoire s'observe à travers les revendications de la Communauté islamique de Bosnie-Herzégovine[17] dans ces deux exemples. L'objectif visé est précisément la restauration d'une continuité historique au détriment du développement architectural et de la nécessité de réaménager certains espaces. Le premier point du programme d'activité du Centre pour l'architecture islamique[18], institution faisant partie de la Communauté islamique de Bosnie-Herzégovine, est d'ailleurs très significatif : « Le Centre constituera une base de données regroupant tous les bâtiments et les biens immobiliers de la Communauté Islamique qui ont fait l'objet d'une donation ou qui ont été construits par des bienfaiteurs en Bosnie, et que les deux Yougoslavies ont tenté de ravager et de détruire durant ces cent dernières années[19]. » Il est intéressant de relever que les versions en langues bosnienne et anglaise du programme d'activité du centre ne sont pas tout à fait identiques concernant ce point, la version bosnienne ne mentionnant pas les « deux Yougoslavies ».

Dans les deux cas examinés, « les revendications mémorielles recoupent [...] des logiques communautaires, les premières venant nourrir les représentations qu'un groupe d'individus se fait de lui-même. D'ailleurs, les militants mémoriels sont souvent aussi des militants identitaires. Toute la difficulté pour les acteurs politiques est alors de reconnaître la légitimité de certaines revendications mémorielles en évitant de susciter la déraison identitaire[20] ». La mission de protection de l'héritage culturel, religieux, et historique par la Commission pour la préservation des monuments nationaux au niveau de l'État de la Bosnie-Herzégovine est en ce sens intéressante. Son but est de faire en sorte que le patrimoine devienne significatif pour l'ensemble des communautés nationales vivant en Bosnie-Herzégovine, c'est-à-dire que tous les citoyens de Bosnie-Herzégovine puissent s'identifier à leur héritage historique et culturel commun. L'objectif poursuivi est de dé-ethniciser, de dé-politiser le patrimoine afin qu'il puisse avoir du sens, qu'il puisse devenir un marqueur identitaire pour l'ensemble des citoyens de Bosnie-Herzégovine et non plus d'une communauté en particulier.

17. Traduit du bosnien : *Islamska zajednica u Bosni i Hercegovini*. Source : www.riajset.ba.
18. Traduit du bosnien : *Centar za Islamsku Arhitekturu*.
19. Traduit de l'anglais : « The Center will make a record of all the buildings and real estates of the Islamic Community, which have been donated and built by the benefactors of Bosnia's, and which both Yugoslavias tried to devastate and destroy during the past 100 years. » http://test.rijaset.ba/index.php?option=com_content&task=view&id=75.
20. Joël Candau, *op. cit.*, p. 108.

Un obstacle subsiste cependant à la réalisation de cet objectif. Celui-ci dépend de la problématique du retour des personnes déplacées et des réfugiés dans leur lieu d'origine. Si ces personnes ne peuvent retrouver leur maison, les mosquées, les églises, par exemple, ne seraient par conséquent pas réhabilitées car la communauté pour laquelle ces édifices ont un sens n'est pas présente. Dès lors, il n'y aurait aucune raison de les reconstruire, même s'il s'agit tout de même de l'héritage collectif bosnien. L'une des approches consisterait alors à prendre en considération la dimension sociale du patrimoine et son rôle dans le long processus de réconciliation. La mémoire deviendrait ainsi matière de projet, c'est-à-dire d'action consciente orientée vers la (re)construction d'une identité menacée, qui, à ce niveau, est l'identité bosnienne, citoyenne, incluant les autres.

La double problématique de la reconstruction urbaine et de la restauration du patrimoine à Sarajevo est intimement liée au travail de mémoire et au besoin essentiel de rétablir une continuité historique, interrompue par les événements tragiques qui ont scellé la dislocation de la République Socialiste Fédérative de Yougoslavie dès 1991. Elle questionne le sentiment d'appartenance identitaire et plus spécifiquement le processus de mutation de l'identité bosnienne. L'effacement des traces d'une altérité singulière par le biais de la destruction du patrimoine et les mouvements forcés de population, peuvent être interprétés comme des marquages spatiaux de l'identité au profit d'une communauté particulière. Les marqueurs identitaires spatiaux sont ici entendus comme autant de lieux de mémoire s'inscrivant visuellement dans le paysage urbain. Dans ce contexte, la notion de reconstruction ne devrait pas être uniquement comprise comme un acte de construction de ce qui a été endommagé ou détruit, mais plutôt comme le rétablissement de la continuité historique, culturelle et architecturale. Il s'agit également de reconstituer l'apparence d'avant-guerre afin que les habitants puissent se réapproprier la ville. Le besoin de restaurer l'image d'une ville déchirée par la guerre est existentiel et n'implique pas nécessairement la négation ou l'oubli de l'événement traumatique. En effet, la destruction fait partie intégrante de l'histoire urbaine et les bâtiments détruits appartiennent à la topographie urbaine de la ville. L'enjeu réside dans une planification concertée des reconstructions par les autorités locales ainsi que dans une sélection des éléments symboliques d'un passé commun.

BIBLIOGRAPHIE

Robert Bevan, *The Destruction of Memory. Architecture at War*, Londres, Reaktion Books, 2006.

Joel Candau, *Anthropologie de la mémoire*, Paris, Armand Colin, 2005.

Hakija Đozić, *Demografske slike Sarajlija – od 1463. do 1991. godine* [Démographie des habitants de Sarajevo, de 1463 à 1991], Sarajevo, 1996.

Maurice Halbwachs, *La Mémoire collective*, Paris, Albin Michel, 1997 [1959].

Michel Rautenberg, *La Rupture patrimoniale*, Bernin, À la Croisée, 2003.

Sarajevo 2000, Sarajevo Canton Institute for Development Planning, Department for Social and Economic Planning, Mostar, Slovo, 2000.

Karen E. Till, *The New Berlin. Memory, Politics, Place*, Minneapolis, University of Minnesota Press, 2005.

Mostar, la reconstruction de Stari Most et les limites de « l'idéologie du pont[1] »

Sylvie RAMEL

Stari Most (le « Vieux Pont ») est un « lieu de mémoire » fondateur pour la ville de Mostar, mais aussi pour la Bosnie-Herzégovine dans son ensemble, et de manière plus générale, pour l'espace post-yougoslave. Le nouveau « Vieux Pont », inauguré le 23 juillet 2004, est en ce sens potentiellement porteur d'une Histoire multiple et plurielle : ottomane, bosnienne, mostari, yougoslave, ainsi que, bien sûr, celle des récentes guerres des années 1990. Une multiplicité qui, pourtant, n'est pas si évidente au regard des processus qui ont mené à la reconstruction d'un « nouveau » *Stari Most*. Différents éléments d'analyse pointent vers une mise en avant de la dimension ottomane du pont, au détriment de ses fonctions sociales ou culturelles plus larges et moins exclusives : par exemple, la reconstruction à l'identique, ou encore le fait qu'une partie des travaux ait été confiée à une entreprise turque.

Certes, privilégier cet aspect identitaire plutôt que d'autres peut paraître évident. Tout d'abord parce que l'architecture de ce pont en faisait un exemple de premier plan d'architecture ottomane. Ensuite parce que c'est précisément son appartenance à ce patrimoine culturel et historique qui a induit les premières tentatives de destruction venues du côté bosno-serbe en 1992, suivies, à l'automne 1993, par les tirs de mortiers du Conseil de Défense Croate (HVO). Pourtant, la destruction de *Stari Most* marque également le déni d'une histoire commune partagée et plurielle. Le politologue Martin Coward souligne à cet égard combien les images de la destruction du « Vieux Pont » incarnaient alors parfaitement et dramatiquement la destruction de l'ancienne Yougoslavie[2].

Par ailleurs, ce rôle symbolique du pont, comme élément unificateur, n'a pas échappé aux différents intervenants de la communauté internationale.

1. Cette contribution présente une synthèse d'une précédente recherche. Voir Sylvie RAMEL, *Reconstruire pour promouvoir la paix? Le cas du « Vieux Pont » de Mostar*, Genève, Euryopa, 2005.
2. Martin COWARD, « Community as Heterogeneous Ensemble : Mostar and Multiculturalism », in *Alternatives*, 27, 2002, p. 30.

En effet, c'est précisément la réhabilitation de ce symbole que celle-ci a voulu mettre en avant en poussant à la reconstruction de *Stari Most.* Ainsi, la Banque Mondiale, principal bailleur de fonds, explicitait en ces termes son objectif : « améliorer le climat afin de permettre une réconciliation entre les peuples de Bosnie-Herzégovine, à travers la reconnaissance et la réhabilitation de leur héritage culturel commun à Mostar[3] ». Pourtant, un tel objectif implique une double question : l'« héritage culturel commun » peut-il se définir et se (re)construire de manière inclusive, si oui, par quels modes de mise en œuvre et avec quels acteurs?

En outre, et tout particulièrement à Mostar, plus de dix ans de pacification et de reconstruction ont montré quelles pouvaient être les limites de ce que Carl Grodach désigne ironiquement comme « l'idéologie du pont[4] ». Cette contribution propose ainsi de questionner les conséquences possibles d'une mise en valeur relativement restrictive du passé, et, partant, d'une certaine sélectivité historiographique.

Le pont, lieu matériel, symbolique et fonctionnel

De manière générale, un pont peut servir de lien entre deux lieux séparés, mais il peut aussi marquer symboliquement cette séparation. De nombreux exemples en témoignent d'ailleurs dans tout l'espace post-yougoslave. *Stari Most* dénote également cette dualité du pont : construit à l'origine pour faciliter la communication, la circulation et donc un certain développement régional, le « Vieux Pont » est ensuite devenu l'un des principaux symboles de différenciation, de séparation et d'aliénation. Pourtant, d'un extrême à l'autre, l'usage de *Stari Most* dans la construction d'un discours identitaire est loin d'être linéaire.

Dans *Les Lieux de mémoire,* Pierre Nora définit le concept de « lieu de mémoire » comme pouvant être un lieu, un objet, une fonction, ou un événement que l'imagination investit d'une valeur symbolique. Il relève trois niveaux complémentaires et coexistants du concept de « lieu », qui peut être matériel, symbolique ou fonctionnel[5]. Ainsi, détruire un « lieu de mémoire » signifie toujours et forcément le détruire dans toutes ses dimensions. Détruire le « Vieux Pont » de Mostar implique en ce sens plus que la destruction matérielle d'un vieux pont de pierres. Cette destruction révèle également une tentative d'effacer un symbole remplissant le rôle de marqueur identitaire. Par ailleurs, cette destruction signifie *de facto* la suppression d'un lien matériel entre deux parties d'une ville divisée du point

3. World Bank, « Pilot Cultural Heritage Project », *Report* n° 19115-BiH, 14 juin 1999, p. 2. Ce document est disponible à l'adresse http://www.worldbank.org. Sauf mention contraire, les traductions figurant dans cet article sont de l'auteure.

4. Carl Grodach, « Reconstituting Identity and History in Post-War Mostar, Bosnia-Herzegovina », in *City*, vol. 6, n° 1, 2002, p. 81.

5. Pierre Nora, *Les Lieux de mémoire*, Paris, Gallimard, 1997, p. 37.

de vue communautaire. Et parce que ces différents aspects du « lieu de mémoire » ne s'additionnent pas de manière simple, mais se superposent et interagissent, l'impact en est à chaque fois démultiplié.

En plus de cette interaction des trois niveaux d'analyse décrite par Pierre Nora, la symbolique et le rôle identitaire de *Stari Most* sont rendus d'autant plus complexes et ambivalents qu'ils se sont modifiés à travers l'Histoire longue du lieu, comme l'a montré l'anthropologue Božidar Jezernik. Son étude détaillée permet en effet de suivre pas à pas le cheminement des différents modes d'investissement symboliques et identitaires qui se sont mis en place dès l'époque ottomane. Ce n'est qu'au XVIe siècle que fut construit le pont de pierre aujourd'hui connu sous le nom de *Stari Most* (« Vieux Pont ») – selon Jezernik, à la demande des habitants de Mostar eux-mêmes[6]. Toutefois, si les origines ottomanes de *Stari Most* semblent aujourd'hui indiscutables, il n'en fut pas toujours ainsi. L'ethnologue explique comment la renommée du pont, si elle était déjà grande au moment de sa construction, eut de la peine à survivre au déclin de l'Empire ottoman. Il étaie son propos en citant divers textes qui, dès le XIXe siècle, associent l'Empire ottoman à la « barbarie asiatique » et attribuent l'origine d'ouvrages d'art tels que *Stari Most* à l'influence des architectures italienne, byzantine ou grecque. Aux yeux des auteurs de cette époque, il n'est pas concevable que les Ottomans aient pu réaliser de tels chefs-d'œuvre, du moins pas sans l'aide, l'influence, ou l'héritage de civilisations antérieures ou extérieures « cultivées[7] ».

Ce déni est d'autant plus intéressant dans le cas de Mostar et de la Bosnie-Herzégovine, puisqu'il révèle également l'impossibilité d'inclure, à l'époque, une dimension ottomane et musulmane dans la définition identitaire de ce pays, dès lors que l'on voudrait le penser occidental ou européen. C'est un peu comme si ce « passage à l'ouest » ne pouvait se faire qu'au prix d'une amnésie partielle, qu'à la condition d'amputer Mostar et la Bosnie-Herzégovine d'une partie de leur Histoire.

Pourtant, bien des décennies plus tard, la destruction de ce pont n'a pu être ordonnée que parce qu'il était devenu un symbole fort, identifié à l'héritage culturel bosniaque – par une superposition de l'héritage culturel ottoman, étendu et identifié à l'héritage culturel musulman. À cette réduction culturaliste du pont s'ajoute le fait que, comme d'autres éléments du patrimoine détruits durant les guerres des années 1990, le « Vieux Pont » symbolisait une Bosnie-Herzégovine unifiée.

Il est par conséquent nécessaire de distinguer deux attitudes opposées par rapport à *Stari Most*. Pendant plusieurs siècles, *Stari Most* semble faire partie de la définition identitaire de la ville, de la région, ou du pays, alors

6. Voir Božidar JEZERNIK, « Qudret Kemeri : A Bridge between Barbarity and Civilization », in *South Eastern Review*, vol. 73, n° 3, juillet 1995, p. 472.
7. *Ibid.*, p. 477.

que son origine ottomane est niée. Dans l'Histoire plus récente, le « Vieux Pont » est identifié culturellement comme étant ottoman, ce qui le rattache aux catégories identitaires de l'ennemi, soit musulman ou bosniaque. À ce titre, le pont est détruit, ce qui ressemble à une tentative d'effacer une double mémoire : d'une part, la mémoire d'un héritage culturel ottoman et d'autre part, la mémoire d'un passé commun partagé par les différentes communautés.

Historiographie par hiérarchisation chronologique ou par sédimentation

Une manière de sortir de cette double logique d'exclusion serait peut-être de resituer historiquement la construction de *Stari Most* au-delà de tout communautarisme. En effet, Božidar Jezernik précise que lorsque les Ottomans accédèrent à la demande des Mostaris de construire un solide pont de pierre là où se trouvait autrefois un vieux pont de bois, l'objectif était avant tout de faciliter les échanges commerciaux au niveau régional. Ainsi, la construction de ce pont permit à l'époque le développement économique, culturel, politique et urbain de Mostar, et par extension de sa région périphérique. De ce point de vue, il apporta un bénéfice tel, et si déterminant pour le développement futur de la ville, que l'on peut difficilement attribuer ce pont à un héritage culturel plutôt qu'à un autre : *Stari Most* est avant toute chose un héritage culturel mostari.

Mettre en avant ce type d'historiographie ne signifie absolument pas qu'il faille faire l'impasse sur la dimension ottomane de l'histoire de la Bosnie-Herzégovine. Il s'agit cependant de poser l'hypothèse selon laquelle il serait plus inclusif d'en faire une histoire par sédimentation, où les couches successives se superposent et se combinent sans s'exclure mutuellement. Il s'agirait alors d'une démarche se situant à l'opposé de ce que serait une historiographie par hiérarchisation chronologique, où les composantes les plus anciennes seraient en compétition avec les plus récentes, les unes se définissant comme plus « authentiques », les autres comme plus « modernes ». La question-clé étant alors de savoir s'il est possible d'élaborer une historiographie qui puisse tenir compte du facteur culturel, sans que celui-ci ne devienne pour autant culturaliste. Ou, en d'autres termes, s'il est possible, dans la Bosnie-Herzégovine contemporaine, de mettre en place des définitions de l'identité culturelle qui ne soient pas asservies aux définitions parfois stéréotypées héritées de la construction des États-nations, puis développées et renforcées au cours du XXe siècle ?

Le risque lié à une démarche de type culturaliste est en effet que *Stari Most*, au même titre que la croix qui domine la ville depuis le Mont Hum, ou le campanile de la cathédrale, participe à une sorte de compétition patrimoniale. Or, une telle dynamique identitaire entre en résonance et renforce le cadre d'analyse « ethnique », qui a souvent dominé l'ensemble du discours sur l'ex-Yougoslavie, ainsi que sur les conflits qui l'ont traversée durant les années 1990. Ici réside donc tout le paradoxe d'un surinvestissement de la symbolique pluriethnique du pont : tout en voulant sortir des logiques excluantes des nationalismes, ce discours ne permet pas nécessairement d'aller au-delà des différences et ne garantit pas la construction d'un espace commun auquel tous les citoyens de Mostar puissent s'identifier.

Or, c'est ce point précis qui révèle certaines limites de l'approche de la communauté internationale par rapport au nouveau « Vieux Pont » et au rôle qu'il devrait jouer. En effet, lorsque la Banque Mondiale lance en 1999 le projet de reconstruction, elle présente ses objectifs principaux. Ceux-ci apparaissent comme relevant de deux catégories interdépendantes : la réconciliation d'une part, le développement économique d'autre part (en particulier grâce au tourisme[8]). Il convient tout d'abord de relever que, si présenter ces deux facteurs comme étant interdépendants relève du bon sens, l'un ne suffit pas nécessairement à l'autre. En effet, si une réconciliation peut être facilitée par une situation économique satisfaisante, un développement économique n'est en revanche pas forcément un gage de réconciliation. Il semble ainsi que la communauté internationale s'arrête une étape trop tôt dans sa réflexion relative aux processus de réconciliation. Reconstruire à l'identique ce vieux pont ottoman revient à redresser un tort, et, en quelque sorte, à restaurer la justice. Mais l'acte de réparation en lui-même, ses acteurs et ses modes de mise en œuvre ne sont-ils pas ici tout aussi importants que le résultat matériel final ? La question cruciale est alors celle de l'appropriation locale (*local ownership*), tant du passé récent que des processus de reconstruction, et de (re)définition identitaires.

Histoire imposée – mémoire imposée ? Entre devoir et travail de mémoire

Paul Ricœur, dans son ouvrage incontournable *La Mémoire, l'histoire, l'oubli*, décrit un équilibre entre trois pôles : le travail de deuil, le travail de mémoire et le devoir de mémoire. Si ces éléments sont trois pôles d'un même objet et d'un même projet, le philosophe souligne combien l'équilibre qui les lie peut être rompu par ce qu'il nomme l'abus ou le manque de mémoire. Ainsi, du devoir de mémoire, que Ricœur décrit comme « s'imposant du dehors au désir et comme exerçant une contrainte ressentie subjectivement comme obligation », il souligne qu'« il se pourrait même que

8. Ces objectifs principaux sont les suivants : permettre une amélioration perceptible des relations de travail et de la cohésion sociale entre les habitants de Mostar ; relancer le tourisme à Mostar ; permettre une coopération effective entre la ville et les partenaires extérieurs pour la mise en œuvre des activités de reconstruction ; relancer un programme soutenu de préservation du patrimoine après la réalisation du projet. Voir World Bank, « Pilot Cultural Heritage Project », *op. cit.*, p. 2.

le devoir de mémoire constitue à la fois le comble du bon usage et celui de l'abus dans l'exercice de la mémoire[9] ». Ainsi, le travail de mémoire n'est jamais donné en tant que tel : il est toujours en construction et cet édifice est fragile.

En ce sens, l'investissement symbolique très fort de la communauté internationale par rapport à *Stari Most* pourrait potentiellement se révéler problématique, tant il impose à la fois un devoir de mémoire très spécifique, et en même temps un rythme effréné pour ce dernier. Le risque de cette imposition du contenu et du rythme du travail de mémoire est alors double. Le risque est, d'une part, de déposséder les citoyennes et citoyens de Mostar de la mémoire d'un passé récent qu'ils devraient justement pouvoir se réapproprier. D'autre part, ce travail de mémoire, imposé tant sur la forme que sur le fond, pourrait également induire une construction relativement partielle et superficielle, tant de la mémoire que de l'identité culturelle qui s'y rattache directement. Le travail de mémoire s'en trouve alors en quelque sorte dégradé en un devoir de mémoire, plus rigide, moins fertile.

Dans un rapport publié en novembre 2003, l'*International Crisis Group* (ICG) dressait ainsi un constat sévère de l'écart entre le potentiel et la réalité symbolique que semblent représenter *Stari Most* et sa reconstruction. En effet, le fond de la critique ne consistait alors pas à remettre en question la volonté de reconstruire le « Vieux Pont », mais bien de dénoncer le rôle de paravent que semble jouer cette reconstruction. Présentant ainsi le bilan plutôt sombre des tentatives de réunification des infrastructures et services de la ville de Mostar, l'ICG conclut en soulignant à quel point le pont reconstruit a surtout servi de village Potemkine créant l'illusion d'une coopération entre partis et entre communautés, alors même qu'il ne relie pas véritablement deux communautés, puisqu'il relie en fait la rive sud, bosniaque, à une petite enclave bosniaque située sur la rive ouest[10].

En dépit de ce hiatus entre théorie et pratique, la réunification de Mostar a pourtant été de longue date un enjeu fondamental aux yeux des différents intervenants extérieurs. Au point qu'elle figurait en 2003 parmi les quatre priorités pour les projets de réformes structurelles énoncées par Paddy Ashdown, alors Haut-Représentant de la communauté internationale, aux côtés de la défense, des services de renseignements et des questions fiscales.

D'un autre côté, l'ICG indique un argument plus élaboré par rapport au rôle que pourrait stratégiquement jouer Mostar dans un processus d'instauration d'une paix durable en Bosnie-Herzégovine. En effet, les auteurs du rapport soulignent à quel point les villes ont traditionnellement été des

9. Paul Ricœur, *La Mémoire, l'histoire, l'oubli*, Paris, Le Seuil, 2000, p. 106 et 107 pour ces deux citations.
10. ICG, « Building Bridges in Mostar », *Europe Report*, n° 150, 20 novembre 2003, p. 5.

entités plus hétérogènes [11]. Or, replacer le débat dans une telle perspective semble permettre une ouverture vers une autre histoire collective, qui inclurait la ville de Mostar en tant que lieu où des communautés ont partagé un passé commun. Par ailleurs, souligner ce type d'arguments permettrait également de remettre la destruction du pont dans le contexte plus vaste de l'« urbicide ». Ainsi, même si la question de l'urbicide s'apparente à celle du nettoyage ethnique, le débat sur la destruction volontaire de l'hétérogénéité en tant qu'élément central de l'urbain permet d'aller au-delà du discours culturaliste d'un affrontement « intercommunautaire » ou « interethnique ». C'est d'ailleurs en ce sens que le politologue Martin Coward, tout comme le suggère le rapport de l'ICG, souligne à quel point un espace public et social hétérogène est la condition qui rend le politique possible [12].

Semblant s'inspirer d'une telle approche, le directeur général de l'UNESCO, Koïchiro Matsuura déclarait, à l'occasion de l'inauguration du nouveau *Stari Most* le 23 juillet 2004 :

> « Nous sommes présents à Mostar afin de redonner vie à un patrimoine exceptionnel, qui, après avoir été pris pour cible, a besoin de devenir un signe rassembleur, un signe de reconnaissance, le symbole fort d'une identité plurielle fondée sur la confiance réciproque [13]. »

Dans la pratique, la question reste cependant ouverte de savoir comment ce projet de reconstruction peut être considéré comme facilitant l'émergence d'identités plurielles et ouvertes, ainsi qu'un sentiment d'appartenance commune. En effet, sur le plan factuel, trois éléments saillants sont à relever. Premièrement, la participation financière de la Croatie, qui, pour modeste qu'elle puisse paraître à l'échelle du projet, n'est pas négligeable pour ce pays en transition et joue donc un rôle symbolique important [14]. Deuxièmement, il convient de souligner que l'initiative et la direction du projet sont avant tout entre les mains d'intervenants externes ; notamment l'UNESCO et l'International Committee of Experts (ICE). Ce dernier a pour mission de coordonner les projets de reconstruction du pont. Troisièmement, il ne faudrait pas sous-estimer le rôle d'intermédiaires accordé à différents intellectuels et professionnels de la diaspora, souvent formés à Sarajevo ou à l'étranger.

Par ailleurs, en plus des chiffres et des aspects organisationnels, il est indispensable de prendre en compte le rôle fondamental d'un certain nombre d'individus dans ce processus de reconstruction. Deux personnes-clés retiennent particulièrement l'attention : l'ingénieur français Gilles Péqueux et l'architecte mostari Amir Pašić. Tous deux ont eu une influence consi-

11. *Ibid.*, p. 13.
12. Martin Coward, *op. cit.*, p. 32.
13. « Inauguration of the Mostar Bridge », Communiqué de presse n° 2004-68, 16 juillet 2004. Document disponible à l'adresse http://www.unesco.org.
14. Pour des données chiffrées, voir World Bank, *op. cit.*, p. 27.

dérable lors de différentes étapes du processus de reconstruction de *Stari Most*. Et, d'une certaine manière, chacun révèle quelques éléments des mécanismes de (re)négociation identitaire à l'œuvre entre les différentes communautés, locales ou internationales.

Gilles Péqueux a été en charge des travaux préalables à la reconstruction de *Stari Most*, en particulier des études préparatoires qui ont permis de reconstruire le pont à l'identique. Si cet ingénieur est un personnage-clé pour la présente analyse, c'est avant tout parce qu'il a voulu penser ce projet de reconstruction au-delà d'un point de vue purement technique ou technocratique. En effet, comme il le rappela lors d'une conférence publique en 2003, il était important pour lui de lancer, dans le sillage de cette reconstruction, un projet d'école de taille de pierre qui réunirait des habitants tant de l'Est que de l'Ouest de la ville [15].

Pourtant, la déception sera d'une certaine manière à la hauteur des attentes, puisque la Banque Mondiale et l'UNESCO choisiront l'option jugée la moins coûteuse, en temps et en argent. Ils mandateront ainsi un maître d'œuvre croate, et, pour la réalisation, une entreprise turque. Du fait de la pression politique, temporelle et financière, il semble donc que deux éléments indispensables à un processus de promotion de la paix à plus long terme aient été évacués du champ d'analyse. En effet, la communauté internationale fait ainsi l'impasse d'une part sur le temps nécessaire à la (re)construction d'une mémoire commune, d'autre part sur l'opportunité pour les populations locales de s'impliquer le plus directement possible dans ce projet de reconstruction.

D'un autre côté, différentes sources locales ont mis en évidence un autre point de vue : certains auteurs ont dénoncé l'ingérence et l'arrogance de Péqueux, se félicitant *a contrario* d'avoir pu sauver « l'authenticité » de *Stari Most*, grâce à l'aide de l'entreprise turque en question, ainsi qu'aux tailleurs de pierres croates [16]. Si un travail de terrain plus approfondi paraît indispensable pour mettre en évidence de manière plus sophistiquée les rapports de force à l'œuvre dans ce débat, il semble bien que l'enjeu se situe également au-delà d'une tension entre acteurs locaux et internationaux. Plus profondément, les modes de (re)construction de l'identité culturelle directement rattachés à *Stari Most*, ainsi que la question de la reproduction d'identités culturelles restrictives et culturalistes, sont autant d'éléments fondamentaux révélés par cet écart entre les discours des uns et des autres.

La deuxième figure-clé de ce projet de reconstruction est Amir Pašić. Les activités de préservation du patrimoine qu'il a menées à Mostar dans les

15. « Rencontre avec Gilles Péqueux, ingénieur responsable de la reconstruction du pont de Mostar », retranscription par Cyril Hauland Groenneberg, publiée le 1er mars 2003, sur le site http://www.balkans.eu.org/article2783.html.

16. Je tiens ici à remercier tout particulièrement Jasna Adler, pour avoir attiré mon attention sur ce débat contradictoire.

années 1970 permettent de mieux cerner l'importance de cette dimension culturelle par rapport au processus dans son ensemble. En effet, comme le note le géographe Carl Grodach, la longue expérience de Pašić à Mostar lui a permis de jouer un rôle important dans toutes les étapes du projet de reconstruction de *Stari Most*[17]. En particulier, ce dernier a su entretenir et développer un important réseau d'experts internationaux – architectes, ingénieurs, urbanistes – ainsi que diverses organisations gouvernementales. Le moment venu, il a su mobiliser ce réseau autour de la cause de Mostar en général, et plus particulièrement de *Stari Most*. Ainsi, à partir de 1994, le travail de Pašić s'articule principalement autour du séminaire international annuel « Mostar 2004 », année qu'il fixe comme terme pour la fin des travaux de reconstruction de *Stari Most*[18]. Grodach ajoute également que l'un des objectifs principaux du travail de Pašić est de permettre la régénération de l'économie touristique, dans une ville qui recevait avant les guerres des années 1990 jusqu'à un million de touristes par an[19]. Une volonté de développement touristique qui avait déjà été le fil rouge du projet des années 1970. Mais, au-delà de ces aspects économiques, l'entreprise est par ailleurs plus vaste. Elle implique en réalité un travail en profondeur de redéfinition identitaire, que Pašić et d'autres ont commencé à mettre en œuvre longtemps avant les guerres des années 1990 et leurs innombrables destructions patrimoniales.

Re-construire, ré-nover, re-faire : un pont au cœur des (re)négociations identitaires

Plus que d'une reconstruction, le pont devient également révélateur des mécanismes de re-négociation identitaire à l'œuvre, en particulier dans un tel contexte post-conflictuel. En effet, il met au jour les rapports de force entre les acteurs locaux eux-mêmes, ainsi qu'entre les acteurs locaux et la communauté internationale. Grodach résume ce rôle de révélateur que remplit le « Vieux Pont » en soulignant à quel point le processus de reconstruction a, d'une part, permis la re-définition du sens donné au Pont, et d'autre part, a été l'occasion pour les intervenants extérieurs de se positionner par rapport à ce lieu spécifique. Un lieu devenu « sacré » et ayant acquis une valeur de symbole d'un « passé multiculturel » incluant chrétiens, musulmans, orthodoxes, juifs sépharades et populations roms. Une valeur symbolique de pluralité cependant souvent réinterprétée *a posteriori*[20].

17. Voir Carl Grodach, *op. cit.*, p. 74.
18. Pour plus d'informations concernant ce séminaire, voir le site Internet http://www.mostar2004-ircica.org.
19. Chiffre que donnait Pašić en 1994, et rapporté par Carl Grodach, *op. cit.*, p. 75.
20. *Ibid.*

Plus loin, l'auteur approfondit l'idée selon laquelle la valeur de *Stari Most* comme « symbole de pluralisme » est en fait un symbole « réinterprété » de nombreux mois après la destruction du pont en novembre 1993. En effet, le géographe relève que, si la perte du pont fut immédiatement décrite comme une perte immense pour l'identité collective et nationale de la Bosnie, ce n'est qu'à partir de 1994 que la notion d'un pont symbolisant la coexistence pacifique entre les cultures apparaît. Il localise même la première mention dans l'une des conférences de Pašić lui-même. Après cette première mention, la métaphore sera ensuite largement reprise, diffusée et disséminée, jusqu'à devenir quelques mois plus tard un cliché, mais aussi « une allégorie de la guerre dans son ensemble[21] ».

Est ainsi mise en lumière une caractéristique décrite par l'historien Pierre Nora. Ce dernier relève en effet combien, sans « intention de mémoire », le « lieu de mémoire » n'est plus qu'un « lieu d'histoire[22] ». Si l'on suit cette réflexion, un lieu ne peut donc devenir « lieu de mémoire » qu'au travers d'un processus de (ré-)investissement symbolique. Or, comme cela avait déjà été le cas dans les années 1970, les activités de préservation et de restauration du patrimoine qu'entreprend Pašić dans les années 1990 s'inscrivent justement dans une logique de ré-activation et de réinterprétation du passé ottoman[23].

Par ailleurs, comme le note encore Grodach, le projet de revitalisation des années 1970 inclut non seulement des activités de restauration de certains bâtiments ou monuments, mais également un important travail de documentation[24]. Ceci n'est évidemment pas anodin, puisque Pašić et son équipe permettent ainsi la constitution d'une mémoire historique de la ville. Une mémoire avant tout focalisée sur le passé ottoman, puisque le projet se concentre sur le centre historique de la ville, construit au XVIe siècle, à l'époque ottomane. Une sélectivité toutefois plus motivée à l'époque par des raisons économiques (touristiques) qu'idéologiques. Il n'en demeure pas moins que, vue sous un autre angle, cette renégociation de l'identité bosnienne à partir de l'héritage ottoman peut également produire des logiques circulaires et mutuellement excluantes de différenciation culturelle[25].

Il serait bien sûr absurde de condamner la mise en valeur de l'héritage ottoman. Cependant, dans le cas précis de la reconstruction de *Stari Most*, l'enjeu reste de voir comment le nouveau « Vieux Pont » pourrait ou aurait pu devenir un symbole d'appartenance commune, par opposition à un élément de plus de la surenchère culturaliste et de la communautarisation du paysage qui se jouent aujourd'hui entre divers monuments de la ville. Cette

21. *Ibid.*, p. 76.
22. Pierre Nora, *op. cit.*, p. XXXIV.
23. Pour plus de détails, voir Grodach, *op. cit.*, p. 75, qui cite directement des propos tenus par Pašić lors de diverses conférences.
24. *Ibid.*
25. C'est en tout cas l'une des pistes de réflexion que suggère Carl Grodach, voir *ibid.*, p. 74.

question cruciale n'a d'ailleurs pas échappé aux initiateurs de la reconstruction de la vieille ville et du « Vieux Pont » de Mostar, puisque, selon Peter Davey, les trois projets prévus ensuite par la « Stari Grad Agency » devaient s'adresser symboliquement aux trois communautés principales de Mostar[26]. Néanmoins, cette logique semble encore insuffisante tant que les modes de mise en œuvre ne permettront pas directement l'appropriation locale de ces différents projets. L'enjeu étant, à long terme, de créer des espaces communs de « con-vivance », plutôt que d'accentuer ce que Michael Ignatieff décrit, en référence à Freud, comme « le narcissisme de la petite différence[27] », et d'alimenter ainsi la dynamique concurrentielle d'histoires en compétition.

Conclusion

Cette contribution a tenté d'explorer trois pistes de réflexion principales. Il s'agissait premièrement de voir en quoi la symbolique et le rôle identitaire de *Stari Most* pouvaient être plus complexes qu'il n'y paraît au premier abord. En particulier, le fait que ces deux aspects se soient modifiés au cours de l'histoire longue du lieu a permis de mettre en évidence la dimension construite et réinterprétée de cet investissement symbolique et identitaire. Deuxièmement, la dimension paradoxale que peut revêtir la perspective « pluriethnique » a été soulignée à travers le possible glissement d'un discours (multi)culturel vers un discours culturaliste. Le risque sous-jacent étant le développement d'une dynamique de « compétition patrimoniale » entre les différents édifices culturels et religieux de la ville. Troisièmement, la combinaison de ces deux premiers éléments d'analyse suggère également que, au-delà de la reconstruction elle-même, c'est l'ensemble du processus qui joue un rôle fondamental par rapport à un potentiel processus de pacification et de réconciliation. Un ensemble qui comprend les modes de mise en œuvre ou les acteurs prenant part à ce processus. Un constat qui reflète ainsi l'importance de l'appropriation locale sur trois niveaux interdépendants : la (ré)appropriation du passé récent, de la temporalité des processus de pacification et de reconstruction, ainsi que des processus de (re)définition identitaire.

La question centrale qui parcourt l'ensemble de ce travail reste cependant en suspens : est-il possible, dans la Bosnie-Herzégovine post-Dayton, de construire une dimension identitaire commune, ainsi qu'une historiographie inclusive ? Comment une telle construction pourrait-elle s'opérer, et sur quelle base ? Une telle interrogation pose en fait également la question de ce que la Bosnie-Herzégovine contemporaine – et les différents États

26. Peter Davey, « View from Mostar », in *The Architectural Review*, septembre 2004, vol. 216, n° 1291, p. 48.
27. Michael Ignatieff, *L'Honneur du guerrier : guerre ethnique et conscience moderne*, Paris, La Découverte, 2000 (édition originale : *The Warrior's Honor : Ethnic War and The Modern Conscience*, New York, Henry Holt, 1997).

post-yougoslaves dans leur ensemble – peuvent faire aujourd'hui de leur passé socialiste, ainsi que de l'histoire des guerres récentes. L'appropriation locale des processus de reconstruction est en ce sens une condition nécessaire, mais non suffisante.

BIBLIOGRAPHIE SÉLECTIVE

Dijana ALIĆ, Maryam GUSHEH, « Reconciling National Narratives in Socialist Bosnia and Herzegovina : The Baščaršija Project, 1948-1953 », in *Journal of the Society of Architectural Historians*, vol. 58, n° 1, mars 1999, p. 6-25.

Maha ARMALY, Carlo BLASI, Lawrence HANNAH, « Stari Most : Rebuilding more than a Historic Bridge in Mostar », in *Museum International*, n° 224, vol. 56, n° 4, 2004, p. 6-17.

Martin COWARD, « Community as Heterogeneous Ensemble : Mostar and Multiculturalism » in *Alternatives*, 27, 2002, p. 29-66.

Peter DAVEY, « View from Mostar », in *The Architectural Review*, septembre 2004, vol. 216, n° 1291, p. 46-49.

Carl GRODACH, « Reconstituting Identity and History in Post-war Mostar, Bosnia-Herzegovina », in *City*, vol. 6, n° 1, 2002, p. 61-82.

ICG, « Building Bridges in Mostar », *Europe Report*, n° 150, 20 novembre 2003.

Michael IGNATIEFF, *L'Honneur du guerrier : guerre ethnique et conscience moderne*, Paris, La Découverte, 2000 (édition originale en anglais, 1998).

Božidar JEZERNIK, « Qudret Kemeri : A Bridge between Barbarity and Civilization », in *South Eastern Review*, vol. 73, n° 3, juillet 1995, p. 470-484.

Noel MALCOLM, *Bosnia: a Short History*, New York-Londres, NY UP, 1994.

Pierre NORA, *Les Lieux de mémoire*, Paris, Gallimard, 1997.

Paul RICŒUR, *La Mémoire, l'histoire, l'oubli*, Paris, Le Seuil, 2000.

UNESCOPRESS, « Inauguration of the Mostar Bridge », Press Release n° 2004-68, 16 juillet 2004. Document disponible à l'adresse : http://www.unesco.org.

World Bank, « Pilot Cultural Heritage Project », *Report* n° 19115-BiH, 14 juin 1999. Document disponible à l'adresse : http://www.worldbank.org.

Shengman ZHANG, « Opening Ceremony for Stari Most (Mostar Bridge) », The World Bank Group, Mostar, 23 juillet 2004 (texte disponible à l'adresse http://worldbank.org).

« Rencontre avec Gilles Péqueux, ingénieur responsable de la reconstruction du pont de Mostar », retranscription par Cyril Hauland Groenneberg, publiée le 1er mars 2003, sur le site http://www.balkans.eu.org/article2783.html.

Chapitre clos ou espace vivant? Le passé yougoslave dans le débat public en Croatie contemporaine

Maciej FALSKI

Dans la perspective des sciences humaines contemporaines, l'image du passé est une construction narrative comparable à une narration. La structure de ce récit dépend de stratégies discursives, le passé commun devenant ainsi l'objet d'une interprétation. Chaque position prise dans ce débat n'est pas tant une tentative de retrouver une réalité passée objective (quoi qu'en disent les participants), qu'une narration plus ou moins cohérente. Le passé se crée alors en fonction d'un point de vue contemporain et son image peut largement varier dans le même champ social. Ainsi en est-il en Croatie à l'égard du passé yougoslave. L'objectif de la présente étude est double, face à la masse de discours publics. D'une part, essayer de retrouver les modèles gérant l'interprétation de cette période de l'histoire, et de l'autre, proposer une approche pour de futures recherches sur la culture de la Yougoslavie socialiste.

Les sources analysées ici relèvent non seulement du discours dit scientifique, mais aussi des médias et d'autres documents largement diffusés. Une telle approche paraît nécessaire si l'on considère le champs social comme un lieu de négociations. Les chercheurs spécialistes du passé y ont certes une place privilégiée, mais ils ne sont pas les seuls à y participer. Chaque texte qui parle au nom d'un certain groupe contribue à l'interprétation du vécu au niveau de la société. Il sera ici question de positions dominantes dans la narration sur le passé yougoslave.

Les cadres officiels du passé

Il est sans doute utile de revoir tout d'abord les actes définissant les cadres officiels du débat, étant donné que la plupart des pays dits en transition soumettent la période 1945-1990 à des régulations législatives. Il s'agit de gérer le passé, de trouver une interprétation acceptable entre différents point de vue. En Croatie, trois actes pourront être énumérés :

a) La constitution de la République de Croatie (d'après les amendements de 2002[1]) retrace la continuité de la souveraineté croate, mentionnant explicitement le ZAVNOH[2] et la République populaire de Croatie ainsi que la République socialiste de Croatie comme prédécesseurs de l'État contemporain. Il faut souligner que l'État indépendant croate (NDH) n'est pas intégré dans cette lignée. Les deux formes étatiques valorisées positivement faisaient partie de la Yougoslavie ; le passé yougoslave est ainsi explicitement traité comme une période de « notre » histoire. On entrevoit ici une interprétation bien enracinée dans la tradition historiographique : comme les *pacta conventa* entre les souverains de Hongrie et de Croatie (1102) ou l'élection de Ferdinand de Habsbourg (1527), les actes du ZAVNOH sont vus comme une décision souveraine du peuple croate choisissant un mode de coexistence avec d'autres États, où la Croatie gardait toujours un certain degré d'autonomie.

b) La déclaration sur la « Guerre patriotique » (Domovinski rat[3]*)* désigne quasi explicitement le *telos* de l'histoire croate qui est la formation de l'État indépendant, incarnant « le désir millénaire de la nation et du peuple croates d'avoir son propre État ». L'agression de la Serbie et de l'Armée populaire yougoslave montre que le maintien de la fédération yougoslave n'était pas possible : de plus, celui-ci pouvait nuire à la survie même du peuple croate. Ainsi la Yougoslavie, quoi qu'indirectement, prend un caractère négatif. De plus, le texte dit ouvertement que la Croatie « n'est pas prête à entrer dans quelque alliance yougoslave ou balkanique que ce soit ». D'après certaines formulations, l'opposition culturelle entre deux sphères, l'une occidentale où la Croatie trouve naturellement sa place, et l'autre balkanique, se dessine nettement.

c) La déclaration sur l'antifascisme de 2005[4] affirme ouvertement que les valeurs de la lutte contre le fascisme font « partie du fondement de la Croatie indépendante » et le ZAVNOH est de nouveau mentionné. Il est dit que « le mouvement antifasciste ne peut pas être identifié à l'idéologie communiste[5] ».

Même un bref coup d'œil sur ces textes officiels montre la nature des cadres interprétatifs du passé yougoslave. Une opposition aux interprétations extrêmes qui le dénieraient totalement est perceptible, de sorte qu'une fondation du nouvel État sur la base unique de l'État indépendant croate (NDH) est exclue. Ainsi le message paraît clair : le passé yougoslave est

1. D'après la version électronique : Ustav Republike Hrvatske (pročišćeni tekst) [Constitution de la République de Croatie (texte revu)], http://www.vlada.hr/Download/2002/11/11/ustav_republike_hrvatske.doc.
2. ZAVNOH : Conseil territorial antifasciste de lutte pour la libération populaire de la Croatie.
3. « Deklaracija o Domovinskom ratu », *Narodne novine* [Journal officiel], 2000, n° 102.
4. « Deklaracija o antifašizmu », *Narodne novine*, 2005, n° 51.
5. Voir sur la problématique de l'antifascisme en Croatie et ses implications la contribution de Drago Roksandić dans le présent ouvrage.

« notre » passé. D'autre part, la tentative semble évidente de vouloir séparer l'existence d'une forme étatique croate de son contexte idéologique, qu'on l'appelle socialiste ou communiste. De cette façon la Croatie socialiste reflète l'idée de la continuité de l'autonomie nationale (et politique), malgré (parfois contre) les pratiques de pouvoir étrangers.

Les voix des scientifiques dans le discours public

La bibliographie sur la chute de Yougoslavie est très riche ; mais comme cela fut mentionné plus haut, ce ne sont que certains modèles interprétatifs qui sont étudiés ici. L'important paraît être ici l'enjeu du débat public, alors que les ouvrages de valeur proprement scientifique demeurent souvent confinés à un lectorat académique.

Les polémiques autour de l'ouvrage de Dejan Jović[6]

Il est tentant de retracer les pôles dominant le débat sur le passé yougoslave à partir de l'exemple des polémiques surgies autour de ce livre. Dans ce dernier, ainsi que dans quelques entretiens[7] consécutifs à la parution de l'ouvrage, l'auteur s'oppose aux stéréotypes du yougoslavisme comme catégorie identitaire et expression de l'unitarisme ; d'après lui, « il n'était pas opportun d'être Yougoslave ». Un exemple significatif : un Yougoslave ne pouvait pas devenir membre du Présidium de la République socialiste fédérative de Yougoslavie (SFRJ), réservé aux représentants des républiques choisis d'après le critère national. Le yougoslavisme ne constituait pas le danger pour les identités nationales. En revanche, le fort sentiment national bloquait toute tentative de créer un espace commun yougoslave, surtout au niveau identitaire et culturel, ou bien dans la sphère de communication sociale. La constitution de 1974 aurait ouvert la voie vers la fragmentation de l'État, et en conséquence les conditions de fonctionnement de la Yougoslavie se seraient détériorées à partir de ce moment. Il s'ensuit un paradoxe : le système politique yougoslave aurait largement contribué à la catastrophe finale du yougoslavisme comme projet culturel/identitaire. Cela conduirait par la suite à l'affirmation des nationalismes, car la nation même constituait l'horizon principal des identités sociales.

Deux réactions-types s'opposant au raisonnement de Jović sont particulièrement exemplaires. Boris Buden insiste sur le fait que la Yougoslavie de Tito fut projetée non comme une communauté identitaire, mais éman-

6. Dejan Jović, *Jugoslavija – država koja je odumrla: uspon, kriza i pad Kardeljeve Jugoslavije (1974-1990)* [Yougoslavie – un pays qui est mort : ascension, crise et chute de la Yougoslavie de Kardelj], Zagreb, Prometej, 2003.

7. Dejan Jović, « Odumrla zemlja, presađena ideologija ? » [Un pays mort, une idéologie transplantée ?], *Zarez*, 2003, n° 105.

cipatoire. Elle aurait tendu vers l'émancipation sociale, loin du concept de l'identité nationale commune. Pour cette raison, elle ne peut être valorisée dans la perspective identitaire, d'autant plus qu'à son origine se serait trouvée la lutte contre le fascisme et les inégalités sociales. Chez Buden, l'individu n'est plus focalisé sur la perspective du national, mais du social. La question ne porte plus sur l'attitude d'un Croate face au passé, mais du membre de la société civile confronté à l'histoire de cette société et non seulement d'une nation. Ainsi l'interprétation éminemment nationale du passé est-elle abolie[8].

La critique de l'homme politique Dobroslav Paraga va dans la direction inverse. Il qualifie l'attitude de Jović de « révisionnisme » (communiste), lié à une tentative de soumettre l'intérêt national croate aux intérêts centralistes ou unitaristes. Ici la Yougoslavie devient un État-prison, l'argumentation de Jović étant présentée comme une falsification du passé[9]. Paraga prend pour prémisse un individu défini avant tout en termes nationaux et de plus, il assimile la Yougoslavie au communisme. La période de l'État socialiste apparaît comme étrangère à l'identité élaborée par l'histoire croate. Le sujet formé dans la perspective nationale éprouverait la création de la république indépendante comme une vraie césure dans le champ des pratiques et représentations sociales, et le passé yougoslave constituerait un espace clos du mensonge.

Les tentatives d'objectivation du passé yougoslave

L'historien Ivo Goldstein observe que l'expérience individuelle des chercheurs s'essayant à interpréter le passé constitue une difficulté fondamentale, de même que l'interférence de l'intime et du scientifique qui en résulte[10]. D'autant plus que cela mène souvent à la valorisation de la Yougoslavie socialiste et son évaluation dans les catégories du bien et du mal. D'après lui, l'espace de communication yougoslave se formait d'une façon volontaire et spontanée, loin des centres du pouvoir politique ou de la planification d'en haut. Il se sert d'exemples tels que la production cinématographique, la musique pop ou rock et d'autres phénomènes propres à la culture populaire, englobant tout le territoire de l'ex-Yougoslavie malgré l'inexistence d'un ministère de la culture au niveau fédéral[11]. Il faut souli-

8. Boris BUDEN, « Još o komunističkim krvolocima. Ili zašto smo se ono bili rastali ? » [Encore sur les tyrans communistes. Ou pourquoi donc s'est-on séparé ?], *Zarez*, 2003, n° 106.

9. Dobroslav PARAGA, « Kučanovo svjedočenje u Haagu trebalo je biti na HTV-u » [Le témoignage de Kučan devrait être présenté à la HTV (télévision nationale croate)], *Novi list*, 29.05.2003.

10. Ivo Goldstein, « Je li se Jugoslavija mogla održati? Pretpostavke za historičarsku analizu » [La Yougoslavie pouvait-elle survivre ? Prémisses pour une analyse historique], *in* Hans-Georg FLECK, Igor GRAOVAC (éd.), *Dijalog povjesničara – istoričara 8* [Dialogue entre historiens], Zagreb, Friedrich Naumann Stiftung, p. 69-86.

11. Ivo GOLDSTEIN, « Josip Broz Tito – između skrupuloznoga historiografskog istraživanja i političke manipulacjie » [Josip Broz Tito – entre recherche historiographique scrupuleuse et manipulation

gner ici l'idée d'une culture du quotidien commune ; elle se fonderait sur l'espace de pratiques et de communication partagées, mouvement d'idées et artefacts culturels. Ainsi serait parfaitement envisageable l'osmose entre différentes aires culturelles.

Dans un autre texte, la philosophe et femme de lettres Dunja Melčić affirme que « la Yougoslavie cessa d'exister, car les conditions de son existence avaient disparu. Cela veut dire que l'État commun constituait seulement un projet limité dans le temps ». La disparition de la Yougoslavie serait l'un des derniers résultats de l'ordre établi à Versailles. De ce point de vue, la fondation et l'existence de la Yougoslavie auraient été influencées notamment par un concours de circonstances tant extérieures qu'intérieures[12]. Il n'y a plus de place pour le débat autour de catégories du bien et du mal, concernant le rôle de l'ex-Yougoslavie dans l'histoire de telle ou telle nation. L'État fédéral perd son caractère substantiel, parce que l'on en discute non plus dans la perspective de l'absolu, mais du processuel, du changement. Une telle approche libère le sujet du devoir de se prononcer pour ou contre, et laisse la place à une mémoire individuelle. De plus, l'individu n'est plus confronté à une image du passé univoque. L'historien abandonne son outillage axiologique au profit d'une recherche sur les pratiques sociales dans une période définie.

Le débat autour du passé dans la presse

Dans un débat publié dans l'hebdomadaire *Zarez* [Virgule], il est affirmé que « la notion de Yougoslavie, abandonnée dans la pratique politique de tous les territoires qui avaient jadis constitué ce pays, s'est complètement transférée dans l'espace médiatique ». Les tendances principales sur le sujet méritent de fait d'être considérées, telles qu'elles se dessinent dans la presse.

La première polémique concerne la question de la multiculturalité supposée de la Yougoslavie, et la relation entre l'unitarisme et le pluralisme. Dans ce contexte, le sociologue Vjeran Katunarić se sert du terme de « coexistence passive ». Ainsi, l'espace yougoslave est conçu comme une entité faite d'éléments relativement indépendants, où les liens entre eux sont faibles ou peu exploités. Tandis que le politiste Anđelko Milardović affirme que la multiculturalité était une « vitrine démocratique » ou bien

politique], *in* Hans-Georg Fleck, Igor Graovac (éd.), *Dijalog povjesničara – istoričara 6*, Zagreb, Friedrich Naumann Stiftung, 2002, p. 315-333.

12. Dunja Melčić, « Raspad Socijalističke Federativne Republike Jugoslavije u univerzalno-historijskome kontekstu » [La désintégration de la RSFY dans le contexte historique général] in *Dijalog povjesničara – istoričara 8*, *op. cit.*, 2004, p. 15-32. Voir aussi Dunja Melčić (éd.), *Der Jugoslawien-Krieg. Handbuch zu Vorgeschichte, Verlauf und Konsequenzen*, Wiesbaden, VS Verlag, ²2007.

une « feuille de vigne » à destination de la communauté internationale[13]. Quand une seule option idéologique domine, le discours pluraliste est quasi impossible. Les deux auteurs s'opposent évidemment à la narration qui fait de la Yougoslavie une communauté multiculturelle où les différents groupes s'enrichissaient mutuellement. Dans cette dernière perspective, la désagrégation de l'État yougoslave aurait été le retour à un idéal déjà anachronique de culture nationale homogène, auquel tendaient les mouvements nationaux de XIXe siècle. Alors la fondation des États post-yougoslaves constituerait une régression, depuis une situation désirable (multiculturelle) à un état finalement négatif (monoculturel). Dans les deux textes mentionnés ici en revanche, ce pluralisme culturel se révèle apparent ; on pourrait voir ici des « cultures congelées » qui maintenaient une communauté illusoire dans un système politique centralisé d'une « synthèse impossible ».

Cette approche se reflète aussi chez les autres chercheurs. La Yougoslavie aurait manqué de liant interne, la cohésion au niveau de l'État étant minimale, surtout dans le domaine culturel et politique. Parmi les « facteurs de cohésion », les principaux mentionnés sont Tito et l'Armée populaire yougoslave (JNA). Ainsi le politiste Žarko Puhovski conclut-il que dans les années 1980 « la JNA était la seule force yougoslave, c'est-à-dire la Yougoslavie se bornait à son armée ». D'après lui, la décentralisation ultérieure laissa un vide qui ne pouvait pas être rempli par une idée commune quelconque au niveau yougoslave[14]. Nombre d'auteurs pensent que la cohésion culturelle était illusoire ; Puhovski, et dans une certaine mesure l'historien Ivo Banac, affirment que la même situation régnait au niveau politique. La désintégration de la Yougoslavie fut rendue manifeste dès lors que Tito et l'idéologie communiste eurent disparu. Puhovski souligne que le nationalisme prit la place du communisme, tandis que la structure idéologique restait inchangée (se fondant sur l'idée de lutte, le paternalisme et des schèmes de pratiques sociales déjà en place).

La discussion sur la possibilité de sauver la Yougoslavie conduit souvent à la constatation que tout intérêt pour elle avait tout simplement disparu. Ainsi la création de nouveaux États se révèle comme une conséquence logique de la désintégration intérieure de la fédération. Le modèle décrit ici correspond à l'interprétation de l'histoire croate évoquée ci-dessus. La Yougoslavie se composait de républiques faiblement liées entre elles ; l'horizon identitaire et temporel fondamental constituerait la nation, tandis que l'identité yougoslave ne serait qu'accidentelle.

---

13. Vjeran KATUNARIĆ, « Mi i drugi » [Nous et les autres], Rade Dragojević, *Zarez*, 2003, n° 116 ; Anđelko MILARDOVIĆ, « Od državnog do korporacijskog multikulturalizma » [Du multiculturalisme étatique au multiculturalisme corporatiste], *ibid.*
14. Žarko PUHOVSKI, « Hardware i software raspada Jugoslavije » [Hardware et software de la désintégration de la Yougoslavie], *Zarez*, 2003, n° 109-110.

À l'autre pôle du débat s'affirme l'existence de l'aire culturelle yougoslave. Un bon exemple en est fourni par l'entretien entre les auteurs slovène Aleš Debeljak et bosnien Enver Kazaz. Les deux interlocuteurs confirment l'existence d'échanges interculturels, parce que la Yougoslavie créait des conditions favorables, surtout dans le domaine de la culture, par exemple par le système de distribution ou les pratiques éditoriales[15].

Pour Debeljak la fédération yougoslave offrait la possibilité d'appartenir à différents niveaux identitaires : il utilise la notion de « cercles concentriques d'identité[16] ». Une stricte catégorisation ethnique est rejetée, ainsi que le monisme culturel; le contact durable avec l'autre culture met en question les limites de la propre culture. L'acceptation de la communauté de communication yougoslave ne signifierait pas la négation de tout ce qui est croate, au contraire – il s'agirait plutôt de son enrichissement et de son complément naturels. Seul le concept de la culture exclusive serait dénié. Dubravka Ugrešić adopte une position identique. Son énoncé en apparence banal, « pour moi les Bosniaques ne sont pas des étrangers », annonce l'idée d'une communauté de vécu qui en aurait formé les membres au-delà des simples limites ethniques. Les trois auteurs dénoncent le monisme culturel comme violence exercée au niveau des représentations sociales, et c'était bien la volonté d'affirmer des groupes nationaux « purs » qui entraîna la guerre. Comme le dit Kazaz, « les frontières rigides sont le produit du sang, du couteau, du crime ». Ici se dessine clairement l'idée de cadres communs du champ social yougoslave, détruits par la guerre menée au nom du monisme.

Il faut ajouter à ces deux positions l'esquisse d'une troisième, à partir des articles de la journaliste Đurđica Lieb[17]. Chez elle, la Yougoslavie prend l'allure d'une prison des peuples. Elle s'oppose à l'image de fédération yougoslave comme pays plus développé, plus ouvert et plus facile à vivre que d'autres pays socialistes. La raison en est double : d'une part, elle proteste contre le côté matérialiste d'une telle argumentation, qui met de côté les questions de liberté individuelle et nationale. D'autre part, Lieb écrit que le vrai visage de la Yougoslavie était Goli otok, l'île de la relégation des opposants au régime, le plus authentique « monument du communisme yougoslave, de Josip Broz et de son Udba [Service de la sécurité d'État] ». L'auteur part de la catégorie du national comme la plus importante; de son point de vue la Yougoslavie évoque l'une des plus dures périodes du passé croate, confrontée qu'elle fut au totalitarisme. Une interprétation similaire est présentée par Goran Jurišić, d'après qui le ZAVNOH n'avait pas de délé-

15. Aleš Debeljak, Enver Kazaz, « Čežnja za odsutnim » [La nostalgie de l'absent], *Zarez*, 2002, n° 92.
16. Aleš Debeljak, « Koncentrični krugovi identiteta » [Les cercles concentriques de l'identité], trad. Lovorka Kozole, *Zarez*, 2002, n° 116.
17. Đurđica Lieb, « Jedino je istina iskupljujuća » [Seule la vérité peut sauver], *Glas koncila* [La Voix du Concile], 2005, n° 15 (1607); *ibid.*, « Otete uspomene » [Les souvenirs dérobés], *Glas koncila*, n° 21 (1561).

gation du peuple croate, ce qui prouve l'illégitimité de ses actes. Il désigne la période yougoslave en termes de la dictature des « yougo-communistes », qui auraient été responsables même de la guerre sanglante des années 1990. Ce dernier syntagme (yougo-communistes) identifie clairement le yougoslavisme au communisme, opposant les deux à la « croaticité » (*hrvatstvo*, soit l'essence de l'identité croate).

Un exemple enfin est très significatif, celui de la polémique entre deux hommes publics, Ivan Fumić (de l'Alliance des combattants antifascistes) et Andrija Hebrang (HDZ, la Communauté démocratique croate) centrée sur la responsabilité des communistes pour les crimes commis pendant la guerre et en Yougoslavie socialiste. Pour ce dernier, le système mis en place par Tito est un « régime criminel » au caractère profondément « anti-croate », dont la cible était « la destruction de toute indépendance croate ». Pour lui, l'aspect national joue un rôle primordial et il considère le passé du point de vue collectif, parlant dès lors de la culpabilité d'un groupe envers un autre. Son interlocuteur proteste sur le point de la mise sur le même plan des crimes commis par les communistes et les oustachis. Pour lui, Tito « était et reste un grand homme » ; le mouvement de résistance aurait contribué à la victoire sur le fascisme, donnant les fondements du nouvel État fédératif, censé réparer les défauts de la première Yougoslavie.

Il semble que le dernier texte mentionné permette de discerner deux aspects fondamentaux de la narration sur le passé yougoslave en Croatie. Toute réflexion sur le sujet ne peut omettre un jugement de valeur concernant la Seconde Guerre mondiale. La Yougoslavie socialiste se forma à partir du mouvement de résistance et des actes produits par le Conseil antifasciste de libération nationale de Yougoslavie (AVNOJ) et le ZAVNOH ; son pendant négatif fut le NDH. La continuation entre ce dernier et la République de Croatie n'étant pas désirable, l'existence même de la Yougoslavie ne peut apparaître sous un jour complètement négatif. Ainsi l'image de la Yougoslavie comme une période incontournable de l'histoire croate acquiert une place irréfutable dans la narration croate, ce qui explique la mention du ZAVNOH dans la constitution et s'inscrit dans la tradition historiographique mentionnée plus haut. Un rejet total de la Yougoslavie pourrait conduire à l'acceptation, au moins controversée, du NDH.

Le second aspect concerne l'opposition entre le caractère national et non-national, qui se manifeste sur deux niveaux. D'abord lorsque la Yougoslavie est niée dans sa totalité, comme chez Hebrang ou Lieb. Ici, l'accent est mis sur l'indépendance d'État et les limites nationales rigides. Les crimes de la résistance sont présentés avant tout comme des crimes contre la nation, de sorte que même la position subordonnée de la Croatie est considérée comme un crime. Jurišić en donne un bon exemple, soulignant que la Yougoslavie n'était pas fondée sur un libre choix, la nation croate ne se prononça plus pour elle, et en cela elle peut être considérée comme « corps étranger » à l'histoire croate. Même si l'on accepte cette période dans la narration nationale croate, son évaluation peut varier. Certains auteurs parlent d'une communauté illusoire, qualifiée de « multiculturalité passive », qui en fait ne créa pas le cadre à des pratiques sociales communes, autant au niveau des représentations, que de l'économie ou de la politique. La Yougoslavie était vouée à l'échec à la suite de la disparition des « facteurs de cohésion » : Tito et la foi dans le socialisme. Une telle posture montre la prédominance d'un état d'esprit habitué aux questions politiques et non aux relations culturelles : on peut facilement y reconnaître la représentation de claires limites entre différents groupes nationaux au sein de la communauté yougoslave.

Il faut enfin mentionner le troisième modèle, transcendant l'opposition du national face au non-national. Ici, comme chez Ugrešić, Debeljak ou Kazaz, la Yougoslavie est vécue comme un espace de communication et d'échanges réciproques, les pratiques individuelles n'étant pas bornées par les strictes limites des groupes ethniques. Ainsi se crée la possibilité de décrire le passé yougoslave non seulement au niveau politique, mais aussi et surtout dans la perspective de biographies et de stratégies individuelles d'une part, et d'autre part comme un véritable enjeu pour la culture populaire et les phénomènes qui lui sont propres. La Yougoslavie serait alors plus qu'une création politique. Cette conclusion provisoire doit cependant être considérée avant tout comme le point de départ d'une recherche plus approfondie.

La mémoire de l'histoire : narration et identité dans la littérature postcommuniste

Anca Baicoianu

Le propre de la narration est de toujours croiser l'histoire. Elle s'en éloigne et y retourne sans cesse, que l'histoire soit imaginaire, réelle ou rêvée. Il y a bien une ambiguïté foncière dans le terme « histoire », dont le sens propre, l'histoire envisagée comme inventaire des choses passées, diverge de son acception narratologique, où l'histoire apparaît comme une collection de faits, d'événements et de personnages que la théorie de la fiction appelle les unités minimales du récit. En tant que telle, l'histoire s'oppose au discours, que l'on peut définir comme « structure structurante » ou manière d'organiser et de rendre fonctionnelle la matière première qu'est l'histoire.

C'est précisément la mise en cause de cette histoire faite discours qui est le point de rencontre et en même temps la ligne de fuite de la fiction postmoderne et de l'historiographie contemporaine. Cette mise en cause relève d'une crise de la représentation qui affecte non seulement l'épistémologie, mais aussi l'ontologie du présent, et dont l'une des premières conséquences dans le champ des sciences de l'homme est la prise de conscience du caractère construit, par conséquent relatif, de toute connaissance.

S'intéresser à la représentation équivaudrait donc à étudier la manière dont nos discours nous inventent autant qu'ils nous expriment. Car jamais la mise en discours n'est innocente, ni neutre. Tout comme l'illusion de l'absolu, l'illusion d'une objectivité sans faille révèle désormais sa fragilité. Avec la perte de ces illusions, disparaît aussi la croyance dans une continuité cohérente et finaliste, dont la narration serait en même temps l'instrument et la garante.

C'est au titre d'une représentation totalisante revendiquée par la narration qu'elle devint sujette aux critiques durant les dernières décennies. Mais il convient de remarquer ici que cela n'advient pas en raison de ce que le texte manifeste effectivement, puisque l'opération par laquelle des matériaux hétérogènes sont organisés dans et par l'intermédiaire des discours ne fait qu'obéir à l'exigence humaine profonde de mettre en ordre et, par là même, de rendre significative une expérience, qui autrement serait hors de portée. Au contraire, la critique s'en prend au non-dit, à ce que le texte supprime, cache ou tait, c'est-à-dire sa propre historicité, le positionnement de son producteur, les conventions du genre (que le texte prolonge, soit en leur obéissant, soit en s'en écartant) et enfin, pour reprendre un syntagme cher aux pragmaticiens, le contexte d'énonciation.

L'attention à l'« ordre du discours » (M. Foucault), de rigueur dans les théories contemporaines, a engendré pour ce qui est de la littérature et l'historiographie, deux effets contradictoires : elle a fait découvrir à la première sa référencialité constitutive et à la seconde sa littérarité. Ce faisant, elle a corrigé, mais pour la continuer à un autre niveau, la distinction entre histoire et fiction imposée il y a plus de deux millénaires par la *Poétique* d'Aristote.

Selon Aristote, la supériorité de la représentation poétique (ou littéraire) sur la représentation historique procède d'une différence radicale quant aux contraintes qui président à la sélection des faits décrits. Si l'historien est censé s'en tenir aux événements qui ont effectivement eu lieu, le poète peut donner libre cours à sa fantaisie, à la seule condition que les actions qu'il représente répondent soit à l'exigence de vraisemblance, soit à la nécessité. Ce partage favorise le poète à plus d'un titre, puisque celui-ci peut décrire également, outre les choses de son invention, des faits réels, pour peu qu'ils soient vraisemblables. D'après cette distinction, on pourrait donc décrire l'histoire et la fiction sous la forme de deux séries de traits inhérents opposés et opposables : d'une part, il y aurait le réel, le vrai, le contingent, le particulier et l'enregistrement, et d'autre part, ce serait l'imaginaire, le vraisemblable, le nécessaire, le général et l'interprétation. Que la différenciation envisagée par Aristote ne soit pas à prendre au pied de la lettre devient évident, dès lors que l'on tâche de s'imaginer comment se présenterait une « écriture de l'histoire » (M. de Certeau) qui lui obéirait intégralement : « La plus stricte fidélité envers ce qui s'est passé ou aurait pu se passer produira un discours dépourvu de sens et de finalité, sans aucune pertinence philosophique, irrégulier dans son exactitude et littéral dans sa confusion. » (P. Hamilton).

Il s'ensuit donc que l'histoire, quoi qu'en dise Aristote, ne s'en tient guère à un simple inventaire des faits singuliers. Tout au contraire, c'est justement son ambition d'expliquer les événements qu'elle décrit, de leur donner un sens en les configurant, qui assure sa spécificité en tant que science et qui maintient la distance entre le récit historique et le récit fictionnel, qui n'a pas pour tâche d'expliquer sa matière, mais son fonctionnement.

On peut alors affirmer que ce n'est pas au niveau des objets de la représentation, ni au niveau structurel qu'il faut différencier la fiction de l'histoire, car la littérature peut, elle aussi, puiser aux réalités historiques et de plus, elles ont ceci de commun qu'elles font connaître leurs contenus à l'aide de la narration ou de la « mise en intrigue » (P. Ricœur). Si l'on peut tout de même les distinguer, c'est en raison de leur appartenance à des champs discursifs différents, où des règles, des conventions et des contraintes spécifiques sont à l'œuvre. Grâce à cette dis/similarité, histoire et fiction se croisent toujours, sans jamais se rencontrer, car ce qui les unit est en fait ce qui les sépare.

Leur croisée, cette rencontre sans cesse différée, est ce qu'il faudrait peut-être assigner, me semble-t-il, à la mémoire : histoire personnelle actualisée comme récit, qui explique en s'expliquant.

Cette position – médiane et médiatrice – que la mémoire occupe, est plus qu'un simple artifice de construction, notamment dans le présent ouvrage. En discutant sa mise à l'œuvre dans trois romans postcommunistes contemporains [1], peut-être s'avérera-t-il possible de mieux préciser son rôle central parmi les stratégies de (re)construction identitaire que ce type de littérature laisse entrevoir et ainsi d'analyser plus avant les relations qui s'y établissent entre fiction et histoire.

Si le thème de l'identité traumatisée est commun aux trois romans évoqués ici, ils diffèrent largement entre eux, aussi bien sous le rapport des stratégies narratives, que de la cause du traumatisme et la manière d'y réagir et d'en rendre compte. En outre, le degré de fiction présente est, lui aussi, variable : *Le Retour du hooligan* est une autobiographie si fortement ancrée dans la réalité qu'on peut à peine le classer parmi les récits fictionnels, ne fût-ce que pour sa maîtrise narrative et sa conformité avec les conventions du genre. Le narrateur, dont le nom et les données personnelles sont parfaitement identiques à celles de l'auteur, ce qui renforce le caractère de texte à la frontière de différents genres, est un écrivain roumain d'origine juive, qui subit et raconte l'expérience de la déportation pendant la guerre, suivie par quelques décénnies d'oppression communiste et, finalement, par un exil à contre-cœur, mais d'où il redoute de revenir dans un pays qui, après avoir vécu l'illusion d'un « retour à la normalité » rendu possible par la révolution de 1989, se voit confronté au découragement et au désarroi. Ce qu'il fuit n'est pas la patrie, ni les menaces antisémites, mais son propre passé, une histoire dont il ne veut pas, mais qui s'abat sur lui de tout son poids. Ce qu'il fuit, mais à quoi il ne peut pas échapper, sont encore les clichés, les habitudes de pensée et de perception qui le forcent à endosser une identité comme un rôle dont il a toujours essayé de s'écarter : « Le masque était devenue ma figure. J'étais l'ennemi public classique, l'allogène! J'avais toujours été *l'autre*, averti ou non, démasqué ou non, même si je ne m'identifiais pas au ghetto de ma mère ou à n'importe quel autre ghetto de l'identité. »

1. Mircea Nedelciu, *La Framboise sauvage*, 1984; Dubravka Ugrešić, *Le Musée des redditions sans condition*, 2002; Norman Manea, *Le Retour du hooligan*, 2003.

Le retour est d'autant plus redoutable qu'il implique le devoir de se rappeler, lui qui voudrait tout oublier. Se rappeler veut dire s'identifier, appartenir, renouer, du moins en apparence, les fils avec une communauté qui partage son histoire. Traité en étranger dans son propre pays, à la territorialisation toujours instable ou menacée, habitué par la force des choses à se voir, d'après l'expression de Ricœur, « soi-même comme un autre », Manea fait de sa langue maternelle le lieu auquel il rattache une identité en miettes. En quittant la Roumanie, il quitte aussi le roumain, qui devient depuis l'idiolecte du rêve. Ce n'est donc pas par hasard si ce livre de mémoires, ou plutôt ce livre de la mémoire racontant un temps retrouvé, ait paru simultanément en roumain et en anglais.

C'est toujours de l'exil dont traite le roman de Dubravka Ugrešić, *Le Musée des redditions sans condition*. À la suite d'une campagne dans les médias croates en 1992 durant laquelle elle fut accusée, avec quatre autres intellectuelles croates, de « dénonciation calomnieuse de la patrie » auprès d'organisations et dans des publications étrangères, elle quitta le pays. À la différence du livre de Norman Manea, son roman est un mélange des genres littéraire et documentaire, d'éléments autobiographiques et quasiment ou purement fictionnels. Récit fragmentaire et entrecoupé qui, à première vue, n'a pas de principe apparent d'ordre, il construit une identité plutôt pulvérisée que plurielle : « Renoncer au roman et adopter une forme autobiographique fragmentaire lui apparaît comme plus adéquat au vécu authentique de personne déplacée et apatride qu'elle est et à sa sensibilité pluriculturelle, comme un prisme plus approprié à l'inventaire de l'état d'esprit à la fin du XXe siècle. » (Renata Jambrešić Kirin). Le supplément fictionnel qui accompagne toute représentation du passé est envisagé ici comme un effort de perspective qui procède de la position même du sujet supposé savoir : « L'autobiographie rencontre des problèmes similaires en ce qui concerne la technologie de la remémoration : elle s'intéresse à ce qui est passé, mais la difficulté à laquelle elle se heurte procède du fait que ce qui est passé est enregistré par quelqu'un qui existe dans le présent. » Ce qui confirme l'affirmation paradoxale de Tzvetan Todorov, qui indique comme terme opposé à la mémoire non pas l'oubli, mais la remémoration, en tant que rappel volontaire et par conséquent contrôlé du souvenir, qui devient sujet aux déformations engendrées autant par l'écart temporel que par son encadrement dans une configuration qui lui confère un investissement significatif.

Le même doute envers cette forme à la fois domptée et coercitive de la mémoire qu'est la remémoration se retrouve dans le roman de Mircea Nedelciu (1950-1999), *La Framboise sauvage*, qui a d'ailleurs pour sous-titre *Roman anti-mémoire*. Ses personnages principaux sont des orphelins pour lesquels la quête de soi prend la forme d'une quête du passé. Encore une fois, l'identité se présente comme la narration d'une histoire faite mémoire ;

la connaissance des événements et des figures du passé ne saurait être qu'une connaissance par des traces, auxquelles on arrive seulement à travers les récits qui les prennent en charge.

La mémoire, telle qu'elle apparaît dans ces romans, serait donc le lieu où l'histoire s'articule à la fiction. Mémoire traumatisée, au fonctionnement paradigmatique, dont le premier mouvement est la séparation et le clivage. Mémoire qui procède du particulier et qui doit se faire dialogique pour pouvoir aboutir à la généralité de la narration et pour rendre communicable ainsi l'expérience singulière qu'elle représente[2].

BIBLIOGRAPHIE

Norman MANEA, *Întoarcerea huliganului*, Iaşi, Polirom, 2003 ; trad. anglaise de Angela Jianu, *The Hooligan's Return : A Memoir*, New York, Farrar, Strauss & Giroux, 2003 ; trad. française de Nicolas Véron, *Le Retour du hooligan : une vie*, Paris, Le Seuil, 2006 (Prix Médicis étranger 2006).

Mircea NEDELCIU, *Zmeura de câmpie* [La Framboise sauvage], Bucarest, Editura Militară, 1984.

Dubravka UGREŠIĆ, *Muzej bezuvjetne predaje*, Zagreb-Belgrade, Konzor-Samizdat B 92, 2002 ; traduction française de Mireille Robin, *Le Musée des redditions sans condition*, Paris, Fayard, 2004.

Mieke BAL, Jonathan CREWE, Leo SPITZER (éd.), *Acts of Memory*, Hanover NH, University Press of New England, 1999.

Michel DE CERTEAU, *L'Écriture de l'histoire*, Paris, Gallimard, 1975

Renata Jambrešić KIRIN, « Réflexions anthropologiques et controverses autobiographiques », *Most/Le Pont*, n° 3/4, 1999.

Jacques LE GOFF, Pierre NORA (éd.), *Faire de l'histoire*, Paris, Gallimard, 1974.

Paul RICŒUR, *Temps et récit*, Paris, Le Seuil, 1983.

Robert C. YOUNG, *White Mythologies : Writing History and the West*, Londres-New York, Routledge, 1989.

2. « First, the need is of the present, and requires incorporation of the past in it. [...] Second, the need for a second person to act as confirming witness to a painfully elusive past confirms a notion of memory that is not confined to the individual psyche, but is constituted in the culture in which the traumatized subject lives. Third, this "second-personhood" of witnessing and facilitating memory is an active choice, just as much as the act of memorizing it facilitates. The acts of memory thus become an exchange between first and second person that sets in motion the emergence of narrative. » Mieke BAL, « Introduction », *in* Mieke BAL, Jonathan CREWE, Leo SPITZER (éd.), *Acts of Memory*, Londres, Hanover NH, University Press of New England, 1999, p. X.

Empire, pseudo-histoire, réminiscence : sociologie et phénoménologie de la mémoire chez Václav Havel et Angelo Mitchievici

Marcos FARIAS-FERREIRA

Histoire et mémoire aux « confins » de la modernité européenne

D'après l'enquête de Tzvetan Todorov sur l'histoire du présent, le XXe siècle continue de hanter nos mémoires [1]. C'est le cas notamment en Europe centrale et orientale, où le « vécu », somme des expériences personnelles et des interactions sociales, doit être approché à partir d'une compréhension de l'histoire qui met en évidence la spécificité de ce lieu et le rôle qu'il a joué dans la production de la modernité européenne. C'est la conscience de cette Europe et de son rôle qui pousse Mirek, le personnage du *Livre du rire et de l'oubli* de Milan Kundera, à comprendre la lutte de la mémoire contre l'oubli comme une confrontation qui oppose l'homme au pouvoir, à savoir le sujet aux constructions sociales imposées du dehors. Pour Tadeusz Mazowiecki, intellectuel du mouvement Solidarność, la culture européenne moderne connaît deux visages, celui de Hugo ou Balzac d'une part, celui du poète polonais Adam Mickiewicz de l'autre. Mazowiecki souligne qu'il y a une culture européenne héritière des valeurs de sécurité, de certitude et de confiance historiques et existentielles et une tout autre culture produite par l'incertitude, l'anxiété et la précarité de la vie. Pour Mazowiecki, qui écrit du point de vue de l'inquiétude à l'égard de désarroi né du communisme, il est clair que la disposition d'esprit de ceux qui s'occupent de créer et développer la vie n'est pas la même pour ceux qui se battent au nom du droit d'exister. Il témoigne de l'amertume qui marque les expériences de vie des Polonais et de la Pologne aux XIXe et XXe siècles, entre espérance et désillusion, présence et protestation, engagement et résistance. Les valeurs intériorisées par des expériences amères, voire tragiques, tant individuelles

1. Tzvetan TODOROV, *Mémoire du mal, tentation du bien*, Paris, Robert Laffont, 2000.

que collectives, sont conçues comme le fondement d'une culture européenne alternative, ce qui entraîne Mazowiecki à se demander :

> « Ne forment-elles pas un composant, voire comme l'autre face d'une culture européenne commune, qui conserve sa dimension spirituelle pour autant qu'elle voie dans les expériences des peuples et de l'homme, dans l'histoire, ce qui est valeur universelle, valeur de l'homme tout simplement[2] ? »

Pour Mazowiecki, l'histoire est d'abord ce qui permet, par ses conséquences, de comprendre comment les peuples forment leur conscience et leur sensibilité. Tandis que pour l'Allemagne et pour la France il s'agit, respectivement, de la Réforme et de la Révolution, pour la Pologne et pour les petites nations d'Europe centrale et orientale, il s'agit de partitions, de la perte de l'indépendance et, finalement, de la tentative pour conserver les traditions nationales vis-à-vis des grandes puissances continentales. Cette dimension spirituelle dont il est question dans *Un autre visage de l'Europe* relèverait alors de ce que l'on peut déceler de transcendant dans le caractère des expériences des hommes et des peuples en Europe centrale et orientale. Par conséquent, cet autre visage émanerait de la valeur humaine qu'on peut discerner à l'intérieur des expériences individuelles et collectives façonnées par le biais d'une histoire conçue comme force aveugle et écrasante, un monstre venu de l'extérieur et qui bouleverse tout autour de lui. C'est justement la thèse d'un visage alternatif de l'Europe qui guide l'ouvrage dirigé par Chantal Delsol et Michel Masłowski consacré à la pensée et l'expérience historiques des confins ou « remparts » de la civilisation occidentale[3]. L'autre Europe est présentée comme la face tourmentée de l'esprit européen, dont la spécificité historique nous dévoile une autre manière de comprendre les valeurs européennes qui plongent leurs racines dans l'angoisse de l'invasion et du démembrement récurrents.

En Europe centrale et orientale, comme le montrent les romans de Kafka, Hašek, Musil, Broch ou Roth, et comme Kundera lui-même l'a souvent réaffirmé, l'histoire est une incontestable force de la nature et donc « impersonnelle, ingouvernable, incalculable, inintelligible – et personne ne lui échappe[4] ». Selon l'écrivain tchèque, l'unité de cette partie de l'Europe serait la somme d'expériences et situations historiques communes, qui ont converti ses peuples et nations en objets de l'histoire. En citoyen mitteleuropéen qu'il se considère, Kundera a choisi comme fondement de sa vision du monde la problématique husserlienne et phénoménologique de la crise

2. Tadeusz Mazowiecki, *Un autre visage de l'Europe*, Montricher, Noir sur Blanc, 1989, p. 131 [édition originale 1986], trad. du polonais par Éric Morin-Aguilar. Les citations des références autres qu'en langue française ont été traduites par l'auteur.

3. Chantal Delsol, Michel Masłowski, Joanna Nowicki (éd.), *Mythes et symboles politiques en Europe centrale*, Paris, PUF, 2002.

4. Milan Kundera, *L'Art du roman*, Paris, Gallimard Folio, 1986, p. 23.

de l'humanité européenne. Les grands romanciers centre-européens, écrit-il, ont su découvrir le mystère que seul un roman peut découvrir, l'indiscutable art du roman pour autant qu'il sache révéler un aspect jusqu'alors inconnu de la nature humaine. Dans le cas de Kafka, Musil ou Broch il s'agissait donc de comprendre « comment, dans les conditions des paradoxes terminaux, toutes les catégories existentielles changent subitement de sens[5] », comment l'avenir, la liberté, la conscience, la solitude, le public et le privé deviennent leurs propres contraires. Il s'agit ici de la notion de « paradoxe terminal » qui permet de comprendre la modernité qui s'est achevée au XXe siècle comme victoire, en même temps, de la raison et de l'irrationnel pur – la force ne voulant que son pouvoir – à cause de la défaillance de tout système de valeurs communément accepté. Toutefois, le caractère paradoxal de la modernité doit être perçu d'une manière plus élargie, en examinant l'implantation en Europe centrale et orientale de deux types de régimes, nazi et soviétique, qui ont effectué leurs synthèses de l'amalgame raison/irrationnel. Chez Angelo Mitchievici, un auteur roumain né en 1972, comme chez son aîné Václav Havel, né à Prague en 1936, la vie des gens et des nations devient un labyrinthe où l'identité est la plus importante des cibles des totalitarismes d'inspiration soviétique. En désavouant Descartes, responsable d'avoir élevé le sujet moderne en maître de la nature, Kundera regarde le sujet centre-européen en tant que « simple chose pour les forces[6] » de la technique, de la politique ou de l'histoire, qui le possèdent et qui éclipsent le « monde de la vie ». Comme il l'a écrit maintes fois, c'est en Europe centrale que l'Occident moderne put voir, pour la première fois, sa propre fin dans le fait que le pouvoir soviétique avait conquis toutes les capitales de cette autre Europe et les avait intégrées dans son empire. Pour Kundera, l'empire soviétique représente tout ce qu'il y a d'anti-européen et d'anti-moderne, notamment un pouvoir asiatique édifié sur un corps social omnipotent qui s'empare du sujet et de son identité. Mais les expériences individuelles et collectives qui forment l'« autre Europe », y compris celles du pouvoir soviétique, nous permettent de comprendre tout ce qu'il y a d'absolument moderne dans la civilisation européenne. Le pouvoir soviétique devient, dans ce cas, l'expression des excès de la modernité, son visage le plus extrême, dans ce qu'elle a eu de prétention à dominer l'homme et la nature par le biais d'un pouvoir où s'associent science, technologie et capital. D'après Havel, le système soviétique aurait été « le miroir convexe de toute civilisation moderne aussi bien que peut-être le dernier appel au changement complet de la façon dont cette civilisation se comprend elle-même[7] ». Muni d'une « eschatologie de l'impersonnel », le système soviétique serait devenu, en effet, l'avant-garde de la modernité et de son

5. *Ibidem*.
6. *Ibidem*, p. 14.
7. Václav HAVEL, « The Power of the Powerless », *Open Letter*, New York, Vintage Books, 1992, p. 259.

caractère paradoxal; en aucun cas une force venue des steppes asiatiques ou d'un quelconque passé archaïque hors de toute histoire de la raison. Selon Lucian Boia, le communisme soviétique aurait été responsable d'une étrange synthèse mêlant les fantômes des mythologies millénaristes traditionnelles et la croyance à la science moderne afin d'« offrir à l'humanité ce que l'humanité attendait : la transformation radicale du monde et de la condition humaine[8] ».

L'ensemble du vécu dans l'« autre Europe » nous permet donc d'interroger de manière critique un certain parcours occidental, à savoir « le processus qui a abouti à la transformation de l'Europe en Occident et du monde en modernité[9] ». Il en découle que l'acte de remémoration revêt une puissance inattendue lorsqu'il s'agit de dévoiler la façon dont la modernité a acquis, en Europe centrale et orientale, une qualité paradoxale durant la période soviétique, la manière dont cette qualité extrême s'est déployée en tant que menace existentielle pour l'identité personnelle et collective et enfin quelles sortes de stratégies ont étés perçues comme possibles pour défendre l'identité contre la « pseudo-histoire », cet assujettissement de l'identité par l'absurde vécu au quotidien. Le système soviétique en Europe centrale et orientale s'est fixé pour but de façonner une voie qui lui était propre de l'évolution humaine à travers « l'invention d'une histoire différente, d'un monde différent, d'un être humain différent[10] », à l'aide des instruments du pouvoir moderne, avec en premier lieu une théorie de la politique en tant que technologie rationnelle du pouvoir. L'autre Europe apparaît par conséquent comme un « lieu de mémoire » d'une modernité européenne paradoxale, un composé des concepts de Mazowiecki, Pierre Nora et Kundera qui mettent en évidence que ce n'est pas en tant qu'espace géographique que l'Europe centrale et orientale devient un lieu, mais en raison de la signification sociale dont elle est investie et qui la rend capable de produire de l'identité. Les expériences individuelles et collectives qui nourrissent le concept même d'autre Europe, qui consisterait en une altérité de la civilisation européenne hégémonique, permettent d'interroger, de manière critique, les processus de formation des identités modernes. Elles permettent de montrer de quelle façon ceux-ci s'accomplissent toujours au carrefour où « s'entrelacent les positions subjectives et les situations sociales et culturelles[11] », le même carrefour qui devient « un lieu de négociation entre subjectivité humaine et société[12] ». Les notions de lieu et de tradition

8. Lucian Boia, *Mitologia ştiinţifică a comunismului*, Bucarest, Humanitas, 2005, p. 6; éd. française : *La Mythologie scientifique du communisme*, Caen, Paradigme, 1993; Paris, Belles Lettres, 2000.
9. Peter Wagner, *Theorizing Modernity*, Londres, Sage, 2001, p. 8.
10. *Ibidem*, p. 8.
11. Markus Reisenleitner, « Tradition, cultural boundaries and the construction of spaces of identity », *Spaces of Identity*, 1/2001, p. 7.
12. Stefan Jonsson, *Subject Without Nation : Robert Musil and the History of Modern Identity*, Durham, Duke University Press, 2000, p. 17.

reviennent toujours à des discours inventés servant très souvent à justifier des bornes qui incluent et qui excluent. En ce sens, la spécificité de l'autre Europe pourrait n'être qu'une construction intellectuelle de plus, vouée à nourrir la nostalgie d'une identité mitteleuropéenne que l'on supposerait cohérente et avec laquelle on voudrait refaire l'histoire face aux exclusions conçues sur le terrain théorique, par les nationalismes et les nombreuses exactions commises en leur nom. C'est ce qu'évoque Markus Reisenleitner quand il écrit que toute « tentative d'établir ce qu'est l'identité centre-européenne est forcément accompagnée de tentatives parallèles de récupérer et re-écrire l'histoire[13] ».

Identité et mémoire partagent cette même ontologie qui les place au-delà de leur négation et de leur mystification. Inutile de nier ou d'accepter l'identité ou la mémoire. En ce sens, toute identité est là qui attend d'être historicisée à travers les narrations de la mémoire. Deux perspectives peuvent montrer l'identité en tant que possibilité et non pas en tant qu'essence de la réalité. Tant chez Havel que chez Mitchievici, l'identité est toujours un voyage musilien, un processus en devenir de ce qu'elle n'est pas encore ou ce qu'elle aurait simplement pu être dans des variations fantastiques de la réalité et qui sont démenties *a priori* par ce que l'on croit être les seuls « vrais » faits. L'identité individuelle et collective est composée d'innombrables visages qui se présentent en différentes circonstances ou qui n'arrivent même pas à se présenter faute d'occasion. Cela se rapproche alors du « théâtre de la mémoire » du savant fou de Carlos Fuentes, le personnage de *Terra Nostra* qui possède un curieux mécanisme médiéval capable de représenter tous les événements qui se sont produits dans l'histoire, ce qu'il appelle la mémoire scientifique, mais aussi tous ceux qui auraient pu se produire, ce qu'il appelle la mémoire de poète. Il s'agit ici d'une perspective ouverte de l'identité qui, en niant les essences, prend la narrativité du sujet, individuel ou collectif, comme source pour comprendre les expériences quotidiennes et leur accorder du sens. Toute identité devient alors objet d'une constante négociation, une production jamais finie, jamais complète, et qui prend toujours place au-dedans, jamais en dehors des représentations (celles qui sont fictives aussi) du monde, des actions du sujet et des interactions sociales.

Mémoire factuelle et mémoire « propositionnelle »

Selon Todorov, le totalitarisme serait la grande innovation du XXe siècle, ce qui aurait entraîné la dissolution de l'idée, naturalisée aux siècles précédents, d'un progrès politique continu comme guide de l'histoire. Le totalitarisme écrit-il, « est une nouveauté, et il est pire que ce qui le précédait »,

13. Reisenleitner, *op. cit.*, p. 10-11.

une affirmation censée illustrer que « la direction de l'histoire n'est soumise à aucune loi simple ni, peut-être, à aucune loi tout court [14] ». Toutefois, et en dépit de sa débâcle, il faut admettre qu'en tant que grande narration de la modernité et du progrès, par le biais du devenir moderne de l'homme, le communisme, et plus précisément sa forme soviétique, occupe une position de premier ordre dans l'espace conceptuel de l'Occidentalisme, ce devenir moderne de l'Europe et du monde, selon la conceptualisation de Couze Venn. Le XXe siècle apparaît bien, en même temps, comme le siècle des totalitarismes et celui de la modernité accomplie, ces deux faits étant indissolublement liés. Il suffit de lire l'analyse de l'holocauste par Zygmunt Bauman pour s'en convaincre [15]. Or, s'il est vrai que les événements concernant les totalitarismes du XXe siècle appartiennent déjà au passé, c'est par la mémoire qu'ils atteignent le présent et survivent parmi nous. Logiquement, l'enquête de Todorov sur le XXe siècle comprend trois temps, à savoir le « passé totalitaire, la manière dont il se perpétue dans la mémoire, enfin les lumières qu'il jette sur le présent [...] [16] ». Le totalitarisme du XXe siècle est resté dans le passé mais il ne continue pas moins de hanter les mémoires de ceux qui l'ont vécu et qui croient avoir le devoir éthique de saisir dans le présent de nos sociétés démocratiques ce qui a subsisté de lui et de ses mœurs.

Dans de sillage de Todorov, cette contribution voudrait être une enquête, par le biais de la lecture parallèle de deux textes avec lesquels il est possible de déclencher une sorte de conversation intergénérationnelle, sur ce que fut le totalitarisme, ou le post-totalitarisme selon Havel, des régimes d'inspiration soviétique des années 1970 et 1980. Il s'agit également de s'interroger sur ce que doit être le rôle de la mémoire dans la lutte contre l'oubli du quotidien soumis à la pseudo-histoire de l'empire soviétique. La *Lettre ouverte à Gustáv Husák* (1975) est une missive adressée au secrétaire général du parti communiste tchécoslovaque dans laquelle Václav Havel décrit ce qu'il croit être l'état d'esprit de sa société après l'écrasement du Printemps de Prague et l'implantation, par le nouveau pouvoir imposé par Moscou, d'une politique de « normalisation ». Il s'agit aussi d'un appel direct à la responsabilité de la plus haute autorité en Tchécoslovaquie (le président de l'oubli, selon Kundera dans *Le livre du rire et de l'oubli*) pour l'humiliation, l'infirmité morale et la crise de l'identité subies par la société tchécoslovaque après 1968. *Le passé qui viendra* (2004) est une pièce qui fait partie d'une étude en trois temps sur le communisme en Roumanie, entreprise par quatre jeunes écrivains roumains : outre Angelo Mitchievici, Paul Cernat, Ion Manolescu et Ioan Stanomir. Inclu dans l'œuvre collective *Un monde*

14. Tzvetan TODOROV, *Mémoire du mal, tentation du bien*, *op. cit.*, p. 11.
15. Zygmunt BAUMAN, *Modernité et holocauste*, Paris, Complexe, 2008, trad. de l'anglais par Paule Guivarch ; éd. originale *Modernity and the Holocaust*, Ithaca, Cornell University Press, 1989.
16. *Ibidem*, p. 12.

disparu, *Le passé qui viendra* est un texte intimiste dans lequel l'auteur se remémore des histoires personnelles en tant qu'enfant et adolescent au pays de Ceaușescu, où la construction de l'identité témoigne des joies propres à toute découverte du monde, mais où affleure également la conscience angoissante que ce monde était étouffant et de plus en plus privé d'espaces de normalité et d'évasion. Il s'agit de deux pièces où le (post)totalitarisme est remémoré comme contexte absurde/kafkaïen de la constitution des identités personnelles et collectives. L'une opère à partir de son présent, l'autre à partir d'un avenir, mais avec le même but éthique de ne pas permettre que l'assujettissement de la société soit oublié par les nouvelles générations. La *Lettre ouverte à Gustáv Husák* peut être conçue, en reprenant la catégorie proposée par Paul Ricœur, comme une sociologie de la mémoire collective à travers un regard extérieur. Dans *Le passé qui viendra*, il s'agirait plutôt d'une phénoménologie de la mémoire individuelle, un regard intérieur sur le souvenir de l'empire et de son temps vécu par l'individu.

Ce que la lecture parallèle de ces deux textes nous permet d'envisager, c'est qu'ils sont aussi élaborés selon les trois temps dont il est question dans l'enquête de Todorov sur le XXe siècle. L'exploration du passé (post)totalitaire est le motif central, tant chez Havel que chez Mitchievici, mais il faut comprendre ce mouvement dans le contexte plus vaste d'une interrogation sur la manière dont il se perpétue dans la mémoire et sur les lumières qu'il jette sur le présent et l'avenir. En outre, cette exploration s'accomplit à partir de la mémoire en tant qu'outil crucial pour procéder à une interrogation sur l'identité personnelle. C'est l'avis des auteurs d'*Un monde disparu* quand ils écrivent dans une « fausse préface » que quelque chose « du processus de constitution de notre identité personnelle à l'époque du communisme tardif s'est aussi déployé dans les pages de ce volume[17] ». Dans son texte, Angelo Mitchievici semble vouloir scruter le chemin qui l'a mené à ce qu'il est finalement devenu à trente ans, à partir des différentes images mémorielles qu'il partage avec ses lecteurs, afin d'illustrer et de déchiffrer la persistance du sujet. Toutefois, les questions portant sur la persistance du sujet sont inévitablement posées dans la perspective de l'exil du sujet, cette condition de non-appartenance au monde entraînée par les difficultés de la communication : « Une certaine partie de moi ne communiquera plus qu'avec ceux qui me ressemblent. Inévitablement peu nombreux[18]. » Il est vrai que le (post)totalitarisme et sa mémoire continuent de hanter le présent, en particulier à cause d'une certaine métaphysique déformée du temps social et personnel. Comme le souligne Ricœur à propos d'Augustin et de la tradition du regard intérieur, pas « de phénoménologie de la mémoire, donc, hors d'une quête douloureuse d'intériorité[19] ».

17. Paul CERNAT *et al.*, *O lume dispărută*, Iași, Polirom, 2004, p. 7.
18. *Ibidem*, p. 171.
19. Paul RICŒUR, *La Mémoire, l'histoire, l'oubli*, Paris, Le Seuil, 2000, p. 117-118.

Dans le texte de Havel, il s'agit plutôt du présent du totalitarisme, non de son passé. En 1975, la fin du régime était loin de pouvoir être anticipée. Toutefois, dans le cas de la « Lettre ouverte à Gustáv Husák », il est autant question du présent que du passé du (post)totalitarisme. Le style de Havel dans ce texte, aussi bien que son contenu, contribuent à ce qu'elle devienne un document transhistorique. Havel se place non comme juge individuel de l'action d'un être particulier, en l'occurrence du secrétaire général du Parti communiste, mais en tant que voix de l'esprit de la société. Il scrute l'action du pouvoir à partir de la mémoire sociale et de la culture. Son approche devient ensuite transhistorique dans la mesure où l'analyse de la situation présente n'est que le prologue d'une philosophie de l'histoire censée réfuter, dans la longue durée, les prétentions totalitaires à l'assujettissement de toute existence indépendante. Selon Havel, toute entropie, toute immobilisation ou suppression de la vie dans sa dimension tangible, qui sont le propre d'une pseudo-histoire, aboutissent à la paralysie. Néanmoins, la vie est toujours capable de se rebeller contre l'uniformité et l'entropie par le bais du ressouvenir. Selon ses propres paroles, « la vie peut être soumise à un processus systématique et prolongé de viol, affaiblissement et anesthésie. À la fin néanmoins, elle ne peut pas être arrêtée[20] ». L'aspect crucial ici est que « là où il y a de l'espace pour l'activité sociale, on fait aussi de l'espace pour la mémoire sociale[21] ». Havel a adressé cette lettre à Gustáv Husák en tant que plus haute autorité en Tchécoslovaquie, tout en sachant que la source de cette autorité et du pouvoir qu'elle représentait était au cœur de l'empire soviétique. Le vrai destinataire de cette lettre est néanmoins la société tchécoslovaque, appelée à réfléchir sur ce qu'entraîne la paralysie de la pseudo-histoire.

Dans cette « Lettre ouverte », Havel décrit une mémoire particulière, qui prend naissance dans une « conviction mémorielle sur l'avenir » qu'il est toujours possible de déployer et dont parle Thomas Senor à propos des problèmes épistémologiques de la mémoire. Selon cet auteur, on peut penser à des aspects de la mémoire qui ne correspondent pas forcément à la connaissance des événements du passé mais, au contraire, à une proposition se référant à un événement qui doit avoir lieu. On peut dès lors discerner la différence entre « mémoire propositionnelle » et « mémoire factuelle ». Ainsi, les « objets de la mémoire propositionnelle sont des propositions ; les objets de la mémoire factuelle sont des événements [et par conséquent] on peut se souvenir qu'un événement aura lieu[22] ». Dans cette perspective, la mémoire de Mitchievici est une mémoire du passé, de ce que l'événement du (post)totalitarisme a été dans ce passé, tandis que la mémoire de Havel

20. Václav Havel, « Dear Dr. Husák », *op. cit.*, p. 75.
21. *Ibidem*, p. 25.
22. Thomas Senor, « Epistemological problems of memory », *in* Edward N. Zalta (éd.), *The Stanford Encyclopedia of Philosophy*, 2005.

correspond plutôt à une mémoire tournée vers l'avenir, la mémoire propositionnelle du phénomène que le totalitarisme aurait encore pu devenir. Dans la mesure où l'on peut concevoir une mémoire de l'avenir, une mémoire sociale totale, Havel est capable d'envisager l'échec du totalitarisme dans la longue durée, par le biais d'une révolte de l'histoire contre une métaphysique déformée du temps social. Dans leur « fausse préface », les jeunes auteurs d'*Un monde disparu* présentent le totalitarisme avant tout comme un carrefour dramatique de l'histoire, où tous les quatre ont eu le privilège et l'infortune d'avoir passé leurs plus belles années. Il s'agit toujours d'une mémoire paradoxale à l'égard du passé car, comme le dit Mitchievici, les cendres de l'empire couvrent tout le « non-temps » de Ceauşescu et sa pseudo-histoire, aussi bien que le bonheur que représentent les mondes de l'enfance et de l'adolescence. En outre, sous les cendres de l'empire soviétique, Mitchievici se trouve lui-même, ou plus exactement ce qu'il deviendra :

> « car ceci se passe avec les vieillards, avec le passé, dans la mesure où tu t'en détaches il devient toujours plus précis, jusqu'à ce que nous soyons une fois de plus des enfants, des enfants heureux et paradoxalement nostalgiques d'un passé qui viendra [23] ».

Comme le suggère Georges Gusdorf, le retour du passé correspond à une sorte d'exercice incantatoire : à partir « de l'homme que je suis devenu, je voudrais retrouver l'homme que j'ai été, et ensemble le monde qui corroborait cet homme que j'étais autrefois [24] ». Ainsi, l'homme du souvenir fait sien le mot d'Ibsen selon lequel on ne possède éternellement que ce que l'on a perdu. Le passé qui viendra est donc restitué au présent en tant qu'exercice incantatoire et objet d'une nostalgie paradoxale. Pour les jeunes auteurs roumains, le totalitarisme ne peut donc pas être conçu en tant que phénomène entièrement vivant dans le passé ; il ne doit pas être approché en tant que simple impression constituant la mémoire du passé. Au contraire, ils ont besoin de l'actualiser ; il acquiert la nature d'un « continent immergé » dans l'inconscient collectif de la société actuelle qu'il faut ramener à la surface afin que l'on puisse comprendre le présent et ses mutations. Les auteurs déclarent fonder leur but au-delà de toute implication éthique et de tout effet littéraire. Ils ne veulent pas faire un réquisitoire, mais tout regard sur le passé entraîne de fait la mise en place d'un miroir éthique. En effet, ce qu'ils se proposent de faire est de nature éthique, dans la mesure où le but consiste en un retour vers le passé pour y dévoiler ce qui en subsiste aujourd'hui. Avec cet ouvrage collectif, ils disent avoir eu pour but de se « libérer du poids d'une époque en la remémorant, en regardant le passé dans les yeux afin de mieux pouvoir comprendre les métamorphoses du présent [25] ». Le

23. Paul Cernat *et al.*, *op. cit.*, p. 171.
24. Georges Gusdorf, *Mémoire et personne*, Paris, PUF, 1950, p. 50.
25. Paul Cernat *et al.*, *op. cit.*, p. 7.

propos est nettement politique, car il s'agit bien ici d'une interrogation sur l'identité et la communauté. Or, comme le montre Stefan Jonsson dans son étude sur *L'Homme sans qualités*, dans la littérature de régions situées dans des confins, presque tout est politique. Mirek, le personnage de Kundera, revient avec force ici : sa lutte contre l'oubli sert de repère à la lutte du sujet contre les structures kafkaïennes de l'histoire, contre l'effacement de son identité dans le maelström d'une histoire aveugle, écrasante et incompréhensible. Selon Kundera, c'est le signe de cette époque paradoxale qu'elle « incite le romancier à ne plus limiter la question du temps au problème proustien de la mémoire personnelle mais à l'élargir à l'énigme du temps collectif [...] [26] ». Par-delà ses mémoires personnelles, on discerne chez Mitchievici un appel à résoudre l'énigme du temps collectif, ou du moins à contribuer à ce que la société ne veuille pas en ignorer l'importance et ne tombe pas dans l'oubli de l'histoire et dans l'« oubli de l'être ».

La représentation de l'identité, tant chez Havel que chez Mitchievici, tient à une conception du temps très particulière, bâtie et imposée par le pouvoir communiste en Europe centrale et orientale dans les années 1970 et 1980. Comme l'a entrevu Havel dans sa « Lettre ouverte » :

> « [l]a mort de la notion de séquence temporelle en société la tue inévitablement aussi dans la vie privée. [...] Au lieu d'événements, on nous offre des non-événements ; nous vivons d'anniversaire en anniversaire, de célébration en célébration, de parade en parade, d'un congrès unanime aux élections unanimes et vice-versa ; d'un jour de la Presse à un jour de l'Artillerie et vice-versa [27] ».

Le texte de Mitchievici est un ensemble d'histoires, une trajectoire de vie où l'absurdité d'un ordre dépourvu de vie s'impose à un individu. La vie ne peut qu'assumer le caractère de mécanisme monstrueux, impersonnel et incompréhensible dont parle Kundera. Mais chez Mitchievici, le temps du communisme est plus qu'un non-temps ; il représente le recul dans le temps, le recul de la civilisation et enfin le recul de tout sens esthétique. La conscience de la laideur est un sentiment récurrent. Comme l'exprime l'écrivain roumain, « communistes ou pas, dans le monde où j'ai vécu, les gens se sont entourés de laideur [28] ».

Le « theâtre de la mémoire » : souvenir et soin de l'âme

Se souvenir de l'empire veut dire chez les deux auteurs une « réminiscence comme conscience de soi non plus selon le temps, mais selon l'éternité de la personne [29] » individuelle et collective. Se ressouvenir correspond

26. Milan Kundera, *op. cit.*, p. 28.
27. Václav Havel, « Dear Dr. Husák », p. 26.
28. Paul Cernat *et al.*, *op. cit.*, p. 170.
29. Georges Gusdorf, *op. cit.*, p. 553.

donc à une perspective trans-temporelle de la mémoire : la conscience de soi vise le phénoménologique « soin de l'âme » et l'authenticité du sujet vis-à-vis de soi. Alors, en tant qu'« observation individuelle de la conscience[30] », se ressouvenir de soi prend la forme d'une enquête plus ample sur le sens de l'être et le sens de l'humain. Ce qu'il faut préciser ici, c'est que la conscience du caractère paradoxal de la modernité, la conscience de vivre, ou d'avoir vécu, aux confins d'une civilisation européenne menacée par l'empire soviétique détermine la nature de la littérature de Havel et de Mitchievici. Kundera, dans son *Art du roman* attire l'attention sur un aspect crucial du rôle politique de la littérature :

> « Si la raison d'être du roman est de tenir le "monde de la vie" sous un éclairage perpétuel et de nous protéger contre "l'oubli de l'être", l'existence du roman n'est-elle pas aujourd'hui plus nécessaire que jamais[31] ? »

Il s'agit ici de deux textes qui partagent avec le roman cette capacité à produire, par le biais de l'ironie, une connaissance sur les interactions de l'univers social que les sciences sociales n'atteignent peut-être jamais. Comme le souligne Peter Wagner à propos du rôle des sciences sociales dans la production de la modernité, celles-ci « ont en grande partie ignoré les formes de représentation du sujet humain qui étaient avancées en d'autres domaines, la philosophie, par exemple, mais peut-être, et de manière encore plus importante, la littérature également[32] ». En dévoilant la façon dont procède l'irrationalité du monde, en bonne partie du culte de la raison et de la nouvelle conception radicale du pouvoir qui l'accompagne, Havel montre comment, depuis la perspective du miroir convexe de la modernité, l'ironie représente la conscience la plus profonde de la pseudo-histoire, où toutes les instances existentielles acquièrent un sens contraire à celui qu'elles possèdent à l'origine. Qu'est-ce donc que la communication, la parole, le « social », dans un monde d'êtres anonymes et dont l'identité est dérobée par un pouvoir qui menace de transformer l'existence humaine en matière fossilisée, se demande-t-il dans son théâtre de l'absurde. Ce que Havel se propose d'accomplir avec ses pièces, c'est donc de dévoiler les tendances de l'histoire de la modernité qui produisent un univers kafkaïen dans l'empire soviétique : « La concentration progressive du pouvoir tendant à se diviniser; la bureaucratisation de l'activité sociale qui transforme toutes les institutions en *labyrinthes à perte de vue*; la dépersonnalisation de l'individu qui en résulte[33]. »

Tant chez Havel et sa sociologie de la mémoire que chez Mitchievici et sa phénoménologie de la mémoire, le souvenir en tant que conscience de soi,

30. Aviezer Tucker, *The Philosophy and Politics of Czech Dissidence*, Pittsburgh, University of Pittsburgh Press, 2000, p. 10.
31. Milan Kundera, *op. cit.*, p. 29.
32. Peter Wagner, *op. cit.*, p. 2.
33. Milan Kundera, *op. cit.*, p. 129-130.

du sujet collectif et individuel, se présente vraiment comme le théâtre de la mémoire du savant fou de *Terra Nostra*. La mémoire devient ce fantastique mécanisme qui permet de projeter tous les événements qui auraient pu se produire et où l'identité est toujours en devenir de ce qu'elle n'est pas encore ou de ce qu'elle aurait simplement pu être dans des variations fantastiques de la réalité, à l'instar de la variation fantastique sur le thème de l'histoire de l'Espagne, qui forme la trame du roman de Carlos Fuentes. Dans sa « Lettre ouverte », Havel insiste sur le point que la société dispose de nombreux visages et que celui qui devient finalement visible ne dépend que des valeurs que le pouvoir politique décide de mobiliser à chaque moment. Dans *Le Passé qui viendra*, Mitchievici recourt à la question « Que se serait-il passé, si… ? » pour mettre en évidence le théâtre de sa propre mémoire, car c'est dans cet ensemble de possibilités que se trouvent tous les passés qui ont échoué, tout ce qui aurait pu se passer, si la Roumanie n'était pas devenue un pays communiste. Il se demande : « Aurais-je regardé le monde maintenant par dessus les luxueuses couvertures d'une revue illustrée, étendu sur une chaise longue à Palma de Majorque[34] ? »Comme l'a remarqué Paul Valéry, il manque aux Enfers des anciens, voisins de Tantale et de Sisyphe, quelque supplicié qui serait condamné à se remémorer sans cesse l'amoncellement des occasions manquées… Pour Mitchievici et Havel, la mémoire devient réminiscence, connaissance profonde de toutes les possibilités du sujet, qu'il soit individuel dans le premier cas, ou collectif dans le second. Selon Gusdorf, le « passé efficace et vivant » ne peut être désolidarisé, au présent, de la conscience que j'ai de moi-même et de mes virtualités. Pour Havel, la société amorphe apprivoisée par le pouvoir totalitaire contient en soi les semences d'une vie alternative ; pour Mitchievici, l'identité personnelle se montre plutôt plastique, dépourvue d'essence, et fondée sur le néant et le manque. Le vécu n'est plus une image nette aux contours définis, mais plutôt « un ensemble de possibilités imprécises, un ensemble aussi d'impossibilités[35] ». Ce en quoi Gusdorf trouve un sens prophétique au souvenir : pour reprendre une expression de Paul Claudel, le passé en tant qu'incantation de la chose à venir.

34. Paul Cernat *et al.*, *op. cit.*, p. 171.
35. Georges Gusdorf, *op. cit.*, p. 548.

INDEX

O

P

R

S

Les auteurs

Jasna Adler, docteur en sciences politiques, spécialisée dans l'histoire de l'empire des Habsbourg, a enseigné au département d'histoire de l'université de Genève. Elle a publié *L'union forcée : la Croatie et la création de l'État yougoslave (1918)*, Chêne-Bourg, Georg, 1997.

Daniel Baric, né en 1972, est maître de conférences à l'université François-Rabelais de Tours (département d'allemand), au sein de laquelle il est membre de l'EA 215 « Histoire des Représentations ». Ses recherches portent sur l'histoire interculturelle de l'empire des Habsbourg aux XIXe et XXe siècles. Il a récemment publié « Römische Archäologie in Fiume/Rijeka : Erinnerung an die Antike und Zivilisationsgrenze an der Adria », dans *Orte der Erinnerung. Kulturtopographische Studien zur Donaumonarchie*, Eva Kocziszky (dir.), Szombathely, Timp, 2009, p. 89-97 ; « Zara/ Zadar : partage et héritage d'un jardin de ville », *Cultures d'Europe Centrale*, n° 7, dans *Villes moyennes et bourgades en Europe centrale*, Delphine Bechtel et Xavier Galmiche (dir.), Université Paris-Sorbonne, Centre interdisciplinaire de recherches centre-européennes (CIRCE), 2008, p. 219-223 et « Le monde slave dans les périodiques allemands de Croatie (1789-1848) », dans *Revue des études slaves*, LXXIX/1-2, Communications de la délégation française au XIVe Congrès international des slavistes (Ohrid, 2008), Antonia Bernard (dir.), p. 21-33.

Anca Baicoianu, née en 1978, travaille sur la construction de l'identité, la littérature postcoloniale et postcommuniste, ainsi que sur le rôle et le fonctionnement de la mémoire et de l'histoire en littérature. Elle participe aux travaux du CISCER (Centre Interdisciplinaire d'Études Culturelles Roumaines et Européennes) « Tudor Vianu » de l'université de Bucarest. Elle a notamment publié les articles suivants : « Exil în timp, exil în spațiu: frontiera în/ca ficțiune » [Exil temporel, exil spatial: la frontière en/comme fiction], dans *Identitate de frontieră în Europa lărgită* [Identité frontalière dans l'Europe élargie], Iași, Polirom, 2008, p. 242-255 et « The Trap of

Memory: Auto-Orientalism as Victimisation », dans *Virtualität und neue Wissensstrukturen – Innovationen und Reproduktionen in Kulturen und Gesellschaften*, Herbert Arlt (dir.), Vienne, INST, 2006.

Zrinka Blažević, née en1972, est maître de conférences au département d'histoire de la Faculté des Lettres de Zagreb, où elle enseigne l'histoire moderne de l'Europe et du monde ainsi que les théories dans le domaine de l'historiographie. Elle participe aux projets de recherche « *Triplex Confinium* » et « Recherches imagologiques dans la littérature croate du XVIe au XIXe siècle ». Elle s'intéresse tout particulièrement au discours historiographique en langue latine, dont elle a procuré plusieurs éditions. Elle a publié : « Rethinking Balkanism: Interpretative Challenge of the Early Modern Illyrism », dans *Études Balkaniques*, 1 (2007), p. 87-106, « Discourse of Alterity – Ottomanism in the Works of Bartol Đurđević », dans *Tolerance and Intolerance on the Triplex Confinium. Approaching the « Other » on the Borderlands. Eastern Adriatic and Beyond, 1500-1800*, Egidio Ivetic, Drago Roksandić (dir.), Padoue, Cleup, 2007, p. 45-60, et « Indetermi-Nation. Narrative identity and symbolic politics in early modern Illyrism », dans *Whose Love of Which Country. Composite States, National Histories and Patriotic Discourses in Early Modern East Central Europe*, Balázs Trencsényi, Márton Zászkaliczky (dir.), Leiden, Boston, Brill, 2010, p. 203-224.

Marijan Bobinac, né en 1952, a suivi un cursus en germanistique, en italien et en études théâtrales à Zagreb et Vienne. Il est professeur de littérature allemande à la Faculté des Lettres de Zagreb. Il s'intéresse en particulier à la littérature allemande des XIXe et XXe siècles, aux transferts culturels entre le monde germanophone et la Croatie, ainsi qu'à la culture de la mémoire. Il dirige un projet de recherche consacré aux transferts culturels croato-allemands. Rédacteur en chef de la revue *Zagreber Germanistische Beiträge*, il a publié entre autres *Der kleine Mann auf der Bühne. Aufsätze zum deutschsprachigen Volksstück im 20. Jahrhundert*, Wrocław, Atut, 2005 et *Zwischen Übernahme und Ablehnung. Zur Rezeption deutschsprachiger Dramatiker im kroatischen Theater*, Wrocław-Dresde, Atut-Neiße, 2008 et a co-édité avec Wolfgang Müller-Funk le volume *Gedächtnis – Identität – Differenz. Zur kulturellen Konstruktion des südosteuropäischen Raumes und ihrem deutschsprachigen Kontext*, Tübingen-Bâle, Francke, 2008.

Jadranka Brnčić enseigne à la Faculté de théologie protestante et à la Faculté des Lettres de l'université de Zagreb, où elle a soutenu en 2008 une thèse de doctorat sur « L'herméneutique biblique chez Paul Ricœur ». Elle poursuit actuellement des recherches sur la théorie herméneutique du texte et la relation intertextuelle entre les textes bibliques et les textes littéraires.

Nadia Capuzzo Derkovic, docteure en sociologie (« Urbicide et mémoires : destructions et reconstructions à Sarajevo » à l'université de Genève), a également collaboré avec la Commission pour la préservation des monuments nationaux du gouvernement de Bosnie-Herzégovine. Membre du Comité de Recherche « Sociologie des arts et de la culture » (CR-SAC) de la Société Suisse de Sociologie et du Forum UNESCO « Université et Patrimoine », ses recherches portent sur la préservation et la reconstruction du patrimoine culturel en Bosnie-Herzégovine, le processus de réconciliation et les questions liées au traitement du passé en Europe du Sud-est, l'identité et la mémoire collective dans les sociétés sortant d'un conflit armé. Elle développe actuellement l'utilisation des méthodes visuelles dans ses recherches sur la mémoire collective et le traitement du passé. Sur ces sujets, elle a publié notamment : « Reconstruction du bazar de Sarajevo après la guerre de 1992-1995 », dans *Bazars ottomans dans les Balkans*, Marylise Ortiz, Jean-Arnault Dérens, Laurent Geslin (dir.), Paris, Non Lieu, 2009, p. 29-35 ; « Urbicide and contested revivals », dans *Architectural Imitations. Reproductions and Pastiches in East and West, Wim Denslagen*, Niels Gutschow (dir.), Maastricht, Shaker Publishing, 2005, p. 287-312 et « Les aspects culturels d'une transition démocratique. La reconstruction urbaine à Sarajevo », dans *Théorie et pratique de la démocratie. Essais en l'honneur du Professeur Yves Fricker*, Eric Widmer, Beat Burgenmeier, Daniel Royer, Franz Schultheis (dir.), Paris, Economica, 2005, p. 155-165.

Philippine Casarotto-Dauga, née en 1975, spécialiste de la littérature et de la civilisation dans le monde germanophone à l'époque des Réformes protestantes, catholique et de la Contre-Réforme, est maître de conférences à l'université Lyon III Jean-Moulin (département d'allemand). Elle est rattachée au Centre d'Étude et de Recherche sur l'Humanisme et l'Âge Classique-CERHAC-Université Blaise-Pascal, Clermont-Ferrand.

Bernard Doumerc, né en 1953, professeur à l'université de Toulouse 2, section histoire médiévale, est membre du laboratoire Framespa (CNRS-UMR 5136), où il travaille principalement sur l'histoire de Venise et de son domaine colonial pendant le Moyen Âge. Il a collaboré à l'*Histoire de l'Adriatique*, Pierre Cabanes (dir.), Paris, Le Seuil, 2001 et a notamment publié « Cosmopolitain on board Venetian ships (XIVe-XVe centuries) », dans *Medieval Encounters*, 13, 2007, p. 78-95, ainsi que « Le dispositif portuaire vénitien », dans *Ports maritimes et ports fluviaux*, Paris, Presses de l'Université Paris-Sorbonne, 2008, p. 99-116.

Maciej Falski, né en 1977, enseigne à l'Institut d'études slaves de l'Université de Varsovie. Ses thèmes de recherche sont le changement social et culturel dans les pays de l'ex-Yougoslavie, en particulier la culture croate et bosniaque, ainsi que l'histoire et la mémoire sociales des cultures slaves. Il a publié la monographie *Porządkowanie przestrzeni narodowej : przypadek chorwacki* [Aménagement de l'espace national – le cas croate], Varsovie, Uniwersytet Warszawski, 2008 et a co-édité *Miasto w kulturze chorwackiej/ Urbano u hrvatskoj kulturi* [Le fait urbain dans la culture croate], Varsovie, Uniwersytet Warszawski, 2008.

Marcos Farias Ferreira, né en 1971, est rattaché à l'Ecole de Sciences Sociales et Politiques de l'Université Technique de Lisbonne, où il travaille au sein de l'Observatoire de Sécurité Humaine (OSH). Ses thèmes de recherche principaux sont la dissidence dans l'espace soviétique et la politique post-soviétique. Il a notamment publié *El otro rostro de Europa: pensar la identidad europea desde las paradojas terminales de la Modernidad*, Montevideo, Universidad ORT, 2009 ; « A Construção Social da Vizinhança Europeia. Identidade e Segurança », dans *A União Europeia como Actor Global. Dimensões Económicas e Normativas da Política Externa Europeia*, Costa C., Ferreira M., Pereira M., Soares A. (dir.), Lisbonne, ISCSP-UTL, 2009, p. 35-96, et « Apropos Kundera and Brodsky : Uncovering the Role of Literary Querelles about the Meaning of Europe », dans *Negócios Estrangeiros*, n° 13, octobre 2008, p. 40-52.

Jacques Le Rider, né en 1954, est directeur d'études à l'École pratique des Hautes Études, Section des Sciences historiques et philologiques. Il est rattaché à l'Equipe d'accueil EA 4115 de l'EPHE « Histoire de l'art, histoire des représentations et archéologie de l'Europe ». Parmi ses dernières publications, il a co-édité *Faust, homme Renaissance* (avec Bernard Pouderon), Paris, Beauchesne, 2010 et *La Galicie habsbourgeoise (1772-1918) : histoire, société, cultures en contact* (avec Heinz Raschel), Tours, Presses Universitaires François Rabelais, 2010.

Catherine Horel, directrice de recherche au CNRS, est affiliée à l'UMR 8138, IRICE, Université de Paris I. Médaille de bronze du CNRS en 1999, Membre du Collegium Carolinum, elle travaille actuellement sur les villes multiculturelles de l'empire des Habsbourg de 1880 à 1914. Elle a récemment publié *Soldaten zwischen nationalen Fronten. Die Auflösung der Militärgrenze und die Entwicklung der königlich-ungarischen Landwehr (Honvéd) in Kroatien-Slawonien 1868-1914*, Vienne, Österreichische Akademie der Wissenschaften, 2009 ; *Cette Europe qu'on dit centrale. Des Habsbourg à l'intégration européenne (1815-2004)*, Paris, Beauchesne, 2009 (Traduction hongroise, Akadémiai kiadó, Budapest, 2010; traduction serbe, Clio, Belgrade, 2010) et « Le rôle de la sépulture politique dans la conscience collective hongroise », dans *Les lieux de mémoire en Europe centrale*, Antoine Marès (dir.), Paris, Institut d'études slaves, 2009, p. 123-130.

Réka Horváth enseigne à la Faculté des sciences économiques de l'université Babeş-Bolyai de Cluj-Napoca.

Audrey Kichelewki, née en 1978, ancienne élève de l'ENS et agrégée d'histoire, a soutenu en mai 2010 à Paris sa thèse sur « Les survivants. La place des Juifs dans la société polonaise, 1944-1949 ». Elle est actuellement postdoctorante au Centre de recherche polonais sur l'Holocauste de l'Institut de philosophie et de sociologie de l'Académie des sciences polonaise dans le cadre d'une bourse postdoctorale de la Fondation Rothschild. Elle est affiliée à l'UMR 8138 - IRICE, où elle poursuit des recherches sur l'histoire des Juifs de Pologne, du communisme en Europe centrale et des mémoires de la Seconde Guerre mondiale en Europe. Elle a publié récemment « Imagining 'the Jews' in Stalinist Poland : Nationalists or Cosmopolites ? », dans *European Review of History-Revue européenne d'histoire*, vol. 17, n° 3, juin 2010, p. 505-522, « La peur des Juifs ou des Juifs qui ont peur ? *Fear* de Jan T. Gross et les débats sur l'antisémitisme en Pologne », *Annales*, n° 5, septembre-octobre 2009, p. 1091-1104, et « Les multiples facettes des identités juives en Pologne dans les années 1960 », dans *Juifs et Polonais, 1939-2008*, Jean-Charles Szurek, Annette Wieviorka (dir.), Paris, Albin Michel, 2009, p. 295-326.

Snježana Koren, née en 1965, enseigne au département d'histoire de la Faculté des Lettres de Zagreb, après avoir enseigné l'histoire dans le secondaire et être intervenue dans le cadre de la formation continue des enseignants d'histoire. Elle participe depuis 1999 à divers projets d'analyse des manuels et programmes d'histoire, tels que : *Joint History Project: Teaching sensitive and controversial issuses in the history of South-East Europe ; South-East Europe Textbook Network* et *Enhancing Regional History Education and Civic Society: Common approaches for Bosnia-Herzegovina, Croatia and Serbia and Montenegro.* Auteur de manuels d'histoire, elle achève actuellement une thèse de doctorat sur la politique de la mémoire dans la Yougoslavie socialiste entre 1945 et 1960. Elle a notamment publié « What kind of history education do we have after eighteen years of democracy in Croatia ? Transition, intervention, and history education politics (1990-2008) », dans *„Transition" and the Politics of History Education in Southeast Europe,* Augusta Dimou (dir.), Göttingen, Vandenhoeck & Ruprecht, 2009, p. 91-140 et « Regional History in Textbooks : the Croatian Case » dans *European Studies*, vol. 5, Center for German and European Studies, University of Tokyo, 2006.

Krassimira Krastanova enseigne l'ethnologie à l'université de Plovdiv.

Philosophe de formation, romancière et critique littéraire, docteur ès Lettres, chercheur associé au CRMPS (Centre de Recherche Médecine, Psychanalyse et Société) Paris-Diderot, **Louise L. Lambrichs** est l'auteur de plusieurs essais transdisciplinaires parmi lesquels *La vérité médicale. Claude Bernard, Louis Pasteur, Sigmund Freud, méthodes et réalités de notre médecine* (Paris, Robert Laffont, 1993), *Nous ne verrons jamais Vukovar* (Paris, Philippe Rey, 2005), *La littérature à l'épreuve du réel* (à paraître aux Éditions universitaires Européennes, Sarrebruck). Ses thèmes de recherche sont le lien entre histoire et psychanalyse et psychanalyse et médecine, le trauma et histoire, l'historiographie, la littérature et la transmission, la mémoire individuelle et la mémoire collective, la justice internationale et l'éthique.

Castilia Manea-Grgin, née en1969, est chercheur à l'Institut de recherche en sciences sociales Ivo Pilar de Zagreb, où elle poursuit des recherches sur l'histoire roumaine, les relations croato-roumaines et l'histoire de la communauté croate de Roumanie. Elle a notamment publié sur ces sujets « Between History and Politics : The Romanian Historian and Revolutionist Nicolae Bălcescu (1819-1852) and his Unidentified Grave in Palermo », dans *La Sicile, la Méditerranée, les Balkans : histoire culture languages peuples – La Sicilia, il Mediterraneo, i Balcani: storia culture lingue popoli. Atti delle Giornate di Studio, Palermo 7-9 settembre 2006*, dans Matteo Mandala (dir.), Palerme, A. C. Mirror, 2007, p. 53-64 et « Romanian Nicolae Bălcescu's Proposals of (Con)federations in East Central Europe (1849-1851) », dans *Revue de l'AIESEE*, 35-39 (2005-2009), p. 297-325.

Dino Milinović, né en 1959, est maître de conférences au département d'Histoire de l'art de l'université de Zagreb, où il mène des recherches sur l'art et la civilisation de l'Antiquité tardive, l'iconographie et l'art du Moyen Âge, en particulier la symbolique de l'identité religieuse et politique (saints, souverains et reliques). Il a publié en français « L'origine de la scène de la Nativité dans l'art paléochrétien », dans *Antiquité tardive*, (7) 1999 et « Le patronage de l'empereur et le rôle de la Theotokos », dans *Romanité et cité chrétienne, Mélanges en l'honneur d'Yvette Duval*, Paris, De Boccard, 2000.

Paul Miller est *Associate Professor* en histoire au McDaniel College (Westminster, Maryland, Etats-Unis). Il effectue des recherches sur la mémoire historique en Europe du Sud-Est après avoir publié sa thèse de doctorat sur l'antimilitarisme en France sous la Troisième République (*From Revolutionaries to Citizens: Antimilitarism in France, 1870-1914*, Durham, Duke University Press, 2002). Il a notamment publié « Just Like the Jews : Contending Victimization in the Former Yugoslavia », dans *Lessons & Legacies IX: Memory, History, and Responsibility: Reassessments* *of the Holocaust, Implications for the Future*, Jonathan Petropoulos, Lynn Rapaport, John K. Roth (dir.), Evanston, Northwestern University Press 2010, p. 251-268 et « The (Non) Bombing of Auschwitz: The Moral Grey Zone of Counterfactual History » dans *Antiquity and Modernity: A Celebration of European History and Heritage in the Olympic Year 2004*, Nicholas C. J. Pappas (dir.), Athènes, ATINER, 2004, p. 219-226.

Anka Mišetić, née en 1964, est affiliée à l'Institut de recherche en sciences sociales Ivo Pilar, où elle étudie les processus de transformation urbaine en Croatie. Elle a publié *Gradski rituali : retradicionalizacija društvenog života u hrvatskim gradovima nakon 1990.* [Les rituels urbains : le retour de la tradition dans la vie sociale des villes croates], Zagreb, Hrvatska sveučilišna naklada, 2004 et co-édité (avec Maja Stambuk et Ivan Rogić), *Živjeti u Zagrebu. Prinosi sociologijskoj analizi* [Vivre à Zagreb. Contributions à une analyse sociologique], Zagreb, Institut društvenih znanosti Ivo Pilar, 2004 et (avec Ivan Rogić et Ratimir Zimmermann), *Kuća pokraj mora: povremeno stanovanje na hrvatskoj obali* [Une maison au bord de la mer : l'habitat saisonnier sur le littoral croate], Zagreb, Institut društvenih znanosti Ivo Pilar, 2006.

Hrvoje Petrić, né en 1972, est maître de conférences au département d'histoire de la Faculté des Lettres de Zagreb. Il participe aux travaux du projet « Triplex Confinium » et est co-rédacteur en chef de la revue d'histoire économique et d'histoire de l'environnement *Ekonomska-i Eko-historija*. Auteur de nombreux articles sur la région de Koprivnica, il a publié une monographie sur cette ville : *Koprivnica na razmeđi epoha (1765-1870)* [Koprivnica, à la croisée des époques], Koprivnica-Zagreb, Feletar-Zavod za hrvatsku povijest Odsjeka za povijest Filozofskog fakulteta, 2000.

Dražen Nemet, né en 1981, poursuit un cursus d'histoire à la Faculté des Lettres de Zagreb. Après des recherches sur la figure de Tito (« Povijesni mitovi o Josipu Brozu Titu kao sredstvo manipulacije narodima na prostoru bivše SFRJ » [Les mythes historiques de Josip Broz Tito comme moyen de manipuler les peuples dans l'espace de l'ancienne Yougoslavie], dans *Pro tempore* – časopis studenata povijesti [Revue des étudiants en histoire], 3 (2006), p. 109-111), il s'oriente actuellement vers l'étude de l'histoire médiévale croate.

Sylvie Ramel travaille à l'Institut Européen de l'Université de Genève et prépare une thèse en Science Politique sur la construction du rapport d'identité/altérité entre l'Union européenne et la Bosnie-Herzégovine, ainsi que sur les aspects normatifs de l'intervention internationale dans l'ensemble de la région. Elle est par ailleurs membre du comité de rédaction de la revue *Transitions*, co-éditée par le Département de Sociologie de l'Université Libre de Bruxelles et l'Institut Européen de l'Université de Genève. Elle a publié *Reconstruire pour promouvoir la paix ? Le cas du « Vieux Pont » de Mostar*, Genève, Euryopa, 2005 et co-édite avec Francis Cheneval *Renegotiating the Polity : Exploring the Paths from Peace to Shared Political Identities in Contemporary Bosnia-Herzegovina*, numéro spécial de la revue *Transitions*, vol. 50/2, Institut de Sociologie de l'ULB/Institut Européen de l'Université de Genève, 2010 (à paraître).

Michel Rautenberg, né en 1956, Professeur à l'université Jean Monnet de Saint-Étienne, est chercheur au Modys (*UMR 5264 Mondes et dynamiques des sociétés*)/Cresal 6, où il travaille sur la production des patrimoines urbains et des imaginaires sociaux. Il a récemment édité « L'imaginaire urbain, le regard et le pas du citadin », *Culture et musées*, 2008, avec Bénédicte Lefebvre, *Utopies et mythologie urbaines à Villeneuve d'Ascq*, Villeneuve d'Ascq, Presses du Septentrion, 2010, ainsi que « Stereotypes and emblems in the construction of Social Imagination » dans *Doing Memory, Doing Identity: Politics of the Everyday in Contemporary Global Communities*, Michalis Kontopodis, Vicenzo Matera (dir.), *Outlines*, septembre 2010.

Drago Roksandić, né en 1948, enseigne à la Faculté des Lettres de l'université de Zagreb, au département d'histoire, où il est titulaire de la chaire d'histoire de l'Europe centrale et orientale. Il dirige le programme de recherche « Triplex Confinium, les frontières multiples de Croatie dans le contexte euro-méditerranéen ». Ses domaines de recherche en histoire contemporaine sont l'histoire orale et la culture de la mémoire, les ego-documents, la collaboration et la résistance et les traumatismes dans l'histoire du XXe siècle. Il a notamment publié sur ces sujets « Nationale Konklikte in Titos Jugoslawien – ein Tabu ? », dans *Tabu und Geschichte. Zur Kultur des kollektiven Erinnerns*, Peter Bettelheim, Robert Streibel (dir.), Vienne, Picus, 1994, p. 100-128 ; « Erinnern oder Vergessen ? », dans *Verschwiegenes Serbien. Stimmen für die Zukunft ?*, Irina Šlosar (dir.), Klagenfurt-Slazbourg, Wieser, 1997, p. 265-278 et « Shifting References : Celebrations of Uprisings in Croatia, 1945-1991 », dans *East European Politics & Society*, 9, 1995, p. 256-271.

Inès Sabotič, née en 1972, est membre de l'Institut de recherches en sciences sociales Ivo Pilar de Zagreb, où elle s'est spécialisée dans l'histoire culturelle et urbaine en Croatie. Elle est l'auteur de *Stare zagrebačke krčme i kavane* [Les anciens cafés et auberges de Zagreb], Zagreb, AGM, 2007, publication en croate de sa thèse soutenue en 2002 à Paris-I.

Thomas Serrier, né en 1971, maître de conférences à l'Institut d'études européennes de l'Université Paris VIII, actuellement professeur invité à l'Université européenne Viadrina de Francfort-sur-l'Oder, chercheur associé au Centre Marc Bloch (Berlin), a pour domaines de recherche les frontières et les mémoires en Europe centrale (principalement dans l'aire de contact germano-polonaise). Il a co-édité avec Michel Espagne *Villes baltiques. Une mémoire partagée, Revue germanique internationale* 11/2010 et avec Christian Pletzing et Peter Oliver Loew, *Wiedergewonnene Geschichte. Zur Aneignung von Vergangenheit in den Zwischenräumen Mitteleuropas*, Wiesbaden, Harrassowitz Verlag, 2006. Il a édité *Die Aneignung fremder Vergangenheiten in Nordosteuropa am Beispiel plurikultureller Städte (20. Jahrhundert), Nordost-Archiv*, vol. XV/2006, Lüneburg, Nordost-Institut, 2008.

Annemarie Sorescu, née en 1978, est chercheur à l'Institut d'études balkaniques de l'Académie serbe à Belgrade. Elle fait partie de l'équipe de recherche sur l'anthropologie et la linguistique balkaniques. Ses domaines de recherche sont en particulier les communautés de langue roumaine en Serbie et ailleurs en Europe, les récits de vie, l'analyse du discours, l'histoire orale et les relations entre histoire et mémoire. Elle a publié « To be or not to be Romanian : Field emotions in Romanian speaking communities from Serbia », dans *Dynamics of National Identity and Transnational Identities in the Process of European Integration*, E. Marushiakova (dir.), Cambridge Scholars Publishing, 2007, p. 55–66 et a édité le volume *Caiete de teren. Torac – metodologia cercetării de teren* [Notes de terrain. Torac – méthodologie de recherche sur le terrain], Novi Sad – Pančevo, Editura Fundaţiei – Editura Libertatea, 2006.

Galia Valtchinova, chercheur à l'Institut d'études thraces de l'Académie des sciences bulgare à Sofia, s'intéresse notamment à l'interface entre mémoire et histoire et à l'échange transfrontalier, ainsi qu'à la relation entre renouveau religieux, nationalisme et politique en Bulgarie et dans la République de Macédoine. En français, elle a publié « "Jérusalem des Rhodopes" vs. "la Mecque des Rhodopes" : deux lieux de pèlerinage entre la Bulgarie, la Grèce et la Turquie », dans *Coexistences et conflits communautaires en Méditerranée : l'enjeu des sanctuaires et lieux de culte*, Anne-Sophie Vivier-Muresan (dir.), *CHRONOS*, Revue d'histoire de l'Université de Balamand [Liban], n° 18, 2008, p. 55-86, « "La Croix sous la Colline" : eschatologie et messages messianiques dans les Rhodopes », dans *Festschrift V. Tapkova-Zaimova 80 Jahre* [= *Études Balkaniques* 25], Sofia, Institute for Balkan Studies, 2006, p. 340-354 et « "Parler avec les morts" : femmes voyantes et visionnaires dans les cultures balkaniques orthodoxes », dans *Malmorts, revenants et vampires en Europe*, Jocelyne Bonnet-Carbonell (dir.), Paris, L'Harmattan, 2006, p. 237-252.

Nicolas Vatin, né en 1955, est un historien de l'Empire ottoman, directeur de recherche au CNRS, affecté à l'UMR 8032 – Centre d'études turques, ottomanes, balkaniques et centre-asiatiques (CETOBaC, EHESS), et Directeur d'études à l'EPHE (IVe Section). En lien avec la thématique de ce volume, il a publié avec Gilles Veinstein, *Le Sérail ébranlé. Essai sur les morts, dépositions et avènements des sultans ottomans. XIVe-XIXe siècle*, Paris, Fayard, 2003, avec Edhem Eldem, *L'épitaphe ottomane musulmane. Contribution à une histoire de la culture ottomane*, Paris-Louvain, Peeters, 2007, et *Feridun Bey, Les plaisants secrets de la campagne de Szigetvár. Edition, traduction et commentaire des folios 1 à 147 du* Nüzhetü-l-esrari-l-ahbar der sefer-i Sigetvar *(ms. H. 1339 de la bibliothèque du Musée de Topkapi Sarayi)*, Vienne, Lit Verlag, 2010 (Neue Beihefte zur Wiener Zeitschrift für die Kunde des Morgenlandes).

Zlata Živaković-Kerže, née en1953, est rattachée à l'Institut d'histoire croate de Zagreb, filiale pour l'histoire de la Slavonie, la Syrmie et la Baranja à Slavonski Brod. Elle y étudie notamment l'histoire économique, la démographie, les fleuves et rivières en tant que voies de communication (Danube, Save, Drave). Elle a publié les monographies suivantes : *Urbanizacija i promet grada Osijeka na prijelazu stoljeća (1868. - 1918.)* [L'urbanisation et la circulation dans la ville d'Osijek au tournant du siècle (1868-1918)], Osijek, Društvo za hrvatsku povjesnicu, 1996 ; *Židovi u Osijeku 1918-1941* [Les Juifs à Osijek, 1918-1941], Slavonski Brod – Osijek – Cerna, Hrvatski institut za povijest – Podružnica za povijest Slavonije, Srijema i Baranje – Židovska općina – Pauk, 2005 et *Stradanja i pamćenja, Holokaust u Osijeku i život koji se nastavlja* [Morts et mémoires. L'holocauste à Osijek et la vie qui continue], Zagreb – Osijek, Hrvatski institut za povijest – Podružnica za povijest Slavonije, Srijema i Baranje – Židovska općina, 2006.

Table des matières

Deuxième partie

LIEUX DE MÉMOIRE : REPRÉSENTATIONS, OBJETS, PRATIQUES

Troisième Partie

PATRIMOINES : MISES EN SCÈNE ET USAGES CULTURELS

Quatrième partie

MÉMOIRE ET CONSTRUCTION DE L'IDENTITÉ URBAINE, RÉGIONALE ET TRANSNATIONALE

Imprimé en France. - JOUVE, 1, rue du Docteur Sauvé, 53100 MAYENNE
N° 602967N. - Dépôt légal : Décembre 2010